Fritz Scheffel
Gläserne Wunder: Drei Männer schaffen ein Werk. Zeiß, Abbe, Schott

SEVERUS Verlag

Scheffel, Fritz: Gläserne Wunder: Drei Männer schaffen ein Werk. Zeiß, Abbe, Schott. 2016

Nachdruck der Originalausgabe von 1938
ISBN: 978-3-95801-582-1

Umschlaggestaltung: SEVERUS Verlag

Bibliografische Information der Deutschen Nationalbibliothek: Die Deutsche Nationalbibliothek verzeichnet diese Publikation in der Deutschen Nationalbibliografie; detaillierte bibliografische Daten sind im Internet über https://dnb.de abrufbar.

Der SEVERUS Verlag ist ein Imprint der Bedey & Thoms Media GmbH,
Hermannstal 119k, 22119 Hamburg

SEVERUS Verlag, 2016
http://www.severus-verlag.de
Gedruckt in Deutschland
Der SEVERUS Verlag übernimmt keine juristische Verantwortung oder irgendeine Haftung für evtl. fehlerhafte Angaben und deren Folgen.

Fritz Scheffel

Gläserne Wunder: Drei Männer schaffen ein Werk. Zeiß, Abbe, Schott

MIX
Papier aus verantwortungsvollen Quellen
Paper from responsible sources
FSC® C105338
www.fsc.org

Inhalt

Kapitel 1 7

Kapitel 2 16

Kapitel 3 23

Kapitel 4 31

Kapitel 5 41

Kapitel 6 61

Kapitel 7 73

Kapitel 8 83

Kapitel 9 89

Kapitel 10 97

Kapitel 11 106

Kapitel 12 113

Kapitel 13 125

Kapitel 14 135

Kapitel 15 143

Kapitel 16 153

Kapitel 17 163

Kapitel 18 173

Kapitel 19 184

Kapitel 20 195

Kapitel 21 209

Kapitel 22 216

Kapitel 23 231

Kapitel 24 245

Kapitel 25 257

Kapitel 26 268

Kapitel 27 281

Kapitel 28 297

Kapitel 29 307

Kapitel 30 320

Vollendung 327

„Wir gehören uns alle nicht selber."

– E. Abbe

Kapitel 1

„Drei Taler, Frau, und damit basta! Keinen Heller weniger. In ganz Weimar gibt's nicht noch so ein Spinnrad: Kirschbaum, massiv, poliert, Perlmuttercinlage, und auf allen Spitzen Elfenbeinkügelchen. Elfenbein, Frau, echt Elfenbein!"

Der Hofdrechslermeister August Zeiß hob das stolze Spinnrad vor das Ladenfenster. Silbern glänzte die Aprilsonne auf Wülsten, Stangen und Flächen. Vorsichtig setzte er es nieder und sah die Bäuerin fragend an. „Da könnt Ihr Staat machen in der Spinnstube. Vielleicht hilft's dem Lieschen gar zu einem Manne?" Sie ließ ihren Tragekorb vom Rücken gleiten und verzog das Gesicht zu einem säuerlichen Lächeln.

Behutsam stellte Zeiß das Spinnrad vor die Frau. Die setzte den Fuß auf das Trittchen, die Spindel begann zu schnurren, und die Perlmuttknöpfchen auf dem Radkranze liefen ineinander zu einem schillernden Ringe.

Sie kämpfte mit sich. Drei Taler waren ein schönes Stück Geld. Zeiß sah hinaus in das Treiben auf dem Wochenmarkte. Über dem emsigen Gewimmel, im Zuge der scharfen Ostluft, stand der Neptun mit seinem Dreizack nackend auf dem Brunnen und schaute gelassen hinein in das hastige Markten und Feilschen der fröstelnden Städter und Bauern.

Die Bäuerin tastete das Rad ab. Ihre rissigen Hände glitten voll Wohlgefallen über das glatte Holz. Aber das Geld saß fest in dem Beutel, der unter ihrer blauen Leinenschürze hing.

„Na", sagte Meister Zeiß, als er sich nach einer Weile umdrehte.

Aber die Frau tat, als habe sie das nicht gehört.

„So seid ihr Bauern", brummte der Hofdrechsler ungeduldig, „wenn ihr einen Dreck verkauft, kann's nicht teuer genug sein, und sobald ihr jemandem etwas abnehmt, darf's nichts kosten. Das Rad ist gut, ein paar Generationen hält's aus und …"

Da wurde die Ladentür aufgerissen, grell rappelte die Schelle und konnte lange nicht wieder zur Ruhe kommen. Durch den Spalt in der Tür schob sich mit einem Schwall frischer Luft der Ratsbote Schwenkenbecher in den Laden, legte die Hand an die grüne Dienstmütze und reichte danach dem Meister ein dickversiegeltes Schreiben.

Geschwind griff Zeiß zu, zerbrach den Siegellack und riss das steife Papier so eilig auseinander, dass es in den Brüchen knatterte. Schwenkenbecher blieb stehen und musterte das Gesicht des Lesenden auf gut oder schlecht Wetter; je nachdem gab es Trinkgeld oder nicht.

Die Bäuerin hockte ihren Korb geschwind auf, huschte mit ein paar nichtssagenden Worten aus dem Laden, und Schwenkenbecher folgte ihr, als er merkte, wie auf Zeißens Gesicht ein Gewitter heraufzog.

„Da soll doch gleich ..." Der Meister drehte um und lief mit dem Schreiben, das er wie eine Fahne schwang, aus dem Laden hinaus, hinauf in die Küche zur Meisterin.

„Da hast du's, Mutter, nun kann der Carl sehen, was aus ihm wird!

Die Frau fuhr erschrocken vom Kartoffelschälen auf, wischte sich die Hände an der Küchenschürze ab und horchte.

Abgelehnt haben sie sein Gesuch. Er darf sich in Weimar nicht niederlassen und ein Geschäft aufmachen. Neidhammel sind sie alle miteinander, die Herren Mechanici. Sie haben sich hinter die Behörden gesteckt und erreicht, dass dem Jungen die Konzession versagt wurde. Dreißig Jahre ist er alt, wahrlich Zeit genug, sich auf eigene Füße zu stellen.

„Was soll nun werden?"

Er warf das Schriftstück auf den Küchentisch und sah die Mutter fragend an.

„Ja, was soll nun werden?", wiederholte sie, und dabei stiegen ihr Tränen in die Augen. „Er hat's durch die Botenfrau sagen lassen, dass er heute selber aus Jena herüberkommt. Bring's ihm schonend bei. Ich weiß, wie er auf eine gute Antwort gewartet hat. Nun wird es nichts."

„Herrgott, der Teufel soll das Bürokratenvolk holen, das nur die eine Partei gehört und danach entschieden hat", knurrte Zeiß und hieb mit der Faust auf das Papier. „Und dabei ist mir noch ein gutes Geschäft entgangen! Beinahe war die Frau so weit. So was nenn' ich einen einträglichen Sonnabend! Den sollte man schwarz anstreichen im Kalender!"

Meister Zeiß legte das Schreiben wieder zusammen, trug es hinüber in die Wohnstube und tat es in den Schreibschrank. Dann trat er ans Fenster und sah auf den Markt hinunter. Unruhig fegten ihm die Gedanken mit den Wellen des aufgeregten Blutes durch den Kopf.

„Was soll nun werden?"

„Die ortsansässigen Herrn Mechanici haben schwer um ihre Existenz zu kämpfen, deshalb ist ein dritter nicht von Nöten." Mit diesem Satze des Bescheides war alle Hoffnung begraben. Im Verklingen der Aufregung zogen dem Meister die wichtigsten Abschnitte im Leben seines Jüngsten vor seinem Innern wie ein wandelndes Bild vorüber. Dabei griff er immer einmal nach dem Samtkäppchen, unter dem die dichten Haare wie ein silberner Kranz hervorquollen.

„Achtzehnjährig verließ der Junge 1834 das Gymnasium, hat mir nie Schwierigkeiten gemacht, bis auf den Tag, da er bestimmt erklärte, dass er es satt habe, die Schulbank länger zu drücken. ‚Mechanikus will ich werden', sagte er damals so entschieden, dass ich beinahe erschrak. Von den drei Jungen ist er der einzige, dem Handwerkerblut in den Adern rumort. Und Mechanicus? Ein feines Handwerk, schielt immer ein bisschen nach der Wissenschaft hin, sozusagen. Hab ihn also gewähren lassen. Herrgott, dass seitdem schon wieder zwölf Jahre übers Land gegangen sind? Die Kinder machen einem klar, wie man selber älter wird. Mit dem Botenfuhrmann brachte ich ihn damals hinüber nach Jena zu dem Herrn Universitätsmechanikus Doktor Körner. Der Junge ist ein Kerl in seinem Fach geworden. Ein bisschen kauzig wie sein Meister, aber das scheint die Mechanik überhaupt an sich zu haben. Körner hielt ihn an, in jedem Semester eine Vorlesung zu hören. Herrgott, was hat der Junge mitmachen müssen! Mathematik, Physik, Mineralogie und wie das gelehrte Zeug noch weiter heißen mag. Als er ausgelernt hatte, ging er in die Fremde und blieb sieben Jahre aus. Wir schreiben achtzehnhundertsechsundvierzig. Dreißig Jahre ist er alt und weiß nun nicht, was werden soll."

Der Meister seufzte. Unten auf dem Markte war es leer geworden und die Stadtknechte kehrten den weiten Platz sauber.

Da ging die Schelle über der Ladentür. Sollte das der Carl schon sein? Zeiß stieg mit bangem Druck im Herzen die Treppe hinunter.

Im Laden stand die Bäuerin.

„Ich will's doch nehmen", sagte sie, schlug die Schürze zurück und holte drei Taler aus dem Geldbeutel. Zeiß reichte ihr das Spinnrad. Sie wickelte ein weißes Leinentuch darum und befestigte es mit einem buntgestickten Bande auf ihrem Tragkorbe. Ehe sie die Tür wieder schloss, drehte sie sich schnell um und höhnte spitz: „Könnt sagen, was Ihr wollt, Meister, es ist doch zu teuer!" Draußen war sie. Zeiß steckte die Taler ein. Er hatte die Worte kaum gehört. Die Sorge um den Sohn ließ ihn nicht darauf achten.

Der hatte sich gegen Mittag in Jena auf den Weg nach Weimar gemacht. „Ich will doch selber einmal nach dem Rechten sehen", sagte er beim Fortgehen zu seinem Bruder Eduard, dem Direktor der Bürgerschule, „dem Amtsschimmel ein wenig Pfeffer unter den Schwanz streuen. Das Vieh läuft mir zu langsam. Im Herbst hab ich das Gesuch um die Genehmigung eines mechanischen Ateliers in Weimar eingereicht und bis jetzt keine Antwort erhalten. Wenn das noch eine Weile so weiter geht, werde ich alle meine Ersparnisse aufgebraucht haben und dann wird der Anfang jeden Tag schwerer."

Carl Zeiß war ein schlanker, mittelgroßer Mann mit dichtem Haar und klaren Augen, die immer zu fragen schienen und verrieten, dass hinter der hohen Stirne eine Fülle unruhiger Gedanken ihr Wesen trieb. Mit weitausgreifenden Schritten eilte er durch Gassen und Gässchen aus der Stadt hinaus, das Mühltal entlang auf Weimar zu. Jena blieb hinter ihm. Er stieg aufwärts und wandte sich öfter um. Im Aprildunst duckten sich die Häuser und Häuschen wie eine Herde Schafe um den Hirten, den Stadtkirchturm, der aus hoher Sicht gutmütig auf sie herunterschaute. Jena war damals ein Landstädtchen mit annähernd sechstausend Einwohnern. Und wenn seine Universität nicht gewesen wäre, hätte niemand Ursache gehabt, etwas anderes von ihm zu sagen, als dass es ein langweiliges Nest voll Klatsch und Tratsch gewesen sei, wie so manches rings umher im weiten deutschen Vaterlande. Aber eben seine Universität machte, dass man doch von ihm redete.

Wenn sie auch ihre große Zeit schon hinter sich hatte und mehr von der Vergangenheit lebte, so war Jena eben doch Universitätsstadt und damit etwas anderes als die meisten ihresgleichen. Die Zeit Schillers und Goethes lag wie ein fernes Abendleuchten hinter ihr. Die Freiheits-

Dr. h.c. Carl Zeiß.

kriege, in deren Stürmen die deutsche Burschenschaft geboren wurde, hatten der Universität über alle Wissenschaft hinaus eine vaterländische Aufgabe zugewiesen, die sie getreulich unter großen Opfern erfüllte.

Danach warf Metternich die grauen Netze seines gewalttätigen Misstrauens über alle freien Geister. Jena, in dem die deutsche Erhebung aufgebrochen war wie ein Vulkan, schlief ein. In Bierdunst und Pfeifenhecht erstarb das Burschentum. Die Romantik verfeinerte das ungefüge Bramarbasieren. Es schlug sich in gefühlsschwangeren Stammbuchversen und im Saitenklang wehmütiger Ständchen nieder.

Die Erhalterstaaten waren nach dem napoleonischen Zeitalter arm und müde zurückgeblieben und kargten mit den Mitteln, die die Alma Mater nötig hatte, um auch nur einigermaßen anständig leben zu können. Es gab manchen, der ihr einen gar nicht fernen Tod an Altersschwäche und Armut voraussagte, auch wenn es Tatsache war, dass einige Professoren sich bei geringem Lohne ehrlich mühten, dem Absterben einen Riegel vorzuschieben.

Wenn sich in irgendeinem Gelehrtenschädel neues Leben regte und zur Darstellung drängte, dann stieß es ohne Aufhören an Grenzen niederer Ordnung. Aber es waren doch eben Grenzen: armselige Laboratorien, muffige Hörsäle, Mangel an Licht und Heizung, ewige Not um laufende Mittel zur Förderung der Forschung; ein schwerfälliger Verwaltungsapparat, der jedes Schriftstück einen weiten Weg über die Schreibstuben der vier Erhalterstaaten machen ließ. Weimar, Altenburg, Gotha und Meiningen waren die Haltepunkte, und überall saßen dieselben Federfuchser, die die Finger um die mageren Staatssäckel krallten und jeden Pfennig zehnmal umwandten, ehe er bewilligt wurde.

Wissenschaft und Wirtschaft hatten die Blutleere und Erschlaffung nach der Niederwerfung Napoleons noch nicht überstanden. Eine unruhig bohrende Fülle neuer Aufgaben keimte unter Kruste und Schlacke. Aber die Enge der Zeit hatte nicht genug Wärme und Weite, um alles Schlummernde zum Erwachen zu bringen. Es waren Jahre des Wartens, die es vorwärtsdrängenden, unruhigen Geistern schwer machten, sich mit den hemmenden und einengenden Kräften abzufinden.

Mancher schüttelte damals den Staub der Heimat von den Schuhen und wandte sich jenen Stellen des Erdballs zu, an denen neues Leben kochte und brauste. Es lag viel in der Luft, das den Biedermännern den Atem ängstlich einschnürte. Gewitter lauerten auf Entladung, politische, wirtschaftliche, soziale und wissenschaftliche. Mit wachsender Kraft gor es in den unteren Volksschichten, die die Nachteile des aufstrebenden Maschinenzeitalters am ersten zu spüren bekamen. Mensch und Maschine lagen zunehmend härter in einem unlösbaren Zweikampfe, der die Geister schied und erbitterte.

Carl Zeiß hatte das in den sieben Jahren seiner Wanderzeit zu spüren bekommen. Immer klarer bildete sich mit der zunehmenden Zahl der Maschinen ein Gegensatz heraus, der sich täglich ausweitete und verschärfte, für dessen Beseitigung niemand ein Heilmittel wusste; er stellte Unternehmer und Arbeiter schroff gegeneinander und gab gewissenlosen Scharfmachern reichlich Gelegenheit, zu wühlen und zu zersetzen.

Aber das Schicksal ließ vor der Erfüllung keine Besinnung zu. Was wuchs, musste reifen. Nirgends regte sich eine überlegene Kraft, die das Dumpfe und Rumorende überschaute, auffing und lenkte. Immer erst die Nachfahren werten mit ihren Maßstäben von Recht und Unrecht, trennen Richtig und Falsch, das vor ihnen schicksalhaft gelebt werden musste.

In den großen Städten, wo sich Wandlung und Werden besonders dicht zusammenballten, empfand jeder aufgeschlossene Mensch das heimliche Glühen und Bohren zwischen den Schichten des Volkes am stärksten. Carl Zeiß stand unter solchen Eindrücken, als er in Wien, Stuttgart, Darmstadt und Berlin arbeitete. Die Wanderjahre mehrten nicht nur sein Können und gaben ihm nicht nur klare Ziele, sondern brachten ihn auch in unmittelbare Berührung mit den brennenden Fragen der Zeit.

Gedanken über solche Dinge trugen ihn auf seinem Wege über die Hochfläche zwischen Saale und Ilm Weimar entgegen.

Er sah sich schon als Besitzer eines mechanischen Ateliers, das ihn, wenn es das Geschick wollte, schon einmal aufwärts führte. Vorfreude weitete seine Brust und trug die schweifenden Gedanken.

Rüstig schritt er aus, mied die große, unwegige Landstraße und erreichte auf abkürzenden Wegen die stille Hauptstadt des Großherzogtums gegen drei Uhr am Nachmittage. Voll Erwartung öffnete er die Ladentür und tat einen lauten Pfiff, mit dem er sich immer zu erkennen gab, wenn er aus Jena herüberkam Die Mutter trat ihm auf der Treppe entgegen, und bald saßen sie zu dritt im Wohnzimmer, wo der Vater dem Jungen den Bescheid des Stadtrates zu lesen gab. Die beiden Alten hingen mit den Augen an dem Sohne, der das Schriftstück eilig überflog. Mit einem Male fuhr er vom Stuhle hoch und knüllte das Papier raschelnd zusammen: „Das sieht ihnen ähnlich, den Angsthasen! Die meinen, ich würde sie aus ihrer Gemächlichkeit aufscheuchen und ihnen den Brotkorb ein wenig höher hängen. Fleiß ist immer eine Gefahr für die Trägen!" Er lachte höhnisch: „Diese Brillenhöker! Sie haben das bisschen Arbeit, das ihnen die Stadt zuträgt, unter sich aufgeteilt, wie die Jäger das Schussfeld, und nun wittern sie Gefahr. Ich werde dagegen protestieren, ich werde ..." Er schlug mit der Faust auf den Tisch, dass die Tassen klirrten.

„Komm, setz dich und trink erst einmal." Die Mutter zog ihn auf den Stuhl herunter.

„Das wird alles nichts nützen", meinte der Vater besänftigend, „entschieden ist entschieden!"

„Dann soll mich Weimar ..."

Carl Zeiß stürzte aus dem Zimmer. Die Stubentür flog krachend hinter ihm zu. Er stürmte die Treppe hinauf in sein Kämmerchen auf dem Boden, weil er jetzt mit sich allein sein musste. Dort warf er sich mit geballten Fäusten auf das Bett und vergrub den heißen Kopf in das rot und weiß gewürfelte Kissen.

In heißen Wellen drängte das Blut vom Herzen nach oben und herzte ihm eine wirre Jagd unklarer Bilder und Vorgänge durchs Hirn. Er ächzte und überließ sich eine Zeitlang seiner Empörung.

„Also aus!", rief er dann und sprang auf. „Alles aus!", bückte sich und begann mit hastigen Händen in einer Truhe zu kramen, die den Rest seines geringen Eigentumes enthielt, dessen wichtigeren und wertvolleren Teil er im Laufe der Zeit schon nach Jena hinübergetragen hatte. Er breitete das schwarze, brüchig gewordene Wachstuch seines Felleisens auf die Dielen und belud es mit einer Menge von Dingen, die er des Mitnehmens für wert hielt. Die meisten waren feinmechanische Werkzeuge. Es klirrte und klingelte, denn Zeißens Hände bebten noch vor Erregung. Als er das Bündel gerollt hatte, schnallte er es mit dem Tragriemen zusammen, warf ihn über die

Schulter und wuchtete auf die andere den schweren Schraubstock, der neben der Truhe lehnte.

Dann polterte er die knarrende Stiege hinunter, küsste die Mutter, drückte dem Vater die Hand und sagte, immer noch verbittert und aufgebracht: „Also dann nicht in Weimar! Lebt wohl, ich lasse bald von mir hören!"

Er war nicht zu halten. Unten schlug die Ladentür zu. Carl Zeiß überquerte mit langen Schritten den Markt und verschwand in der Dämmerung einer engen Gasse auf der anderen Seite.

„Was soll nun werden?", fragte die Mutter, als sie vom Fenster zurücktrat.

„Um den ist mir nicht bange", antwortete der Hofdrechslermeister August Zeiß und betonte dabei jedes Wort.

Kapitel 2

„Nimm doch Vernunft an, Carl." Eduard legte dem Bruder die Hand auf die Schulter und fuhr ihm danach durch den dichten Schopf. „Was in Weimar nicht möglich ist, kann in Jena werden Lass uns nach allem, was wir besprochen haben, erst einmal ausschlafen."

„Aber wie lange soll das noch dauern? Ich kann doch nicht ewig studieren. Seit dem vorigen Herbste stecke ich die Beine unter deinen Tisch und ließ mich als Hörer einschreiben. Weil ich nicht einrosten wollte, solange das Gesuch lief. Der Teufel soll …"

„Geh nun schlafen und denke über meinen Vorschlag nach. Wenn du dich entschieden hast, setzen wir ein neues Gesuch auf. Nur nicht mit dem Kopfe durch die Wand. Professor Schleiden wird dir sicher behilflich sein. Geh, ruh dich aus."

Als Carl Zeiß sein Stübchen betrat, das ihm der gastfreie Bruder zur Verfügung gestellt hatte, war er schon viel ruhiger.

„War das ein Sonnabend", dachte er beim Ausziehen. „Aber vielleicht hat Eduard recht. Man könnte es versuchen. Ein mechanisches Atelier in Jena? Warum nicht? Meister Körner ist alt, sein Geschäft ist eingeschrumpft wie ein welker Apfel."

Müde zog er die Bettdecke über die Schulter. Aber seine Gedanken waren noch wach und liefen eigensinnig weiter. Der Mond legte einen weißen Streifen Licht quer durch die Kammer und über das Bett, die Wand hinauf.

„Das waren Zeiten", lächelte Zeiß in wunderlichem Schweben zwischen Schlafen und Wachen. Er sah Flammen züngeln und hörte das Rauschen eines gewaltigen Feuers.

„Scher dich hinaus!", rief damals Meister Körner, als sie den Glasofen fertig gesetzt hatten, und sah ihn dabei misstrauisch, beinahe feindselig an. Der Meister ließ ihn nicht an seinen Schmelzversuchen teilnehmen. Nächtelang werkelte Körner wie ein Alchimist in dem

Schuppen, der sich im Hofe an das Wohnhaus lehnte. „Aber ich war ihm auf der Spur und sah, was er trieb. Glas, ein neues Glas wollte er erfinden, um sich vom Auslande frei zu machen, um nach Zahlen und Formeln das Fernrohr bauen zu können, von dem er träumte. Das war seine Sehnsucht: Nicht mehr vom Zufall abhängig sein, dass es einmal stimmen möge, sondern ein optisches Gerät bauen zu lernen, das nach Wirkung und Bauart im Voraus genau errechnet werden konnte. Der Traum des Meisters Körner."

Carl Zeiß kuschelte sich tiefer unter die Bettdecke. Er hörte einen Blasebalg schnarchen und pfauchen. Funken sprühten, schlugen aus der massigen Esse und löschten in der kalten Nacht aus. Fröstelnd war er damals ohne Schuhe die Treppe hinuntergeschlichen und lehnte nun, das Gesicht an die Fensterscheibe gepresst, vor der Schmelzerei. Wenn der Meister die Ofentür öffnete und einige Scheite Buchenholz ins Feuerloch schob, dann stand der hagere Mann von unten her in flammender Glut und sah aus wie ein Zauberer. Körner mischte und wog. Tontiegel kamen glühend aus dem Ofen und erkalteten. Andere schob er hinein. Glasflüsse erstarrten, von gierigen Augen geprüft und gemustert. Über allem aber schwelte Unrast und ein unbefriedigtes Drängen auf eine Lösung, die, irgendwie ungreifbar, sich nicht aus dem Dunkel hervorzwingen ließ.

Auf solche Nächte kamen Tage, an denen Glasstücke geschliffen und poliert werden mussten. Es konnte dem Meister nicht schnell genug gehen. Seine hastigen Finger prüften Prismen und Linsen. Dann schüttelte er den Kopf. Zwei tiefe Falten legten sich von der Nase her am Munde vorüber und verliefen in flachen Rinnen unter dem Kinn. Er fand nie, was er suchte. Ein Vermögen verschwand im Schmelztiegel. Immer wieder half ihm sein Gönner, der Großherzog Carl August in Weimar, wohl von Goethe beraten. Aber das neue Glas ließ sich noch nicht herbeizwingen. Hin und wieder einmal schien es, als sollte der Vorhang weggezogen werden von dem Geheimnis, das sich so hartnäckig verhüllte. Aber Körners Kraft und Wissen reichten nicht aus, es in seine Macht zu bringen. Der tüchtige Mann vernachlässigte sein Geschäft und zog sich aus dem Leben zurück. Auch die Zusammenarbeit mit dem Mathematiker Barfuß hatte ihn nicht weitergebracht. Ungebrochen aber glühte in ihm der Gedanke weiter, dass es einen Fortschritt in der Optik nur geben könne, wenn Handwerk und Wissenschaft sich zusammenfänden. Das war das tiefe Erlebnis, das Carl Zeiß aus der Lehrzeit ins Leben mit hinausnahm, das ihn verpflichtete und für immer sein Suchen und Handeln bestimmte.

Mit diesem Glauben an eine Lösung, die in der Zukunft lag, schlief er ein.

Am andern Morgen war er schon früh auf den Beinen und versuchte, den berühmten Botaniker und Zellenforscher Schleiden zu sprechen, bei dem er belegt hatte und der ihm zugetan war.

„Immer wieder, das habe ich Ihnen ja schon gesagt, Herr Zeiß, rücken wir Botaniker an Grenzen, über die wir nicht hinwegspringen können. Soweit uns die Kraft des Auges und einiger Zusatzapparate die Erkenntnis der Welt ermöglicht, ist sie erkannt, festgestellt und die Vielgestaltigkeit ihrer Erscheinungen geordnet und in die notwendigen Zusammenhänge gebracht. Aber das ist nur Arbeit an der Fassade. Um weiter in die Herzpunkte des Lebens vordringen zu können, müssen wir die groben Leistungen unserer Sinne verfeinern und die Technik zu Hilfe rufen. Sie muss uns, und damit denke ich vor allem an mein Arbeitsgebiet, besser sehen lehren. Noch tasten wir nur an der Oberfläche der Erscheinungen herum und ahnen, dass und schließlich auch wie der Weg weiter geht. Aber der Erkenntnis sind Schranken gesetzt durch die Unvollkommenheit des Auges.

Lupen und Mikroskope leisten herzlich wenig. Der Optiker kann handwerklich die Wünsche des Wissenschaftlers nicht befriedigen, weil er selber nicht Wissenschaftler und eben nur Handwerker ist. Sie wissen, wie sich Ihr Lehrmeister Körner vergeblich mühte, und ich habe immer verstanden, warum Sie sich so zäh an die Wissenschaft herangruben. Wir müssen zusammengehen, Herr Zeiß, eine Sprache finden, in der sich Handwerk und Wissenschaft verstehen. Dann werden wir auch miteinander arbeiten können. Der Wissenschaftler mit dem Handwerker, der Handwerker mit dem Wissenschaftler."

Schleiden legte Zeiß die Hand auf die Schulter und sah ihm in die Augen. „Sehen Sie, das wäre eine Aufgabe für Generationen, optische Geräte zu schaffen, mit denen wir fähig sein werden, in die Werkstätten des Lebens hineinzuschauen, nicht aus spitznasiger Neugierde, sondern den Menschen zum Wohle und der Schöpfung zur Ehre." Er machte eine Pause und fuhr dann fort: „Herr Zeiß, wenn Sie das wollen, bin ich Ihr Mann und werde Sie unterstützen, soweit ich kann. Bauen Sie die Mikroskope, die wir Naturforscher nötig haben, um weiterzukommen. Also, ich verspreche Ihnen ein ausführliches Gutachten, in dem ich die Notwendigkeit einer weiteren Mechaniker- und Optikerstelle in Jena begründen werde." Dabei betonte er das Wort Optikerstelle mit Nachdruck, denn er glaubte an Zeiß und sah in ihm den Mann, der auch ihm weiterhelfen konnte.

Die nächsten Tage waren ausgefüllt mit der Mühe um die endgültige Form des Gesuches. Carl Zeiß sah sich genötigt, seinen Wünschen und Zielen, wie sie ihm zuletzt durch die Aussprache mit dem Professor Schleiden klar geworden waren, eine Prägung zu geben, die der Landesdirektion auch wirklich verständlich machen konnte, wonach er strebte. Dabei wurde ihm klar, dass das Gesuch für die Konzession in Jena ganz anders begründet werden müsse als das für Weimar eingereichte.

Es wurde ein umfangreiches Schriftstück, in dem als wichtiges Mittelstück folgende Sätze standen:

„Seit meiner Rückkehr: Mich. 1845 halte ich mich wieder hier selbst in Jena auf, um noch vorzugsweise Chemie und höhere Mathematik zu studieren. Nach Beendigung dieser Studien, denen ich mich noch bis zum bevorstehenden Herbste ausschließlich zu widmen gedenke, wünschte ich ein mechanisches Atelier im Großherzogtum zu begründen. Da nun für eine Einrichtung für Produktion der höheren Mechanik zumal unter gegenwärtigen Zeitverhältnissen gleich von Anfang an auf alle Bedingungen eines umfassenderen und in die Ferne sich ausdehnenden Betriebes möglichst Bedacht genommen werden muss, hierfür aber die unmittelbare Verbindung mit den Männern der Wissenschaft die sicherste Grundlage bietet: so erscheint mir in unserm Großherzogtum die Universitätsstadt Jena für die von mir beabsichtigte Einrichtung als der günstigste Ort, und zwar umso mehr, als selbst sowohl Lehrer als Schüler der Universität mechanischer Apparate in stets steigendem Maße fortwährend bedürfen, dieses Bedürfnis aber zur Zeit an hieß, Orte keineswegs hinlänglich befriedigt werden kann, wie beifolgende Erklärungen einiger hies. Professoren bezeugen können."

Da standen einige Sätze auf dem Papiere, die dem Begründer der gewaltigen Zeiß-Werke in Bezug auf die Ausrichtung seines Willens und die Erkenntnis des Zieles wahrhaftig alle Ehre machten.

Unter den dem Gesuche beigegebenen Zeugnissen und Gutachten war der umfangreiche Schriftsatz des Professors Schleiden von besonderem Werte. Darin standen am Schlusse folgende Sätze:

„Es käme also schließlich nur noch darauf an, dass ich meine Überzeugung über die subjektive Befähigung des Bittstellers ausspreche. In dieser Beziehung muss ich bemerken, dass die gründliche und umfassende Bildung, welche Herr Zeiß erworben, erwarten lasse, dass er etwas Tüchtiges in diesem Fache leisten werde, umso mehr, als er sich speziell in der letzten Zeit im physiologischen Institut mit den Bedürfnissen des Naturforschers bekanntgemacht und so sich in den Stand gesetzt hat, ihren Anforderungen besser wie jeder andere zu genügen. Ich glaube daher, auf Vorgehendes gestützt, das von mir verlangte Gutachten mit gutem Gewissen dahin abgeben zu können, dass die Niederlassung des Herrn Zeiß als Mechaniker und Optiker in Jena keine wohlerworbenen Rechte beeinträchtigen wird und sowohl für ihn ein reichliches Auskommen, als auch für die Universität eine Erhöhung ihres Ruhmes mit Sicherheit erwarten lässt."

Voll Hoffnung übergab Carl Zeiß den dick versiegelten Briefumschlag mit Gesuch und Beilagen der Botenfrau. Die nahm ihn nach Weimar mit und lieferte ihn bei der Großherzoglichen Landesdirektion ab.

Ein heißer Sommer ging vorüber; die Blätter färbten sich. Immer noch wartete Carl Zeiß auf den Entscheid. Das Gesuch bummelte indessen von einer Schreibstube in die andere. Der Stadtrat von Jena erklärte sich bereit, dem pp. Zeiß das Ortsbürgerrecht zu verleihen, wenn sich die Landesdirektion zur Konzessionserteilung entschlösse. Schreibfedern kratzten über glatte Papiere, Streusand raschelte. Von Woche zu Woche wuchs in dem plänereichen Mechanikus die Ungeduld. Und er hätte dem trägen Amtsschimmel nur zu gern einen aufmunternden Tritt versetzt, wenn er gewusst hätte, wo sich das träge Vieh jeweils aufhielt.

Im August musste sich Zeiß auf Anordnung der Landesdirektion vor der Oberbaubehörde einer hochnotpeinlichen Prüfung seiner Kenntnisse und Fertigkeiten in der Mechanik unterziehen; denn erst nach ihrem Ergebnis konnte die Landesdirektion dem Gesuche ernsthaft nähertreten.

Alles ging glatt. Der pp. Zeiß sah sich schon kurz vor dem Ziele. Sein Vater hatte ihm bereitwillig hundert Taler geliehen. In der Sicherheit des Erfolges hielt der junge Meister Ausschau nach einer passenden Werkstatt und kaufte Werkzeuge, Material und Waren. Aber wieder verging Woche um Woche. Durch den Vater erfuhr er, dass er allen von der Oberbaubehörde gestellten Forderungen genügt habe. Verdrossen und überreizt wartete er. Nichts kam. Da riss ihm die Geduld. Er packte die Feder und ließ seiner Enttäuschung freien Lauf in einer Erinnerung an den Stadtrat.

„Das kannst du so nicht wegschicken", meinte besänftigend der ältere Bruder, „wenn du auch recht hast, aber sagen darfst du es nicht." Mit glättender Hand nahm er dem Erguss die Härten und Spitzen und lenkte den Sturm der Sätze in geruhsame Bahnen. Danach lächelte Carl Zeiß. „Limonade", sagte er. „Ein Rippenstoß mit Flaumfedern gepolstert. Ich fange aber an, ohne die Huld der hohen Herren erst abzuwarten."

Es war ihm gelungen, im Hause Neugasse sieben, links von der Torfahrt eine Werkstatt zu mieten. Drei Fenster vorn heraus waren die Front. Seine Unrast zehrte sich auf bei der Einrichtung, die er nun mit allem Eifer vornahm.

Es war November geworden. Carl Zeiß eröffnete sein Geschäft am neunten ohne Genehmigung der Landesdirektion.

Die traf endlich ein, trug das Datum vom 19. November und lautete:

„Im Namen Sr. königlichen Hoheit des Großherzogs zu Sachsen-Weimar-Eisenach.

Wir erteilen hierdurch dem Mechanikus Carl Zeiß zu Jena auf dem Grund genügend bestandener Prüfung die erbetene Konzession zur Fertigung und zum Verkauf mechanischer und optischer Instrumente, sowie zur Errichtung eines Ateliers für Mechanik in Jena.

Der Stadtrat zu Jena hat dies dem Bittsteller zu eröffnen, auch demselben die beiliegenden Zeugnisse zurückzugeben.

Weimar, am 19. Nov. 1846
Großherzogl. S. Landes-Direktion C. v. Conta."

Der Meister nahm den Fuß vom Tritt der Drehbank, als der Jenaer Ratsbote eine Abschrift des Bescheides brachte, gab ihm drei Groschen und schob das Schriftstück seelenruhig in das Schreibpult, das im Winkel zwischen Tür und Drehbank stand.

Und als er zum Mittagessen hinüberging in die Wohnung, die auf der anderen Seite der Torfahrt lag, sagte er zu seiner Schwester Pauline: „Nun ist alles so weit. Lange genug hat's gedauert. Wenn sich unsereiner so viel Zeit nähme, eine Sache zu Ende zu bringen, dann wäre es schlecht um das Handwerk bestellt. Immerhin haben wir Ursache, uns nach dem Essen eine gute Tasse Kaffee zu leisten." Pauline, die dem Bruder die Wirtschaft führte, ließ sich nicht lange bitten. Bald war das Stübchen von Kaffeeduft erfüllt, und Zeißens Gedanken flogen freudig erregt in die Zukunft.

Das Schreiben des Landesdirektion war die Geburtsurkunde eines weltumspannenden Industrieunternehmens, und Jena wurde Wiege und Heimstatt. Im Dezember unterschrieb Carl Zeiß das Bürgergelöbnis und erhielt nach Erlegung der damit verbundenen Gebühren den Ortsbürgerschein ausgehändigt. Damit waren die Worte Zeiß und Jena schicksalhaft aneinander gekettet und wurden ein Begriff, dessen Wirkung in die verstecktesten Winkel der Erde reicht.

Kapitel 3

Der Anfang war schwer, und nur ein sparsames Leben brachte den jungen Meister über den ersten Winter hinweg. Er hatte wenig zu tun. Ein Dreierbrötchen und dazu ein Kornschnaps waren oft sein karges Frühstück Die kleine Stadt trug ihm nur geringe Aufträge zu. Zwei Universitätsmechaniker waren außer ihm noch da und bildeten eine spürbare Konkurrenz. Brillen, Klapplupen, Lesegläser und winziger Zubehör für mikroskopische Untersuchungen wurden verkauft. Es gab wenig Neuanfertigungen, meistens nur Reparaturen für die Laboratorien und Institute der Universität. Zeiß hatte eine Art des Umganges mit den Wissenschaftlern, derentwegen man ihn bald zu schätzen begann: Er begriff sofort, worauf es den Herren ankam, die im harten Zwang der Sachen sich oft nur schlecht verständlich machen konnten. Sein lebendiges Vorstellungsvermögen übersetzte ihre Worte sofort in Röhren, Schrauben, Spindeln, Gewinde, Federn, Wirkungen und Vorgänge, und was sie sonst noch meinten. Er brachte alles geschwind in die notwendigen Verbindungen zweckmäßiger Zusammensetzung Dazu kam noch, dass er für jede Aufgabe die letzte Lösung suchte, sauberste Arbeit lieferte und den Ehrgeiz hatte, immer pünktlich zu sein. Das unterschied ihn vorteilhaft von vielen Handwerkern in der Stadt, aber auch von seinen Fachgenossen, die sich freie Künstler nannten und nicht in einer Werkstatt, sondern in einem „Atelier" arbeiteten.

In den ersten Februartagen 1847 starb der alte Meister Körner. Als Zeiß im Bratenrock und hohen Hasenhaar-Zylinder vom Grabe des Toten heimging, war ihm, als sei ihm ein Vermächtnis übergeben worden. Er sah klar, wie Körner an der Unzulänglichkeit der Technik, der Wissenschaft, aber auch der Zeit scheitern musste. Der Weg, den der Tote gesucht hatte, war richtig und das Ziel über jeden Zweifel erhaben.

Schleiden hatte ihm das in mancher Unterredung auseinandergesetzt. Und wie er nun in klirrender Kälte über den knarrenden

Schnee schritt, formte es sich in Worte und trat geprägt ins Bewusstsein: „Aus der Wissenschaft müssen die neuen Grundlagen für den Bau optischer Geräte gewonnen werden. Ihre mehr oder weniger große Vollkommenheit darf nicht länger allein nur von der persönlichen Erfahrung und Geschicklichkeit der Erzeuger abhängen, die ihr Können meistens geheim halten und das Beste mit ins Grab nehmen."

Er blieb stehen, lüftete den hohen, dumpfen Hut und fuhr sich mit der Hand über die Stirne. Seine Augen glänzten, und die Gedanken liefen weiter: „Die neuen Instrumente, auf die die Forschung wartet, dürfen nur nach strenger, verstandesmäßiger Methode gebaut werden, die nicht mehr gebunden ist an die Fähigkeiten des einzelnen Optikers, sondern jedem zugänglich wird, der den Weg gehen will."

Bis spät in die Nacht hinein saß Carl Zeiß über den Büchern, die er sich auf den Rat Professor Schleidens aus der Universitätsbücherei geliehen hatte, und suchte einzudringen in die Gesetze des Lichtes, soweit sie von der Wissenschaft bis dahin herausgestellt worden waren; denn nur über sie und mit ihnen konnten die neuen Mikroskope entwickelt werden.

Damals ahnte Zeiß noch nicht, wie schwer der Kampf, in den er sich begab, werden würde und wie lange er dauern sollte. Er hielt es in vielen Nächten, die er nach der Arbeit des Tages forschend, rechnend und zeichnend im Scheine der Lampe zubrachte, für möglich, den Sprung vom Gedanken zur Tat selber machen zu können. Er fühlte sich sicher im Erbe Körners und dem Beistande Schleidens. Ihn deuchte, seine Vorbildung, die Kurse und Vorlesungen, die er über Jahre hin belegt hatte, müssten genügen, den wissenschaftlichen Kern aus dem Wust der Optik herauszuschälen, und sein handwerkliches Können ausreichen, das erkannte Gesetz im Gerät Wirklichkeit werden zu lassen.

Diese erste Zeit zwischen Buch und Werkstatt formte den Meister und machte ihn so fest und sicher, dass er fähig wurde, alles zu tragen, was ihm die kommenden Jahre brachten, denn er wusste, „der Erfolg ist nur möglich aus der Zusammenfassung aller Kräfte und der Geschlossenheit eines gerichteten Willens".

Schon im Sommer 1847 bezog er eine geräumigere Werkstatt in der Wagnergasse. Zu ihr gehörte ein kleiner Laden. Hinter den Fensterscheiben hervor leuchteten und blinkten auf schmalen, mit Stoff überzogenen Brettern eine Menge blanker Dinge, die den Schritt der Vorübergehenden hemmte und dem Betrachtenden das Firmenschild „Carl Zeiß" einprägte. Im August stellte der Meister den ersten Lehrjungen ein.

August Löber hieß das schmächtige, dunkelhaarige Kerlchen, das bald mit Ameiseneifer und bienenemsiger Fixigkeit neben Zeiß zu werkeln begann. Alles ging dem Burschen glücklich von der Hand, und Zeiß war schon nach kurzer Zeit recht zufrieden mit ihm. Den Jungen hatte ihm ein gütiges Geschick ins Haus gebracht; denn ohne August Löber hätte der Meister den Weg in die Zukunft nicht so sicher gehen können.

„Hier hast du eine Tafel Fensterglas und da sind Diamant und Lineal", wies er den Stift an, als der in den grauleinenen Werkstattkittel gekrochen war. „Du legst das Glas auf den Tisch und reißt zuerst Striche mit einem Zoll Entfernung voneinander ein."

Der Stift tat, wie ihm geheißen war. Es ging so sicher, als hätte er bisher nichts anderes gemacht. Zeiß ließ die Schwabbelscheibe auslaufen und sah dem Jungen zu. „Die richtigen Mechanikerfinger", dachte er.

„Meister, ich bin fertig", meldete sich Löber nach einer Weile, als er den Diamanten vorsichtig auf die Seite gelegt hatte.

„Gut, nun werden die Streifen nacheinander abgebrochen. Siehst du, so." Zeiß fing von rechts her an, schob die Zeigefinger beider Hände unter die Glastafel, hob sie ein wenig und legte die Daumen auf die Oberfläche der Scheibe, rechts und links hart an den eingeritzten Strich, drückte behutsam aber sicher mit dem rechten Daumen. „Knack", sagte das Glas, ein langer Streifen sprang herunter und wurde vom Meister auf den Tisch gelegt. „Der Druck ist es, Junge, nicht zu viel, nicht zu wenig, aber immer genug. Siehst du." Der zweite Streifen sprang ab. „Und nun probier selber."

Löber begann. Das Herz klopfte ihm zwar dabei. Aber er schien wenig zu besitzen von dem, was der Fachmann Materialangst nennt. Herzhaft drückte der Daumen. „Peng!" Der Streifen sprang nur bis in die Hälfte der Scheibe und brach da mit einer scharfen Spitze ab. Erschrocken sah der Stift auf. „Macht nichts", sagte Zeiß ruhig, als er zusprang und den Rest beseitigte. Er schob dem Jungen einen Balkenabschnitt unter die Füße und meinte: „Es wird besser gehen, wenn du höher stehst." Und es ging. Streifen um Streifen platzte herunter, tadellos bis zum letzten.

„So, nun teilst du die Streifen auf in Quadrate von einem Zoll Seitenlänge." Stück für Stück sprang ab, dass es klirrte und klingelte.

Bald war von der großen Scheibe nichts weiter übrig als ein Häufchen Glasplättchen.

Schwieriger wurde die Sache, als ihm Zeiß zeigte, wie sie nun mit der Zange rund gezwickt werden mussten. Da ging es über Glas und Finger her. Manches Stück riss, und feine Glassplitter bohrten sich in die Fingerspitzen der linken Hand, die die Plättchen hielt. Aber der Junge versuchte unverdrossen weiterzukommen, bis er eine ganze Anzahl einigermaßen runder Stücke vor sich auf dem Tische liegen hatte. Danach lernte er sie rund schleifen, in Linsenform ausarbeiten und zuletzt polieren. Mancher Tropfen Schweiß rann beim Treten der Schleifmaschine von des Lehrlings Stirn, und erwartungsvoll hingen seine Augen an dem Meister, wenn er hin und wieder einmal ein Stück prüfte. Löber schenkte sich nichts, blieb hart gegen sich selber und drängte zu dem Maße von Vollkommenheit, das sein lebendiger Kopf und die zähen Finger zuließen. Ungezählte Male verglich er seine Arbeit mit der Musterlinse, die ihm der Meister vorgelegt hatte. Der nickte ihm öfter aufmunternd zu.

Und eines Tages, nach wochenlangem Probieren und unverdrossener Mühe lag in dem linken Handteller des Jungen eine klar polterte Konvexlinse. „Du fummelst noch solange daran herum, bis nichts mehr übrig bleibt, hör nun auf", sagte Zeiß, nahm sie ihm aus der Hand und hielt sie gegen das Licht. Dann suchte er eine alte Rechnung, fing die Sonne in der Linse auf und rückte das Papier in den Brennpunkt. Löber spürte sein Herz bis zum Halse hinauf schlagen. Auf der Rechnung bildete sich ein brauner Fleck, ein dünnes Fädchen Rauch kräuselte in die Höhe, danach züngelte ein Flämmchen auf. Schnell ließ der Meister das brennende Papier fallen und trat es aus.

„Das hast du gut gemacht, August", sagte er dann, „da, nimm die Linse und behalte sie. Es ist deine erste."

Von der Freude rot übergossen, steckte der Stift die Linse ein und machte sich an die nächste. Aber immer einmal nahm er sie still aus der Tasche, hielt sie über den Rücken der linken Hand, und da sah er die

Härchen, mit denen die Haut besetzt war, wie silberne Fäden glänzen. Dass die Linse an ihren Rändern in den Regenbogenfarben schillerte und die Durchsicht nur ein verzerrtes Bild gab, das störte ihn nicht weiter. Es musste wohl so sein. Er rückte sie dann eben weiter, um die darunterliegende Stelle in die Klarheit der Mitte zu bekommen.

So wurden Linsen für optische Zwecke noch über viele Jahre hin hergestellt. Der Schleifer ging von einem Musterstück aus und probierte so lange, bis er das Vorbild erreicht hatte. Manches Stück musste verworfen werden, andere waren unbrauchbar für den Zweck, dem sie dienen sollten. Alles hing ab von der Geschicklichkeit der Schleifer. Und von denen arbeitete jeder mit besonderen Kniffen, die er sich in langer Erfahrung erworben hatte und nun wie ein werbendes Kapital ängstlich hütete, damit nichts auf Abwege geriet. Pröbeln nannten sie dieses Verfahren, das nichts wusste von der optischen Rechenkunst, die Dicke und Krümmung einer Linse in gesetzmäßige Beziehungen brachte und eine gewünschte Wirkung in ihren Maßen ausdrückte.

„Der Junge ist gut", sagte Carl Zeiß damals öfter zu seiner Schwester. „Er hat das Beste für unseren Beruf in sich, das man nicht lernen kann, weil man es eben ist."

Öfter kam Professor Schleiden in die Werkstatt. Gewöhnlich sah er eine Weile der Arbeit zu und brachte durch eine Frage bald ein Gespräch in Gang. Dann legte Zeiß die Feile aus der Hand, wischte die Hände am Kittel ab und wurde dem Professor ein fachkundiger Partner.

„Die Wissenschaft vom Leben", sagte Schleiden einmal, „steht vor Grenzen, die nur die Optik durchstoßen kann. Wir tasten an der Oberfläche der Erscheinung herum, ahnen tiefere Zusammenhänge, finden aber doch den Weg zu ihnen nicht, einfach, weil es an hochwertigen Vergrößerungen fehlt, die die Sicht in das Land unserer Sehnsucht austun. Die Zellenforschung bleibt so lange Theorie, bis sie vom Optiker eines Tages das Mikroskop erhält, das von den Geheimnissen der winzigen Welt die Schleier wegzieht. Bauen Sie Mikroskope, Meister, brauchbare Mikroskope. Spezialisieren Sie sich. Das bedeutet wohl eine Einengung und Beschränkung Ihres vielseitigen Könnens, verheißt aber auch Erfolg und Lohn. Denken Sie an die gewaltige Leistung Fraunhofers in München. Er schuf das Fernrohr, mit dem die Wissenschaft zielsicher und planmäßig den Vorstoß in die unendlichen Räume des Weltalls wagen konnte. Er stellte die Normen, Regeln und Gesetze auf, die den Bau von Fernrohren für alle Zeiten gelöst haben. Aber das Fernrohr in die Tiefe, in den Mikrokosmos fehlt noch, Meister. An Fraunhofers Instrumenten gemessen, sind die Mikroskope, über die wir Naturforscher verfügen, Kinderspiel, Ausdruck der Hilflosigkeit und Enge."

Zeiß sog die Worte auf, denn sie wiesen ihn immer von neuem auf den Weg, den er selber suchte, den Weg zum Gesetz, zur Norm, zur Formel.

„Wenn das, was Sie erwarten, so schnell zu erreichen wäre, wie unsere Wünsche reif werden, dann könnte Ihnen bald geholfen werden, Herr Professor. Aber, aber … der Weg ist weit. Ich bin nur ein kleiner Meister in einer engen Werkstatt. Die geringen Mittel, über die ich verfüge, gestatten mir nicht mehr, als mich vorsichtig, sehr vorsichtig nach vorne zu tasten. Ich habe in großen Betrieben gearbeitet, die nach dem Stande ihrer Leistungen und den Ausmaßen der Mittel, mit denen sie rechnen können, sofort in der Lage wären, das zu unternehmen, was Sie wünschen. Sie besitzen die größere Erfahrung und den gesicherten Ruf und können zusehen, wie so etwas langsam reif wird, denn ich bin mir darüber klar, dass das Zeit braucht und Ehrfurcht. Ich weiß nicht, ob Sie mich verstehen. Ehrfurcht meine ich, wie alles Neue, das über den Einzelnen hinaus für die Menschheit getan wird. Ich habe viel darüber nachgedacht. Den besten Willen dazu hätte ich wohl, ob ich aber der Kerl bin, der nötig ist, das kann ich nicht sagen." Er schwieg und sah mit sehnsuchtsvollen Blicken über die Werkbank hinweg, hinaus auf die Straße und in die Ferne, seinen geheimsten Wünschen nach.

Immer wieder endeten Gespräche zwischen dem Professor und ihm in solcher oder ähnlicher Weise. Und jedes grub seine Haken in den Willen des Meisters tiefer ein. Da blieb etwas hängen, das den Wünschen Gewicht und Richtung gab. Das Ziel ließ ihn nicht mehr los.

Und Carl Zeiß begann Mikroskope zu bauen. In seiner vorsichtigen Art überstürzte er sich nicht mit Neuerungen, sondern ging vom Vorhandenen aus und tat immer nur das Mögliche. Die Arbeit in der Werkstatt teilte sich in Brotarbeit, die den Unterhalt brachte, und in Forscher- und Erfinderarbeit, die auf weitere Sicht getan wurde. Still und unauffällig wuchs August Löber mit hinein in alles, was der Meister begann. Er war dabei, als der Same gelegt wurde für die gewaltigen

Leistungen der Zukunft und erwarb sich vom Beginn her als der erste, aber auch als der treueste von Zeißens Mitarbeitern, entscheidenden Einfluss auf den Lauf der Dinge.

Als die Achtundvierziger Revolution wilde Wellen auch nach Jena warf, ließen die Aufträge nach. Das friedliche Bürgertum verzog die ruhigen Gesichter in Kraftmeierfalten, bewaffnete sich und tobte sich aus in kraftstrotzenden Redensarten. Zeiß saß unterdessen mit Löber in seiner Werkstatt und arbeitete die Feuersteinschlösser der aus allen Winkeln hervorgeholten altertümlichen Knallbüchsen freiheitsdurstiger Spießer in Perkussionen um.

Eines Tages, als Schleiden in die Werkstatt trat, führte ihn der Meister in sein Wohnzimmer und hob einen Glassturz vom ersten Mikroskop, das fertig geworden war.

Schleiden musterte es mit fachkundigen Blicken und legte seine Finger an Schrauben und Gewinde.

„Das erste, Herr Professor, der Anfang."

„Gut, gut", meinte Schleiden nach eingehender Untersuchung. „Die Plattform, nun so weiter, Meister. Es ist richtig, dass Sie ausgegangen sind vom Vorhandenen und nun darauf weiterbauen wollen."

Zeiß hatte mit den Instrumenten dieser Bauart guten Erfolg. Eigentlich waren sie nur zusammengesetzte Lupen, verrieten aber doch schon den eigenen Willen ihres Schöpfers. Auf einer schweren Fußplatte stand ein s-förmiges Mittelstück. Es trug den durchlochten Objekttisch. Über diesem ließ sich eine zusammengesetzte Lupe an einem Gewinde auf und ab bewegen. Das Deckglas mit dem Objekte wurde von unten her durch einen Spiegel beleuchtet, der das Licht in eine darüber liegende Sammellinse warf und damit die Klarheit des zu untersuchenden Gegenstandes wesentlich steigerte.

Stolz veröffentlichte er im „Frankfurter Journal" vom 12. Mai 1848 die erste Anzeige, in der er seine Instrumente anbot, einfache Mikroskope und Dubletts mit fünfzehn-, dreißig- und hundertzwanzigfacher Vergrößerung. Vorsichtig erweiterte der Meister den Betrieb der Werkstatt und passte ihn der Marktlage an. Es kam eine Zeit, in der seine Instrumente bereits zusammen mit denen führender Firmen genannt wurden. Und mancher bekannte Unternehmer ahnte, was in dem Jenaer Optiker steckte, der so zielsicher den Weg an die Sonne suchte.

Schleiden ermunterte ihn zu weiteren Versuchen und half ihm über manche Hemmung hinweg.

„Spüren Sie nicht, dass etwas Treibendes, Lösendes, Wachstumsförderndes in unserer Zeit liegt?" sagte er einmal. „Die Industrie dehnt und reckt sich. Werkstätten wachsen sich aus zu Fabriken. Die Dampfmaschine erlöst den Menschen aus der Fron niederer Arbeit und vervielfacht die Menge der Erzeugnisse. Vermögen bilden sich, die einmal alles Gewohnte übersteigen werden. Neue Maßstäbe für Ware und Wert entstehen auf den Märkten, die die Welt zu erobern versuchen. Ein Zeitalter des Wagens und Gewinnens sehe ich heraufsteigen, Herr Zeiß, das den Wagemutigen ihren Einsatz vervielfältigen wird. Wollen Sie unbeteiligt am Wege stehen und die Konjunktur vorübersausen lassen?"

„Was aber dann, Herr Professor, wenn der Auftrieb nur Blähung war? Wenn die Glücksritter verlieren, wenn den Raffern nur Scheinwerte in den gierigen Fingern hängen bleiben?"

Der vorsichtige Zeiß ließ sich nicht aus der Stetigkeit seines Strebens werfen. Die Lauterkeit seines schlichten Wesens hieß ihn alles meiden, was auch nur den Schein des Überstürzten und Ungesunden in sich trug. Sein Werk wuchs natürlich, pflanzlich, getragen von der gesunden Kraft eines zielstrebigen Menschen.

Kapitel 4

Der Nachtwächter blieb vor dem Hause stehen, in dem sich Zeißens Werkstatt und Wohnung befanden und schüttelte den Kopf.

„Was der Mann nur treibt?" brummte er vor sich hin. „Es ist Mitternacht vorbei, und immer noch brennt seine Lampe. „Krank ist er nicht und auch sonst gut beleumundet, sonderbar. Alles schläft, nur er wacht und verbraucht Unmengen Petroleum."

Der Meister Zeiß ging mit großen Schritten in seinem Wohnzimmer auf und ab. Er glühte in jenem seherisch schöpferischen Zustande, der alle irdische Schwere überwindet und die Wucht der Gedanken so steigert und auftreibt, dass in Augenblicken erkannt und gemeistert wird, worum sich das bohrende Hirn im Fluss des Alltages sonst über lange Zeiten hin vergeblich müht.

„Das ist es", murmelte Zeiß in höchster Erregung. Schweißtropfen traten ihm auf die Stirn, und sein Herz schlug schneller.

„Da führt der Weg hin, aber da liegen auch meine Grenzen. Und da lauert die Gefahr, die Meister Körner aus der Bahn warf."

Er blieb stehen und fuhr sich mit dem Handrücken über die Stirne. „Allein kann ich es nicht schaffen. Was nützt es, wenn ich alles nur Erreichbare über die Gesetze des Lichtes bis hierher zusammentrage und zu meistern versuche! Denn erst dahinter führt der Weg weiter. Ein ganz neues Stück Forschungsarbeit muss geleistet werden. Nicht Wissenschaft allein, nicht Optik allein, wissenschaftliche Optik ist das Ziel. Es muss eine Theorie gefunden werden, die den Bau optischer Instrumente genauso rational in jeder erwarteten Wirkung bestimmt, wie der Architekt ein Bauwerk in allen Einzelheiten im Geiste vollendet, ehe sich auch nur eine Hand rührt, es auszuführen. Ein Mikroskop muss in allen Teilen seines schwierigen Baues so klar entworfen, errechnet und die theoretische Ermittlung der Zusammenwirkung aller Teile so weit entwickelt werden können, dass die nachschaffende

Hand nichts weiter zu tun hat, als auf der Grundlage der handwerklichen Beherrschung aller Arbeitsschritte und Hilfsmittel das Erdachte und Errechnete in die körperliche Welt hineinzustellen. Und das ist das Neue, das Andere: Nicht das pröbelnde Handwerk gibt der suchenden Wissenschaft die als Zufallserzeugnisse entstandenen optischen Geräte in die Hand und überhört die hohen und ihm unverständlichen Theorien werkstattfremder Gelehrter, sondern es müsste in einem Gehirn beides miteinander zum Werke drängen."

Er ließ sich auf einen Stuhl fallen und schob mit der Linken einen Stapel Papiere vom Tische, die alle mit Zeichnungen und Zahlen bedeckt waren, Zeugen mancher durchwachten Nacht.

„Ein Mensch, eine neue Art Optikus müsste das leisten." Er lachte bitter. „Aber das ist es eben, diesen Mann und diese Optik gibt es noch nicht. Ich? Nein. Dazu reicht es nicht. Stückwerk, habe an allem nur herumgerochen, keine Wissenschaft planmäßig und abschließend betrieben. Und wo ist der Gelehrte, der über so viel Werkstattkenntnis verfügt, dass er seine Theorien in das Material hineindenkt. Grenzen, Grenzen!"

Die Lampe war bald leergebrannt, auf dem Dochte saß ein schwarzer Aschenring, der der Flamme die Leuchtkraft nahm. Es roch nach Ruß und verbrauchter Luft. Zeiß öffnete das Fenster. In den Weinstöcken am Hause raschelte der Sommerwind. Der Meister schraubte den Docht zurück und blies das Licht aus. Erfrischend brach die reine Nachtluft ins Zimmer. Er zog sie in vollen Zügen ein. „Das Eine traue ich mir zu", sagte er erfrischt, „daran soll's nicht fehlen. Aber die andere Hälfte des Gehirns?" Er überlegte. „Wer könnte das sein? In Jena?

Als er sich schlafen legte, fiel ihm beim Auskleiden Dr. Barfuß ein. „Er ist inzwischen älter und erfahrener geworden und wird aus der Zusammenarbeit mit Körner sicher geklärter hervorgegangen sein. Ich will mit ihm sprechen."

An einem Sommernachmittag im Jahre 1850 suchte Zeiß den einundvierzigjährigen, in gelehrten Kreisen geschätzten Mathematiker auf. Barfuß hatte damals schon einige theoretisch-optische Arbeiten geschrieben, die in Fachkreisen günstig beurteilt worden waren.

Nach einer grundsätzlichen Aussprache wurde der Meister mit ihm einig und gewann ihn für die theoretische Mitarbeit.

„Bei den einfachen Instrumenten mag ich nicht stehenbleiben", sagte Zeiß zu ihm. „Ich weiß wohl, sie sind nicht besser und nicht schlechter als Wunder, die von alten, erfahrenen Werkstätten herausgebrachten, das ist schon etwas. Aber ich will weiter. Mir schweben zusammengesetzte Mikroskope vor. Aber vor ihrer Theorie liegen meine Grenzen, Herr Doktor. Ich glaube, wir werden uns auf eine langwierige Versuchtheit einrichten müssen. Soweit es meine Mittel erlauben, will ich alles daransetzen, dass wir eines Tages doch zu einem Ziele kommen."

Dr. Barfuß rechnete und versuchte, den goldenen Glanz der Sonne seinem Willen untertan zu machen. Aber das Licht entzog sich dem Zugriff forschenden Denkens. Unbekannte blieben in seinen Gleichungen und Formeln stehen, die er nicht erfassen und zwingen konnte, sich zu bekennen. Aber Carl Zeiß hoffte, weil er an die Wissenschaft glaubte. Je mehr Mittel die Arbeiten und Experimente Barfußens auffraßen, desto näher glaubte er dem Ziele zu sein. In der Werkstatt wurde fieberhaft gearbeitet. Was an wissenschaftlicher Grundlegung zunächst noch fehlte, wurde durch die Güte der Arbeit auszugleichen versucht. August Löber war inzwischen Gehilfe geworden und blieb dem Meister treu. Die Unerbittlichkeit seiner Kritik vor jeder eigenen Leistung forderte auch von den Arbeitern das Äußerste.

In den fünfziger Jahren wurde unter seiner entschiedenen Führung jener hohe Grad von handwerklicher Vollendung an den Erzeugnissen der Werkstatt herausgebildet, der die Ehre des Unternehmens für alle Zukunft bedeuten sollte. Kein fertiges Stück ging hinaus, das nicht zuvor Gnade gefunden hatte vor Löbers unbestechlichen Augen. Und wenn eine Reihe Mikroskope die Engpässe seines Prüfens und Wertens durchlaufen hatte, dann ließ Meister Zeiß noch einmal Auge und Hand spielen, um die Instrumente bis in die letzten Gründe von Bau und Wirkung abzutasten.

Da Barfußens Theorien und Konstruktionen nur langwierig und unsicher zutage traten, musste zunächst weiter gepröbelt werden. Die Werkstatt wurde zur Hochschule handwerklichen Probierens. Aus jedem Handgriff wuchs Erfahrung und sprach Überlegung. Verantwortung lenkte alle Arbeitsschritte und bildete einen Stamm von

Arbeitern heraus, der den Aufstieg des Werkes und seinen Weltruf vorbereiten half.

Klug und menschenfreundlich stand Zeiß der Werkstatt vor, als ein Prinzipal, den jeder seiner unbedingten Gerechtigkeit wegen hochschätzte. Die Last der kaufmännischen Leitung und Werbung lag dazu noch auf seinen Schultern. Nichts, nichts entging seinen hellen Augen. Er unterwies die Lehrlinge selber in Zeichnen und Optik und kümmerte sich um ihre Erziehung. „Wie die Menschen, so ihre Arbeit!", sagte er oft.

Gegen die Mitte der fünfziger Jahre wurde mit dem Baue zusammengesetzter Mikroskope begonnen. Das Ziel stand da, aber der Weg musste erst gefunden werden.

Zeiß trennte sich von Barfuß, als der nicht weiterkam und aus den geldfressenden Experimenten nichts hervorwuchs, das dem Bau von Mikroskopen die ersehnte Wendung brachte. Des Meisters vornehme Art fand einen Weg der Lösung, die dem Gelehrten nicht allzu wehe tat und menschliche Beziehungen noch über Jahre hinaus möglich machte.

Eine brennende Unruhe blieb in Zeiß zurück. Die Klarheit des erkannten Zieles ließ den wachen Willen nicht einschlafen. „Wir müssen fürs erste weiterpröbeln", sagte er seufzend zu Löber, als er den Riss zwischen sich und Barfuß vollzogen hatte. „Aber nun an die Arbeit. Die Aufgabe ist, Instrumente zu schaffen, mit deren Hilfe stark vergrößerte Bilder kleiner und kleinster Gegenstände entstehen. Im Gegensatze zu den einfachen Mikroskopen, die wir bisher schufen, werden die neuen vielfach zusammengesetzt sein."

Zeiß nahm aus einem Zedernholzkästchen ein blinkendes Mikroskop und setzte es auf den Tisch. „Das ist das Neueste und Beste, was die pröbelnde Technik bis jetzt erreichen konnte. Nehmen wir dieses Instrument als Norm, dann muss unsere Arbeit so eingestellt sein, dass sie, und das ist die Mindestforderung, seine Leistung erreicht. Vielleicht schaffen wir es, einige dem Fachmanne erkennbare Mängel zu beseitigen und noch ein Stück weiterzukommen."

Er hob das Okular aus dem Tubus und schraubte das Objektiv los. Glänzend lag es in seiner Hand. Das Licht spielte auf der Politur, und die winzige Außenlinse des kostbaren Systems leuchtete wie ein blinkender Diamant.

„Das ist die Seele vom Ganzen, Löber, darin liegt das Geheimnis." Zeiß schraubte das Objektiv auseinander und hielt das Stück, in dem die Linsen saßen, gegen das Licht.

Da wurde ungestüm an die Tür geklopft. Professor Schleiden trat ein. „Ah, ein neues Instrument!" rief er neugierig erregt, „lassen Sie sehen!"

„Ein Gerät von Hartnacke in Potsdam", sagte Zeiß. „Vorzügliche Arbeit. Ich wollte, wir wären erst so weit. Was steckt da für Erfahrung darin."

Schleiden setzte das Instrument wieder zusammen, wischte mit dem Finger über den Tisch und strich den Hauch von Staub, den er dabei aufgenommen hatte, auf ein Glasplättchen. Dann legte er das Deckglas darüber, klemmte beides auf den Objektivtisch und beugte sich über das Okular.

„Gut, Meister, wirklich gut", sagte er nach einer Weile, als er die Feineinstellung geregelt hatte. „Aber noch nicht ganz gut, keine endgültige Lösung. Immer noch die alten Fehler: Die Schärfe des Bildes könnte besser sein. Die Vergrößerung von der Mitte nach dem Rande zu ist ungleichmäßig. Hm, immer noch die störenden farbigen Bänder an der Außenseite des Blickfeldes, auch die Heiligkeit des ganzen Bildes könnte größer sein. Im Ganzen eine vorzügliche Leistung, aber vor diesen Mängeln scheinen die Grenzen der Optik überhaupt zu liegen. Vielleicht wünschen wir uns zu viel."

„Stimmt", antwortete Zeiß nachdenklich. „Solange wir pröbeln, ist die ganze Optik in einer Sackgasse festgelaufen. Sie haben ja erlebt, wohin mich die Zusammenarbeit mit Herrn Doktor Barfuß gebracht hat. Außer einer verschiebbaren Zusatzlinse, deren praktischer Wert sehr zweifelhaft ist, und einem Wust von Zahlen und Formeln ist nichts erreicht worden."

Schleiden bückte sich wieder über das Mikroskop, und Zeiß gab seinem Werkmeister August Löber Anweisungen für die nächsten Arbeiten.

Löber stand über die Ölfunzel gebeugt und wärmte ein rundgezwicktes, winziges Glasstück vorsichtig an. Dann machte er Siegellack heiß und kittete das Glasplättchen auf einen zierlichen langstieligen Metallsockel, der in einem Holzhefte steckte. Das musste mit viel

Sorgfalt geschehen; denn sehr oft sprang das Glas, und alle Mühe bis dahin war vergeblich gewesen.

„Martin, komm, an den Schleifstein", rief er danach.

Martin Wesselhoeft, der eben einen Tubus polierte, sprang zu und setzte den Fuß auf den Tritt des Schleifsteines.

„Langsam, langsam", brummte Löber, als er das Glasstück an den grauen Stein drückte. Das Wasser aus dem Spritzkasten lief ihm dabei über die Finger.

„Damit das Glas keine Rillen in den Stein reißt, darf es nicht immer an einer Stelle ausgesetzt werden, sondern man muss es im Drehen herüber und hinüber bewegen."

Kratzend schliff der Stein das Glasscheibchen rund. Löbers ruhige Hand und sein erfahrenes Auge lenkten die Arbeit. Immer einmal setzte er aus, nahm den Maßstab aus Messing mit einer Feineinteilung in Millimetern, oder den Tastzirkel, prüfte den Durchmesser des Arbeitsstückes und verglich ihn mit dem der Musterlinse. „Zwei Millimeter", sagte er mehr zu sich selber. „Siehst du, Martin, da ist etwas in den Fingerspitzen, das alle die vergessen, die immer nach Maschinen und Theorien schreien. Das feine Gefühl für jeden winzigen Druck, der nie über das Ziel hinauswirkt, hat eben nur ein lebendiger Mensch. Wenn es gelingt, die Prüfungsweisen für alle Arten von Linsen zu verfeinern und zu vertiefen, dann kann es einmal möglich sein, dass wir der Vollendung nahekommen. Ich weiß es wohl. Immer nur nahe, denn wir schleifen ja in das Werkstück alles hinein, was uns bewegt und beherrscht, jede Freude, jeden Kummer, allen Ärger und was du dir sonst noch denken magst und was vom Herzen aus mit dem Blut den Weg in die Fingerspitzen findet.

Freilich, es wird bei dieser Art Leistung manches Stück Arbeit umsonst getan werden müssen. Unter soundso viel Linsen gelingt immer erst mal eine. Und wenn eine noch besser gerät als ihr Vorbild, dann ist es notwendig, alle Maße und Funktionen des gedachten Instrumentes durch neues Probieren den anderen Umständen anzugleichen."

Martin Wesselhoeft, der Pfarrerssohn aus Ilmenau, hörte verwundert zu, denn nur sehr selten gab der wortkarge Löber, den sie den Tyrannen nannten, eine so reichliche Folge überlegter und erfühlter Sätze von sich. Aber das hatte seine Ursache. Löber war Handwerker im vornehmsten Sinne. Der Hochflug Zeißens ging in manchem an ihm vorüber und ließ ihn mehr ahnen als wissen. Oft schüttelte er nach einer Aussprache mit dem Meister den Kopf, und es kam ihm vor, als verließe Zeiß den soliden Boden des Handwerkes, wenn er von Dingen redete, die es noch nicht gab und die er nur in Gedanken in hoher Vollendung zu schauen vermochte; denn Löber war nach den Erfahrungen mit Barfuß nicht gut auf die Theoretiker zu sprechen.

Ehe er der Linse auf dem feinen Steine die endgültige Rundung gab, musste Martin tüchtig treten; in die Schleiffläche waren einige Rillen eingeritzt worden, die Löber vor dem Beginne der Arbeit erst mit dem Abrichteisen wieder beseitigte. Das war ein schweres Stück Arbeit für beide und kostete jeden Schweiß und Muskelkraft.

„Möchte wissen, welcher Plattfußindianer da wieder nicht aufgepasst hat", knurrte Löber.

Und dann war es so weit. Leicht wie das Gewicht einer Flaumfeder wirkte der gutverteilte Druck über die Fingerspitzen in Heft und Sockel auf den Rand der Linse, bis Löber zufrieden war und den Lehrling wieder an seine Arbeit schickte.

Danach begann er die Krümmung auszuarbeiten. Bald wirbelte auf der Schleifmaschine ein halbkugeliger Kessel in rasender Geschwindigkeit herum. In seiner Hohlung saß, mit Pech auf einen feststehenden Stahlkern gekittet, das runde Glasstück und wurde von angefeuchtetem Schmirgel in verschiedener Körnung langsam zur Linse abgeschliffen und poliert. Dabei musste der Schleifer oft anhalten und mit dem Justierglas Wölbung und Schliff prüfen. Eine Arbeit, die gesammelte Aufmerksamkeit forderte, denn das Bein auf dem Tritt hatte für jede gewünschte Wirkung die gemäße Kraft aufzubringen. „Zwischen Widerstand und Kraft liegt die gewollte Form", sagte Löber öfter, wenn er einen Lehrling in die Arbeit an der Schleifbank einführte. „Jedes Unmaß auf einer Seite führt am Ziele vorbei."

So wuchsen aus der ausgewogenen Arbeit geschickter Hände nach und nach alle Teile eines Mikroskopes hervor. Verworfen oder anerkannt kamen sie zum Abfall oder erhielten ihren Platz im Ganzen. Das Zusammensetzen der Einzelstücke war oft eine nervenaufreibende Arbeit, die endlose Ruhe forderte; denn die geringste Abweichung eines Bauteiles hatte zur Folge, dass unter Umständen alle Verhältnisse auf dieses Stück durch Probieren neu abgestimmt werden mussten.

Aber die Hände und Augen der pröbelnden Optiker waren geübt und empfindlich; Löber züchtete ihre Leistungen immer höher und brachte die Erzeugnisse der Werkstatt in scharfe Konkurrenz mit alten, bewährten Firmen. Jedes Instrument entstand auf diese Weise als Einzelfall, als eine Lösung, und es konnte nicht erreicht werden, dass zwei Apparate nebeneinander in erfüllter Gleichheit von Bau und Wirkungsweise hergestellt wurden. Dass jedes Mikroskop trotzdem eine hohe Handwerksleistung darstellte, war der Stolz Löbers, und dass er darüber nicht hinauskam, der Kummer Zeißens.

Es ging den Optikern wie den Geigenbauern. Ihre Leistungen wuchsen hervor aus der Fülle eines reifen Könnens. All ihr Wissen, ihre Liebe zum Handwerk, und ein gut Stück stolzes, eigenwilliges Künstlertum, das mit jedem Instrumente etwas wagte, führten zum Ganzen und ließen das Werk reifen. Drei und vier, später manchmal fünf und sechs arbeiteten an einem Stück und umhegten es mit Sorgfalt, zu der sie ihre Handwerkerehre nötigte. Sie waren immer umgeben vom Duft geheimnisvollen Wissens und Könnens, das sie ängstlich hüteten und selten preisgaben. Das Geschäft ging aufwärts. Zeißens Ruf festigte sich, und die Werkstatt in der Wagnergasse wurde mit der Zeit zu eng. Schleiden trug dem Meister jeden neuen Wunsch seiner Wissenschaft zu und war unermüdlich im Raten und Anregen.

„Sehen Sie, Herr Professor", sagte Zeiß einmal zu ihm, „wenn ich mein Kassenbuch für die Beurteilung der Geschäftslage maßgebend sein lasse, dann kann ich zufrieden sein. Es geht mit einer deutlich sichtbaren Stetigkeit aufwärts. Aber trotzdem bleibe ich unruhig."

„Warum, Meister?" fragte Schleiden verwundert.

„Da ist eine Stelle in mir, die bleibt ewig wund."

„Wieso?"

„Eigentlich bin ich doch nur als Autodidakt zur Optik gekommen."

„Aber es ist trotzdem ganz gut gegangen?" Schleiden lächelte.

„Eben deshalb. Im letzten Grunde ist unsere ganze Arbeit doch eine ziemlich irrationale Sache."

„Mit gewissen Einschränkungen will ich das zugeben."

„Sehen Sie, es fehlt mir eben noch an der Summe traditioneller

Erfahrungen, die andere Werkstätten besitzen und die sie sicher und ohne Wanken den Weg in die Zukunft gehen läßt."

„Das kann manchmal aber auch recht hemmend wirken und den frischen, unmittelbaren Zugriff auf einen neuen Gedanken so sehr abbremsen, dass er sich totläuft. Zu stark betonte konservative Haltung macht manchen Fortschritt unmöglich und legt sich dämpfend auf viel frischen Wagemut."

„Aber Sie müssen doch einsehen, Herr Professor, dass wir uns eigentlich alle miteinander auf einem Irrwege tummeln, von dem ich mit meinen Leistungen herunter möchte. Hier zweigt mein Weg von dem Löbers ab."

„Dein widerspricht der Erfolg."

„Nein, der ist nur die Höhe des Irrtums und scheint mehr, als er tatsächlich bedeutet."

Schleiden schüttelte den Kopf.

„Wie arbeiten wir?" fuhr Zeiß fort.

„Na?"

„Wir verschaffen uns ein anerkannt gutes Instrument von einer leistungsfähigen Werkstatt und ahmen es Teil für Teil, Linse für Linse, Fläche für Fläche nach. Alle Brennweiten suchen wir zu erreichen, alle Maße in Krümmungen und Abständen werden genau festgestellt und nachgearbeitet. Wollen wir zu anderen Ergebnissen gelangen, dann wird das neue Stück in allen Proportionen vom Muster aus entsprechend geändert. Wenn dies geschehen ist und ein neues Instrument auf dem Tische steht, dann erkennt man oft mit Schrecken, dass die von ihm vermittelten Bilder schlechter sind als die des Musters.

Man kann doch nicht sagen, ein Instrument, das einem einmal besser geraten ist als sein Vorbild, bedeute einen Fortschritt in der mikroskopischen Optik überhaupt. Es ist weiter nichts als das zufällige Zusammentreffen günstiger Umstände.

Zu dem Wege, den ich suche, gibt es keine Brücken. Das muss etwas ganz Neues werden, eine Umlagerung der Optik. Die wird einem aber nicht aus der plötzlichen Erleuchtung des Gehirns wie eine Erfindung unmittelbar in die Hände fallen, sondern sie muss wie die Stecknadel im Heuhaufen mühselig gesucht werden. Aus solchen Sorgen kam ich zur Zusammenarbeit mit Barfuß. Und weil er sie mir nicht zu nehmen vermochte, musste ich mich von ihm trennen. Was Sie Erfolg nennen, bleibt für mich nur Versuch."

Zeiß war von seinem Ziele besessen. Darin konnte ihn auch der zunehmende Umsatz nicht irre machen.

Im Jahre 1857 bat der Meister Schleiden um ein Gutachten über seine Mikroskope. Es fiel sehr günstig aus und zeigt das feine Verständnis des Forschers auch für die innere Lage des Meisters. Er schrieb: „Herr Zeiß hat mich um eine Empfehlung seiner Arbeiten gebeten, ich weiß wahrlich nicht weshalb. Meine Empfehlung könnte nur bezüglich seiner optischen Arbeiten einen Wert haben, und gerade diese bedürfen derselben nicht mehr. Herr Zeiß gibt seine Mikroskope nur für erste Versuche aus, und diese Bescheidenheit ehrt ihn ebenso sehr als seine Geschicklichkeit und Kunst. Was den optischen Teil betrifft, so können sich diese ersten Versuche bereits kühn neben Werke alter Meister stellen und sie berechtigen uns zu der Erwartung, dass Herr Zeiß die bisherigen Mikroskope erreichen und übertreffen wird."

Die Ausdehnung der Werkstatt forderte mehr und größere Räume. Zeiß musste sich nach einer anderen Werkstätte umsehen und fand sie in einem geräumigen Hause am Johannisplatze, in das er 1857 übersiedelte.

Äußerlich beobachteten die Jenenser den Aufstieg der Werkstatt und wussten Zeiß als Mitbürger zu schätzen. Sein Hauswesen gedieh behäbig und sicher. Aber kaum jemand ahnte etwas von der zehrenden Flamme, die das ruhelose Streben nach der Vereinigung seiner Kunst mit der Wissenschaft wachhielt. Immer einmal in schlaflosen Nachtstunden fragte er sich: „Wird es gelingen?"

Kapitel 5

Während der Jahre, in denen Carl Zeiß in dem ruhigen Jena seine Werkstatt aufbaute, kochte das aufgewühlte Europa wie ein Vulkan. Unterirdische Mächte durchstießen die dünne Decke gewohnten und ängstlich gehüteten Herkommens. Ströme niedergehaltener Kräfte ergossen sich über den wunden Erdteil. Revolutionen züngelten auf, wurden niedergeschlagen oder setzten sich durch. Der europäische Mensch schüttelte sein Bett, dass die Federn flogen. Es war alt und brüchig geworden. Längs- und Querfäden verloren die Bindung. Es gab Risse und Schlitze und schien, als reichten die alten Behelfsmittel nicht mehr zum Flicken aus, damit es weiter benutzt werden konnte. Es mussten große Stücke herausgeschnitten und durch neue ersetzt werden. Das dauerte lange, machte viel Arbeit und blieb am Ende doch nur Flickwerk.

Eisenbahnen legten dem alten Europa ein Netz eherner Schienen auf den Leib, das von Jahr zu Jahr enger und länger wurde. Dampfmaschinen fauchten und zischten hinter den Mauern neuer Fabriken. Die Schienenstränge entlang, an den Seiten der Landstraßen und stiller Wege wurden Masten aufgestellt, über die hinweg blinkende Kupferdrähte liefen. Und in ihnen, wie im Gewirr menschlicher Nerven, spielten geheimnisvolle Kräfte, die in den Telegraphenstuben der Postämter emsig und unermüdlich sichtbare Zeichen auf schmale Papierstreifen klopften. Die Eingeweihten saßen davor und wussten die eintönigen Punkte und Striche zu lesen. Raum und Zeit rückten zusammen. Bei aller Betonung nationaler Abgrenzung stärkte sich das europäische Bewusstsein, und manche ahnten etwas von dem Eingebettet sein in ein gemeinsames Schicksal im Schoße der geschäftigen Mutter Europa. Technik wurde Trumpf. Wie eine neue Religion stieg sie aus Werkstätten, Fabriken, Laboratorien, Gelehrtenstuben, Schächten und Ackerfurchen. Die Landwirtschaft begann unter Justus Liebigs Düngelehre Technik zu werden. Paganini machte Europa rasend mit dem Zauber seines technisch übersteigerten Geigenspieles. Franz Liszt zog wie ein Gott von Konzertsaal zu Konzertsaal und berauschte die Menschen durch die Gewalt seiner nicht mehr zu überbietenden Klaviertechnik.

Reaktion und staatlich konzessionierte Rückwärtserei bliesen ihre Nebel über freie Geister und erkenntnishungriges Volk.

Die Zeit war gesättigt mit Widersprüchen und hätte manchem Sucher den Weg nach vorn leichter gemacht, wenn sie klarer und mit weniger Widerständen beladen gewesen wäre.

Die aus Feigheit und verstecktem Widerwillen bremsenden Kräfte legten oft mehr guten Willen brach als offene Gegnerschaft. Robert Schumann, der Romantiker der Musik, verdämmerte in der Märchenwelt seiner Träume und endete im Wahnsinn. Die Völker rüttelten an den Fesseln dynastischer Bevormundung und suchten Wege zu politischer Verantwortung und zur Mitarbeit am Staate durch demokratische Einrichtungen.

Es knisterte und knackte im Gebälk überkommener Anschauungen in Religion, Wissenschaft und Kunst. Wie ein sengender Brand fuhr von England her Darwins Buch „Über die Entstehung der Arten durch natürliche Zuchtwahl" auf das Festland und ließ denkende Menschen aufleuchten oder zu Schlacke werden.

Geld heckte Geld in den Händen wagemutiger Industrieritter. Ihnen wurde alles zu Golde, was sie berührten. Sie wühlten im Hunger nach Rohstoffen die Erde auf. Wo die wirtschaftliche Kraft einzelner nicht mehr ausreichte, taten sich mehrere und viele zusammen. Das Zeitalter der Aktiengesellschaften und Großbanken begann.

Die Unternehmer kämpften um Ellenbogenfreiheit und predigten deshalb die Lehre vom Freihandel und der Gewerbefreiheit. Damit wollten sie sich ihren Anteil an der erwarteten Beute sichern· Wagemutig setzte die Hamburg-Amerika-Linie die ersten Dampfschiffe ins Meer, um den Weg nach Amerika, dem Lande der Verheißung, abzukürzen. Robert Mauer, der schwäbische Arzt, scheuchte die verschlafene Wissenschaft ausfmit seinem Gesetze von der Unzerstörbarkeit der Kraft. Große Generalnenner überspannten das Denken und Suchen derer, die über die Zeit hinauswollten. An vielen Stellen regte sich das Streben, die überalterten Formen handwerklichen Schaffens durch rationale Verfahren zu überwinden. Diesseitsfreude, unbekümmerte Lebensluft und wagemutiger Egoismus lenkten die Gedanken der Zeitgenossen ins Gegenwärtige, Irdische und ließen sie weniger ängstlich und besorgt nach dem Jenseits schielen.

Liberalismus nannten die Nachfahren jene Zeit des Sich Dehnens und Reckens. Sie schien kein Ende zu haben und formte Welt und Menschen über Jahrzehnte hin. Wie ein tönerner Götze wuchs sie in die Wolken, rücksichtslos, gebläht und überheblich. Bis dann die Zeit kam, da sie allen die Sicht nach vorn versperrte.

Die Massen durchbrachen im Gefolge von Führern und Verführern die gewohnten Anschauungen über Eigentum und Leistung und hielten Ausschau nach einem neuen Verteilungsschlüssel für die Güter dieser Welt. Das Ich durchdrang die Polster muffiger Gefühle und schlug sich durch in die Helle eines rücksichtslos sich selbst setzenden Bewusstseins. Technik und Wissenschaft wurden Schrittmacher und Träger des neuen Evangeliums vom Sinn und Wert des Lebens. Menschliche Größe entfaltete sich. Fortschritt ließ alle Pulse schneller schlagen, und Verruchtheit wucherte in den Abgründen.

Wenig von alledem verirrte sich in das stille Jena. Es hatte keine Industrie, und die Schönheit seiner Berge und verschwiegenen Täler lag wie ein Wehr vor dem sich aufbäumenden Zeitgeiste. Und doch waren auch Schleiden und Zeiß Kinder ihrer Zeit.

Der Botaniker überraschte die Fachleute mit einem umstürzenden Buche über die „Grundzüge der wissenschaftlichen Botanik". Es ging ihm darum, an die Stelle trockener Systematik, eines ewigen Zählens, Ordnens, Umordnens und Benennens der Pflanzen, die Lehre vom Leben zu setzen, das Fertige in der Entwickelung zu zeigen und es hineinzustellen in den Zusammenhang von Ursache und Wirkung; Zustand in Handlung umzusetzen und Absolutes in Abhängigkeit erkennen zu lassen.

Zeiß, der kenntnisreiche und wagemutige Handwerksmeister, suchte nach dem Wege, der ihn herausführen sollte aus der Enge und Blindheit des Pröbelns. Der Wissenschaftler Schleiden musste erleben, dass er die tiefere Einsicht in die Geheimnisse des Lebens nur über eine technisch größere Vervollkommnung des Mikroskopes gewinnen konnte. Deshalb führte er den Mechaniker Zeiß zur Optik und wusste ihm die Notwendigkeit der Verfeinerung optischer Geräte als eine Forderung der Zeit ohne Aufhören vorzustellen. Und weil Zeiß Schleidens Gedankengänge in ihrer umgestaltenden Wirkung begriff, tat er den Schritt aus der Mechanik in die Optik und musste mit Schrecken immer aufs Neue erleben, wie er an die Grenzen seines Könnens gedrängt wurde.

Wenn die Werkstatt ruhig und die Familie schlafen gegangen war, saß Zeiß wieder nächtelang über den Büchern. Es war rührend, wie er sich ohne Aufhören mühte, das keusche Geheimnis des Lichtes in seine Macht zu zwingen.

Immer wieder ging er aus von der Theorie, die Fraunhofer vor Jahrzehnten in München für den Bau von Fernrohren aufgestellt hatte, weil er der Meinung war, es müsse gelingen, eine so eindeutige und unbedingte Lösung auch für das Mikroskop finden zu können.

Warum soll das, was der Fernsehoptik den Weg in den Kosmos zeigte, nicht auch möglich sein für die endgültige Aufschließung des Mikrokosmos?

Löbers Fleiß und Erfindergeist verbesserten zwar unentwegt die Prüfungsmittel für Linsen und ihre Wirkung. Aber das änderte grundständig nichts am Verfahren. Jahre gingen hin. In Zeißens hageres Gesicht gruben sich zwei senkrechte, tiefe Furchen über die starke Nase, Spuren seines Grübelns und ausweglosen Suchens.

Im Sommer 1861 ließ er sich einmal bei Schleiden melden, mit der Vorgabe, etwas Wichtiges mit ihm besprechen zu müssen. Der Gelehrte bat den Meister, als er vom Flure herein seine Stimme hörte, selber ins Studierzimmer und lud ihn ein, Platz zu nehmen.

„Hübsch, dass Sie mich wieder einmal aufsuchen, Herr Zeiß. Sie waren lange nicht hier."

„Mir geht's wie dem Esel, dem das Heubündel zu hoch hängt", lachte Zeiß bitter.

„Wenn ich nicht wüsste, Meister, wie Sie mit beiden Beinen auf der Erde stehen, könnte ich Sie hin und wieder für einen Pessimisten halten."

„Ursache hätte ich schon dazu."

„Einen schlechten Tag gehabt, heute?"

Zeiß schüttelte den Kopf.

„Das könnte ich auch nicht verstehen", fuhr der Gelehrte fort. „Übrigens meinen Glückwunsch! Ich las in der Zeitung, dass Sie auf der

,Allgemeinen Thüringer Gewerbeausstellung in Weimar' mit einem Diplom ausgezeichnet wurden. Es geht also doch voran. Seit vorigem Jahre sind Sie Universitätsmechanikus." Er lachte. „Nun gehören wir sozusagen amtlich zusammen. Seit Sie verheiratet sind, gedeiht das Hauswesen. Ihre Frau hält zusammen, was aus dem Geschäft herausspringt und ist eine Meisterin, die zum Ganzen passt. Was meinen Sie, wie es gehen könnte, wenn sie nicht so zupacken würde? Treppauf, treppab, man darf ihr nicht zur unrechten Zeit über den Weg laufen. Aus den Bodenkammern, wo die Lehrlinge hausen, in die Küche, zum Keller, auf den Wochenmarkt. Herrgott, was wissen wir Männer, die wir uns so wichtig nehmen, meist vom Dasein unserer Frauen? Wenig, manchmal herzlich wenig.

Und je unscheinbarer sie in den Hintergründen schaffen, um so selbstverständlicher scheint uns das, weil es nicht auffällt und kein Wesen von sich macht. Nur wenn's mal schief geht, merkt man erst, was los ist, wo es fehlt und was man hat."

Schleiden legte dem Meister die Hand auf die Schulter. „Hut ab vor Frau Ottilie. Ohne sie würde manches nicht so sein wie es ist. Wer stellt solchen Frauen einen Ehrenbrief aus? Und dann die Kinder? Die sind gesund und klug; machen nirgends Schwierigkeiten. In der Werkstatt tummeln sich Gehilfen und Lehrlinge. Ihre Mikroskope werden von der forschenden Wissenschaft geschätzt. Sie trägt Ihnen laufend neue Aufgaben zu. Mir will scheinen, als gingen Sie zu weit, wenn Sie auch jetzt die ausgezeichnet arbeitenden Apparate immer noch als Versuche bezeichnen. Im Texte des Ehrenbriefes wird von Ihren Mikroskopen gesagt, sie zeichneten sich durch scharfe, lichtstarke Bilder aus und gehörten zu den vortrefflichsten, die in Deutschland angefertigt würden. Meister, das ist doch etwas!"

„Damit haben Sie nur halb recht, Herr Geheimrat", sagte Zeiß bedenklich. „Und die andere Hälfte bedrückt mich Tag und Nacht. Das brennt wie eine offene Wunde."

„Sie übertreiben!", meinte Schleiden.

„Das lässt sich nicht übertreiben."

„Machen Sie sich nicht zu klein"

„Gewiss, wenn mich Halbheiten befriedigten, dann dürfte ich mit dem Stande des Geschäftes zufrieden sein. Es hat sich aus den Brausejahren langsam in die Stetigkeit sicheren Absatzes und zuverlässiger Handwerksleistungen hineinentwickelt und könnte mit der Zeit in den Hafen gutbürgerlicher Sättigung einlaufen. Aber, aber."

Schleiden wandte sich um und zog ein Bündel Korrekturen heran, das auf seinem Schreibtische lag.

„Das wird Sie interessieren, Herr Zeiß."

Der Meister rückte etwas heran.

„Ich bereite eben eine neue Auflage meines Buches ‚Die Pflanze und ihr Leben' vor. Der Erfolg des Werkes kommt vor allem durch die schönen Kupfertafeln mit den mikroskopischen Bildern. Ich versuchte, die Pflanzenkunde volkstümlicher zu machen, denn es gibt ja auch heute noch genug Gebildete, die den Botaniker für einen Krämer in barbarisch-lateinischen Namen ansehen; für einen Mann, der Blumen pflückt, sie benamst, trocknet und in Papier wickelt, und dessen Weisheit aufgeht in der Bestimmung und Klassifikation dieses künstlich gesammelten Heues. Immer wieder rückte ich an die Grenzen dessen, was die üblichen Mikroskope leisten konnten. Aber eben dieser Widerstand reizte mich, den Weg weiterzusuchen. Sie haben mir dabei ein ganzes Stück geholfen."

Er zog ein Blatt heraus.

„Sehen Sie, hier ist ein Bild jenes einfachen Instrumentes, das Sie einstmals auf meine Anregung hin bauten. Es war eine zusammengesetzte Lupe mit sehr begrenzter Wirkung. Da standen wir Ende der vierziger Jahre, na, und heute? Heute schaffen Sie Mikroskope, die wirklich etwas leisten."

Zeiß unterbrach ihn.

„Schon, schon, Herr Geheimrat. Man nimmt das Gute, wo man es bekommt. Das in Weimar prämierte Instrument ist mit einem hufeisenförmigen Fuße versehen, den wir der Bauart Oberhäusers in Paris entlehnt haben. Ich kann mir also darauf wenig einbilden. In dem Entwurfe zu einer neuen Preisliste, den ich Ihnen vorlegen möchte, habe ich den Vater dieses Fortschrittes angegeben. Das bin ich der Wahrheit schuldig. Aber davon möchte ich mich einmal frei machen und Apparate erzeugen, die grundständig auch in ihrer Theorie den Stempel meiner Werkstatt tragen und nicht von allen Seiten her Anleihen bei anderen machen."

„Kann ich verstehen", murmelte Schleiden beim Lesen des Preisverzeichnisses. „Aber Sie tun da nichts Absonderliches, sondern machen es wie alle anderen. In dieser Konkurrenz liegt doch eben der Antrieb nach vorn, von dem wir Wissenschaftler den Nutzen haben."

Schleiden hatte nichts gegen Form und Inhalt der Preisliste einzuwenden und gab sie Zeiß zurück.

„Sehen Sie, Meister, die Krone dieses Angebotes ist und bleibt das neue, zusammengesetzte Mikroskop, mit Hufeisenfuß und sieben verschiedenen Objektiven und Okularen. Auch die Preise finde ich angemessen. Die Wissenschaft wird begierig danach greifen. Der Ruf Ihrer Werkstatt muss sich damit weiter festigen.

„Da habe ich meine Befürchtungen, Herr Geheimrat", nahm Zeiß das Wort. „Jedes Mikroskop, das fertig wird und das Fegefeuer aller Prüfungen überstanden hat, stellt eine einmalige Lösung dar, die jeden, der an der Herstellung beteiligt war, so lange mit Sorge und Spannung belastete, bis die Arbeit gelungen ist. Aber bedenken Sie selber einmal, was bei unserer Arbeitsweise herauskommen kann. Wir schleifen die Linsen nach vorhandenen Mustern und prüfen in Abständen ohne Aufhören die von ihnen gelieferten Bilder. Das Stück wird nach dem Endergebnis verworfen oder anerkannt.

Vergessen Sie nicht, dass es ungefähr ein Dutzend verschiedene Abbildungsfehler gibt. Hat man einen beseitigt, taucht ein anderer auf, oder die übrigen machen sich nun noch schärfer bemerkbar. Denken Sie, wieviel guter Wille und angespannte Seelenkraft bei diesem Probieren zerrieben wird. Von der Unwirtschaftlichkeit eines solchen Verfahrens ganz abgesehen, ist die seelische Beanspruchung so groß wie bei kaum einer menschlichen Leistung; denn ein Treffer, eine gelungene Linse ist so selten wie ein Gewinn in der Lotterie. Es war die Sehnsucht meines Schaffens bis auf diesen Tag, mich davon freimachen und dem Material die erwartete Leistung vorschreiben zu können. Aber man wird älter, Herr Geheimrat. Ich gehe schon auf die Fünfzig zu, und das Geschick muss sich beeilen, wenn es mich mit dem Erfolg segnen will, solange ich noch bei Kräften bin. Wo ist der Mann, der unseren Händen seinen Kopf leiht, damit wir aus der Sackgasse herauskommen?"

Schleiden stand auf und legte dem Meister die Hand auf die Schulter. „Jede gesunde Entwicklung vermeidet Sprünge, Meister und sucht nur das Mögliche zu erreichen. Wir Menschen sind viel eher in der Lage, uns erwartete Endzustände reif und fertig auszudenken, als sie zu schaffen. Erst aus der vollen Gemäßheit aller Begleitumstände kann einmal eine in die Wirklichkeit hineingestellte Lösung tatsächlich erreicht werden. Überstürzte Eile, überhitztes Tempo bringen Nackschläge und treffen den Unruhigen selber. Pflanzlich, organisch muss etwas wachsen, wenn sich Erfolg von Dauer einstellen soll.

Und so gesehen, haben Sie doch für Ihre Person schon viel erreicht. Wenn es soweit ist, wird auch der Mann Ihren Weg kreuzen, den Sie suchen. Was Sie bis jetzt schufen, war notwendig und möglich. Und die neue Preisliste ist wieder ein Rechenschaftsbericht Ihrer Leistungen."

Von Gedanken beschwert ging Beiß nach Hause. Die Anerkennung Schleidens tat ihm wohl und machte ihn stolz.

Noch am Nachmittage, als die Sonne hoch am Himmel stand, zog er seinen besten Anzug an und ging zum Fotografen. Sauber verpackt trug er eins von den neuen Mikroskopen unter dem Arme. Er stellte es neben sich auf das Tischchen, an das er sich lehnte, holte aus der Tasche im rechten Nockschwanze sein samtenes Hauskäppchen und setzte es auf.

„Danke, Herr Zeiß", sagte der Fotograf, als er eine Weile vom Objektiv seiner unförmigen Kamera den Deckel abgehoben und ihn mit einer eleganten Bewegung dann wieder darauf geschoben hatte.

Das fertige Bild zeigte den Meister in selbstbewusster, zufriedener Haltung.

Kapitel 6

In der Mitte der sechziger Jahre lag über Zeißens Werkstatt eine prickelnde Unruhe. Sie trieb an, hemmte aber auch. Der Meister gab sich nach außen als würdiger Prinzipal, der in väterlicher Fürsorge den Lauf der Dinge überwachte. Das kraftvolle Kinn begann ein dichter Vollbart zu überwuchern. Die kluge Stirn trat freier und eigenwilliger vor das zurückweichende Haupthaar, in das sich die ersten Silberfäden mischten. Hatte er Sorgen? Seine Empfindlichkeit wuchs.

Das Geschäft mit den zusammengesetzten Mikroskopen zog an. Schon liefen Aufträge aus aller Welt ein. In der Werkstatt am Johannisplatz war jeder Raum aufs äußerste ausgenutzt, und fleißige Menschen rückten in zunehmender Zahl immer enger aufeinander.

1862 hatte Schleiden Jena verlassen und war einem Rufe nach Dorpat gefolgt. Damals biss der Meister die Zähne aufeinander, denn der Abschied von dem uneigennützigen Förderer und Wegweiser hinterließ fürs erste eine dumpfe Leere in ihm. Nun musste er ohne ihn den Weg weitergehen, ganz auf eigene Füße gestellt. Rings um ihn her regte sich die Naturwissenschaft mit neuen, umstürzenden Erkenntnissen und Zielsetzungen. Eine Fülle von Aufgaben warf sie den Optikern zu, und in vielen Werkstätten rührte sich vorwärtsdrängender Fleiß und suchte mit der eiligen Wissenschaft Schritt zu halten.

Schranken der Erkenntnis brachen wie morsches Holz, Herkommen und Hemmung wurden kühn durchstoßen.

Zeiß merkte trotz des guten Geschäftsganges den leise ansetzenden Druck der Konkurrenz. Da war in Berlin die Werkstatt von Hartnacke, die sich deutlich spürbar auf den Markt schob. Sie stellte eine Art Wasserlinsen her, die die schon überall für unabwendbar gehaltenen Abbildungsfehler verringerte und sich deshalb viele Abnehmer sicherte.

Löber fieberte vor Eifer, die Erzeugnisse der Jenaer Werkstatt auf gleiche Höhe zu bringen. Die Kunst des Pröbelns ließ sich kaum noch steigern. Sein scharfes Auge und die kritische Hand suchten jedes Stück, das aus der Zusammenarbeit von zwanzig Männern hervorging, die letzte Vollendung zu geben. Aber trotzdem behielten die Mikroskope von Hartnarke durch die in das Objektiv eingebaute Wasserlinse einen nicht einzuholenden Vorsprung.

„Wird mit ihnen der Weg weiterführen?", fragte sich Zeiß oft in stillen Stunden. War Hartnacke der Mann, der die in einer Sackgasse festgefahrene Entwickelung des Mikroskops wieder in Bewegung brachte? Wahrlich Sorgen genug für einen Menschen vom Schlage des Meisters. Dazu kam noch eine andere Last. Aus den Gelehrtenstuben, aus dumpfen Hörsälen suchten Naturwissenschaft und Mathematik den Weg ins Leben, in Fabriken und Werkstätten. Im Ingenieur bildete sich jener aus reiner Erkenntnis und praktischer Erfahrung zusammengesetzte neue Schaffer und Gestalter heraus, der die Welt der Dinge und Kräfte in Zukunft meistern sollte. Kraftvoll und mit blitzenden Augen ging er an die Arbeit und bezwang Unmögliches. Über den Spießbürger des Biedermeier raste die Entwickelung rücksichtslos hinweg. Und das Ideal des Münchners Karl Spitzweg zerstob vor dem heißen Atem stampfender Maschinen:

„Es bleibt zuletzt doch etwas noch,
was muss das Herz erheben
weit über jede Unbill hoch
und schöner macht das Leben!
Ach, wenn ich es nicht sage dir,
du würdest's nie erraten:
Freund, morgen gibt es Märzenbier
und Heringe gebraten!"

Die geruhsame Zeit der guten Stube, der Tabakspfeife und zahlloser Tassen Kaffee kriegte einen starken Stoß und begann schneller zu laufen. Das spürte Zeiß sehr genau. Und wie es Dinge gibt, die einfach in der Luft liegen, bis sie sich mit einer gewissen Selbstverständlichkeit eines Tages erfüllen, oft an zwei, drei Stellen zu gleicher Zeit, so durfte er mit Recht fürchten, dass irgendwo ein Optiker von denselben Sorgen bedrückt wurde wie er, genauso stöhnte unter der Last des Pröbelns und alles versuchte, sie abzuwerfen. Wer mochte der erste sein im Wettlaufe um den Erfolg? War es nicht in Berlin, in Wien, London und Paris leichter, dass sich Empiriker und Theoretiker zueinander fanden? Im Vergleich mit diesen Weltstädten blieben die Aussichten für Jena, einer Stadt von Ackerbürgern, Kaufleuten und Akademikern, gering, beinahe hoffnungslos Zeiß selber gab es auf, sich weiter in die theoretische Optik hin einzugraben, weil er einsah, dass der Teil, der dem Bau von Mikroskopen nützen konnte, überhaupt erst gefunden werden musste.

Schien er nun in jenen Hafen einzulaufen, in dem sein Lebensschiff nach den Stürmen der Jugend ruhig den Anker auf Grund fallen ließ?

Das war eine zermürbende Zeit, als die Zunge der Waage seines Lebens sich weder auf die eine, noch auf die andere Seite neigte und alles ohne entscheidende Kraft in der Schwebe hing. Die Pröbler sahen sich im Rechte, und es gab auch Wissenschaftler, die des Glaubens waren, das Mikroskop könne nicht weiter entwickelt werden. Alles staute sich zu einem Knoten von Widerständen, den niemand aufdröseln oder durchhauen konnte.

Gütig und aufrecht führte Zeiß die Werkstatt durch die Jahre des Wartens, äußerlich gefaßt und klar, innerlich brennend in der Glut seiner Sehnsucht. Freundlich und geduldig bediente er die Kundschaft im Laden, in dem immer noch Lupen, Thermometer, Barometer, Fernrohre, Brillen, Mikroskope und allerlei Hilfsgeräte verkauft wurden. Mit peinlicher Sorgfalt wählte er unter Löbers Beistand den Nachwuchs der Lehrlinge aus. Während der Werkmeister alle möglichen äußeren Dinge entscheidend sein ließ für die Annahme eines Lehrjungen, war es, als blicke Zeiß in den Mittelpunkt des Wesens, hinter Schale und Form und ertaste mit schöpferischer Sicherheit den Wert des Menschen, den er brauchen konnte oder ablehnen musste.

„Da ist etwas, was mich im ersten Augenblicke anspricht oder abstößt", sagte er einmal zu Löber. „Es steht nicht in Schulzeugnissen und Papieren, es weist sich nicht aus in glattem Benehmen und beflissener Gefälligkeit, in sturer Untertänigkeit und blendendem Eifer. Es sitzt ganz tief. Mancher spürt es, mancher nicht. Und man tut dem Langsamen, Bedächtigeren, rücksichtsloser Denkenden und aus den guten Kräften seines Herzens Lebenden unrecht, wenn man sich voreilig für sein Gegenteil entscheidet."

Dann schwieg Löber.

„Sehen Sie da drüben unsern Fritz Müller. Sie machten ein essigsaures Gesicht, als ich ihn einundsechzig in die Lehre nahm. Und heute, nach nicht ganz fünf Jahren, ist er Leiter der Mikrofasserei."

Löber lächelte. „Das mochte damals eine Ausnahme gewesen sein, Herr Zeiß, die man nicht verallgemeinern kann."

Zeiß behielt den jungen Werkmeister im Auge.

„Er hatte gute Zensuren, war aber ein winziges, spärliches Kerlchen. ‚Solche Knirpse können wir genug kriegen, der kann ja auf keine Maschine gucken', sagten Sie damals."

„Ein Stück Ohnmacht, dem man das Vaterunser durch die Rippen blasen konnte", meinte Löber lachend.

„Aber ich ließ ihm ein Trittchen bauen. Er lernte die Schleifmaschine von oben herunter treten, holte körperlich alles nach, was ihm fehlte, und heute ist er aus dem Betriebe nicht mehr herauszudenken. Wie oft kann man mit einem Urteil von außen her einem Menschen unrecht tun."

Zeiß rückte sein Samtkäppchen zurecht und trat mit wiegenden Schritten neben Müller, der die frischgeschnittenen Gewinde einiger Systeme prüfte.

„Machen Sie sich bitte für heute Nachmittag um drei Uhr zu einem Gange aufs Amtsgericht fertig. Ich habe uns anmelden lassen zur Ablegung des Werkeides." Müller sah kurz auf, nickte und wurde ein wenig rot.

Am Nachmittag meldete der Diener beide beim Amtsrichter. Feierlich erhob der sich hinter seinem Schreibtische und begrüßte die beiden Männer, die in schwarzen Röcken davorstanden. Müller musste die Schwurfinger heben und die Sätze nachsprechen, die der Richter langsam und mit Nachdruck vorlas:

„Ich, Fritz Müller, schwöre hiermit zu Gott dem Allmächtigen und Allwissenden diesen teuren Eid, dass ich die in meiner bisherigen und künftigen Beschäftigung im Fertigen von Linsensystemen und dergleichen im Geschäfte des Herrn Hof- und Universitätsmechanikers Carl Zeiß all hier zu meiner Kenntnis gekommenen Zahlengrößen, Maße und speziell diesem Geschäfte eigenen Methoden der Linsenverbindungen jetzt und alle Zeit treulich bewahren und dieselben niemals behufs etwaigen aus dem Geschäfte Mitnehmens, mir notieren, noch jemals sie zu anderen Zwecken als für den Nutzen des Zeißschen Geschäftes verwenden, auch in jeder Weise bezüglich der Verschwiegenheit, dem Herrn Hof- und Universitätsmechanikus Zeiß ein treuer Arbeiter sein und den Jüngeren, in das Geschäft Eingetretenen und Eintretenden in Wahrheit, Treue und Pünktlichkeit immer mit gutem Beispiele vorangehen will, so wahr mir Gott helfe und sein heiliges Wort durch Jesus Christus, meinen Erlöser und Seligmacher. Amen."

Langsam ließ der Richter das Papier sinken und sah Fritz Müller in die Augen, als wolle er ihm den Wortlaut des Schwures ins Bewusstsein brennen.

Zeiß dankte, und die beiden verließen das Amtsgericht.

Der Meister lud den Gehilfen, ehe sie ins Geschäft zurückgingen, zu einem Schoppen in einer Weinstube am Markte ein. Stumm saßen sie einander gegenüber, bis Zeiß das Glas hob und zwinkernd sagte: „Auf Ihr Wohl, Müller, und auf das Wohl einer fernen, gelösten Optik."

Der Gehilfe wusste nicht, was der Meister mit den letzten Worten meinte und tat einen tiefen Zug, denn der Wein war gut und kühl. Zeiß seufzte leise und ließ den herben Mosel kostend über die Zunge gleiten.

Rings in den Kneipen um den Markt her tollten und lärmten die Studenten. Die unförmige Mütze mit dem ausladenden Schilde saß manchem schief auf dem von Wein- und Biernebeln verhangenen Kopf, denn der Mai war trocken und durstig. Die Sonne des späten Nachmittages vergoldete die Giebel und Dächer der Häuser rings um den würdigen Platz und spiegelte sich farbensprühend in den Fensterscheiben.

„Ja, ja", meinte Zeiß, als sie sich erhoben, „vielleicht ist unter denen, die da toben und Geld und Kraft verschwenden, der Mann, den ich suche. Vielleicht ist es aber dann auch zu spät." Seine Worte brachen ab, und er ließ die Augen noch einmal rückwärtsschauend über den Markt streichen, den man in Jena „die Gute Stube" nannte.

Als er in seinem Büro saß, um die Post durchzusehen, die unterdessen eingegangen war, wurde ihm eine Reihe Mikroskopfüße zur Prüfung hereingebracht. Er hob den ersten vom Brette ab, auf dem sie standen, und strich mit den Fingerspitzen über Kanten und Flächen. Die

Augen folgten den gleitenden Fingern, weiteten sich zusehends und blieben bohrend an einer Stelle hängen. Dabei rötete sich des Meisters Gesicht, das Blut begann ihm in den Schläfen zu klopfen, denn der Wein war noch lebendig und machte ihn überwach und hellsichtig.

Plötzlich stand er auf, raffte mit beiden Händen so viel Stative zusammen, wie er packen und tragen konnte, drückte die Tür mit dem Ellenbogen auf und raste mit fliegenden Rockschößen auf den großen Amboss zu. Alle Augen folgten ihm. Das Samtkäppchen flog vom Kopfe. Neben dem Amboss ließ er die Mikroskopfüße fallen, hob einen auf, stellte ihn auf die Schlagfläche und packte den größten Zuschlaghammer. Die Rockärmel fielen zurück, straffe Sehnen zeichneten sich auf Unterarme ab. Dumpf knirschend zersprang das erste Stück unter dem wuchtigen Schlage des schweren Hammers. Eins folgte dem anderen.

„Die übrigen!", rief er und ruhte nicht eher, als bis er die ganze Lieferung in Klumpen geschlagen hatte.

Löber war dabei neben ihn getreten. Aber er hatte nicht gewagt, den Rasenden zur Ruhe mahnen. Mit gesenkten Köpfen folgten alle dem Zerstörungswerke, und einigen war, als sauste jeder Schlag hart an ihnen vorüber.

Endlich spritzten die Stücke des letzten Fußes vom Amboss herunter. Zeiß lehnte den Hammer daran, wischte sich mit dem Handrücken den Schweiß von der Stirne und seufzte.

„So, die sind hin. Pfusch können wir uns nicht leisten. Ich dulde keinen Fehler. Solange wir noch in dieser Weise arbeiten müssen, ist größte Vollendung unsere einzige Ehre! Nun sind wir fertig miteinander."

An diesem Tage wurde still Feierabend gemacht. Das Maigewitter vor dem Amboss klang langsam in jedem ab, der es erlebt hatte. Der Meister verlor danach kein Wort darüber.

Die letzte Wucht hatte dieser Ausbruch aus Zeißens Unterbewusstsein erhalten, in dem die Sorge unablässig schwelte, es könne eines Tages die Kunde eintreffen, der wissenschaftlich begründete Bau von Mikroskopen sei irgendeinem wagemutigen Optiker gelungen. Dazu kam der schwüle, treibende Mai. Urplötzlich losbrechende Gewitter warfen ungeheure Wassermassen in die engen Gassen der kleinen

Stadt. Sie brachen in die Häuser ein, und auch Zeißens Werkstatt war schon überschwemmt worden.

Am Tage darauf war Jahrmarkt, da erhielt die ganze Bude nach altem Brauch einen halben Tag Urlaub. Es wurde von früh sechsen bis zwölf Uhr mittags gearbeitet, danach schwärmten die Künstler in breiten Hüten und wehenden Halsbinden hinein in das wogende Getümmel des Marktes. Freie Nachmittage beanspruchten sie auch für Vogelschießen und Fastnachten. Mancher Gehilfe pochte noch auf das Recht des Blauen Montages, denn Zeiß zahlte gute Löhne, und die Ledigen hatten Geld genug zum Ausgeben.

Die Arbeitswoche hatte sechsundsechzig Stunden, und hin und wieder einmal reichte die Nacht vom Sonntag auf den Montag nicht aus, irgendeine wüste Feier verklingen und den wirbeligen Schädel wieder klar werden zu lassen. Dann schlief sich der Geschlagene bis weit in den Vormittag hinein aus und erschien erst am Nachmittag oder am Dienstag früh wieder zur Arbeit. Diese Freiheit forderte jeder als gutes altes Handwerksrecht. Es war schwer, dagegen anzukämpfen, und Leute mit unsicheren Fingern und dumpfen Köpfen konnten mehr Schaden anrichten als nützen.

Der Juni 1866 kam. Lichtübergossen flimmerten die Hänge der nackten Kalkberge im Saaletale in der glühenden Sonne. Fast weiß lag der reine Himmel darüber, und die Luft stand still, hineingegossen in das breite Tal des träge hinschleichenden Flusses. Leise zitterte das Korn über der mühsam atmenden Erde.

Die Stadt dämmerte, geschlagen von der Hitze, durch den Tag, und die Menschen suchten Schatten und Kühle. Das Leben in den Gassen erlosch. Nur ab und zu einmal rumpelte ein Wagen verstaubt und müde in die Stadt hinein. Die blankgescheuerten Radreifen ratterten über das holprige Pflaster und scheuchten für kurze Zeit die schläfrige Stille auf.

An solchen Tagen wurde in der Werkstatt ganze Batterien von Bierflaschen leergetrunken, und die Stifte hatten zu tun, den hinschmelzenden Vorrat laufend zu ergänzen. Ab und zu versuchte der Meister dagegenzuarbeiten.

„Was wollen Sie machen?" antwortete Löber einmal, als ihn Zeiß erregt über den Bierverbrauch zur Rede stellte. „Durst bleibt Durst und will gelöscht werden. Mit Milch und Zuckerwasser ist Männern nicht gedient. Wer mag den Leuten verwehren, das Geld auf ihre Weise auszugeben? Und solange die Arbeit nicht darunter leidet, habe ich keine Möglichkeit zum Einschreiten. Optiker sind empfindliche Menschen. Das ist immer so gewesen."

Mitten hinein in die Sommerstille platzte die Kriegserklärung Preußens an Osterreich Der Kampf um die Vorherrschaft in Deutschland wurde zwischen den feindlichen Brüdern in einem letzten Waffengange hitzig und eilig ausgefochten. Die Zeitungen schrieben davon, Gerüchte schwirrten durch die Sommertage. Die verträumte Stadt schlug erschrocken die Augen auf und lauschte.

Aber es änderte sich nichts am herkömmlichen Ablauf der Dinge. Böhmen, der Kriegsschauplatz, lag in weiter Ferne. Der Krieg der Preußen ging die Großherzoglich-Sachsen-Weimarischen Untertanen nicht allzu viel an. Dass dabei Preußen gewinnen musste, war auch denen, die in der Werkstatt ihre Meinungen austauschten, nach altem Herkommen beinahe selbstverständlich; denn wer konnte gegen die Preußen aufkommen? Es gab keinen, der es wagte, sich auf großdeutsche Seite zu stellen und für Osterreich zu sprechen. Der Begriff „Deutschland" bedeutete allen, trotz hemmenden Partikularistenbewusstseins, irgendetwas Gemeinsames, Bindendes, das langsam reif zu werden begann. Da der kühne Zugriff Preußens den Kriegsschauplatz ins Ausland verlegte, hatte niemand in Jena eine Gefahr für Leib, Leben und Eigentum zu fürchten. Das Grollen der fernen Kriegsgewitter setzte sich um in Papier und Buchdruckerschwärze, regte Stammtischstrategen auf, hatte aber nicht genug Kraft, Handel und Wandel zu stören.

Die Arbeit in Zeißens Werkstatt lief ihren sommerlichen Weg, und im Zunehmen der Aufträge war kein Schwanken zu spüren. Preisliste auf Preisliste hatte in den letzten Jahren für die Erzeugnisse der Jenaer Werkstatt geworben. Es war so weit gekommen, dass der Meister sich genötigt sah, seine Kunden darauf aufmerksam zu machen, dass bei der Häufung der Bestellungen mit verspäteter Lieferung gerechnet werden müsse. Bei der Wertschätzung, die die zusammengesetzten Mikroskope Zeißens in zunehmendem Maße erfuhren, gingen die Käufer gern darauf ein.

Am 28. Juni verließ der Prinzipal gegen Gewohnheit und Herkommen sein Büro schon vor dem Eingange der Frühpost und trat in die Werkstatt. Köpfe hoben sich. ‚Was will er um diese Zeit?' dachte jeder. Löber saß an seinem Arbeitsplatze und blätterte in einem Stapel von blaugebundenen Heftchen, die er kurz vorher eingesammelt hatte. Zeiß hatte jeden seiner Leute verpflichtet, ein Arbeitsbuch zu führen, in das die Tagesleistungen genau eingetragen werden mussten. Ehe der Prinzipal sie durchsah, prüfte sie Löber Seite für Seite. Sie ermöglichten es, die Leistungen genau zu verfolgen und danach alle notwendigen persönlichen und sachlichen Maßnahmen einzurichten. Zeiß schloss die Glastür hinter sich und ging ernst und würdig bis in die Mitte des ersten Werkraumes.

‚Was ist los?', dachte jeder. ‚Haben die Preußen eine Schlacht verloren? Alle sahen auf, als Zeiß begann: „Meine Herren! Wir haben gestern das tausendste Mikroskop fertiggestellt! Legen Sie die Arbeit beiseite, kleiden Sie sich um, und machen Sie sich schön für einen frohen Tag. Sie sind heute meine Gäste. Um zehn Uhr kommen Sie wieder. Vergessen Sie nicht, Ihre Ehefrauen und Bräute mitzubringen. Ich habe ein paar Kremser bestellt und für die nötige Zehrung gesorgt. Wir fahren nach Dornburg."

Freude leuchtete auf allen Gesichtern, als der Meister weiterging und der zweiten Werkstatt dasselbe sagte. Einige Minuten später war das Haus leer.

Das war doch ein stolzes Bewusstsein, als er in die gute Stube trat, um sich vor der Abfahrt das Jubiläumsmikroskop noch einmal anzusehen. Es stand auf dem Tische in der Mitte, und die blanken Teile leuchteten wie Gold über der tiefroten Samtdecke. Zeiß strich mit Wohlbehagen über die polierten Flächen, ließ die Triebeinrichtungen spielen und drehte an den Tubusauszügen herum. Alles ging weich und leicht.

Als die Meisterin hereintrat, um aus einem Winkel zwischen Schrank und Wand ihren Sonnenschirm vor zu holen, zog sie Zeiß, so gut es ihre weitgebauschte Krinoline erlaubte, an sich, küsste sie und sagte: „Tausend sind es, Mutter, tausend und darüber hinaus ungezählte Systeme." Sie war rot geworden und rückte danach mit spitzen Fingern die Rüschen und Volants wieder zurecht, die der ungestüme Mann bei seinem hastigen Zugreifen an der straffsitzenden Bluse verdrückt und verschoben hatte. Er hielt sie immer noch umfangen, bis sie sich freimachte und ihm mit einer weichen Handbewegung über Stirn und Haupthaar strich.

„Du Guter", sagte sie dabei voll Stolz. „Aber komm, ich muss hinaus. Es gibt noch allerlei zu ordnen."

Draußen polterten die Lehrjungen vom Boden herunter, wo sie sich in ihren Kammern zurechtgemacht hatten. Die Meisterin belud sie mit Paketen, in denen Würste, Brote und Schinken verstaut waren.

Unten rollten die Kremser vor, überdacht mit blendendweißen Sommerplanen. Über dem Kutschbock hing an jedem, von einem grünen Kranze umrahmt, eine würdige Tausend.

Zeiß begrüßte die Frauen und ließ sich die Bräute vorstellen. Alles stieg ein. Im ersten Wagen saßen fünf Musikanten.

Erschrocken schlug der verschlafene Sommertag die Augen auf, als die Wagenreihe unter den Klängen eines lustigen Marsches über das Katzenkopfpflaster der Straßen und Gassen aus dem Städtchen hinausratterte, saaleabwärts, nach Dornburg zu.

„Dieser Duft, als lägen wir in einem Bad von Rosen." Zeiß sog ihn mit vollen Zügen ein, und Löber tat es ihm nach.

Die beiden hatten sich von der Festgesellschaft entfernt und saßen in der Dämmerung vor dem mittleren der drei Dornburger Schlösser. Unten in Naschhausen glommen die ersten Lichter auf. Im Wetterleuchten ferner Gewitter traten die harten Linien der Berge am jenseitigen Talhange überhell aus dem Ungewissen und verschwanden wieder darin. Abertausende üppig aufgeblühter Rosen verströmten ihren Duft in den Sommerabend.

„Hier ist Goethe auf- und abgegangen", sagte der Meister nach einer Weile. Hinter ihnen lag das Städtchen, aus dem ein leiser Windstoß ab und zu ein paar Takte Tanzmusik, ein jauchzendes Lachen oder eine Folge von Tönen aus einem Liede herüberwehte. Die Festgesellschaft tanzte im Scheine bunter Papierlaternen auf dem Markte; Zeiß hatte das Bedürfnis, sich vom Trubel ein wenig zurückzuziehen und seinen unruhigen Gedanken zu folgen.

„Bald sind es zwanzig Jahre, lieber Löber, die wir nun auf Gedeih und Verderb miteinander schaffen." Der Meister hatte Löbers Hand gefasst und umschloss sie mit seinen beiden.

„Der Bauer sät und erntet im ewigen Gleichmaß der Zeiten. Das Jahr schreibt ihm vor, was er zu tun hat. Wir haschen das Licht. Es soll uns sehend machen. Wir jagen den Strahl, fangen ihn in Spiegeln, hetzen ihn durch Linsen, Luft und Blenden und wollen ihn meistern. Aber das Licht ist keusch. Es lässt sich nur schwer die ersehnten Geständnisse abnötigen. Es birgt noch viel Überraschungen in seinem Schoße, die mich unruhig machen und danach suchen lassen. Alles, was der Mensch dunkel fühlt, möchte er herausheben in die Helle des Bewusstseins. Da wird es Erkenntnis. Sie formt das Gesetz. Und erst das Gesetz macht frei. Nach ihm suchte mein Lehrmeister Körner, nach ihm fahndete Barfuß. Ich jagte ihm nach. Keiner fand es und doch glaube ich daran. Ja, Löber, ich glaube daran."

Sommersterne traten blinzelnd aus dem Samtblau des Himmels. Die beiden hingen ihren Gedanken nach, und einer suchte den anderen zu verstehen. Und dabei rückte jeder vor andere Grenzen. Im Laufe des Festtages hatten Zeiß und Löber die Gelegenheit benutzt, in ungezwungenen Aussprachen allerlei Spannungen im Arbeitsverhältnis zwischen der Leitung und den Gehilfen zu lockern und brüchig gewordenes Vertrauen wiederherzustellen. Manche Last fiel dem Meister dabei vom Herzen, und danach vergaß er bald die Ursache der Störung, denn er war nie nachträglich.

Als die beiden zur Festgesellschaft zurückkehrten, erlebten sie noch das Ende der Freisprechung eines Lehrjungen.

Im Ring, der sich um den Vorgang geschlossen hatte, wurde eine Lücke aufgetan. Zeiß und Löber traten hinein und hörten die Schlussworte der Rede des ältesten Gehilfen: „Das sind die letzten Hiebe, die du dir gutwillig gefallen lassen musst."

Der Lehrling wurde von kräftigen Händen niedergehalten, so, dass der Hosenboden zum Platzen straff auf dem Hinterteil saß. Drei kräftige Stockhiebe sausten darauf. Der Geschlagene wankte nicht.

Als er sich danach aufrichtete, wischte er sich schnell eine Träne aus dem Auge und griff mit beiden Händen nach dem frischgefüllten Bierkruge, der ihm gereicht wurde. Nach einem tiefen Schlucke kreiste der Trunk in der Runde. Der neugebackene Gehilfe wurde beglückwünscht, umarmt und war nun in die Gehilfenschaft aufgenommen.

Erst gegen zehn Uhr brach der Festlärm ab. Mancher kletterte mit mühsam gemeisterter Schlagseite in den Wagen. Im Gleichmaß des Pferdegetrappels schliefen einige ein, als die Kremser durch den mehlfeinen Staub der Landstraße mahlten.

Manches Paar hielt sich in holder Müdigkeit eng umschlungen, und ein roter, weicher Sommermond beleuchtete den Heimweg. Am anderen Morgen ging die Arbeit weiter.

Gegen Mittag ließ Zeiß den Werkmeister auf sein Büro rufen.

„Setzen Sie sich bitte, Löber." – Was war geschehen? – Zeiß sah bleich aus. Er griff nach einer Fachzeitung, in der er einen ganzen Abschnitt mit Rotstift eingerahmt hatte.

„Hier sehen Sie es schwarz auf weiß, Löber. Da erklärt ein Wissenschaftler, dass es nicht möglich sei, Mikroskope in Art und Anordnung ihrer Linsen und Blenden theoretisch zu errechnen und sie nach etwa gefundenen Maßverhältnissen zu bauen. Das ist Unsinn, hab ich mir gedacht. Will sich die Konkurrenz damit ein Mäntelchen umhängen, weil sie nicht weiterkommt. Durchaus möglich. Nun sehen die Pröbler ihre Sterne steigen. Aber ich gebe es nicht auf. Der richtige Mann wird auch diese Frage eines Tages lösen, und wer ihn findet, erweist der Menschheit einen Dienst."

Die Nachwirkung der Feststellungen in der Fachzeitung saß Zeiß noch lange wie ein dumpfer Druck auf dem Herzen.

Kapitel 7

„Wie soll das werden, Herr Geheimrat? Das zweistündige Kolleg für physikalisches Experimentieren ist angesetzt, kann also nicht mehr abgeblasen werden. Und wenn man's bei Lichte besieht, stehe ich vor einem Trümmerhaufen von Geräten, aus dem sich der Teufel herausfinden soll. Entschuldigen Sie, ich muss mich zusammennehmen, um den Zustand unseres Inventars nicht mit den Worten zu bezeichnen, die er verdient."

Der Geheime Hofrat, Professor Dr. Karl Snell, Ordinarius für Mathematik und Physik an der Universität Jena, schwieg eine Weile und schaute betroffen in einen der Glasschränke im physikalischen Kabinett.

Dr. Ernst Abbe redete erregt weiter. „Die Physik flüchtet sich aus Notdurft an die Wandtafel, Kreide und Wischlappen sind die Werkzeuge zu ihrer Darstellung. Aber ich will zum Experiment, Herr Geheimrat, zum Versuch, zu jenem befruchtenden Wechselspiel zwischen Idee und Erfahrung, Erfahrung und Idee. Nur über den Versuch kann die Forschung nach vorn getrieben werden. Und viele der großen Fragen, von denen unsere Zeit trächtig ist, werden nicht in den Gelehrtenstuben, am Schreibtische beantwortet werden, sondern in Laboratorien und Werkstätten, nicht nur aus dem Kalkül, sondern aus dem Zusammengehen von Theorie und Praxis. Vieles von dem, was sich heute Wissenschaft nennt, ist nichts weiter als geistreich gewandeltes Wortgeklingel mittelalterlicher Scholastik. Aber das Leben steht vor den Toren, die Wirklichkeit fordert ihr Recht."

‚Das sind die neuen Besen', dachte der Geheimrat und sagte dann: „Das ist einfach eine Frage des Geldes. Was ist zu machen, wenn uns die Erhalterstaaten für das Jahr nicht mehr als vierzig Taler zur Verfügung stellen, vierzig Taler, Herr Kollege. Und dieser lächerliche Betrag geht dann noch in drei Teile: einer für Herrn Professor Schaeffer, einer für Sie und einer für mich. Und jeder hat mehr Wünsche, als ihm erfüllt werden können. Der schleppende Geschäftsgang bei Gesuchen um Sonderbewilligungen durch die Regierungsstuben in Weimar, Gotha, Altenburg und Meiningen nimmt einem jede Lust, über die einmal abgesteckten Grenzen hinauszugehen. Und dabei muss man anerkennen, dass sich manches noch mehr verzögerte, wenn sich unser Kurator Seebeck nicht so einsetzte."

Snell griff in die innere Rocktasche, zog eine Rechnung heraus und übergab sie dem jungen Privatdozenten.

„Wovon das bezahlt werden soll, weiß ich nicht. Der Universitätsmechanikus Zeiß drängt zwar nicht. Ihm scheint es nicht schlecht zu gehen. Wir hängen wie ein Blinddarm an ihm, und er schleppt uns mit durch, um sein Patent als Universitätsmechanikus zu rechtfertigen. Nötig hat er's nicht mehr, denn er ist ja eigentlich Optiker und hat sein Geschäft durch den Bau von Mikroskopen in die Höhe gebracht."

Dr. Abbe übersah die Rechnung.

„Wissen Sie", sagte er dabei, „es ist ein bedrückendes Bewusstsein, wenn man erkennen muss, dass unsere Wissenschaft im Schlepptau eines gütigen Geschäftsmannes und einer Anzahl bremsender Bürokraten vorwärts schleicht. Aus Mangel an Geräten werden wir geistreich und ziehen uns auf das Wort zurück. Und draußen läuft das Leben täglich schneller, wirbelt Probleme auf wie der Wind den Staub der Straße. Gesundheit, Wohnung, Kleidung, Ernährung und Arbeit stellen im Druck der Enge des sich mehrenden Volkes auch der Wissenschaft immer wichtigere Aufgaben, und das Leben wird in kommenden Jahrzehnten manche Erschütterung bringen, die die reine Lehre bis in die Fundamente erzittern lässt. Schön. Was Zeiß berechnet hat, ist sehr preiswert. Eigentlich müsste man sich bei ihm bedanken. Seine Güte macht es einem schwer, sie noch länger auszunutzen. Es muss ein Weg gefunden werden, auf dem wir weiterkommen!"

„Gut, Herr Kollege", sagte Snell und blickte hinauf zu Abbe, der aus einer Höhe von zwei Metern auf ihn herunterschaute. „Ich verzichte auf zehn Taler von meinem Anteile. Vielleicht können Sie damit den magnetisch-galvanischen Apparat bauen, den Sie für Ihre Zwecke notwendig zu haben glauben."

Ernst Abbe

„Danke, Herr Geheimrat. Dank für Ihre Güte. Ich werde mit dem Gelde zum mindesten ein ganzes Stück weiterkommen. Vielleicht kann ich von unbrauchbaren Apparaten unserer Sammlung einzelne Teile verwenden und will versuchen, meine Bastelfertigkeit so weit auszunützen, wie es möglich und dem Ergebnis nicht schädlich ist, eigentlich ..." Er überlegte.

„Bitte?"

„Eigentlich könnte ich ja zu Zeiß gehen und ihm meine praktische Mitarbeit anbieten. Das würde, wenn er mich zuließe, vielleicht die Kosten mindern."

„Sie, Herr Kollege, wollen als Wissenschaftler in der Werkstatt ...", unterbrach ihn Snell.

„Gewiss, Herr Geheimrat. Zeiß war schon öfter hier. Ich habe meine Pläne mit ihm besprochen. Sofort erkennt er das Wesentliche und erfasst den Kern einer Sache. Er ist nicht aufgeblasen von jenem Handwerkerstolze, der geistige Arbeit für Windbeutelei hält." Abbe lachte herb.

„Sie sehen, Herr Geheimrat, die Abneigung zwischen Wissenschaft und Werkstatt beruht auf Gegenseitigkeit. Aber mit Zeiß halte ich im Interesse der Forschung eine Zusammenarbeit für möglich. Wenn er mir ein Winkelchen bei sich freimacht, werde ich den Werkstattkittel überziehen und arbeiten."

„Herr Kollege", fuhr es dem Gelehrten aus dem Munde.

„Ja, ich werde das so machen, wenn Herr Zeiß es mir gestattet. Schaden kann mir das unter keinen Umständen."

„Sie wollen?"

„Ich will, Herr Geheimrat. Sehen Sie, das liegt mir im Blute. Mein Vater ist Spinnmeister in Eisenach. Ein Beruf, der feine Fingerspitzen nötig hat. So etwas erbt sich weiter. Immer einmal ertappe ich mich dabei, dem Strome mit Wonne nachzufühlen, der vom Gehirn in die Fingerspitzen fließt und aus den Fingerspitzen ins Gehirn geht. Und manchmal komm ich mir nur wie ein Halber vor, wenn mich die Wollust des Schaffens packt und ich dann erleben muss, wie Wissenschaft ganze Bezirke in einem lebendigen Menschen zum Verkümmern bringen kann."

„Wenn Sie nun in aller Stille, wie Sie das schon öfter taten, hier im Kabinett bastelten. Man könnte ja die Werkzeuge ergänzen."

„Was wäre da nicht alles anzuschaffen", meinte Abbe. „Also wieder eine Geldangelegenheit, und das Beste würde doch fehlen."
„Was würde fehlen?"
„Ein Mensch mit soviel überlegener Erfahrung, dass meine theoretischen Ziele sich in seinem Hirn zu Handgriffen, Maßnahmen und Arbeitsschritten umsetzten, die ich mir dann willig zeigen ließe; solange, bis ich aus Eigenem schaffen kann. Zeiß ist der Mann, der mir helfen wird. Ich komme ja nicht ganz unvorbereitet zu ihm. Als Realschüler."
„Ach o, Realschüler", unterbrach ihn Snell, „daher der frische Wind, allerdings ein Schultyp, den die Universität nur bedingt anerkennt."
„Jawohl, als Realschüler gab mir unser Eisenacher Stadtrichter Trunk Gelegenheit, in seiner Liebhaberwerkstatt zu arbeiten. Das hat mir gut getan. Es macht alle Gedanken irdischer und wesenhafter und legt härtere Verantwortung auf als das reine, absolute, schweifende Denken. Irgendeinen falschen Handgriff, einen fehlerhaften Schlag, einen unrichtigen Sägezug können Sie nicht wegdenken, wegbeweisen. Der bleibt und muss bekannt werden. Da ist mit den Seiltänzerkunststücken reiner Logik nichts zu wollen. Solche Arbeit macht ehrlich. Glauben Sie, irgendein Scharlatan könnte Mikroskope bauen, die so gut wären wie die von Zeiß? Aus solcher Arbeit spricht Haltung und Charakter, da muss ein ganzer Kerl dahinter stehen. Auch in Göttingen hatte ich Gelegenheit, praktisch zu arbeiten. Da ist es doch nicht zu verwundern, wenn ich mich auch in Jena danach sehne. Und die traurige Lage unseres physikalischen Kabinetts zwingt mich ja dazu. Weiter noch Ihr Famulus, Herr Geheimrat, ich bitte um Nachsicht, ein so täppischer Mensch! In seinen Pfoten geht alles entzwei, was irgendwie noch ganz ist und Zusammenhang hat. Ein Erfahrungswissenschaftler kann mit solchem Unglückswurm nichts anstellen. Dazu ist der Kerl von einer sturen Bummlichkeit. Wenn er mir unterstellt wäre ..."
„Da kann man Sie also nicht halten", unterbrach ihn Geheimrat Snell. „Ich will Ihnen beistehen, soweit ich kann, muss allerdings gestehen, dass mir diese Haltung eines Gelehrten neu ist." Dass sie. ihm auch nicht besonders angenehm war, verschwieg er. Abbe kniff die scharfen Lippenränder aufeinander und nickte nur.
Am Abend saß er noch lange auf seiner Bude beim Fleischermeister Donat in der Saalgasse. Das geräumige Wohnzimmer mit den grünge-

polsterten Biedermeiermöbeln wurde dürftig erhellt von einer Petroleumlampe. Sie stand auf dem ovalen Tische und warf einen leuchtenden Kreis auf die grüne, geblümte Tischdecke. Abbe war müde heimgekommen und dachte bei dem kargen Junggesellenabendbrote über das Gespräch mit Snell nach.

„Vielleicht war ich zu schroff? Vielleicht tat ich ihm weh?"

Er nahm sich vor, den Geheimrat am nächsten Sonntage, wenn es nötig sein würde, um Entschuldigung zu bitten. Oft war er da zu Gast und ging jedes Mal beglückt und bereichert aus dem Kreise kluger Männer, die sich im Snellschen Hause regelmäßig trafen, nach Hause.

Trotz seiner entschiedenen Meinung Snell gegenüber täuschte er sich doch über die tatsächliche Lage seines Innern. Sie war nicht so klar, wie er sie ausgesprochen hatte; denn gerade um die Mitte der sechziger Jahre empfand er jene höchste Lust am Denken, die ihn in unbegrenzte Höhen der Erkenntnis hinauftrieb. Das war die Folge seiner mathematischen Begabung, die ihn oft so in Bann schlug, dass ihm der Kopf mit dem ganzen Menschen durchging. Das Rasen durch die Sphären seines Denkens versetzte ihn häufig in gehobene und heitere Stimmung. Dann wurde er kratzig und bitter, wenn ihn irgendein äußerer Anlass oder ein nicht niederzudenkender Widerstand nüchtern zum Entgleisen brachten. So sehr er sich in manchen Stunden der Wirklichkeit und ihren Ansprüchen zuwandte, so viel wich er ihnen in anderen aus. Und ohne sich darüber klar zu sein, litt der junge sechsundzwanzigjährige Privatdozent oft unter dieser Gegensätzlichkeit.

Mit Snell fand er sich zusammen in der Abkehr vom Wirklichen und dem gemeinsamen Fluge in reine Geisteswelten. Deshalb suchte er seine Gesellschaft.

Der Wunsch, bei Zeiß praktisch zu arbeiten, stieg hervor aus der anderen Seite seines Wesens, die er heute dem Geheimrat so rücksichtslos offenbart hatte, dass er darüber erschrocken war.

Abbe war ein schöpferischer Mensch, der sein weltoffenes Suchen ausspannte zwischen Himmel und Erde. Langsam reifte er den Aufgaben entgegen, die seiner warteten.

„Nehmen Sie bitte Platz, Herr Doktor", sagte Zeiß am anderen Morgen, als Abbe zu ihm ins Büro trat. „So früh schon?"

„Gewiss, Herr Zeiß. Ich bin Frühaufsteher, habe meinen Morgenspaziergang an der Saale hin bereits hinter mir und komme nun mit einem ganz besonderen Anliegen zu Ihnen."

„Wenn ich Ihnen helfen kann?"

„Ich möchte an dem Apparate, den Sie für das physikalische Kabinett bauen, gern mitarbeiten.

„Hm", sagte Zeiß erstaunt. „Sie meinen, dass Sie das könnten? Gelehrtenfinger sind zum Gebrauche der Schreibfeder geschaffen, Herr Doktor. Es ist sehr viel leichter, Gedanken mit Federhalter und Tinte aufs Papier zu übertragen, als sie durch Werkzeuge und Maschinen im Material Form und Zweck werden zu lassen." Eine kleine Pause schlich vorüber. In ihr knüpfte das Schicksal heimlich Fäden aneinander.

Die beiden Männer sahen sich an.

Zeiß ging schon über die Fünfzig. Abbe war sechsundzwanzig In Zeißens Augen stand eine Flut warmen Wohlwollens, ein wenig überspritzt von gütigem, leisen Spott, der sich nicht in Worte zu formen wagte.

Und Abbe sah den Meister bittend an, erfüllt von Wünschen, die tieferen Gründen entsprangen als nur der gegenwärtigen Absicht, an einem physikalischen Gerät mitzuarbeiten.

Zeiß, der Mann, der seit zwei Jahrzehnten den Theoretiker suchte, saß dem Gelehrten gegenüber, der in eigenem Schaffen Gedankliches in Werkformen ausdrücken wollte.

„Das ließe sich einrichten, Herr Doktor. Nur möchte ich Sie von vornherein darauf aufmerksam machen, dass Sie nichts unterschätzen. Der Zwang der Tatsachen ist gerade bei uns sehr hart, und ich habe mit Gelehrten meine ganz besonderen Erfahrungen gemacht. Grundsätzlich könnte man sich ja freuen, wenn Theorie und Praxis einander suchen, um sich im Werke darzustellen. Sie stehen dann unter ein paar Dutzend Leuten, von denen jeder weiß: Das ist der Herr Privatdozent, Dr. Abbe, ein gelehrter Herr, der die Nächte über den Büchern sitzt, einer von denen, die in Jena sehr spät schlafen gehen und viel Petroleum verbrauchen. Wer wüsste das nicht?

Sie werden Ihnen dabei auf die Finger sehen, vielleicht mit etwas Mitleid und Schadenfreude, wenn mal was schief geht; denn meine Herren Optiker halten nicht viel von Gelehrsamkeit, weil sie wissen, was sie mit Auge und Hand leisten. Und unser Werkmeister Löber ist eine hartkantige Natur, raue Schale, weicher Kern. Er schwört auf Praxis und Erfahrung. Sie dürfen sich nicht wundern, wenn er Sie einmal anbrummt, wie Sie es sonst nicht gewöhnt sind."

„Also, dann darf ich kommen, Herr Zeiß?"

„Wenn Sie nun noch wollen, Herr Doktor, bitte. Wir beginnen um sechs Uhr früh und schaffen bis abends sieben Uhr. Ich lasse Ihnen eine besondere Ecke einräumen."

Das Schicksal hatte den Knoten festgezogen. Ganz fest.

Abbe ging mit stiller Freude über seinen Erfolg in das Kollegiengebäude am Fürstengraben und hielt vor den fünf Hörern, die sich bei ihm eingeschrieben hatten, seine Vorlesung. Er las dann noch einmal die Woche vor zwei Hörern und nannte diesen engen Kreis, in den er sich selber mit hineinrechnete, sein „Dreimännerkollegium".

Da er Snell bei den Vorbereitungen der Vorlesungen regelmäßig half, ging ihm viel Zeit für eigene Arbeit verloren.

Als Snells Schüler kannte Abbe dessen Eigenheiten, und es war ihm Ehrensache, alle notwendigen Apparate so gut vorbereitet hinzustellen, dass der Gelehrte nur wirklich brauchbare Geräte vorfand. Ihr Zusammenbau, wenn sie in Stücken hilflos dastanden, ihre Pflege, wenn sie benutzt worden waren, das An- und Abräumen besorgte Abbe mit rührender Sorgfalt. Seine Geschicklichkeit und Zuverlässigkeit entlasteten Snell immer mehr, und deshalb überließ er dem geschätzten Privatdozenten in zunehmendem Maße Arbeiten, die er selber hätte tun müssen.

Aber unbeirrt von der wachsenden Beanspruchung suchte Abbe seinem Lehrer jeden Wunsch zu erfüllen, denn die beiden hatten sich über viele gründliche Aussprachen hin in achtungsvoller Freundschaft zueinander gefunden.

Wirtschaftlich ging es ihm damals nicht gut. Der Ertrag aus den Kolleggeldern war lächerlich gering. Von einem Gönner in Frankfurt am Main hatte Abbe tausend Gulden geliehen bekommen. Sie hielten ihn einige Zeit nach der Habilitation über Wasser. Wovon sollte er leben? Auch wenn er sich noch so sehr einschränkte, blieben doch Geldausgaben übrig, über die er nicht hinwegspringen konnte.

Und dazu kam noch eine sonderbare Krankheit, die ihn in Abständen seit Jahren immer wieder heimsuchte und ihn über viele Tage hin aus allen Bahnen warf. Darüber schrieb er in jener Zeit an seinen Freund Harald Schütz: „Ich habe wieder einmal meine verdammten Kopfschmerzen gehabt, die, wie es scheint, kein Jahr mich ungeschoren lassen wollen. Den ganzen Sommer wohl und munter gewesen, wie ich es nur wünschen konnte. Da geht's mit einem Male wieder los.

Die vergangene Woche hindurch habe ich absolut gar nichts unternehmen können. Am Montag und Dienstag habe ich mit Aufwand aller Kräfte noch gelesen. Die anderen Stunden bis Sonnabend exklusive habe ich aber aussetzen müssen. Die Schmerzen waren zwar nicht so heftig als sie sonst öfter gewesen sind, aber die lange Dauer, in Verbindung mit der unvermeidlichen Appetit- und Schlaflosigkeit hat mich doch ordentlich desperat gemacht. Ich habe den ganzen lieben Tag bei verhängten Fenstern in der Sofaecke sitzen müssen, ohne irgendetwas tun zu können, und nur in der Dämmerung konnte ich ein paar Schritte Spazierengehen. Jetzt ist es endlich wieder ganz vorüber, und ich fange an, wieder des Lebens froh zu werden – wer weiß auf wie lange."

Am Morgen nach jenem Tage, an dem Zeiß sich verärgert mit Löber über eine Mitteilung in seiner Fachzeitung auseinandergesetzt hatte, trat Abbe zum ersten Male zur Arbeit an.

Noch grollte das Gewitter in dem Meister nach, und er war nicht gut an die Wissenschaft zu sprechen.

Trotz des Wohlwollens, mit dem er Abbe gegenübertrat, lag über allen Worten, die er an diesem Tage sagte, ein leiser Nachklang von Ärger und Spott, den er nicht unterdrücken konnte.

„Da bin ich, Herr Zeiß", sagte Abbe, „und nun machen Sie mit mir, was Sie wollen. Ich werde mir alle nur mögliche Mühe geben."

Unter Löbers Anleitung wurde dem Gelehrten ein Arbeitsplatz eingerichtet.

Bis das soweit war, unterhielten sich Zeiß und Abbe miteinander.

„Meine Frau wird Ihnen einen von meinen Werkstattkitteln zurechtlegen, Herr Doktor. Nur fürchte ich, dass Sie bei Ihrer Größe aus allen Löchern mehr herausgucken werden, als der Arbeit und Ihrer Kleidung zuträglich ist. Sind ein bisschen lang geraten. Die Arbeit an der Drehbank, an der Schleifmaschine und an allem, was sonst noch getreten und bewegt wird, ist nicht leicht und fordert Kraft und Ausdauer. Sie dürfen sich nicht wundern, wenn Sie in der ersten Zeit wie ein geprellter Frosch herumhüpfen und es ein paar Tage vor Gliederweh nicht aushalten können."

„Macht nichts, Meister, ich will, und da kann mich nichts abbringen. Außerdem bin ich schon allerlei gewohnt; denn ich gehöre seit einiger Zeit einem Turnvereine an, und da wird einem nichts gespart."

„Ich wollte nicht gesagt haben, Herr Doktor, dass es mit roher Kraft allein getan sei."

„So meinte ich es auch nicht."

„Gebändigte, gemeisterte Kraft ist die hohe Forderung unseres Schaffens."

„Ich verstehe schon, wie Sie das meinen."

„Aus dem richtigen Verhältnis von Materialwiderstand und der Kraft, die ihn zu überwinden sucht, entsteht die Form. Das Trittbein muss lebendig empfinden, wie es die Geschwindigkeit des Werkstückes an der Drehbank einzurichten hat, um das gewünschte Ziel zu erreichen. Die Hand, die das Werkzeug führt, muss empfindsam jeden notwendigen Druck abwägen. Nicht zu hart, nicht zu weich, nicht zu schnell, nicht zu langsam, immer das richtige Maß. Ob Sie bohren, schleifen oder polieren, immer ist es dasselbe. Bei jedem Hammerschlag und jedem Druck der Zange, nicht mit Kanonen nach Spatzen und mit Hasenschrot nach Elefanten schießen. Die Forderung nach Gemäßheit der aufgewandten Mittel, um einen Zweck zu erreichen, dürfen gerade wir bei unserer Arbeit am wenigsten übersehen. Dazu kommt noch der Zwang des Maßes, der Optiker und Mechaniker besonders verpflichtet. Die Wirkungsfelder unseres Schaffens sind eng und begrenzt; wenige Zentimeter, Millimeter, Bruchteile von Millimetern, winzige Durchmesser, bestimmte Krümmungen von Linsen, deren Maße oft nur Millimeter betragen, feine Winkel, und was es noch alles sein könnte. Das geringste Mehr oder Weniger schafft Fehler, und ein Fehler zieht einen Kometenschweif anderer hinter sich her. Wären wir Tischler, könnten wir kitten. Kitt, Leim und Lot machen unerwünschte Löcher und Fugen zu. Aber bei uns, Herr Doktor, gibt es das alles nicht. Da ist ein Ding gut oder schlecht, wird anerkannt oder verworfen.

Der Bastler, der bei uns nur so ein wenig mitmachen will, ist auf dem Holzwege. Mit Spielerei und Zeitvertreib hat unsere Arbeit nichts zu tun. Sie beansprucht den ganzen Menschen, alle Kraft, jeden Herzschlag und Nerven, Herr Doktor, gute, ruhige Nerven."

Löber war hinzugetreten und hatte dem Meister ein Zeichen gegeben. Zeiß nickte.

„Es ist so weit, Herr Doktor."

Auf dem Arbeitstische, den Löber zurechtgemacht hatte, lag ein grauer frischgewaschener Leinenkittel. Abbe zog den dunklen Rock aus und kroch hinein.

„Sehen Sie", lachte Zeiß, „ich hab es doch gewusst, das Ding ist Ihnen überall zu kurz, wie ein verwachsenes Kinderhemd. Es muss für eine größere Nummer gesorgt werden. Was haben Sie als erste Arbeit vorgesehen, Löber?"

„Es soll eine kleine Stahlwelle gedreht werden, die in den magnetisch-galvanischen Apparat eingebaut wird."

Löber spannte ein Stück Rundeisen in die Drehbank, setzte den Schruppstahl in den Schlitten und drehte vor Abbes Augen ein Stück ab. Vorsichtig bediente er mit der Hand das Leitwerk und erklärte an falscher und richtiger Einstellung, worauf es ankam.

Dann ließ er Abbe an die Arbeit.

Der hatte mit regem Eifer zugesehen. Rings in der Werkstatt wurden die Hälse gereckt. Ein Herr von der Universität im Arbeitskittel? Was war das? Ein Mann, der so gar nichts vom Arbeiter an sich hatte. Ein vergeistigtes, blasses Gesicht, glatte, lange Finger mit etwas breiten Kuppen, den schmächtigen Oberkörper ein wenig vorgeneigt, wie Leute, die viel über den Büchern sitzen.

Und doch steckte in dem Manne mehr, als jeder vermutete. Löber hielt die ganze Veranstaltung von vornherein für eine überflüssige Spielerei und folgte den Forderungen Zeißens mit mancher Hemmung.

„Bitte, Herr Doktor", sagte er, als er zwei Zentimeter abgeschruppt hatte, und trat beiseite.

Abbe setzte den Fuß auf den Tritt und brachte das Schwungrad erst auf Touren. Dann rückte er den Schlitten ein, gab Öl und setzte zum Schnitt an.

Knirschend stemmte sich der Schruppstahl unter das Eisenstück, das sich in gleichmäßiger Geschwindigkeit um seine Achse drehte. Scharfrandige Späne ringelten sich herunter, bis die Welle grob abgedreht war.

Zeiß und Löber standen dabei.

„Gut, gut", brummte der Meister einige Male.

Löber hielt eine Leere bereit, um die Stärke zu prüfen. Gern hätte er irgendeinen Fehler festgestellt, aber die Arbeit war einwandfrei. „Beim Schlichten wird sich's ausweisen, was Sie können", sagte er und ließ Abbe nun den Schlichtstahl einsetzen.

Ohne auch nur ein Fünkchen von seiner Ruhe zu verlieren, stellte Abbe auf das geforderte Maß ein und begann die Welle glattzudrehen. Einige Male setzte er ab, griff zur Leere und prüfte die Stärke.

„Recht so, recht so", nickte Zeiß. „Was zu viel ist, herunter. Hauptsache ist, dass die Welle übrig bleibt. Aber aufpassen, aufpassen. Was weg ist, kann nicht wieder drangedreht werden." Er lachte.

Aber Abbe hörte das nicht. Aufmerksam folgten seine Augen dem Schnitt; er hielt die Geschwindigkeit auf gleichmäßiger Höhe und führte den Schlichtstahl im Schlitten ruhig bis zum Ende. Silberweiß glänzte die frischgeschnittene Fläche der Welle. Wohlgefällig fuhr Abbe mit dem Zeigefinger über die blanke Glätte. Freude über das Gelingen ließ sein Gesicht sanft rot anlaufen. Löber hätte, als er das Werkstück von sechs Zentimeter Länge und fünf Millimeter Dicke prüfte, gern einen Fehler gefunden. Aber da war nichts zu machen, die Welle hielt seiner Kritik stand.

„Glück wird's gewesen sein", dachte er dabei.

Aber Zeiß packte Abbes Hand beinahe überschwänglich. „Wunderbar, Herr Doktor, wunderbar!" Er fühlte in diesem Augenblicke mehr als er sagen konnte. War das der Mann, den er suchte? Eine wuchtige Freude trieb ihn hoch, legte sich über Bewusstsein und Erkenntnis und ließ ihn mehr ahnen als wissen, dass sich in diesen Minuten sein Geschick und das der Werkstatt mit einem Ruck gewendet hatte.

Er schüttelte dem Gelehrten herzlich die Hand.

Abbe wehrte behutsam ab, wischte sich die Finger am Kittel rein und sagte ruhig: „Keine unnütze Schmeichelei, Herr Zeiß, wegen einer so winzigen Welle."

Kapitel 8

„Herein!", rief eine tiefe Männerstimme.

Abbe zog die schwerfällige Tür auf und stand mit einem weitausholenden Schritte im Büro des Universitätskurators Moritz Seebeck. Als der den hageren Privatdozenten im Dämmerlichte des späten Herbstnachmittags erkannte, trat er hinter seinem Schreibtische hervor, begrüßte ihn und bat ihn, Platz zu nehmen.

„Entschuldigen Sie, Herr Doktor. Aber nach unserer letzten Unterhaltung konnte ich nicht anders, ich musste Sie bitten, sich noch einmal hierher zu bemühen."

Draußen vor den Fenstern zischte ein rücksichtsloser Herbststurm vorüber. Regenschwaden warf er an die Scheiben und riss mit groben Fingern die letzten Blätter von den Bäumen. In rasenden Wirbeln hetzte er ganze Haufen in die Winkel des Universitätshofes, ließ ihnen ein paar Augenblicke Ruhe und jagte sie danach fauchend weiter, bis sie schmutzig und aufgeweicht in Pfützen und Ecken liegen blieben"

„Mir schien, als hätte ich die Pflicht, Ihre Worte, die Sie mir in der vergangenen Woche sagten, nicht ganz ernst zu nehmen. Ich überlegte und kam zu dem Schlusse, vor einer schriftlichen Festlegung Ihres Antrages erst noch einmal mit Ihnen zu sprechen."

„Seht gütig, Herr Kurator, aber es wird sich nichts ändern, wenn sich meine Lage nicht bessert."

„Sie müssen Geduld haben, Herr Doktor."

„Das ist leicht gesagt. Vielleicht habe ich mit meinen Entschlüssen schon zu lange gewartet, nur weil ich früher nicht den Mut aufbrachte, mir einzugestehen, dass ich mich vergaloppierte. Wer einen auskömmlichen Monatswechsel von daheim bezieht, kann es sich leisten, auf unbegrenzte Zeit als Privatdozent einer irgendwann erfolgenden Anstellung entgegen zu vegetieren. Mir fehlen sowohl Geld als auch die nötigen Verbindungen, die manchem die Wartezeit abkürzen."

"Vielleicht sind Ihre Gedanken beeinflusst von der trüben Stimmung dieser Herbsttage und der Aussicht auf den kommenden Winter, Herr Doktor?"

"Das mag wohl sein, beweist aber doch eben nur, dass ich recht habe. Ich brauche nicht noch einmal zu sagen, wie schwer mir der Abschied von der Universität wird. Aber es bleibt mir nichts anderes übrig. Meine Lage zwingt mich, den Weg in Amt und Brot abzukürzen. Ich werde das Oberlehrerexamen machen und mich danach um eine Stelle an irgendeiner höheren Schule in Thüringen bewerben.

Sehen Sie, man kann sich in seiner Lebenshaltung aufs Äußerste einschränken. Dann wird alles grau und farblos. Aber um das letzte Stückchen Brot kommt doch keiner herum. An ihm hängt das Leben, alle Arbeit und der Rest von Traum und Schönheit, der einen auf bessere Zeiten hoffen lässt.

Wenn ich so spreche, will ich nicht klagen, sondern nur einen Irrtum feststellen, um mich zu besinnen, solange es noch Zeit ist."

"Aber sowohl Herr Geheimrat Snell, als auch Herr Professor Schaeffer haben mir bezeugt, dass Sie unentbehrlich sind, Herr Doktor."

"Das ist mehr eine Stellen-, als eine Personenfrage. Ich bin nicht unersetzlich."

"Ich möchte gern etwas für Sie tun."

"Das wird wenig nützen, denn der Trott an die Futterkrippe ist genau festgelegt"

"Und wenn ich es trotzdem versuchte?"

"Das muss ich wohl Ihnen überlassen, bitte Sie aber nur, bei allem in nichts von bestehenden Bestimmungen abzuweichen und nicht weiter zu gehen, als Sie es für jeden anderen auch tun würden."

Moritz Seebeck, der gütige Mensch, rang um den spröden Gelehrten. Abbe spürte die Wärme, die ihm entgegenschlug und schüttete dem wohlwollenden Kurator aus Verantwortungsbewusstsein das Herz aus.

"Ich habe Schulden machen müssen. Gute Freunde halfen mir. Es ist so schwer, darüber zu sprechen. Mit dem Lohne für ein paar Stunden an einer hiesigen Privatschule halte ich mich über Wasser; was auf mich an Kolleggeldern kommt, wissen Sie ja selber. Meine Gesundheit ist durchaus nicht so fest, wie ich mir das für meine Lage wünschte. Ich muss immer damit rechnen, dass mich mein Kopfübel hin und wieder einmal aus der Bahn wirft. Dann ist es mit der Arbeit aus."

„Sie sollten mehr veröffentlichen von den Ergebnissen Ihrer Forschungen, vielleicht …"

„Entschuldigen Sie, Herr Kurator, wann soll ich das tun? Abgesehen davon, dass ich nicht viel halte von eitlen Spaziergängen auf vielfach abgegrasten Eselswiesen, der Tag hat vierundzwanzig Stunden, und in denen bin ich mehr angehängt wie ein chinesischer Kuli: Reine Forschung und vorurteilslose Wissenschaft werden aufgefressen vom Erwerbstrieb. Man müsste unabhängig sein, eine Sache um ihrer selbst willen betreiben können, ja, man müsste, man müsste …"

Es war unterdessen dunkel geworden. Der Kurator griff nach dem Klingelzuge an der Wand und ließ Licht bringen. Milde und weich floss der Lampenschein über Flächen und Kanten der altertümlichen Möbel in dem Zimmer, das gar nicht aussah, wie der Arbeitsraum eines Verwaltungsbeamten.

Abbe hatte den Kopf in die Hände gestützt. Die Ellenbogen ruhten auf den Knien. Und mehr zu sich selber sagte er nach einigen Minuten beredten Schweigens: „Arbeit wird immer billiger und mit ihrer Entwertung verliert sie Würde und Selbstachtung. Die heimlichen Nutznießer richten die Menschen zugrunde und ziehen ihnen mit teuflischer Grausamkeit den Boden unter den Füßen hinweg. Wenn Wenige viel haben, müssen Viele wenig haben. Da las ich vor einiger Zeit, dass ein Handspuler in Heimarbeit einen langen Arbeitstag über sechs Pfennige verdient, sechs Pfennige, Herr Kurator! Da habe ich noch kein Recht zu klagen. Aber ich stemme mich gegen die Entwertung der geistigen Arbeit; ihre Schwielen sind nach außen hin nicht so sichtbar wie Horn und Risse in den Händen. Ihr Glück ist reiner, und ihre Schmerzen sind tiefer. Aber das wird, weil da keine Hämmer krachen und Sägen kreischen, übersehen.

Der Eingang in die Gelehrtenlaufbahn sichert einem Privatdozenten noch nicht das Einkommen eines Tünchergesellen. Wieviel verstecktes Elend ist mit dem Sprung ins Gelehrtentum verknüpft! Ich sage das nicht, weil ich den Besitzenden beneide, sondern weil es wahr und ungerecht ist."

Leise tackte eine altväterische, bunte Uhr an der Wand.

Nun schwiegen die beiden eine Zeitlang.

Seebeck hatte sich in seinen Stuhl zurückgelehnt und sah zur Decke hinaus, wo der Lampenschein einen goldenen Kreis hingebreitet hatte.

Wie aus der Ferne klang seine Stimme, als er endlich sagte: „Ich bitte Sie noch einmal dringend, Herr Doktor, schieben Sie die Niederlegung Ihres Lehramtes auf, solange, bis ich das getan habe, was mir als eine Pflicht erscheint, die ich für Sie erfüllen muss. Erreiche ich nichts, dann mögen Sie handeln, denn dann habe ich kein Recht mehr, Sie aufzuhalten. Können Sie mir das versprechen?"

Abbe stand auf und reichte dem Kurator die Hand.

„Aber bitte tun Sie nichts, was ich nicht billigen würde, wenn ich es wüsste."

„Das verspreche ich Ihnen", antwortete Seebeck.

Abbe nahm seinen Hut, knöpfte den Rock bis oben hinauf zu und verabschiedete sich.

Als er gegangen war, sah der Kurator noch eine Weile auf die geschlossene, braune Tür und folgte in Gedanken dem eigenwilligen, aufrechten Manne, weil er ihn liebte. ‚Bei soviel Geradheit und Haltung wird er es einmal nicht leicht im Leben haben', dachte er, zog aus einem Schubfache einen elfenbeinfarbigen Bogen guten Kanzleipapieres heraus und begann ein Rundschreiben an die vier Erhalterstaaten aufzusetzen.

Man dürfe Abbe auf keinen Fall gehen lassen, schrieb er, denn der Gelehrte verspreche der Hochschule einmal noch recht nützlich zu werden. So arm er an äußeren Mitteln wäre, so reich sei er ausgestattet mit geistigen Gaben. Seebeck bat darum, dem Doktor Abbe eine Unterstützung zu gewähren, die es ihm möglich mache, sich über Wasser zu halten.

Der volle Mond schob sich über massige Wolkenbänke behäbig am Himmel empor. Es hatte aufgehört zu regnen.

Abbe lief mit langen Schritten gassenauf, gassenab. Die im Gespräch mit Seebeck aufgescheuchten Gedanken ließen sich nicht so schnell niederzwingen und versperrten aller Sammlung und Besinnung hartnäckig den Weg. Lichter glommen auf. Menschen kreuzten seinen

Weg. Er lief und lief. Immer, wenn es in ihm kochte, kam er ins Laufen und suchte da Ruhe und Klarheit zu finden.

Zweimal war er schon den Fürstengraben hinaufgeeilt. In den Bäumen rauschte der Wind, und das Mondlicht zeichnete ihre Schatten auf den breiten Weg.

Als Abbe über den Johannisplatz sauste, fiel ein helles, goldenes Flimmern und Blinken in seine Augen. Drüben im Laden von Zeiß waren die Petroleumlampen angezündet worden. In den Schaufenstern lagen im glänzenden Lichte kostbare Geräte, ruhig und stolz, als wüssten sie, was es ihnen schuldig sei. Es umschmeichelte sie mit stolzer Liebe, denn sie gehörten ja zusammen, das warme Licht und die blanken Flächen und Kanten, die geheimnisvollen Rohre, das blinkende Glas und seidenweich poliertes Holz. Abbe stutzte und trat näher. Oft schon hatte er davor gestanden. Eigentlich waren ihm all die ausgestellten Dinge schon lange bekannt, aber wenn sie im Lichte schwammen, änderte jede Wendung des Kopfes das lebendige Spiel der Strahlen, und es schien, als würden sie auf ihrer Unterlage von Samt wesenhaft und wüssten viel zu sagen über Wetter, Sterne und winzige Welten.

Abbes Augen glitten über die strahlenden Dinge hin. Dabei murmelte er: „Hände haben das gemacht, geschickte, fleißige Hände!" Hände hatten ihn immer schon in Staunen versetzt, wenn er in Zeißens Werkstatt von Arbeitsplatz zu Arbeitsplatz ging und die Wunderwerke an Genauigkeit entstehen sah, die den Ruf der Firma in die Welt hinaustrugen.

Da wurde auf der Rückwand eines Fensters ein Türchen aufgezogen.

Zwei Hände schoben sich heraus. Sie hielten ein zusammengesetztes, kunstreiches Mikroskop und setzten es behutsam auf den schwarzen Sammet. Abbe folgte mit Spannung jeder Bewegung. Das Instrument wurde vorsichtig hin- und hergerückt, bis es mitten im hellsten Lichte stand. Die Hände glitten noch einmal darüber hin, zogen sich dann zurück, und das Türchen wurde geschlossen. ‚Das waren des Meisters Hände', dachte Abbe und sah noch lange auf die Stelle, wo sie verschwunden waren. ‚Hände formen die Welt und Hände zerbrechen sie, ging es ihm durch den Kopf. Aber was wissen die Leute von den Händen, sie kennen nur die Dinge.'

Dann gab er sich einen Ruck, drehte um und machte sich auf den Heimweg.

Abbe zog die Tür zu seinem Zimmer im ersten Stockwerke auf. Um ihn her war alles dunkel. Der Mond warf durch die beiden Fenster zwei breite Strahlenbänder herein. Sie zerfielen und brachen sich auf ihrem Wege durch die Stube, liefen über Möbel und Bücherstapel, die ohne Ordnung auf den Dielen herumstanden, und der Rest stieg an der den Fenstern gegenüberliegenden Wand in die Höhe. Der hochbeinige Kachelofen glänzte, als sei er aus Silber.

Abbe tänzelte mit blinder Sicherheit zwischen all den Dingen hindurch, die da herumstanden, ertastete die Lampe auf dem Tische und zündete sie an. Im Ofen bullerte ein lebendiges Feuer, das die Wirtin am Nachmittag angemacht hatte. Nur sie, die Meisterin Frau Donat, durfte Abbes Wohnung betreten. Nur sie kannte die verschlungenen Pfade zwischen Instrumenten und Bücherstapeln hindurch und fand sich zu Recht in dem Wust und Wirrsal, den Abbe seine Ordnung nannte.

Aufgeschlagen und geschlossen lagen die Bücher über- und durcheinander, dazwischen Notizzettel und Blätter mit Zeichnungen und endlosen Zahlenreihen. An all dem durfte die Meisterin, auch wenn sie das Ganze eine schändliche Unordnung nannte, nicht rühren. Nur Abbe kannte das geistige Band, das diese scheinbare Unordnung zusammenhielt. Und alle im Hause achteten seine eindeutigen Bestimmungen und ehrten den gelehrten Zimmerherren als ein sonderbares Wesen aus einer anderen Welt.

Während Meister Donat unten Schweine mordete, Würste stopfte und Fleisch einsalzte, während im Laden die Türglocke bimmelte und die Nachbarschaft ein- und ausging, um sich der leiblichen Sorgen zu entledigen, saß der Privatdozent Doktor Ernst Abbe im ersten Stock und grub unergründliche Gänge in die Tiefen der Wissenschaft Zwei Welten unter einem Dache. Aber sie fanden sich ab und zu einmal in einer gemeinsamen Stunde zueinander. Das geschah immer, wenn Abbe den Meister Donat zu einer Partie Schach auf das Zimmer bat. Dann trat sein Philister voll Ehrfurcht zu ihm ein, angetan mit einer blendend weißen Leinenjacke, die mit zwei Reihen schillernder Perlmutterknöpfe besetzt war, in der Hand trug er stets eine halblange Pfeife. Dann schlängelte er sich durch das Labyrinth der

Bücherstapel und nahm an einem Tischchen Platz, das neben dem Schreibsekretär stand.

Auch Abbe rauchte leidenschaftlich eine Menge billigen Knaster aus einem ähnlichen Räucherinstrument. Bald saßen sich die beiden paffend und schmauchend in stundenlangem Schweigen gegenüber und schoben die Figuren von Feld zu Feld. Und Abbe musste erleben, dass der Metzgermeister ein ernstzunehmender Gegner war.

An diesem Abend nun, als er gegessen und einige Tassen Kaffee aus der bauchigen Bürgeler Kanne getrunken hatte, die die Meisterin jeden Tag frisch gefüllt in die Ofenröhre schob, war es ihm nicht möglich, die Gedanken zur Arbeit zusammenzuzwingen; immer noch schwangen die entscheidenden Erlebnisse des Nachmittags in ihm weiter und ließen ihn Ausschau halten auf das neue Leben, das er sich zimmern musste, wenn Seebeck nichts erreichte. Was würde sein Vater in Eisenach dazu sagen? Wie würde es Zeiß aufnehmen, wenn er gezwungen war, davon zu sprechen? Beinahe täglich trat Abbe in die Werkstatt am Johannisplatze. Jedes Mal begrüßte er den Meister in seinem Büro oder auf einem Gange durch die Räume. Zeißens Augen leuchteten immer wohlwollend auf, wenn er Abbe die Hand drückte.

Der Platz vor seinem Werktische wurde dem Gelehrten Zuflucht und Ruhepunkt. Die Zeit führte die beiden Männer näher und näher zueinander. Zeiß fand väterliches Wohlgefallen an dem strebsamen, unermüdlich fragenden und beobachtenden Doktor und ging, nachdem der leise Spott über Abbes erste praktische Arbeiten verflogen war, mit ihm um, als mit einem, den man hegt und pflegt, weil man etwas Besonders von ihm erwartet.

Je näher Zeiß den Gast kennenlernte, desto größer wurde seine Sicherheit. Und nun wartete er nur noch auf die Stunde, in der er ihm seine Sorgen aufbürden konnte. Der Meister war ein Mann, den Entschlüsse und Abschlüsse feierlich stimmten, der einer jeden Sache von Bedeutung die notwendige Würde zu geben wusste. Das Leben hatte den Stürmer ruhig gemacht und ihm das feine Gefühl für die Reife des richtigen Augenblickes eingepflanzt. Und das sagte ihm, dass Abbe der Mann sei, auf den er warte. Deshalb ließ er ihn arbeiten und sich umschauen. Deshalb ließ er ihn fragen und schenkte ihm die Zeit für jede notwendige Antwort.

Abbe lernte in diesem Zusammenleben viel und ging immer beschenkt und bereichert wieder fort.

Jetzt hockte er in der Sofaecke und ließ einen tollen Schwarm hetzender Gedanken durch sein Hirn jagen.

Auf der Waage zwischen Gegenwart und Zukunft erkannte er, was ihm die Arbeit bei Zeiß bis jetzt gegeben hatte. Das physikalische Kabinett zeugte von dem Fleiße und dem Können Abbes. Snell wusste, was er an ihm hatte. Das würde einen Riss geben, wenn, wenn …

Er ließ den Kopf zwischen die Hände fallen und versank in sich selber. Wahrlich, es gehörte Mut dazu, der Mut eines ganzen Mannes, die Laufbahn abzubrechen, die er sich von unten herauf mühsam erkämpft hatte, weil ihm die Mittel zum Durchhalten fehlten und er die Wissenschaft nicht zur Dirne machen wollte.

Leise summte die Flamme in der Lampe. Abbe zog den Schlussstrich unter ein fleißiges, entbehrungsreiches Leben. Eine späte Fliege fiel in den Zylinder, ein letztes, verzweifeltes Summen. Er fuhr hoch; danach war es wieder unheimlich still.

Plötzlich schrillte ein greller Pfiff in seine Ohren.

„Unmensch! Dohrn!", fuhr er in die Höhe.

Abbe sprang auf und öffnete das Fenster. Unten in der schlafenden Saalgasse stand der Freund und legte eben die Zeigefinger beider Hände noch einmal auf die Lippen, ein neuer Pfiff sollte den Einsamen da oben aufrütteln.

„Einen Augenblick!", rief Abbe, nahm vom Schreibsekretär den klobigen Hausschlüssel und ließ ihn an einem Bindfaden auf die Straße hinunter.

„Ich musste heut noch einmal mit dir sprechen", sagte Anton Dohrn, als er ein wenig später ins Zimmer trat. Dabei war er den größten Stapel Bücher um, der ihn auf der Strecke zwischen Tür und Tisch sonst zu einem Umwege gezwungen hätte.

Gauß, Weber, Helmholtz rutschten auf die Dielen.

„Da stimmt etwas nicht", sagte Dohrn forschend. „Als wir heute Mittag nach dir aus dem ‚Deutschen Hause' vom Essen fortgingen, meinte auch Schaeffer, dass mit dir etwas los sei. Was hast du?"

„Lass mich, Anton", antwortete Abbe, „es ist noch nicht reif, du wirst alles erfahren. Nicht zu früh und nicht zu spät."

„Liebst du ein Mädchen?"

Anton Dohrn sah ihn fragend an. Als er merkte, dass der Freund richtig erschrak, drang er nicht weiter in ihn. Noch nie hätte irgendein Sterblicher von Abbe sagen können, dass eine Frau die Kreise seines Denkens gestört habe. Dohrn brannte sich eine Zigarre an und setzte sich in die andere Sofaecke.

Nach einer Weile fragte ihn Anton unvermittelt: „Kannst du dir vorstellen, dass ich Beamter wäre? Schrecklich, Anton, schrecklich. Eingeklemmt in Abhängigkeit wie zwischen die Backen eines Schraubstockes, den andere auf- und zudrehen. Stall, gebrochenes Rückgrat, immer müssen und nie wollen dürfen. Und das große Opfer des eigenen Lebens bringen um den Preis der billigen Sicherung eines in Raten abgezahlten, genormten Daseins. Vielleicht trotte ich bald wie ein müder Gaul in der Manege eines behördlich abgestimmten Lehrplanes."

Er lachte grimmig und hart. „Du, Anton, ich Schulmeister, soweit bin ich!"

Dohrn verstand ihn und schwieg. Auch er war ein Mensch, den ein göttlicher Freiheitsdrang vorwärts trug. Er liebte seine Wissenschaft, die Zoologie und folgte den eigenen Sternen. Dabei hatte er es leichter als Abbe, denn ihn drückten keine wirtschaftlichen Sorgen.

Er legte dem Freunde den Arm auf die Schulter und sagte tröstend.

„Das geht vorüber, Ernst, wer zum Herrschen geboren ist, taucht nicht zum Kärrner, und nur wer sich aufgibt, ist verloren. Keiner weiß, was ihm zugedacht ist. Wirf die Flinte nicht zu früh ins Korn. Glaub an mich, auch deine Stunde kommt!"

So sprach die Jugend, die nur den geraden Weg kennt.

Abbe schwieg und spürte die Lebenskraft des Stürmers neben sich.

Die Worte versanken in seine tiefsten Gründe und gaben ihm Zuversicht und Hoffnung wieder.

„Wir wollen eine Partie Schach spielen", sagte er danach mit einer Stimme, die aus der Tiefe eines dunklen Brunnens zu kommen schien.

Abbe stellte den Tabaksbeutel neben sich auf das Tischchen mit dem Schachbrett.

Lange, lange saßen sich die beiden Spieler in verbissenem Kampfe gegenüber. Draußen tappte die Magd leise die Treppe herunter, um im

Schlachthause das Feuer unter dem Wurstkessel anzubrennen, denn am kommenden Morgen war Schlachttag.

Ihre Schritte schlurften vorüber.

Da fuhr Dohrn plötzlich auf, schob erregt seine Figuren vom Brette und sagte düster:

„Geschlagen, Ernst. Wer hat gegen dich schon einmal gewonnen?"

„Hm und wieder mein Philister", antwortete Abbe lachend.

Kapitel 9

„Ich bin Ihnen sehr dankbar, dass Sie gekommen sind, Herr Doktor." Zeiß schob sich aus dem rundlehnigen Stuhle vor dem Zylinderschreibtische, ging dem Gelehrten würdig ein paar Schritte entgegen und schüttelte ihm herzlich die Hand.

„Ich stehe zu Ihrer Verfügung, Herr Zeiß."

„Bitte, nehmen Sie Platz." Er rückte Abbe einen Stuhl entgegen und ließ sich danach wieder in seinem Schreibtischsessel nieder, ordnete sein Sammetkäppchen und sah seinen Gast mit Wohlgefallen an. Der wartete auf das, was ihm der Meister sagen würde. Er fühlte, dass irgendetwas Wichtiges, Entscheidendes in der Luft lag, denn auf Zeißens Gesicht stand viel Ernst und gesammelte Würde. Der Meister strich mit der Rechten den Bart, beugte sich ein wenig nach vorn und begann.

„Ich darf Ihnen meine Freude und Genugtuung ausdrücken, Herr Doktor."

Abbe horchte auf.

„Die Zeit über, die Sie bei uns arbeiteten, konnte ich beobachten wie Sie sich auch für das Geringste interessierten, was um Sie herum geschah. Und die Arbeiten, die Sie selber praktisch ausführten, bewiesen so viel Geschick und Blick für alles Wesentliche, dass ich immer mehr der Meinung sein durfte, in Ihnen den Mann zu sehen, den ich suche."

Abbe blickte den Meister verwundert an, als wisse er mit diesen ernsten Worten nichts Rechtes anzufangen. Aber es geschah alles so sonderbar feierlich, dass die Frage um nähere Erklärungen auf seinen Lippen stehen blieb.

Zeiß fuhr fort.

„Sie haben mit angesehen, wie ich alle Kräfte der Werkstatt einsetze den Bau von Mikroskopen auf eine Höhe zu bringen, die irgendwie eine nach menschlichem Ermessen letzte Lösung darstellt. Ich weiß, das klingt anmaßend und überheblich. Aber es ist so. Die Leistungen meiner Leute sind über jedes Lob erhaben. Löber ist König auf seinem Gebiete. Und trotzdem stoßen wir immer von neuem an Grenzen, die uns die Unvollkommenheit unserer Erzeugnisse vor Augen führen. Es sind weniger die fertigen Mikroskope, die uns in einer ewigen Unruhe halten, als vielmehr der Weg, auf dem sie entstehen. Sie haben sich genug umgesehen und selber zugegriffen, wo es Ihnen notwendig erschien und wissen deshalb, was ich meine."

Jetzt trafen sich die Blicke der beiden. Abbe nickte, und Zeiß fuhr fort.

„Was ich Ihnen jetzt sage, ist nicht von gestern auf heute überlegt worden. Ich trage es mit mir herum seit Jahrzehnten. Mein Lehrmeister, der eigenwillige Doktor Körner, gab es mir mit auf den Weg. Mit Barfuß habe ich danach gesucht. Geheimrat Schleiden brachte mich immer wieder darauf. Ich blieb über viele Jahre hin unruhig und bin es im Augenblicke mehr denn je. Ich war vermessen genug, selber den anderen Weg zu suchen und habe damit viel Zeit vertan."

„Den anderen Weg?", fragte Abbe vorgebeugt in erregter Spannung.

„Ja, den einzigen, den richtigen."

„Den wissenschaftlichen also", sagte Abbe mit leuchtenden Augen.

„Ja, ihn." Zeiß fasste Abbes Hände. „Er wird uns vom Zufall erlösen und das Gesetz bringen. Dann können wir sterben, dann kann der letzte Geheimniskrämer und überhebliche Pröbler seiner Wege gehen, wenn ihm etwas nicht passt. Das Gesetz bleibt. Die Formel ist ewig. Sie bringt die Freiheit und erlöst uns aus der Abhängigkeit vom Menschen. Wenn wir heute wissen, dass ein Instrument gut oder schlecht ist, dann werden wir eines Tages erkennen, warum es gut oder schlecht ist."

Zeiß redete sich in Eifer. Seine Worte wurden drängender und hastiger.

„Schaffen Sie diese Möglichkeit, Herr Doktor, ich glaube an Sie!"

„Das wird lange dauern und kann auch fehlschlagen."

„Damit rechne ich, aber ich glaube an Sie."

Abbe überlegte.

„Sie haben als Gelehrter einen guten Namen und verfügen über mehr praktische Kenntnisse als irgendeiner Ihres Faches. Ist es nicht eine verlockende Aufgabe? Fraunhofer löste sie für das Fernrohr. Petzaval, Steinheil und Ehevalier mühen sich um wissenschaftliche Normen beim Bau von fotografischen Objektiven. Haben Sie einmal daran gedacht, Herr Doktor, dass mit der Sicht in die Welt der kleinen und kleinsten Dinge der Kampf um die Quälgeister der Menschheit erst mit aller Kraft entscheidend aufgenommen werden kann? Wer der Forschung die Mikroskope liefert, die sie beim Suchen nach den winzigen Peinigern der Kreatur nötig hat, der hilft, das Leben auf der Erde menschlicher, reiner und schöner gestalten."

Nach diesen Worten schwieg Zeiß und wartete. Er rang um den Mann, der vor ihm saß. Und sein Eifer ließ ihn Sätze aussprechen, die er über Jahre hin für diese Stunde aufgespart hatte.

„Das ist eine gewaltige Aufgabe, Herr Zeiß", sagte Abbe. „Ich habe mich noch viel zu wenig mit Optik abgegeben, als dass ich unvermittelt und aus klarer Sicht auf das zu Leistende vorbehaltlos Ja sagen könnte." Und weil er ein Mann praktischen Denkens war, ging er sofort auf Tatsächliches ein und sagte überlegend:

„Fraunhofer musste bei der Festlegung der optischen Gesetze für den Bau von Fernrohren darauf ausgehen, Vergrößerungen zu errechnen, die Weltweiten in irdische Nähe zwangen. Alle, die sich um die wissenschaftliche Optik im Aufgabenkreis der Fotographie mühen, müssen damit rechnen, dass sie ihre Systeme auf nichtleuchtende Objekte richten. Wer den Bau von Mikroskopen wissenschaftlich begründen will, muss beides berücksichtigen: die starke Vergrößerung und die undurchsichtigen Dinge. Wer das löste und die Formeln entwickelt, die alle Maße in die Eindeutigkeit der Zahl zwingen, der hat etwas für die Menschheit geleistet. Ob ich ..." Er verlor den Satz im Nachdenken.

„Es gibt wahrlich noch keinen Kundigen, der das bis jetzt geleistet hätte, Herr Doktor, es ist also auch nicht nötig, nach ihm zu suchen, um ihn danach zur Mitarbeit zu gewinnen, sondern es ist wichtig, ob einer das Ziel klar sieht und Verstand und Kraft genug besitzt, es zu erreichen.

Das muss ein Mann sein, der stark genug bleibt, alles zu tragen, was sich an Misserfolg und Enttäuschung auf seinem Wege ereignet. Sein Ziel wäre: Die Auffindung des Strahlenganges für das Mikroskop und seine Einkleidung in absolute Formeln. Mit ihnen müssen für jeden erforderlichen Fall Durchmesser, Dicken, Krümmungen und Abstände bestimmt werden können. Nur so wird es möglich sein, die optischen Fehler unserer jetzigen Instrumente auf ein Mindestmaß einzuschränken."

Die heißen, werbenden Worte Zeißens am Beginne der Unterredung waren ruhigen, sachlichen Gedanken gewichen, die er nun mit überzeugender Bestimmtheit aussprach. Ihnen war Abbe eher zugänglich; denn aller Überschwang berührte ihn peinlich, weil er weniger aus dem Gefühl, als aus klarem Denken lebte. Deshalb ging er sofort auf die sachlichen Erwägungen Zeißens ein und meinte:

„Man müsste also ein in der Idee vollkommenes Instrument entwerfen."

„Richtig, Herr Doktor, wirklich richtig!"

Zeißens Augen leuchteten glücklich, denn Abbe sprach Sätze aus, in denen er seit vielen Jahren seine eigenen Wünsche zusammengedrängt hatte.

„Dann braucht nicht mehr gepröbelt zu werden", sagte Abbe noch einmal zu sich selber und folgte seinen Gedanken, die wie helle Lichter vor ihm aufsprangen.

„Ja, Herr Doktor, so ist es", beteuerte Zeiß glücklich. „Dann brauchten wir nicht mehr zu pröbeln und wären frei!"

Danach blieb es einige Zeit still zwischen den beiden.

Zeiß wartete mit der ganzen Sehnsucht seines Lebens auf das erlösende Wort.

Abbe wog das Für und Wider. Er empfand den Reiz der gewaltigen Aufgabe und mühte sich, zu erkennen, ob sie zu lösen sei. Er richtete sich auf, sah Zeiß offen an und sagte ohne alle besondere Wichtigkeit im Ton seiner Worte:

„Wenn Sie es mit mir versuchen wollen, Herr Zeiß, Ihr Vertrauen ehrt und verpflichtet mich."

Von dieser Stunde an waren die beiden Männer auf Gedeih und Verderb miteinander verbunden. Zeiß sah sich auf der Höhe seines Lebens, und Abbe ahnte die Größe der Aufgabe, die er übernommen hatte.

Zeiß hätte sich wohl die Namen der bedeutendsten Physiker seiner Zeit verschaffen und versuchen können, einen für die Mitarbeit zu gewinnen. Und wenn er diesen Weg für den richtigen gehalten hätte, würde er seine Mittel nicht geschont haben, ihn möglich zu machen.

Aber das entsprach nicht seiner Art. So sehr er die Wissenschaft suchte, so sehr war ihm, dem hochstehenden Handwerksmeister, ein Rest gesunden Misstrauens in der Seele hängen geblieben, der ihn nie zu weit gehen ließ im Autoritätsglauben. Er wusste aus sicherem Instinkt auch menschliche Qualitäten abzuschätzen und unterschied den forschenden, suchenden Willen des strebenden Menschen klar von der Sättigung des mit Wissen und Kenntnissen verstopften Gelehrten, der anmaßend und eingebildet wie ein der Wirklichkeit entrückter König auf seinem Throne saß. Bildung war ihm nicht Zustand, Summe, Feststellung und Päpstlichkeit, sondern Bewegung, Trieb, Wille, Kraft, Irrtum und Klarheit.

Und weil er so dachte, war er sich keinen Augenblick im Unklaren über die zu treffende Wahl, als er mit Abbe bekannt wurde. Aber als vorsichtiger Mann hatte er ihn erst erprobt.

Nun war das befreiende Wort gesprochen. Abbe hatte zugesagt. Wenn auch schon ein wenig spät für den alternden Meister, so erfüllte das Geschick doch noch die große Sehnsucht seines Lebens.

Aufrecht gingen beide danach noch einmal durch alle Werkräume.

Zeiß stolz, als sei ihm ein großes Geschenk zugefallen.

Abbe ernst und gesammelt unter dem Eindruck der Aufgabe, die er übernahm. Ihre Größe ahnte er fürs erste mehr, als er sie wusste. Alle sahen von ihrer Arbeit auf und hatten das Gefühl, als habe sich etwas Besonderes ereignet.

Seebeck, der Universitätskurator, hatte alles getan, um die Erhalterstaaten gefügig zu machen und eine Rente für Abbe durchzusetzen. Es gab Schreibereien hin und her. Endlich war es soweit.

Dem Privatdozenten Dr. Ernst Abbe wurden als außerordentliche Unterstützung zweihundert Taler zugesagt. Bald darauf konnte Seebeck ihre Erhöhung auf dreihundert durchsetzen, und schließlich steigerten sie die Erhalterstaaten auf fünfhundert Taler. Damit war Abbes Lehrstuhl gesichert. Wenn die Bewilligung der Unterstützung auch unter dem Vorbehalte des Widerrufes geschah, so hatte das wenig zu bedeuten; Abbe war damals, als sei ihm das Leben wiedergeschenkt worden.

Dieses Opfer der Regierungen verpflichtete ihn für sein ganzes Leben. Und ein Nachfolger Seebecks, der Kurator Maze Vollert, hat einmal gesagt, es habe wohl nie eine staatliche Unterstützung reichere Zinsen getragen. Das durfte er nach dem Laufe der Dinge wohl sagen.

Kapitel 10

Was Abbe unternahm, tat er ganz. Wie ein unbekanntes, unerforschtes Land lag die Aufgabe vor ihm, die ihn lockte und mit rätselhaften Augen ansah. Der Tag hatte vierundzwanzig Stunden und die Woche sechs Arbeitstage. Nun kam ein ganz neues Arbeitsgebiet dazu. Wo konnte es zeitlich untergebracht werden? Das Leben in der kleinen Stadt legte dem Gelehrten manche Verpflichtung auf, der er sich nicht entziehen konnte. Er kegelte, turnte, ging donnerstags regelmäßig in die Mathematische Gesellschaft und verbrachte den Mittwochabend im Medizinisch-naturwissenschaftlichen Verein. Ein dritter Abend ging meist verloren durch Einladungen, die er nicht ablehnen konnte. Und sonnabends war Kneipabend mit den Kollegen. Da schwang ein Stück alte Burschenherrlichkeit weiter. Dazu war dieser Abend den gelehrten Herren eine willkommene Gelegenheit, einmal aus den spanischen Stiefeln der steifen Universitätsluft zu schlüpfen, den Einengungen der Gesellschaft und aller verpflichtenden Würde im Umgang mit Studenten und Philistern für ein paar unbeschwerte Stunden zu entwischen. Dann krachten die Seidel auf die Tischplatte, die Alten wurden jung, und befreiendes Lachen dröhnte manchem herzhaften Männerwitze hinterdrein.

Nun hatte er sich Zeiß verpflichtet. Noch ahnte er nur dunkel die Größe der Leistung, die er auf sich genommen hatte, als dass er sie klar übersah. Etwas Dumpfes, Drängendes legte ihm dieses Unbekannte aufs Herz. Nur in rastloser Arbeit konnte er sich davon befreien. Aber wann sollte das geschehen? An den Sonntagen? Das war unmöglich. Um keinen Preis wollte er die Stunden in Snells Hause aufgeben. Dort traf sich ein Kreis regsamer Männer, die in himmelstürmenden Gesprächen mit sich, ihren Wissenschaften und dem Laufe der Welt fertig zu werden suchten. Wenn es das Wetter erlaubte, gingen sie spazieren und trugen das Feuerwerk ihres Witzes und die tiefen Wässer ihrer Erkennens, um das sie miteinander rangen, hinaus in die schöne Welt, die wie ein Kranz bunter Blumen reichlich und verschwenderisch um die Stadt gebreitet lag.

Abbe war ein Wanderer. Manche Erkenntnis, die sein Leben formte, stieg aus den Gründen seines Wesens in die Höhe, wenn er auf einsamen Wegen ging. Dann zogen seine langen Beine weite Schritte. Die Augen blickten nach innen, und im Kopfe woben die Gedanken mit flitzenden Fäden an einem Ganzen, das im Wogen der Wälder, im Anstieg der Berge, im Hinabeilen zu Tale an Klarheit, Übersicht und Folgerichtigkeit gewann. Dann lauschte er der zwingenden Sprache seines gütigen Herzens und genoss die herrliche Sicherheit und Freude nach dem plötzlichen Aufspringen eines erlösenden Gedankens.

Nun stand die neue, fordernde Aufgabe vor ihm. Ihre Lösung durfte nicht begonnen werden auf Kosten anderer. Wo konnte Zeit eingespart werden?

„Ernst", sagte Anton Dohrn eines Tages zu ihm, „du musst dich wiedereinmal in der Runde der Kollegen sehen lassen. Dein wiederholtes Wegbleiben fällt auf. Sie reden schon darüber. Du kannst es dir nicht leisten, dass sie dich für einen Kauz und Sonderling halten."

Dohrn, der aus einer begüterten Stettiner Familie stammte, geistig rege und aufgeschlossen für alles, was die Zeit ihm an Fragen zutrug, liebte männlich herbe Aussprachen und schätzte an dem Freunde den klugen, maßvollen Debattierer, der seine Sätze wirkungsvoll zu prägen wusste.

In jenen Jahren wirtschaftlichen Sich Dehnens und -reckens wucherten Unklarheiten und Denknotwendigkeiten in allen Winkeln. Reichtum und Armut schieden sich härter und feindlicher, und die geistigen Führer beider Lager spitzten die wachsenden Gegensätze immer gefährlicher zu. Aus geduldigem Miteinander wurde ein unduldsames Gegeneinander, das sich weltanschaulich und praktisch fordernd auf beiden Seiten immer rücksichtsloser abgrenzte und verkapselte. Der vierte Stand wurde Klasse. Zurückgestoßen und vernachlässigt, sah er sich von der Herrschaft des Kapitals niedergehalten und um seine Menschenrechte betrogen.

Die stille Gelehrtenstube in der Saalgasse wurde oft aufgescheucht von den erregten Aussprachen der Freunde. Und wer meinen konnte,

Abbe habe als ein Sohn des Arbeiterstandes aus den Bindungen seines Herkommens den Weg zur Politik gefunden, der irrte. Anton Dohrn machte ihn mit den großen politischen und weltanschaulichen Fragen des Tages bekannt. Abbe war schwer zu lösen aus dem Zwang seines herben Wesens. Er lehnte Verhetzung und Zersetzung ab und sah anfänglich in Dohrn den gesättigten Bürger, der sich spielerisch am Zeitgeist verging und, wirtschaftlich gesehen, die wenigste Ursache hatte, sich über sein Los zu beklagen.

Abbe ließ sich führen von seinem durch nichts zu täuschenden Gerechtigkeitsgefühl, das nie einschlief und erlahmte, aber auch keiner Lehre und keines „Ismus" bedurfte, um sich zu festigen und zu klären. Er war und blieb immer ein eigener, der seinen Weg ging, der lieber den nächsten Strohhalm aufhob, als sich Träumen und Sehnsüchten in eine ferne Zukunft zu verschreiben. Die wachsende Einsicht in die Ungleichheit und Ungerechtigkeit der Verteilung irdischer Güter, die zunehmende Sucht nach einer Neuordnung des Diesseits schuf eine Fülle von Zweiflern an der Gerechtigkeit und Endgültigkeit der göttlichen Weltordnung. Konfession und Religion erhielten starke Stöße und wurden im innersten Gefüge erschüttert. Schöner Schein zerrann. Sorgsam gehütete und ängstlich vor jeder Zersetzung bewahrte Lehre bekam Risse und Sprünge; es bröckelte und gor.

Fr. Alb. Lange rüttelten die wachgewordenen Zeitgenossen auf mit seinem Buche „Geschichte des Materialismus". Dohrn stand ganz in seinem Banne, und Abbe ertrug es, wenn ihn der Freund aus seiner Welt herausriss und in aufgeregte Aussprachen hineinwarf. Das Schlusskapitel „Der ethische Materialismus und die Religion" zerbrach rücksichtslos überlebte Inhalte und hatte für die beiden Freunde entscheidende Folgen. Dohrn, der über mehr Zeit verfügte, weil ihm die Brotarbeit nicht so sehr auf die Finger brannte, lebte sich an den Schriften Langes und Marziens ein in die Gedankenwelt des kritischen Sozialismus. Er legte dem Freunde Bücher hin und bat ihn, sie zu lesen. Abbe tat es, soweit er konnte, um der Freundschaft willen.

Aber die eherne Stetigkeit des inneren Weges, dem er mit unzerstörbarer Sicherheit folgte, bewahrte ihn vor allem strohfeuernden Überschwang und jeder voreiligen Bejahung unerprobter Universalrezepte zur Rettung der Menschheit.

Er blieb der Wissenschaftler, der abgegrenzt und klug den bestimmten Fall erforschte und qualitativ und quantitativ zu beeinflussen suchte.

„Siehst du, Anton", sagte er eines Abends, als sie sich mit heißen Köpfen einander gegenübersaßen und die Fittiche nach stundenlangem Streit müde hängen ließen, „was ist getan, wenn du das verstanden hast, was dir ein anderer vordachte? Du bist weder Lange noch Marie, wenn du dir einbildest, ihre Gedanken zu verstehen. Wie ein Zirkusgaul rennst du in ihrem Denken herum, kommst dir geistreich vor, wenn du aus ihrem Stoff schillernde Seifenblasen steigen lässt und in lustigen Wendungen mit ihren Folgerungen, die ich nicht kontrollieren kann, Fangball spielst. Nimm es mir nicht übel, aber ich beobachte so oft, dass die Wirklichkeitsebene eines Menschen wenig zu tun hat mit seiner Erkenntnisebene. Zwischen beiden gibt es manchmal nicht die geringste Verbindung, und keine ist der anderen verpflichtet. Es kommt nur darauf an, welche Seite eines Daseins dem Beurteiler wichtig ist als Urteilsunterlage, der schöne Schein oder die gelebte Wirklichkeit.

Ehrlich gedachte Gedanken verpflichten den Denker, wenn sie sich zu einer bestimmten Reife entwickelt haben. Dann muss gehandelt werden. Was hat es für Sinn, sich um eine klassenlose Gesellschaft zu sorgen, die einmal oder nie kommen wird, sich um alle Himmel und Höllen eines ewigen Lebens zu streiten, wenn die, die das tun, nicht in der Lage sind, sich selber ein anständiges Dasein in dieser Welt aufzubauen und mit ihren Nächsten nicht menschenwürdig zu leben? Hier bleibe ich der unbelehrbare Naturwissenschaftler, dem die Erfahrung alles ist. Sie gebiert die Erkenntnis, und aus der Erkenntnis wird sie selbst wiedergeboren. Nicht dies oder das, sondern beides miteinander und durch einander, Leben und Lehre, Lehre und Leben."

Niemand erfuhr in jenen Tagen, dass Abbe sein Verhältnis zur Kirche zu Ende gedacht und ihr den Rücken gekehrt hatte.

Was ihm der Tag nicht möglich machte, musste in der Nacht geleistet werden. Wer brannte in Jena so lange Licht wie der Privatdozent Dr. Ernst Abbe? In Krankenstuben glommen trübe Lämpchen; wenn ein Leben auslöschte oder ein Mensch genas, wurden sie ausgeblasen und waren nicht mehr nötig.

Aber Abbes Lampe brannte nur zu oft bis in den neuen Morgen hinein, und ihr Licht erblasste im ersten Schimmer des jungen Tages.

Was kam es darauf an? Der Doktor war jung, zähe und willensstark. Jugend zwischen zwanzig und dreißig überwindet leicht alle Nachteile jeder Unregelmäßigkeit und ergänzt sich aus den unerschöpflichen Brunnen eines noch ansteigenden Lebens.

Das erste, was er sich zu leisten vornahm, war die Vertiefung der wissenschaftlichen Theorie für den Bau zusammengesetzter Mikroskope.

Die Arbeit kam in Gang zwischen Studierstube und Werkstatt. Stundenlang stand er vor der Werkbank und arbeitete verbissen, geführt von irgendeinem Gedanken. Dann füllten sich die Zettel, die er neben sich gelegt hatte, mit Ziffern und Berechnungen. Irgendwo als Möglichkeit im Unendlichen, irgendwo in der Wahrscheinlichkeit der Zahlen lag die Lösung, nach der er suchte. Entweder warf sie ihm das Glück in einer erleuchteten Stunde in den Schoß, oder er musste in die Urwälder unendlichen Zahlengestrüpps einbrechen und sich Schritt für Schritt vorwärtskämpfen. Immer war damit zu rechnen, dass ein hoffnungsvoll begonnener Einbruch ins Unbekannte zum Irrweg wurde.

Strahlungstheorien begannen sein Denken wuchernd einzuspinnen und überdeckten sein einfaches Dasein wie eine vollständige Verzauberung. Wenn Löber am Arbeitstische stand und Abbe ihm Anweisungen auf Arbeiten zuwarf, die schnell für Versuchszwecke ausgeführt werden mussten, dann spürte der Werkmeister etwas von der Kraft dieser Besessenheit und ahnte die Bedrohung, die Abbes Experimentieren den Pröblern bringen würde. Deshalb war er manchmal zugeknöpft, unsachlich und hartköpfig. Was wollte dieser Herr von der Universität? Den erprobten Schaffern Vorschriften machen? Ihnen gar neue Wege zeigen wollen? Unmöglich. Das ging wider Handwerks- und Künstlerehre. Die Eitelkeit der Pröbler wurde aufgestachelt, denn sie durften ja nicht zugestehen, dass es außer ihnen noch andere Götter gab.

Zeiß scheute keine Kosten und fügte sich in jede Forderung, die Abbes Versuche notwendig machten. „Der alte Herr", so nannte ihn die Belegschaft schon in jenen Jahren, tat für den Gelehrten alles aus einer inneren Sicherheit, die sein großes Verdienst blieb und seinen Anteil ausmachte am Vorstoß auf eine Wende der Optik.

Manchmal schien es, als habe Abbe die Lösung in der Hand. Dann wieder wich sie seinem Zugriff aus, und er blickte ins Leere. Manchmal steigerte ihn das Glück der Nähe, und darauf sah er sich zurückgeworfen in die Ausgangsstellung.

„Alles Große ist einfach", sagte er eines Tages zu Anton Dohrn, als der ihn, über die Arbeit gebeugt, auf seiner Bude rechnend fand.

„Ich muss immer wieder auf den Ausgang zurück, wenn mich der Zahlenwust zu verwirren droht."

Dohrn sah ihm über die Schulter, und Abbe schob einen Berg beschriebener Zettel beiseite.

„Siehst du da drüben den massigen Schornstein, der wie ein Turm über dem Gewirre der Dächer steht?" Dohrn trat an das offene Fenster und Abbe, der ihn ein gut Stück überragte, wies hinaus auf eine rußgeschwärzte Bäckeresse, die finster vor dem blauen Sommerhimmel stand.

„Seh ich", sagte Dohrn.

„Die Sonne steht darüber und umstrahlt sie mit der Leuchtkraft des Mittags. Strahlen, die von dem klobigen Burschen ausgehn, treffen in mein Auge und bringen auf der Netzhaut ein Bild hervor. Zwischen den Randstrahlen, die mir seine Umrisse vermitteln, liegen alle übrigen und lassen mich das erkennen, was die Entfernung an Einzelheiten möglich macht."

„Eingesehn", meinte Dohrn, „aber was weiter?"

„Dieses Bild ändert sich mit wechselndem Sonnenstand, bei unterschiedlichen Luftverhältnissen und verschiedenen Temperaturen. Immer ist es der alte Schornstein, und doch erscheint er jeweils anders" Bei Regenwetter grau und trübe, im Sonnenschein klarer und bestimmter, am Morgen anders wie am Mittag und Abend. Man könnte sagen, dass eigentlich niemand weiß, wer dieser alte Herr an sich ist. Immer wird sein Bild bestimmt von den besonderen Verhältnissen des Strahlenganges auf dem weiten Wege durch die Luft, die zwischen mir und ihm liegt. Nun mach das Fenster zu."

Dohrn, der sich gern unterrichten ließ, schloss den Fensterflügel und sagte danach: „Wie nun weiter?"

„Nun sieh dir den Burschen jetzt an."

Dohrn sah hinaus.

„Toll", sagte er dabei. „Als hätte er Bauchweh und krümmte sich vor Schmerzen."

„Das sind die Unebenheiten des gewöhnlichen Fensterglases, die den Strahlengang brechen und verwerfen. Würden die Scheiben aus teurem Spiegelglas bestehen, dann gäbe es weniger Verzerrungen. Du weißt und erkennst also nur so viel von dem Gegenstande, als Luft und Glas dir aus der Summe ihrer besonderen Eigenschaften übermitteln."

„Wer zu Ende denkt, müsste erkennen, dass niemand imstande ist, ein objektives Bild von einem Dinge überhaupt zu erhalten. Was sind so gesehen Wahrheit und Klarheit? Relationen", sagte Dohrn.

„Aber nun gib acht", fuhr Abbe fort. „Stelle dir vor, wir würden jetzt eine Linse oder ein Linsensystem zwischen das Auge und den Schornstein schieben, um ihn vergrößert in unsere Nähe zu zwingen. Dann werden damit natürlich auch alle Abweichungen, die außerhalb der Linsen liegen und dazu noch die, die durch sie selber entstehen, mit vergrößert und verstärkt."

Dohrn lachte. „Der alte Herr lässt sich das Geheimnis seines wirklichen Seins demnach recht schwer entreißen und weiß sich dem Zugriff des suchenden Auges hartnäckig zu entziehen."

„So ist es, und die Güte eines optischen Instrumentes beruht auf der Tatsache, wie weit es in der Lage ist, diese Abbildungsfehler zu beseitigen, wenigstens herabzumindern. Der Optiker rechnet mit einem Dutzend solcher Untugenden. Ich will ein Mikroskop entwerfen, das möglichst einwandfreie Bilder liefert …"

„Das will jeder Optiker", unterbrach ihn Dohrn.

„Gewiss, aber ich suche einen anderen Weg zum Ziele.

„Wieso?"

„Jedes Mikroskop ist eine Vereinigung von Fernrohr und Lupe."

Abbe stutzte und sah den Freund misstrauisch an. „Du tust arglos wie ein reiner Tor und lässt dir Dinge sagen, die dem Zoologen, der täglich mit dem Mikroskope umgeht, bekannt sein sollten!"

„Verzeihung, Herr Privatdozent, mir ist wichtig, wie Sie das sagen, also bitte weiter."

„Gut." Abbe fuhr fort. „Demnach ist begreiflich, dass schon der Werkstoff für die Linsen, das Glas, eine wichtige Rolle spielt. Die Wahl geeigneter Glassorten ist von ausschlaggebender Bedeutung. Aber daran hapert's heute noch. Das brauchbarste optische Glas wird aus Frankreich bezogen. Und die Herren Lieferanten wissen, dass wir auf sie angewiesen sind. Sie schicken uns deshalb nicht immer das Beste, nachweislich oft sogar ihren Ausschuss. Wir können nichts dagegen tun."

„Und trotzdem ist nur eine anerkennenswerte Vollkommenheit der auf diese Weise gebauten Instrumente erreicht worden."

„Zufall und Geschicklichkeit – Der Zufall muss ausgeschieden werden."

„Wieso?"

„Licht wird beim Übergange von einem Medium ins andere gebrochen."

„Nicht neu, Herr Privatdozent."

„Richtig. Aber neu wird es sein, auf Grund der Brechungsgesetze den jeweiligen Grad der Brechung rechnerisch vorher zu bestimmen. Wenn das möglich ist, gibt es im Mikroskopbau nur noch planmäßige Arbeit. Es muss möglich sein!

Aufgrund eindeutiger Berechnungen werden dann die Glassorten ausgewählt, die für jeden Fall notwendig sind. – Wir wünschen ein Instrument mit bestimmter optischer Leistung: Ich bediene mich meiner Formeln und errechne Krümmungen, Dicken der Linsen, Abstände, überhaupt jedes notwendige Maß, das den Bau wirksam beeinflusst …"

Dohrn unterbrach den eifrig Redenden: „Ja, du bedienst dich deiner Formeln, das sagst du so hin … Alter Freund, du bedienst dich … kostbar, er bedient sich. Wenn mir das jetzt ein anderer sagte, würde ich lachen. Aber du sprichst es so gelassen aus, als hättest du schon alles an seinen vier Zipfeln. Lichtbrechung, gut, dass man davon was weiß, gehört in die Grundbestände jeder allgemeinen Bildung. Mehr zu wissen, ist Aufgabe der Wissenschaft, und du willst berechnen, Formeln finden, vorherbestimmen …"

„Ja, das will ich …"

Abbe sah das Ziel so deutlich vor sich, dass er nur den Weg zu suchen brauchte, um es zu erreichen.

Kapitel 11

Wenn ein Mensch besessen ist von einem erhabenen Ziele, das ihn lockt und zieht, dann reinigt er sich und stößt alles ab, was klein und eng ist. Er sieht nur nach vorn. Der Alltag mit seinen Sorgen berührt ihn kaum. Was isst er? Was trinkt er? Oft weiß er es selber nicht und tut das Notwendige zur Erhaltung des Lebens nur geringschätzig. Dann verkapselt sich der Schaffende, er schließt sich ab und sucht sein Ziel, das Ziel.

Die Zeit klingt nur mit den stärksten Geräuschen zu ihm herein, wie durch eine Wand von Filz drängt sich ihm das Leben auf, gedämpft, von ferne, stumpf und kraftlos. Seine Aufnahmefähigkeit ist fast erloschen; er strahlt aus und steht im Lichte seiner Gedanken wie eine Sonne im Mittelpunkt ihres Weltsystems. Das ist der Schöpferische, der Besessene, der Zielstrebige. So war Abbes Zustand über Jahre hin.

Es gab für ihn kein Unmöglich.

Zeiß gewährte ihm jede Unterstützung; ab und zu warnte er ihn väterlich vor den Folgen übermäßiger Arbeit. Ohne Bedenken wurden Leute mitten aus einem Arbeitsvorgang herausgerissen, um Abbe zu helfen. Er selber erwarb sich mit der Zeit technische Fertigkeiten, die ihn kaum noch von seinen Mitarbeitern unterschieden.

Löber ahnte, dass Abbes Versuche dahin gingen, etwas unerhört Neues auszubauen, aber er verstand es nicht, weil ihm als dem vollendeten und klugen Handwerker Haltung und Zustand des forschenden Menschen, dessen Tun aus dem Geiste bestimmt war, fremd blieben. Ihm ging Probieren über Studieren. Erst viel später erkannte er Abbes Streben, die Geschicklichkeit der Hand unter die Kontrolle der Zahl zu stellen.

„Sehen Sie, Löber", sagte Abbe einmal, „es gibt gewisse Dinge, die liegen in der Luft. Man kann die Entwicklung einer technischen Erscheinung ruhig abwarten. Dann überlässt man alles der Zeit und wird geschoben. Oder aber, man kürzt gewisse Vorgänge ab, Wille und Erkenntnis beschleunigen das Tempo. Der Versuch drängt langwierige Entwicklungsschritte zusammen und lässt einen Menschen erleben, was sonst Generationen braucht.

Das wollen wir, Löber, die Bedingungen zur Vervollkommnung gewisser technischer Gegebenheiten bestimmend in die Hand bekommen; dies bedeutet dann nicht nur einen wirtschaftlichen Sieg, sondern auch den der Forschung. Dafür ist kein Opfer zu groß."

Die Nächte über saß Abbe an der Arbeit. Sein Zimmer erschien jedem, der es wagte, ihn aufzusuchen, wie ein Gewirr von Irrgängen. Bücher, Geräte, blinkende Linsen, Blenden, eingeschnitten in geschwärzte Bleche, Spiegel, Glasstücke, Prismen, Papier, Zeichenbrett und spitze Bleistifte. Die Wollust des Schaffens lag ausgebreitet über allem und war durchfetzt mit einer Lauge von verdichtetem Pfeifenhecht, der alles durchdrang und jedem Ding wie ein wesenhafter Duft anhing.

Lüften half wenig. Wer die Treppe heraufstieg, trug seine Nase aus den Bezirken nahrhafter Wurstdünste in den Brodem stickigen Tabaksqualmes. Aber aus diesem Dunst wuchs Erkenntnis, im Rauch seiner Tonpfeife schlich sich Abbe wie ein pirschender Jäger an die Beute: die optische Formel.

Dabei vergaß und vernachlässigte er keine seiner Verpflichtungen Frühmorgens, wenn die meisten noch schliefen, machte er den üblichen Spaziergang ins Paradies; so nannte man in Jena die Anlagen am linken Ufer der Saale. Oft stand er als Erster früh vor dem Geschäfte Zeißens und wartete auf Einlass, um irgendein Rechenergebnis, eine Idee, die ihm zwischen Tag und Nacht, im schöpferischen Halbschlafe vor das Gehirn getreten waren, am Werktische auszuprobieren.

Wie die Jahre vergingen, durfte er hoffen, dass ihn der Staat aus dem unsicheren Leben als Privatdozent eines Tages erlösen würde, um ihn in die Stelle eines außerordentlichen Professors zu befördern. Dabei konnte Abbe nichts weiter tun, als nur hoffen. Seebeck, der Kurator, war ihm gewogen. Aber auch er durfte von herkömmlichen Mindestforderungen, die jeder Anwärter auf einen so begehrten Posten zu erfüllen hatte, nicht abweichen.

Es war im Frühjahr 1869. Wieder einmal hatte Abbe den Kurator in seinem Geschäftszimmer aufgesucht. Draußen vor den Fenstern blühten die Kastanien. Ein aufgeregtes Gespräch war abgeklungen und lief nun in ruhigen Bahnen weiter. Seebeck stand am Fenster. Die Sonne leuchtete über die Wipfel, und des Kurators Schatten lag Abbe vor den Füßen.

„Wir kommen also nicht darum herum, Herr Doktor", sagte Seebeck mit Bedauern. „Sie haben tatsächlich seit Ihrer Habilitationsschrift noch nichts wieder herausgebracht, was Ihren Namen einer größeren Öffentlichkeit bekanntgemacht hätte."

„Darauf lege ich nicht den geringsten Wert", sagte Abbe tonlos.

„Stecken Sie in meiner Haut, treiben Sie Forschung auf so weite Sicht, wie ich, und dann fragen Sie sich, ob Sie Zeit und Recht haben, Jahrmarktstrompeten zu blasen."

„Alles richtig bis auf einige Bedenken, die ich Ihnen nicht verhehlen kann. Der Staat will wissen, wen er mit einem Amte betraut. Wie kann er das, wenn ihn der, der darauf wartet, nicht selber dazu in die Lage versetzt?

Bei uns, wie an anderen Universitäten, ist es Brauch, dass jeder Privatdozent, der zum Professor befördert werden soll, sich vor dem Staate und seinen Fachgenossen mit einer schriftstellerischen Leistung ausweist, durch die er seine Befähigung belegt. Ich begehe keinen Vertrauensbruch, wenn ich Ihnen sage, dass Herr Hofrat Snell, der Ihnen sehr zugetan ist, es tatsächlich für geraten hält, Ihre Beförderung von einer namhaften Publikation abhängig zu machen. Ich verstehe seine Haltung und möchte Sie bitten …"

Abbe schüttelte den Kopf, und Seebeck blieb mitten in seinem Satze stecken.

„Ich habe Ihnen vorhin schon versichert, in welch hohem Grade ich der Universität verbunden bin, aber es ist einfach nicht möglich, mitten im Fluss des Forschens und Suchens plötzlich haltzumachen, um das zu stauen, was in Bewegung ist. Wenn ich über den Berg bin, wird man von mir hören. Zeiß hat mich zwar nicht verpflichtet, über das zu schweigen, was ich auf seine Anregung hin tue. Aber ich will es. Das bin ich ihm schuldig. Da geschehen Dinge, die im Rahmen der Universität nie hätten angepackt werden können, einfach, weil's Mittel und

Einrichtungen dazu fehlen. Zeiß schafft für ein Stück Forschung alle materiellen Voraussetzungen, und das verpflichtet. Ich lehne, verstehen Sie mich recht, wissenschaftliche Veröffentlichungen nicht etwa grundsätzlich ab, sondern bitte um Nachsicht, weil das, was geschieht, in seinem Laufe nicht unterbrochen werden kann durch hemmende Schreibereien. Man soll mich nicht weiter bedrängen ..." Die Unterredung schloss mit einem Misston. Seebeck stand unter der Last des Herkommens und war durch Abbes herben Ton etwas verstimmt, als er in einem Berichte an die Unterhalterstaaten schrieb:

„Eigene Forschungsergebnisse hat er noch nicht publiziert, was ihn bis jetzt daran gehindert hat, ist die Fülle seiner Produktivität; denn ist ihm die Lösung eines Problems gelungen, so nimmt ihn, ehe er die Untersuchung druckfertig macht, schon wieder eine neue Frage in Anspruch. Aber damit konsumiert er seine Kraft, ohne der Wissenschaft zu nützen, denn die größten Entdeckungen fruchten ihr nicht, wenn sie im Pulte des Forschers bleiben."

Der Meinung Seebecks schloss sich die naturwissenschaftliche Fakultät an. Sie empfahl in ihrem Gutachten mit der Beförderung Abbes zu warten, bis er irgendeine wissenschaftliche Arbeit habe erscheinen lassen.

So saß er nun zwischen den Stühlen. Der Kampf, den er für eine wissenschaftliche Grundlegung der Mikroskopoptik führte, das geschäftige Hin und Her zwischen Studierzimmer und Werkstatt ließen ihn einfach nicht zum Schreiben kommen. Und wozu schreiben, wenn ein eindeutiger Erfolg, ein wirklich abschließendes Ergebnis noch nicht erreicht war?

Die Ernennung Abbes zum ordentlichen Professor blieb zunächst aus. Aber bei der Anspannung aller Kräfte, die seine Forschungen erforderten, machte das wenig Eindruck auf ihn. Mit Feuereifer ging er danach wieder an die Arbeit. Sie wurde reif und stand vor Ergebnissen, die ihn in ihrer Schlüssigkeit beinahe überraschten, als sie ihm folgerichtig in klaren Formeln entgegentraten.

Abbe war die Jahre über immer verschwiegener geworden. Dohrn lockte ab und zu etwas aus ihm heraus, wenn er ihn zum Sprechen brachte. Aber das fiel schwer, es war nicht Abbes Art, vorzeitig von Dingen zu sprechen, die noch reifen mussten. Und wenn sie reif waren, legte er sie ab wie eine Raupe ihre Hülle, um irgendeinem neuen, höheren Zustande entgegenzufliegen.

Zeiß erfuhr wenig. Er beobachtete nur die zunehmende Geschäftigkeit und Anspannung seines Mitarbeiters. Aus vielen Zeichen konnte er schließen, dass irgendein wesentlicher Abschnitt im Forschen Abbes vor dem Ende stand. Mit sorgsamen Augen überwachte er des Gelehrten Wesen und Schaffen, damit nicht etwa ein Schaden für seine Gesundheit daraus entstünde.

„Herr Doktor", sagte er an einem Sonnabend, kurz vor Feierabend. Abbe stand an seinem Arbeitsplatze über ein Mikroskop gebeugt, „Sie müssen Ihren Eifer etwas mäßigen. Ich bin besorgt um Ihre Gesundheit. Darf ich Sie einladen, mich morgen Vormittag in meinem Garten zu besuchen? Alles steht in herrlichster Blüte. Der Frühsommer war nie schöner als in diesem Jahre. Ich bitte Sie ausdrücklich am Vormittage zu kommen, weil ich weiß, dass Sie den Nachmittag nach Ihrer Gewohnheit in Gesellschaft des Herrn Hofrat Snell zubringen. Darf ich auf Sie rechnen?"

Abbe überlegte. „Eigentlich … schön, ich komme, Herr Zeiß, aber wo liegt Ihr Garten?"

„Wenn es Ihnen recht ist, seien Sie um neun Uhr bei mir, und wir gehen dann zusammen.

„Abgemacht."

Am anderen Morgen war Abbe pünktlich zur Stelle. Er traf den Meister im Hausflur und war erstaunt über die Ruhe in dem sonst so geschäftigen Hause.

„Wir können gleich gehen, Herr Doktor, ich will nur noch einmal im Betriebe nach dem Rechten sehen."

„Sonntags?"

Abbe sah den Meister fragend an.

„Gewiss, auch da ist immer etwas los. Alle sechs Wochen werden von den Lehrlingen die Fenster geputzt. Optiker, Herr Doktor, brauchen klare Fensterscheiben. Zwei von den Stiften, sie wechseln sich Sonntag für Sonntag ab, müssen im Keller den Wochenbedarf an Schmirgel sieben und Pech kochen. Die Petroleumlampen werden am Sonntagvormittag sauber gemacht. Und so ist noch manches, was in Ordnung gebracht sein will. Lehrjahre sind eben keine Herrenjahre.

Der Zeichen und Rechenunterricht, den ich den Jungen sonntäglich gebe, fällt heute aus."

Ein wenig später schon schritten die beiden Männer zur Stadt hinaus. In der Sonntagsstille waren die Gassen leer, und die Schritte klangen heller als sonst auf den buckligen Pflastersteinen. Glockentöne schwangen hinter ihnen drein.

Die Morgensonne streichelte und umschmeichelte jedes Ding, das ihren Strahlen im Wege stand. Weich und gewürzt mit Sommerduft strich die Luft von den Bergen herunter und füllte das Tal mit einem zarten Wehen, wie man es nur sonntags spürt, weil einem selbst sonntäglich zumute ist.

Zeiß und Abbe gingen schweigend nebeneinander her und sogen sich voll Duft und Süße. Auf einem langsam ansteigenden Pfade kamen sie endlich vor eine verschwiegene Gartentür. Sie wurde von glutroten Kletterrosen überrankt, so dicht, dass der Blick in den dahinter liegenden Garten beinahe verdeckt war.

Zeiß schloss auf, und Abbe musste sich bücken, als er unter dem blühenden Rankengewirr hindurchschritt.

„Ah!", entfuhr es ihm, als er aus seiner Höhe die Pracht der bunten Blumenbeete überflog. In sanftem Stieg hob sich der gepflegte, schnurgerade Weg auf eine von Rosen überwucherte Laube zu. Bogen um Bogen üppig duftender Rankenrosen wölbte sich in schwellender Fülle über den Weg, den zwei Streifen sauber beschnittenen Buchsbaumes säumten.

Zwischen den Rosenbögen leuchteten auf schlanken, grünen Stäben farbige Glaskugeln. Die Sonne spielte mit ihnen, und das Auge wusste nicht, wohin es sich vor lauter Schönheit zuerst wenden sollte.

Abbe blieb öfter stehen und blickte sich mit Behagen um. Immer, wenn die beiden auf eine spiegelnde Glaskugel zugingen, sahen sie sich darin auftauchen, mussten lachen, wie ihre Gesichter im Näherkommen närrisch verzerrt wurden, schritten vorüber und erkannten sich von fernher in der nächsten schon bald wieder. Zitronenfalter taumelten über die Blumenbeete, und emsige Gartenvögel schwirrten von Ast zu Ast. Abbe sog die Luft in vollen Zügen ein.

„Ach, ist das schön", sagte er, „beinahe hätte ich vergessen, dass es so etwas noch gibt."

In der offenen Gartenlaube stand ein alter, an das Leben im Freien gewohnter Schrank. Zeiß schloss ihn auf, nahm daraus eine bunte Decke und breitete sie über den Tisch. Abbe hatte seinen Stuhl an die Tür gerückt und sah mit blinzelnden Augen hinaus in den hellen Sommertag.

Wie eine Mauer aus Grün und Gold stiegen die Saalberge in den weißblauen Sommerhimmel Weit unten, zur Linken, schob sich der trotzige Jentzig ins Tal herein. Auf seinem Scheitel glänzte der weiße Pfad, der auf den Gipfel führte. Gerade gegenüber stiegen drei Berge hintereinander mit gewölbten Buckeln in die Sommerstille. Der dritte trug den Fuchsturm, eines der Wahrzeichen von Jena.

Die Stadt lag unter ihnen in mäßiger Tiefe, wie ein träumendes Wesen, eingehüllt in Stille und Frieden. Das Sonnenlicht spielte mit Mauern, Giebeln und verbogenen Dachfirsten. Verschlafene Rauchfahnen schlichen aus kantigen Schlöten und verloren sich im Wesenlosen vor dem durchscheinenden Himmel. Unter ihm segelten wie lustige, leichte Watteflöckchen eine Schar weiße Wölkchen quer über das Tal. Es war wirklich ein wunderschöner Sommersonntagmorgen. Abbe genoss ihn wie ein Geschenk aus einer anderen Welt.

Währendem hatte sich Zeiß gebückt und einen eisernen Behälter aufgeschlossen, der in den Fußboden der Gartenlaube eingemauert war. Er hob den schweren Deckel und zog behutsam eine schillernde Flasche heraus und danach einen Teller, der mit belegten Broten beladen war. Die Meisterin hatte Brote und Wein in der Frühe durch einen Lehrjungen herausgeschickt.

„Nimm von dem Besten, der im Keller liegt, Ottilie", sagte der Meister zu ihr, als sie das Frühstück vorbereitete – In dem Schranke an der Hinterwand der Laube standen Weingläser.

„Bitte, Herr Doktor", sagte Zeiß einladend. Erschrocken fuhr Abbe aus seinen Gedanken auf und wandte sich um. Gluckernd lief der Wein in die Gläser. „Auf die Arbeit und alles, was noch vor uns liegt", sagte der Meister und hob sein Glas. Sie stießen an, und jeder tat einen herzhaften Schluck.

Eine Wolke Rosenduft wurde von der bewegten Luft vorübergetragen, und das Summen der Bienen und Fliegen klang leise in die Laube herein.

„Es ist sonderbar", sagte Abbe lächelnd, „nicht einmal Ihr Wundergarten kann mich von mir selber lösen. Das Glück dieser Stunde wirft mich mit wachsender Kraft auf mich selber zurück. Mir werde ich wohl erst dann wiedergegeben sein, wenn ich die Lösung meiner Aufgabe endgültig hinter mich gebracht habe. Aber noch kann niemand sagen, wann das sein wird, denn hinter der eindeutigen Theorie beginnt ihre Übersetzung ins Wirkliche, in die Produktion. Es wird alles umgebrochen werden, was bisher üblich war."

Zeiß horchte, denn nur selten sprach sich Abbe zusammenhängend über den Stand seiner Forschungen aus. Diese Stunde schien ihn aufzulockern.

„Wir sind vorsichtig vorgegangen", fuhr der Gelehrte fort, „ich möchte sagen pflanzlich, organisch. Nach der wissenschaftlichen Festlegung des Verfahrens der vollständigen theoretischen Vorausberechnung aller Konstruktionsteile des Mikroskops, nach der Prägung der Rechenweise, die die dem Mikroskope eigenen Verhältnisse der Lichtbrechung meistert, ist versucht worden, den Bau von Instrumenten nach und nach darauf einzustellen, also den Übergang vom Pröbeln zu dem Neuen, Anderen behutsam zu wagen. Es durfte keinen Bruch geben." Abbe versank einen Augenblick in sich selber. Mit seinen Worten hatte sich ihm eine Last Verantwortung auf die Seele gelegt.

„Ich möchte Ihnen gern irgendetwas Gutes sagen, Herr Zeiß, das Ihnen Freude macht, denn nur durch Ihr unendliches Vertrauen konnte es soweit kommen. Aber Sie dürfen nicht nachlassen; denn jetzt wird der entscheidende Schritt folgen müssen: Der Bau des ersten Mikroskops auf rein theoretischer Grundlage – Ach, dieser Sommertag, die Stille, das Licht! Alles scheint erfüllt und befreit in dieser Schönheit, als gäbe es keine Widersprüche und Widerstände. Aber wenn der Mensch die Hebel ansetzt und will in die Wunder der Natur einbrechen, dann muss er schmerzvoll erleben, wie schwer das ist und wie hilflos er davorsteht. Ich musste den Lichtstrahl zwingen, seine Gesetze zu bekennen und mir gefügig zu werden. Er ist bezwungen."

Zeiß lauschte und versuchte, sich jedes von Abbes Worten einzuprägen. Der setzte ihm in scharfsinniger Gedankenführung das Wesen seiner Theorie auseinander und formulierte die ersten, greifbaren Ergebnisse in eindeutigen Prägungen.

„Aus einer Unzahl von Versuchen hat sich die rechnerische Anwendbarkeit erwiesen. Löbers Misstrauen und die von manchem ihm ergebenen Manne geleisteten Widerstände haben verschiedenes hinausgezögert, konnten aber das Endergebnis nicht verhindern. Ihr Verhalten kann ich verstehen, so sehr es mich auch oft störte und verärgerte: Die Leute waren besorgt um ihre Kunst und ihre Unentbehrlichkeit.

Das hat niemandem genützt, denn die entscheidende Frage, gute Abbildungen mit weiten Strahlenbüscheln für kleine Objekte zu erzielen, ist gelöst. Der bisherigen Wissenschaft zum Trotze. Nun können die ersten Instrumente auf neuer Grundlage gebaut werden."

Abbe schwieg. Der Sommertag hüllte die beiden Männer in Licht, Stille und Duft ein. Und Zeiß wusste, dass nach diesen Sätzen Abbes ein neuer Abschnitt im Aufbau des Werkes begann. Er fühlte, wie eine Welle von Dankbarkeit in ihm hochschlug, aber das bescheidene Wesen des Gelehrten, der von der Größe seiner Leistung nie besonderen Aufhebens machte, verhinderte jeden lauten Ausbruch von Freude und Dank. Und Worte des Überschwanges lagen auch nicht in Zeißens Art. Aber diese Stunde hatte ihm verpflichtend klar gemacht, was er Abbe schuldig war. Er hob das Glas und sagte ernst:

„Wir beginnen, Herr Doktor, das neue Mikroskop wird gebaut." Danach standen beide auf, und der Meister zeigte dem Gelehrten seinen Garten. Vor einem hohen, mit langen Stacheln besetzten Kaktus blieb Abbe stehen, schob die Brille auf die Stirne und bückte sich herunter.

„Er blüht?", fragte er erstaunt.

Zeißens Gesicht überflog es rot. Er rückte verlegen an seinem Samtkäppchen: „Die Hundsjungen", knurrte er, „haben wieder Blumen auf die Stacheln gespießt, bin selber schon oft darauf hereingefallen. Man soll Lehrlinge nicht allein in den Garten lassen."

Ein befreiendes Lachen brach aus Abbes Munde, und der Meister lachte mit.

Kapitel 12

„Es kann nur eine Probe geben, um die Richtigkeit und Vollständigkeit meiner Forschungen zu erweisen", sagte Abbe eines Tages zu Dohrn, der sich auf das grüne Sofa hin geräkelt hatte.

„Und die wäre?" Dohrn sah gespannt auf. Abbe stand am Fenster und schaute in die Saalgasse hinunter.

„Die von mir aufgestellte Theorie macht es möglich, zusammengesetzte Vorgänge und Wirkungen in ihren Einzelheiten genau vorauszubestimmen. Das ist aber nur die eine Seite."

„Und die andere?"

„Sie erbringt den Beweis der Richtigkeit alles Vorgedachten, Konstruierten und Errechneten. Der Bau des ersten Mikroskops nach der Theorie und der erste Blick in das neue Instrument werden erweisen, ob der Weg bis hierher richtig war. Alles was ich vielleicht übersehen habe, jede Lücke in der Vollständigkeit der Umstände, die zu berücksichtigen waren, wird sich danach als Fehler herausstellen. Jeder Denkfehler wird zum Sachfehler."

„Das sagst du so ruhig, als hättest du nichts zu fürchten?"

„Weil ich nach menschlichem Ermessen alles getan habe, um das Ergebnis zu sichern."

„Zeiß hat sich das bis hierher wohl eine ziemliche Stange Geld kosten lassen, wenn ich bedenke …

„Das hat er.

Und zu bedenken ist nichts mehr. Noch ein paar Tage wird es dauern, dann liegt das Urteil fest."

„Menschenkind, hätt' ich deine Ruhe."

„Was nützte mir jetzt Unruhe?"

„Wenn ich so denke: Ein paar Jahre hast du gerechnet, gebrütet, gerechnet, probiert, gerechnet, zeitweilig die ganze Werkstatt auf den Kopf gestellt, eigentlich alles auf eine Karte gesetzt."

„Anton!" Abbe fuhr herum und sah den Freund hart an. „Du zweifelst?"

„Das nicht, Ernst, aber es könnte doch …"

Abbe lachte verächtlich und wandte sich wieder dem Fenster zu. Über den Bergen des rechten Saaleufers wucherte ein üppiges Sommergewitter. Drohende Wolkenwände schoben sich übereinander; dunkelblau, schwarz, mit schwefelgelben Rändern auf dem Rücken. Blitze schossen hin und her.

„Wenn ich mir denke, ich stünde vor einer solchen Entscheidung wie du, ich weiß nicht, ob ich die Ruhe hätte. Stelle dir vor, Ernst, es wird nichts. Dies und das ist doch schon hindurchgesickert in die gelehrte Welt. Wenn auch niemand etwas Bestimmtes weiß; aber mancher wartet doch darauf, dass ein Kanonenschuss losgeht. Trifft er ins Schwarze? Haut er daneben? Wird's ein Blindgänger?" Dohrn stöhnte. „Deine Ruhe möcht' ich haben."

Abbe trommelte auf der Fensterscheibe. „Ich weiß, worum es geht, und kann's doch selber kaum erwarten."

„Wie ein Pfahl stehst du am Fenster."

„Und brenne doch wie ein Vulkan vor dem Ausbruch."

„Tu etwas, Menschenkind, hau die Scheibe ein, brülle …"

„Wird deshalb das Mikroskop eher fertig?"

„Unsinn!"

„Ich zähle selber die Minuten. Aber es geht deshalb nicht schneller. Zeiß tut was er kann. Ich merke, wie ihn die Unruhe fast aufzehrt."

Abbe wandte sich um. Ein Blitz ließ die Dämmerung grell aufleuchten. Die beiden sahen sich mit aufgerissenen Augen an. Der Donner rollte mit Urgewalt das Tal entlang. Grell klirrten die Fenster, und der Sturm fauchte im Schlote.

„Sag, was du denkst, rede", kam es vom Sofa her.

„Formeln, Zahlen, Anton, Funktionen, das Mikroskop, ein paar Tage noch."

Hagelkörner prasselten an die Scheiben.

„Es wird!", rief Abbe in einer Pause zwischen Blitz und Donner. „Es muss werden!" Seine Gedanken flogen mit dem Rauschen des Windes in die Werkstatt, wo das erste Mikroskop nach der neuen Bauweise der Vollendung entgegenging.

Dann zog er seine Taschenuhr. Er hielt sie nahe an die Augen; denn die Dunkelheit wuchs mit jedem Augenblicke. „Ich muss fort!", rief er, „mein Kolleg beginnt!", griff nach dem breiten Hute, der neben der Tür hing und stürzte hinaus. Dohrn sah ihn im schwarzen Türloch verschwinden und schüttelte den Kopf.

Abbe sprang durch die Saalgasse zum Neutor. Die Wucht seines Laufes ließ ihn wie einen Pfeil durch die Wasserschauer schießen. In den Gassen wälzte sich die Flut. Er jagte vorwärts, denn es war nicht seine Art, das Kolleg ohne Not auch nur um eine Minute hinauszuschieben. Die hohen Bäume vor Snells Hause bogen sich im Sturme, von Regenfluten übergossen.

Abbe riss die Gartentür auf, stürzte den Weg entlang ins Laboratorium. Die Dämmerung des leeren Raumes verschluckte ihn· Keiner seiner Hörer war gekommen. Sie schwänzten, weil ihnen das Gewitter zu gefährlich war. Bis auf die Haut durchnässt sank er auf einen Stuhl.

An einem Fenster im Erdgeschoss standen Snell und seine Tochter Elise. Das Gewitter war beiden ein erhabenes Schauspiel, das sie schweigend genossen.

„Es wird bald vorüber sein", sagte Elise. „Die Abstände zwischen Blitz und Donner werden weiter."

„Aber der Regen lässt nicht nach", meinte Snell, „das kann …" Er stockte. Ein schwefelgelber Blitz zerriss die Dunkelheit. Die beiden schlossen die Augen, weil das Licht schmerzte, und erschraken von dem Knattern, dem grellen, peitschenscharfen Knall des Einschlages.

„Das muss ganz in der Nähe gewesen sein", sagte Snell erschrocken. Danach rauschte der Regen heftiger. Draußen rannte Abbe vorüber.

„Hast du ihn gesehen, Vater? Wahrhaftig der Doktor Abbe! Will das Kolleg beginnen, und keiner seiner Studenten ist gekommen. Er muss doch nass bis auf die Haut sein. Nun sitzt er im Laboratorium und kann sich erkälten." Sie überlegte.

Aus ihrem gütigen Herzen sprang eine Flut Besorgnis auf und riss ihre Gedanken weg von den unmittelbaren Eindrücken des Gewitters.

Sie suchten den einsamen Mann und umgaben ihn mit Sorge und Teilnahme.

„Aber so ist er", sagte sie nach einer Pause. „Entsinnst du dich noch, Vater, eine Reihe Jahre sind darüber vergangen. Ich war damals ein

Mädchen von dreizehn oder vierzehn Jahren, da standen wir genau wie heute am Fenster und sahen einem Gewitter zu. Abbe war Student im ersten Semester. Du musstest dein Kolleg beginnen. Aber die Hörer blieben aus. Genauso wie heute."

„Ich entsinne mich", nahm Snell das Wort, „es goss in Strömen. Da schoss draußen ein langer, dürrer Kerl vorüber, wie ein schwarzer Strich, patschnass, triefend. Er rannte in das Laboratorium und verschwand darin. Der einzige, den das Gewitter nicht abhalten konnte."

„Und ich weiß sogar noch, was du damals sagtest, Vater."

„Wie war es gleich?"

„Das ist der lange Eisenacher, von dem ich schon öfter erzählt habe, wie eifrig und wie gescheit er ist. Kommt bei diesem Unwetter ins Kolleg. Sieh dir den an, aus dem wird etwas!"

„Das mag sein, und von dem letzten Satze nehm' ich kein Jota weg. Aber nun will ich ihn hereinholen. Er kann doch nicht vor leeren Stühlen reden. Wo ist mein Schirm?"

Snell ging, und Elise sprang in die Küche, um Kaffeewasser aufzusetzen.

Sie führte dem Vater die Wirtschaft. Als die Mutter starb, blieb er mit zwei Töchtern zurück. Er heiratete später ihre Schwester. So wurde die Tante den Mädchen Stiefmutter. Aber auch sie starb, und Elise begann, dem Haushalte vorzustehen. Sie war von kleiner Gestalt, zierlich gewachsen, und verbreitete um sich her, im Wirkungskreise ihres Wesens, Frische, Ehrlichkeit und einen hohen Grad von Sauberkeit und Ordnung. Ihre braunen Augen übersahen nichts. Fräulein „Else", so nannten alle das frische, aufgeschlossene Mädchen, beglückte jeden Gast mit einem menschlich netten Worte, das ihn liebenswürdig in das Haus und seine Eigenart einbezog. Vor ihrem echten Empfinden schieden sich Kern und Schale, Inhalt und leeres Wort, denn in Snells Gesellschaft wurde viel geredet. Die Erfahrungswissenschaft stand noch in den Kinderschuhen. Wo das Wirkliche sich dem Zugriff des Experimentes wegen der Unzulänglichkeit aller Forschungseinrichtungen entzog, da schwang sich das Denken leicht und beweglich in die freien Räume des Geistes. Die Herren begannen zu philosophieren, ungehemmt, froh und eigensinnig.

Sie mussten also denken, wenn sie überhaupt etwas leisten wollten. Vor allem die Herren Naturwissenschaftler übersprangen schnell die Grenze der Erfahrung und wurden beredte Naturphilosophem Mitten im Rollen der Sätze, im Geplänkel geistreicher Formulierungen, im Klirren feingespaltener Begriffe saß einer und schwieg meistens. Das war der Doktor Abbe.

Dankbarkeit und ehrliche Zuneigung zogen ihn ohne Aufhören in die Nähe Snells. Aber der Tanz auf dem straffen Seile geistreicher Dialektik und wagemutiger Prägungen regte ihn oft mehr durch die Wucht innerer Widerstände an, als durch die Teilnahme am gedankenschweren Spiele. Dann verhärtete sich sein Gesicht, und er erschien den anderen spröde und verschlossen. Manche nannten ihn stolz und eingebildet. Wenn er aber einmal etwas sagte, dann fuhren seine Worte wie der Habicht unter die Tauben.

Manchmal empfand Abbe über alles Trennende hinaus, das seine geistige Haltung bestimmte, einen Unterschied, der ihm viel von seiner Unmittelbarkeit nahm und ihn mitten im Sprühregen geistreicher Heiterkeit auf sich selber zurückwarf. Er konnte sich nur schwer lösen von den Einengungen, die ihm sein Herkommen aus einer Arbeiterfamilie erbarmungslos auferlegte. Bei aller Kollegialität der Männer, die ihn achteten und schätzten, blieb wie ein störender Fleck etwas zurück, das ihn hemmte und reizte. Keiner betonte es taktlos, nie wurde ein Wort davon gesprochen. Aber es war immer da. Abbe meinte, es ohne Aufhören zu spüren. Er war und blieb sein Leben lang der Sohn eines Arbeiters. Das hat er voll Stolz immer wieder betont.

Während jener Jahre des Anfanges und Hineinwachsens in die Runde regsamer und gesellschaftsgewandter Männer machte ihn das hart, verschlossen, beinahe unnahbar. Manche fühlten sich abgestoßen. Er konnte auf gemeinsamen Spaziergängen, wie sie sonntags stattfanden, stundenlang schweigen und griff dann plötzlich mit ein paar herben Worten in das Gewebe geistreicher Gedanken.

Innerhalb des Gemeinwesens Jena waren die Professoren mit ihren Familien eine besondere, vielfach versippte Gruppe von Menschen, die ihre gesellschaftlichen Ansprüche und Vorrechte bewusst betonten und sehr viel auf Herkommen und Verbindungen Wert legten. Sie blieben eine Kaste. Dafür sorgten vor allem die Professorenfrauen.

Auch das Menschliche, wie es sich im Laufe der Zeit herausbildete und ihn den Kollegen näherbrachte, ließ ihn nichts übersehen. Von diesen Wundmalen konnte Abbe seine Finger nie hinwegnehmen. Sie legten ihm Zeit seines Lebens ganz besondere Verpflichtungen auf. Die Frauen, mit denen ihn die Gesellschaft zusammenführte, in die er sich hochgearbeitet hatte, waren anders als alle, die er aus Familie und Verwandtschaft kannte.

Die Mutter hatte er früh verloren. Mit ihrem Tode versiegte der Quell von Wärme und Licht, der seine schwerblütige, verhaltene Natur auflockerte und lebenspendend überflutete. Seinem Wachsen und Werden fehlte in entscheidenden Jahren die Sonne, die ihn zum Aufblühen hätte bringen können. Der Mangel an Mutternähe machte ihn karg und verschloss ihm den Weg zum anderen Geschlechte. Ohne Aufhören hatten Entbehrung und Armut seinen Aufstieg erschwert und gehemmt. Aus der Härte und Schlichtheit eines solchen Lebens führt selten ein Pfad zur Liebe, und es bleibt dem Herzen wenig Spielraum, seinen tiefsten Wünschen zu folgen.

Die Gegenseite stellte fest, dass er unbeholfen und ungewandt im Umgange mit Frauen sei. Und wäre ihm eine zugetan gewesen und hätte die leisen Fühler stillen Werbens nach ihm ausgestreckt, dann würde das wohl wenig genützt haben, denn Abbes Herz saß in einer harten Kruste. Wer hätte sie zerbrechen können? Welche Frau wäre taktvoll und groß genug gewesen, solch einen Mann von sich selber zu befreien?

Else Snells Herz schlug ihm warm entgegen, und sie wurde oft zur Verteidigerin seines Wesens, das sie begriff, wenn Frauentratsch den verschlossenen Mann umbrandete. Wenn in der Gesellschaft der Männer das Einigende die meisten Schranken wegriss, dann betonten die Frauen das Trennende. Mancher wäre es unter ihrer Würde gewesen, eine der zahlreichen Töchter standesgemäß zu verheiraten. Es mochte sein, dass das Fehlen einer so denkenden Hausfrau und Mutter in Snells Hause schuld daran war, dass er so gern da einkehrte. Hier entspannte sich sein Suchen und Denken und ruhte aus in der Nähe eines feinfühligen Mädchens.

Else Snell sah von der Küche aus, wie der Vater unter dem ausgespannten Regenschirm über den Hof sprang und die Tür zum Laboratorium aufriss.

„Aber Herr Kollege!", rief der Geheimrat in den düsteren Raum hinein. Dabei sperrte sich der Schirm krachend in die Türöffnung, und Snell konnte ihn erst nach einigen kraftvollen Rucken wieder frei machen.

„Sie sind ja zum Auswringen nass, glauben Sie immer noch, bei diesem Wetter käme auch nur einer Ihrer Hörer?"

Snell legte den triefenden Schirm auf einen Stuhl und tastete Abbe ab. Dabei schüttelte er den Kopf und meinte:

„Nass, wie aus dem Wasser gezogen. Kommen Sie herüber in die Wohnung. Die Bude hier hält nicht dicht, es tropft schon durch die Decke."

Abbe war nur schwer zu bewegen, dieser Aufforderung nachzugehen Sein Pflichtgefühl hielt ihn ab, das Laboratorium vorzeitig zu verlassen. Der Donner verklang in der Ferne, und der Regen goss in Strömen aus überquellenden Wolken.

Der Himmel wurde heller. Endlich hatte Snell den Widerspenstigen so weit. Abbe stand auf, strich den zerknitterten Rock glatt und trat an der Seite des Geheimrates hinaus in das wüste Wetter. In der Eile vergaß Snell, den Schirm mitzunehmen. So wurden beide noch einmal tüchtig nass.

Kapitel 13

Unter Löbers Leitung ging in jenen Tagen das erste Mikroskop der Vollendung entgegen, an dem alle Teile nach Abbes Angaben mit unendlicher Sorgfalt hergestellt wurden. Was Menschenhände an reifem Können in vielen Jahren entwickelt hatten, das kam dem Werke zugute.

Zeiß wachte über jeden Arbeitsschritt. Etwas Feierliches lag die letzte Zeit her über ihm. Wie Kostbarkeiten erschienen ihm die einzelnen Teile, die er oft und oft betrachtete, aus ihrer Leinwandumhüllung löste und danach wieder einwickelte. Sein Herz klopfte in froher Unruhe. Die große Wendung stand vor der Türe.

Abbe verbrachte jede freie Minute in der Werkstatt. Die Besonnenheit seines Denkens wurde leise gestört von der gespannten Erwartung, die alle beherrschen, denen der Bau des neuen Mikroskops aufgetragen war. Äußerlich sahen die Stücke genauso aus wie die Teile jedes anderen Instrumentes. Aber das Gesetz, das sie in sich trugen, das ihre Proportionen bestimmt hatte, lag darin beschlossen und sollte nun seine Gültigkeit erweisen.

Ein leiser Druck legte sich langsam auf Abbes Herz. Er nahm zu, je näher die entscheidende Stunde rückte. War es Freude, war es Besorgnis? Stumpfe Unentschlossenheit engte sein ganzes Wesen ein, wie es so oft geschieht, wenn ein Mensch vor wichtigen Entscheidungen steht. Irgendetwas nagte an seiner Sicherheit. Es waren eigentlich keine Zweifel, die ihn bedrückten, denn so oft er die Kette seiner Berechnungen auch überflog, vorwärts und rückwärts, immer aufs Neue ergab sich ihr festes Gefüge. Keine Lücke tat sich auf. Nirgends fehlte ein Glied. Er übersah die Entwickelung. Aus dem Meere aller Wahrscheinlichkeiten hatte er die Größen herausgefischt, die das Ergebnis seines Denkens eindeutig in Zahlen ausdrückten. Aus Ahnungen und sicherem Zugriff hatte sich die Formel herausgebildet

Nun war sie Material und Beziehung der Maße und Teile aufeinander geworden. Und trotzdem war er unruhig.

Behutsam klopfte es an die Zimmertür. Der Weg dahin war jetzt etwas freier, denn Abbe hatte in den letzten Tagen die größten Bücherberge weggeräumt. Er war ja fertig und brauchte nun nur noch zu warten.

„Herr Zeiß lässt Ihnen sagen, Sie möchten sofort in die Werkstatt kommen", rief die Hauswirtin von draußen herein.

„Danke, danke!", antwortete Abbe. Jetzt war die Stunde da. Er merkte, wie ihm beim Knüpfen der Halsbinde die Finger zitterten. Was ihm immer schon Mühe machte und unnütz vorkam, ärgerte ihn jetzt noch mehr.

Schnell steckte er ein Schächtelchen mit Diatomeenerde in die Tasche, flog die Treppe hinunter und schoss mit Windeseile auf den Johannisplatz.

Zeiß begrüßte ihn. „Ich habe das neue Mikroskop auf mein Büro bringen lassen. Es ist eben fertig geworden."

Er schritt voraus. Wie lang war der Weg! Auf des Meisters Schreibtisch blinkte das Instrument. Abbe ging in beherrschter Eile darauf zu. Zeiß blieb mitten im Zimmer stehen. Beide schwiegen. Die Wucht des Augenblickes verschlug ihnen die Worte.

Abbe nahm die Schachtel mit dem Kieselgur aus der Tasche. Er schüttete ein wenig auf ein Stück Papier und begann mit sicheren Fingern ein Präparat herzustellen. Ehe er es unter die Klemmen auf dem Objekttische schob, ließ er seine Hände noch einmal prüfend und beinahe liebkosend über das Mikroskop gleiten.

Zeiß stand wie angewurzelt und sah ihm zu.

Abbe hebt das Okular heraus und lässt es dann in den Tubus zurückgleiten. Der Luftwiderstand gibt ihm nur langsam den Weg frei. Es federte fast, als er ungeduldig den Finger darauflegt. Dann prüft er den Sitz des Objektivs, schraubt einmal zurück, dann wieder vor. Jetzt legt er das Präparat auf den Objekttisch und klemmt es fest. Zeiß verfolgt jede Handbewegung mit brennender Ungeduld. Alles geht ihm nicht schnell genug. Dann bückt sich Abbe. Sein hoher Rücken wird krumm. Mit der Rechten schiebt er die Brille auf die Stirne. Das linke Auge schließt sich verkniffen. Am Fenster summt eine große Brummfliege. Zeiß hält den Atem an und versucht in Abbes Gesicht zu lesen.

Der bewegt den Blendspiegel unter dem Objekttisch, zieht das Okular noch einmal heraus und wischt mit dem Putzleder darüber. Dann starrt das rechte Auge wieder in das Instrument, er schweigt.

Schüttelt Abbe nicht den Kopf?

Er rückt das Präparat hin und her. Zeiß merkt die Unruhe, die dem Gelehrten in den Fingern sitzt. Abbe wird um einen Schein bleicher, hebt und senkt den Tubus mit dem Objektiv erregt auf und ab, wischt sich das Auge und verfärbt sich zusehends. Der Meister hat nicht die Kraft zu fragen. Wann kommt das erlösende Wort?

Ewigkeiten sind vergangen.

Da dreht Abbe den Kopf zur Seite und spricht mit hohler Stimme: „Meister, dieses Instrument ist schlechter als die durch Pröbeln entstandenen."

Er sinkt in Zeißens Schreibtischstuhl und seufzt. Der Meister lehnt erschrocken am Tische und weiß die nüchternen Worte Abbes nicht zu fassen. Leise bebt das Haus, der Werkstattlärm sitzt wie ein dumpfes Brummen in den Wänden. Zeiß legt die Hand aufs Herz. Der Schreck kroch wie eine Lähmung darüber. Abbe schweigt.

‚Ist nun alles aus', denkt der Meister. ‚Waren Opfer und Mühen umsonst? Was soll werden?'

Alle persönliche Not würgte er jetzt hinunter, aber bald drohte ihn der Schmerz über den Verlust seiner stolzesten Hoffnungen umzuwerfen. Er stemmte die Arme rückwärts auf den Tisch und sah Abbe mit bohrenden Augen an, als warte er auf ein letztes Wort. Der Gelehrte war in sich selber versunken und überlegte mit der ganzen Kraft seines scharfsinnigen Denkens.

Nach einer Weile wandte er sich dem Meister zu und sagte mit gefasster Stimme: „Die Natur hat immer Recht. Wenn etwas nicht stimmt, dann ist die Theorie falsch; oder wenn sie nicht falsch ist, ist sie unvollständig."

„Das bedeutet also?"

„Dass wir weiter arbeiten, Herr Zeiß. Das heißt, wenn Sie mir trotzdem noch vertrauen."

„Herr Doktor!"

Abbe stand auf. „Dann sind wir einig, Meister." Er gab Zeiß die Hand. „Kommen Sie, schauen Sie selbst hinein."

Zeiß sah angestrengt in das Mikroskop und murmelte dabei: „Die Abbildungen sind wohl scharf umrissen, lassen aber nicht so viele Einzelheiten wie die alten Mikroskope erkennen."

„Das ist es", fuhr Abbe grübelnd fort. „Die Sicht ist klar umrissen, aber es fehlt die erwartete Bildauflösung; man erkennt zu wenig Einzelheiten. Die Oberfläche der Diatomeenschale ruht wie unter einem Schleier, der ihren besonderen Bau verdeckt. Die Vergrößerung ist gut und entspricht genau den Berechnungen. Das vollendete Bild wird also erst entstehen, wenn Vergrößerung und Auflösung zusammentreffen. Vergrößerung allein macht es demnach nicht; denn wenn ein unklares Bild vergrößert wird, vergrößern sich auch alle Unklarheiten.

Es war also nicht genug, nur auf Vergrößerung hinzuarbeiten und alles zu beseitigen, was ihr im Wege stand.

Abbes ruhige Worte festigten den erschütterten Zeiß. Er hob seinen Kopf vom Instrumente weg und sagte warm und aufmunternd: „Die Arbeit geht weiter, Herr Doktor. Muss weitergehen; nun erst recht!"

Mit der Treffsicherheit seines Denkens hatte Abbe sofort das Wesentliche erkannt. Und die Klarheit seiner Worte ließ es nicht zu, dass Zeiß auch nur einen Augenblick über den ersten Schreck hinaus wankend blieb.

In der Werkstatt hoben die Pröbler die Köpfe wieder hoch, als sie das Ergebnis erfuhren. Sie glaubten fest daran, dass ihnen nun für alle Zeiten ihr Recht und ihre Unfehlbarkeit zurückgegeben seien. Mancher, der das Gefühl gehabt hatte, als würde ein ganzes Stück Verantwortung von seinen Schultern genommen, da Abbes neues Verfahren andere Arbeitsweisen vorschrieb, wurde nun wieder stolz, weil er glauben durfte, alles bliebe beim Alten.

„Es ist richtig", sagte Abbe nach einer Aussprache mit Löber, „die letzten gepröbelten Instrumente haben ein besseres Bildauflösungsvermögen. Aber auf meine Frage, warum das so ist, konnten Sie mir nicht antworten. Ich versichere, dass ich nicht eher ruhen werde, bis ich es weiß. Was ich weiß, ist mir sicher. Denn erst das Wissen macht uns zu Herren des Zufalls. Und wenn solches Wissen in Zahlen und Formeln ausgedrückt und verdichtet werden kann, dann wird es

Werkzeug. Das gute Bild im Mikroskop ist demnach nicht nur abhängig von den Gesetzen der Lichtbrechung und ihrer Meisterung, sondern es muss noch etwas anderes bestimmend mitwirken. Die Pröbler tun es und wissen es nicht. Ich will es wissen, ehe es getan wird."

Damit hatte Abbe das Ziel klar herausgestellt und ging nun ohne Aufschub daran, es zu erreichen. Zeiß ließ es an nichts fehlen und scheute keine Mittel, den Fortgang der Arbeiten zu fördern.

Abbe zog den Werkstattkittel wieder an. Bis spät in die Nacht hinein saß er an seinem Arbeitsplatze in der Werkstatt. Neben ihm brannte eine grell leuchtende Petroleumlampe mit einem riesigen Flammenkranze. Als Lichtsammler hatte er zwischen sie und das Mikroskop, mit dem er arbeitete, eine Schusterkugel gehängt. Sie warf das Licht in Brennpunktschärfe auf den Beleuchtungsspiegel und ersetzte ihm in den Nachtstunden die Kraft der Sonne. Wieder lag das Fremde, Unbekannte vor ihm wie ein Rätsel. Aber das reizte ihn, und die Widerstände, die es ihm entgegensetzte, machten ihn fest und unerbittlich.

Es berührte ihn nur an der Oberfläche, als er im Frühjahr 1870 zum Professor ernannt wurde. In ihm brannte das Feuer einer großen Aufgabe mit ungebrochener Kraft. Er kannte die wunderbare Macht und den Reiz schöpferischer Stille. Das Leben an seiner Außenseite traf ihn nur mit den stärksten Impulsen. Desto mehr entfaltete sich sein Inneres, stellte ihn mitten hinein in den Strom eigenen Fließens und schuf ihm eine neue Wirklichkeit, die aus sich selber lebte.

Am politischen Himmel zogen sich Gewitter zusammen. Napoleon der Dritte hielt Ausschau nach Reibung und Zusammenstoß, um seine überschätzten Kräfte mit jemandem messen zu können. Die Vorherrschaft Preußens in einem Deutschland, das auf schwierigem, aber zuverlässigem Wege sich um seine Einigung mühte, war ihm ein Dorn im Auge. „Rache für Sadowa", rief man in Frankreich seit dem Siege der Preußen über die Osterreicher anno 1866. Ein deutsches Reich unter der lässigen Führung Habsburgs war dem Franzosen bequemer als ein starker Staat mit einem mächtigen Preußen an der Spitze.

Spannungen häuften sich in Mittel- und Westeuropa und drängten zur Entladung. Napoleons Ruf war noch befleckt von dem kläglichen Verrate, den er an Kaiser Maximilian von Meriko begangen hatte. Es kriselte in seinem frischgebackenen Kaiserreiche. Er wollte irgendetwas tun, das sein Ansehen in der Welt mehrte und befestigte, denn die meisten von den Großen der Erde sahen in ihm einen Emporkömmling, mit dem umzugehen sie unter ihrer Würde hielten·

Der schöne, milde Frühling des Jahres 1870 ließ Entscheidungen reifen, die im Sommer dann zur Entladung kamen. Über den Rhein herüber wehte ein scharfer Wind, den sie allenthalben im deutschen Vaterlande spürten. Damals wurde viel diskutiert. Alle Unterströme des Volksbewusstseins liefen still und sicher in ein gemeinsames Bett. Trennendes fiel, und Einigendes kehrte sich suchend und hoffend hervor. Die Bedrohung aus dem Westen wurde bald als etwas empfunden, das dem ganzen Volke Verpflichtungen auferlegte.

Diese Vorbereitungszeit auf etwas, das in der Luft lag und mit jedem Tage reifer wurde, spürte Abbe nur aus der Ferne. Er musste sich gegen manches abschließen, das seine Kräfte sonst zersplittert hätte. Die Suche nach der Ursache jenes Fehlers, den ihm der erste Blick in das neue Mikroskop gezeigt hatte, fesselte ihn so, dass er für vieles unempfindlich wurde, das von außen her an ihn herankam. Es gehörte der ganze Wagemut eines scharfsinnigen Denkens dazu, aus der Fülle des Möglichen dem nachzuspüren, was wahrscheinlich die Fehler klären und aufheben konnte. Da gab es noch irgendein geheimnisvolles Etwas, das sich dem Zugriff durch das Experiment spröde entzog. Wer es bezwang, hatte die Lösung in der Hand. Nur rücksichtslose Konzentration verhieß Aussicht auf Erfolg im Kampfe mit dem Unbekannten.

„Herr Kollege", sagte Snell eines Tages beim Nachmittagskaffee zu Abbe, „ich verstehe Ihre Haltung durchaus, kann sie aber doch nicht ganz billigen. Es gibt trotz aller Arbeit eben auch Verpflichtungen, denen man sich nicht entziehen kann, entziehen darf. Dass Sie in weiten Kreisen für einen Sonderling gehalten werden, mildert manches Unverständnis. Wenn ich mir erlauben darf, Ihnen einen guten Rat zu geben, dann ist es der, dass ich Sie bitten möchte, sich doch nicht allzu sehr aus der Gesellschaft und ihren Bindungen herauszuleben. Das kann verhängnisvoll werden. Ein wenig mehr Schmiegsamkeit dürfte Ihr Leben leichter machen."

„Aber ich spüre doch von alledem nichts, das Sie andeuten, Herr Hofrat. Die Art, in der ich lebe und arbeite, ist einfach notwendig."

„Noch merken Sie nichts, Herr Kollege; aber andere sind im Bilde."
„Was müsste ich also tun?"
„Zunächst einmal die beinahe überfällige öffentliche Vorlesung in den Rosensälen."
„Ich entsinne mich …"
„Die erwartet die Öffentlichkeit Jenas von Ihnen. Sie sind nun Professor und haben sich bisher einer gesellschaftlichen Forderung still entzogen, die das gebildete Jena zu seinen Gewohnheitsrechten zählt."
„Ich muss also vor einem sehr gemischten Publico einen Vortrag halten, der den Gelehrten, die dabeisitzen, unwissenschaftlich erscheinen muss, weil er sich in Form und Inhalt den in Massen versammelten Durchschnittsgehirnen anbequemen wird. Den Frauen und jungen Mädchen, die mich dabei mit Stielaugen mustern, mag es mehr auf die Sensation ankommen als auf den Drang, irgendeine Bildungslücke zu schließen oder sich wenigstens anregen zu lassen. Theater ist das Ganze, eine überflüssige, unzeitgemäße Schaustellung. Ein Heiratsmarkt mit einem Treffer unter vielen Losen. Aber da ist nichts zu hoffen."
Else Snell wurde bei den letzten Worten Abbes leise rot und sagte, als wollte sie etwas abwehren: „Wenn aber ein Verhältnis vorher klar ist, hat der Inkulpant doch nichts zu fürchten."
„Dann habe ich alles zu fürchten, denn ich bin ein hoffnungsloser Fall." Abbe lachte herb.
„Wer weiß?" sagte sie leise und schenkte ihm Kaffee ein.
Es war ein alter Brauch, den Abbe bis jetzt großzügig und lässig übersehen hatte. Er legte jedem neuen Dozenten die Verpflichtung auf, innerhalb eines als anständig angesehenen Zeitabschnittes einem gemischten Laienpublikum eine öffentliche Vorlesung zu halten. Das gesellschaftliche Leben der kleinen Stadt floss müde und langweilig zwischen flachen Ufern hin und schwang sich nur selten auf zu einem besonderen Ereignis. Die öffentlichen Vorlesungen im Rosensaal gehörten zu den mit Spannung erwarteten Höhepunkten, die dem Städtchen vorher und nachher Gesprächsstoff auf lange Zeit lieferten.
Männer, Frauen und Töchter jener Schichten, die das alte Recht auf diese Vorlesungen hüteten, gaben sich dann ein Stelldichein, waren mit Stolz unter sich und ätzten den Vortragenden in den Säurebädern ihrer mit Vorurteilen und heimlichen Wünschen geladenen Kritik.

Dabei kam es nicht so sehr auf den wissenschaftlichen Gehalt des Dargebotenen an, sondern vielmehr auf die erregende Fülle äußerer Umstände, die den überwiegenden Teil der verfügbaren Aufmerksamkeit an sich zogen. Ist er hübsch, interessant, klug? Wie benimmt er sich, geschickt, ungeschickt, überlegen, ängstlich? Kann er reden? Ist er sicher oder im Angesicht des großen Auditoriums leicht aus dem Konzept zu bringen? Verspricht er eine Bereicherung der Gesellschaft zu werden, oder ist er ein Sonderling? Verrät er eine gute Erziehung, oder kann er eine geringere Herkunft nicht verdecken?

Tausend Fragen und noch viel mehr mögliche Antworten.

Und dieses Schauspiel, dieses Scherbengericht hatte Abbe der Jenaer Gesellschaft bisher vorenthalten. Snell war sich bewusst, was er sagte, als er ihn wohl schonend, aber doch bestimmt darauf aufmerksam machte. Die Gründe seiner weiteren Beweisführung waren so zwingend, dass sich Abbe zuletzt ihrer Wirkung nicht mehr entziehen konnte.

Er machte sich an die Ausarbeitung eines Themas, dessen Schwierigkeit in dem Hinsegeln zwischen Wissenschaft und Volkstümlichkeit bestand. Der Tag wurde bekanntgegeben. Abbe stahl sich die Zeit der notwendigen Vorbereitung mit Ingrimm selber ab. Dann stieg er zur festgesetzten Stunde in den Frack, stopfte das Konzept in die Tasche, setzte den Zylinderhut auf und machte sich voll innerer Widerstände den Weg.

Das wogende Rauschen vieler Stimmen im Saale ebbte ein, als er hinter das Pult trat und das Konzept vor sich ausbreitete. Neugierige Blicke sogen sich an ihm fest. Lorgnetts wurden von behandschuhten Damenhänden vor prüfende Augen gehoben. Mütter suchten in geübter Weise den ersten Eindruck bewusst aufzunehmen, damit sie später manchen ihrer Sätze mit den Worten beginnen konnten: „Mein erster Eindruck war, und ich täusche mich nie …"

Abbe ließ seine Augen über die wartende Versammlung hingleiten, als suche er einen Ruhepunkt. Ihn störten die hellen, bunten Kleider der jungen Mädchen. Die lodernde Neugier älterer Jahrgänge der Weiblichkeit sog sich an ihm fest. Dazwischen saßen würdige Männer in schwarzen Anzügen mit knatternden, steifen Hemdbrüsten, die sich im Sitzen sonderbar vorwölbten.

Wo war Else Snell? Er konnte sie nicht finden.

Dann wischte er sich mit der Rechten über die Stirne, schob die Brille zurecht und begann. Er musste sich tief herunterbeugen, denn die Beleuchtung des Raumes war schlecht. Es mochte wirklich ein sonderbarer Anblick sein, den er dem Publikum bot, das mehr aus Zuschauern als aus Hörern bestand. Hinter dem niedrigen Lesepulte stand ein baumlanger Mann mit bleichem, gütigen Gesichte. Sein Rücken war gekrümmt, und die beiden Hände verkrampften sich an den Pulträndern.

Else Snell saß mit dem Vater in einer der mittleren Reihen. Ihr Herz schlug heftig vor Aufregung; denn es entging ihr nicht, dass Abbe ungewöhnlich unaufmerksam war. Sie spürte deutlich, wie er sich zusammennahm, um etwas zu erledigen, was ihm sehr unangenehm war. Mitten unter der Menge der Anwesenden fühlte sie sich einsam und empfand eine wachsende Abneigung gegen alle, die um sie her saßen und neugierig auf etwas warteten, das ihre Sensationslust befriedigen sollte.

Abbe las stockend, mit eintöniger, abwesender Stimme. Dabei nahm der Vortrag selber seine Kraft nicht so sehr in Anspruch, als vielmehr der notwendige Wille, eine aus seelischen Tiefen aufsteigende und sich verstärkende Abneigung gegen das, was er jetzt wider seine Überzeugung tun musste, niederzuhalten. Hälse reckten sich, und Hände wurden an die Ohren gehalten, um die müden Sätze besser auffangen zu können.

‚Ein langweiliger Mensch', dachten viele. Was wussten sie von der Leidenschaft, die seine Forschungen vorwärts trieb. Nur ab und zu einmal steigerte sich Abbes Stimme über das ruhige Gleichmaß des Gelesenen hinaus. Dann hob er den Kopf ein wenig; die Brillengläser blitzten im Widerscheine der Lampen, und die Rechte stieg auf zu einer beherrschten Geste.

Abbe erlebte mitten im Lesen etwas Unheimliches, das seine Aufmerksamkeit mit zunehmender Gewalt nach innen zog. Die Erregung, die der Vortrag in ihm ausgelöst hatte, lockerte Hemmungen von gestauten Kräften und ließ sie nun während seiner Rede in lebendigem Spiele auf und niedersteigen, als führten sie ein selbständiges Leben in seinem Hirn. Blutwellen schossen dabei aus dem Herzen und jagten ihm eine auch von außen her erkennbare Röte ins Gesicht. Hunderte von Augen sahen das. Bald drohten die Sätze einzuschlafen.

‚Will er auf diese Weise die Geringschätzung ausdrücken, die er der Veranstaltung entgegenbringt?', sagte sich Snell, ‚die Folgen könnten verhängnisvoll werden.'

Abbe dachte unterdessen im Weiterfließen der Sätze mit Glut und Leidenschaft über seine Forschungen nach. Im Strome des Blutes schwammen Erkenntnisse, die ihm das nüchterne Denken bisher vorenthielt. Er lauschte in sich hinein; denn er ahnte, es müsse sich etwas Entscheidendes ereignen.

Seine Stimme stockte, die Zeilen auf dem Konzept begannen zu schwimmen, weil die Augen nach innen sahen, um etwas aufzugreifen, das ihnen wichtiger schien als alles, was draußen lag.

Füße kratzten verlegen in den Stuhlreihen; man räusperte sich und hustete. Die Pausen zwischen den Sätzen wurden länger. Aufgeregt wirbelten Abbes Finger die Blätter des Konzeptes durcheinander. Sie kamen noch mehr in Unordnung. Die jungen Mädchen in den ersten Stuhlreihen kicherten, stießen sich gegenseitig an und warfen sich höhnische Blicke zu. Ihr Übermut stieg vor der Hilflosigkeit des stammelnden Gelehrten hinter dem Lesepulte. „Pst, pst", wurde von mehreren Seiten gezischt.

Else Snell hätte verbrennen mögen in der Qual ihres Herzens und musste sich zusammennehmen, um ihre Empörung über das Betragen der Mädchen zu meistern.

Was kümmerte dies alles jetzt den hinter seinem Pulte langsam Verstummenden? Die Hände gaben es auf, das raschelnde Papier zu ordnen. Abbe glühte in der Helligkeit des erlösenden Gedankens, der ihm auf der Höhe seiner Erregung die Klarheit brachte, die ihm bisher bei der Weiterentwicklung des Mikroskops gefehlt hatte. In blitzartiger Erleuchtung erkannte er plötzlich den Wendepunkt in der Fortführung seiner Arbeit. In strahlender Freude glühte sein Gesicht auf, und verwunderte Blicke huschten über die verlegen wartende Versammlung.

Abbe begriff mit furchtbarem Erschrecken die Lage, in die er sich verheddert hatte. Er war rettungslos stecken geblieben. Die Mädchen lachten laut ohne jede Hemmung. Auch wenn er sich jetzt wieder aufgefangen hätte, wäre es zu spät gewesen. Auf der Rückseite des Saales begann man schon aufzubrechen.

Da raffte Abbe die durcheinandergeratenen Blätter seines Konzeptes zusammen und verzog sich nach einer respektvollen Verbeugung durch die Tür hinter dem Lesepulte. Er war ganz erfüllt vom Glücke seines Erkennens, sprang nach Hause und ging sofort an die Arbeit, den Weg zu verfolgen, den ihm diese fruchtbare Stunde aufgezeigt hatte. Als er sich noch im Frack an den Tisch setzte, raschelte das Konzept in der Tasche. Er riss es heraus und stopfte es in den Ofen.

Ganz anders war die Stimmung der Zuhörer. Es fehlte nicht an klaren Worten, die das mehr oder weniger rücksichtslos kennzeichneten, was sie eben erlebt hatten. Die Mütter waren sich einig, dass eine solche Veranstaltung doch ihren ganz besonderen Wert habe; denn sie lasse mit Sicherheit erkennen, ob der schwergeprüfte Kandidat zukünftiger Mühen einer vorsichtigen Werbung für unbemannte Töchter würdig sei. Von dieser Stunde an war es Abbe nicht mehr.

Else Snell ahnte aus der Sicherheit ihres Empfindens, dass dieses Versagen eine ganz besondere Ursache haben müsse. Die Empörung über das schmachvolle Benehmen ihrer Freundinnen klang nicht ab. Sie ließ den Vater gehen und wartete an der Türe. Endlich kamen die jungen Damen, immer noch lachend und spottend, an die Saaltür.

„Gänse!", fuhr Else Snell empört unter sie. „Gänse seid ihr! Habt ihr eine Ahnung, wer dieser Mann ist! Ihr seid nicht wert, dass er den Mund vor euch auftut!"

Dann wandte sie sich um und lief fort.

Augenblicklich verstummten Witz und Lachens die Mädchen sahen sich an, verstanden sich, und einige sagten spitz: „Aha, so ist das. Da wird ja alles klar."

So erlebten sie zur ersten nun noch eine zweite Überraschung. Und Else musste sich gefallen lassen, dass man sie von nun an mit Abbe verkuppelte. Aber es ereignete sich in der nächsten Zeit nichts, das die Vermutungen ihrer Freundinnen bestätigt und Schlüsse auf den Stand des Verhältnisses zugelassen hätte. Um zu höhnen, sie aber auch zu einem Geständnis zu verlocken, überreichten ihr die Freundinnen ab und zu einmal in ihren Kränzchen einen Stengel Jelängerjelieber. Aber sie erreichten nichts.

So kam es, dass Else Snell in eine Lage geschoben wurde, in der für ihren Teil alles gelöst und bereit war, die aber unklar blieb, weil Abbe auch nicht das leiseste Zeichen zu erkennen gab, das sie hätte sicher machen können. Er folgte den Eingebungen einer großen Stunde und fand die Spuren, die seine Forschungen verheißungsvoll nach vorn trieben. Die führten ihn zu einer Entdeckung, durch die alle seine Mühe belohnt werden sollte.

Kapitel 14

„Erinnern Sie mich bitte nicht mehr an diese lächerliche Veranstaltung, Herr Zeiß. Jeder blamiert sich auf seine Weise." Zeiß lächelte. Er hatte während Abbes Vortrag in den Rosensälen nicht weit von Snell gesessen und am Schlusse auch noch den Austritt erlebt, den Else Snell mit ihren Freundinnen an der Tür heraufbeschwor. Kein Wort war ihm davon entgangen.

,So ist das also', schloss er seine Überlegungen auf dem Heimwege. Dabei ertappte er sich bei einem Gedanken, der plötzlich auftauchte, aber auch sofort wieder verschwand: ,Das wäre gut. Eine Ehe zwischen den beiden würde Abbe noch fester an Jena binden als alles andere bisher'

„Ich wollte Ihnen nicht wehe tun, Herr Professor", sagte er jetzt zu Abbe. Der sah eine Weile von seiner Arbeit auf und wischte sich mit dem Handrücken über die Augen, denn er hatte lange in grelle Strahlenbündel geschaut, die ihn blendeten und schmerzten. Seit einiger Zeit war eine fieberhafte Geschäftigkeit über ihn gekommen. Irgendeine Idee trieb ihn an und ließ ihn Tag und Nacht nicht mehr los. Dabei war er heiter und zuversichtlich.

„Auch der Unfug kann sein Gutes haben, wenn man auf dem Posten ist, Herr Zeiß", meinte er nachdenklich. „Ich bin vielleicht der einzige, der von der Vorlesung damals Nutzen hatte."

„Man kann nie wissen", unterbrach ihn Zeiß freundlich lächelnd, „wenn es nun zwei wären?" Er dachte an Else Snell.

„Richtig, Meister", sagte Abbe nachdenklich. „Natürlich werden zwei davon Nutzen haben." Zeiß horchte auf und sah ihn gespannt an.

„Wir beide, Sie und ich."

„Wie meinen Sie das, Herr Professor?"

„Damals hätte ich in den Saal hineinrufen können: Ich hab's gefunden! Ein plötzlich aufschießender Gedanke überdeckte mein Vortragsbewusstsein und drängte rücksichtslos alles beiseite, was ihm im Wege stand. Die Vorlesung losch aus wie ein müdes Dreierlicht, aber ich wurde hell, Herr Zeiß, überhell. Es wird noch einige Zeit dauern, bis ich alle Fäden fest in der Hand habe."

Zeiß sah in fragend an.

„Es ist so, Meister. Bisher habe ich meine Theorie aufgebaut auf der Tatsache der Lichtbrechung und ihrer Berechnung. Es hat sich aber herausgestellt, dass noch eine andere Erscheinung entscheidenden Einfluss auf die Bildgestaltung im Mikroskop hat. Die Fehler, die sie verursacht, sind mir nicht neu, aber ich habe ihnen bisher nicht die Wichtigkeit beigemessen, die ihnen wahrscheinlich zukommt. Nun schoss mir hinter meinem Rednerpulte plötzlich wie ein Blitz aus heiterem Himmel der Gedanke durch den Kopf: Das ist es, hier liegt der Hund begraben. Und nun bin ich dabei, dieses Andere zu zwingen, sich mir zu bekennen. Wenn alles gut geht, wird es vielleicht in diesem Jahre noch möglich, das Ergebnis meiner Versuche und der daraus resultierenden Berechnungen, zusammen mit den Einsichten über die Lichtbrechung praktisch zu verwerten."

Zeiß war trotz der Dauer, die Abbes Arbeiten notwendig hatten, nie unsicher geworden. Er glaubte an den Enderfolg. Abbes Zuverlässigkeit und die unbedingte Sicherheit, mit der er ins Unbekannte vordrang, gaben ihm Ruhe und Ausdauer.

In der Werkstatt waren die alten, weitergeschleppten Arbeitsweisen durch die Mitarbeit des Gelehrten doch in manchem schon verbessert und verfeinert worden. Ein paar wichtige Erfindungen gingen aus dem Ringen um die Vollendung des Mikroskops hervor, die dem Betriebe spürbaren Nutzen brachten. Abbe maß ihnen aber nicht so viel Bedeutung bei, dass sie ihn von seiner Hauptarbeit hätten ablenken können.

Die einzige Entspannung fand er bei Snell. Es war ihm eine liebe Notwendigkeit geworden, beinahe täglich dort zur Kaffeestunde zu weilen. Die Nähe des ausgeschlossenen Mädchens gab ihm etwas, das ihn weitete und immer stärker anzog. Sie wurde in der Eintönigkeit seines äußeren Lebens und der Einseitigkeit der geistigen Arbeit mit der Zeit das einzige, was sein vergrabenes Herz sehnsüchtig suchte. Aber er wusste es noch nicht. Dieses Begehren und alle stillen Wünsche trieben im Unterbewusstsein ihr heimliches Wesen. Er wäre sicher erschrocken, wenn ihm jemand gesagt hätte, sein ganzes Benehmen verriete eindeutig klar, dass er Else Snell liebe und sie selber dieser Liebe gewärtig sei. Snell zeigte viel Teilnahme an den Arbeiten Abbes. Mit väterlicher Sorge umhegte er den Weg seiner Forschungen und verstand es, den verschlossenen Mann aufzulockern und ihn in befreienden Gesprächen vor der Gefahr drohender Einseitigkeit und Vereinsamung zu bewahren.

„An allen vier Zipfeln glaubte ich meine Theorie zu haben, als ich die Berechnungen freigab für den Bau des ersten Mikroskops. Die Dinge, denen ich jetzt nachspüre, haben sicher genau so viel zu bedeuten wie die Lichtbrechung. Der Fehlschlag von damals, also die Tatsache, dass sie nicht berücksichtigt wurden, beweist ihre Wichtigkeit."

Abbe sah Snell überzeugt an, und der fragte: „Darf ich etwas davon wissen? Sie können sicher sein, dass ich alles für mich behalte."

„Wenn ich zwischen mein Mikroskop und die Petroleumlampe eine Schusterkugel hänge", begann der Gast, „dann ist es möglich, Licht von gesammelter Stärke auf den Beleuchtungsapparat unter dem Objekttische zu werfen. Er reflektiert es in das Objekt. Das wird herausgenommen und der Weg des Lichtes durch verschiedene auswechselbare Blenden geführt, durch enge und weite. Und immer ereignet sich dabei etwas ganz Eigenartiges."

Snell sah ihn gespannt an.

„Man könnte meinen, das Licht würde entsprechend der Richtung seines Einfalls in die Blende in dem Umfange weiterlaufen, wie es der Durchmesser des Blendenloches zulässt. In der Theorie dürfte es also möglich sein, mit einer unvorstellbar kleinen Öffnung einen, den Lichtstrahl herauszulösen und ihn in objektiver Klarheit durch den Tubus ins Auge zu leiten. Bei seinem Wege durch die Luft ins Glas und aus dem Glase in die Luft wäre er dann nur den Gesetzen der Brechung unterworfen."

„Ihr Vorhandensein gesetzmäßig festgestellt und auf Formeln gebracht zu haben, ist Ihr Verdienst, Herr Kollege", sagte Snell anerkennend. „Auch ich bin bis jetzt der Meinung, dass der Weg des Lichtes so verlaufen müsse, wie ihm die Blenden das bestimmen. Weite Blendenöffnungen lassen größere Strahlenläufe durch, engere machen es einer entsprechend geringeren Menge möglich."

„So dachte man bisher, und so dachte auch ich", unterbrach ihn Abbe.
„Es kann doch nicht anders sein?" Snell sah erregt auf, schob die Kaffeetasse beiseite und nahm Papier und Bleistift.

„Es war ein Irrtum, anzunehmen, enge Blenden schnitten aus einem Strahlenbüschel ein Bündel heraus, das im weiteren Verlaufe in gleichmäßiger Stärke dem Durchmesser der Blende entspräche. Es war ein Irrtum, zu meinen, man müsse diesem Strahlenbündel durch einen neuen Beleuchtungsapparat eine erhöhte Leuchtkraft geben. Die Annahme einer geradlinigen Fortpflanzung jenseits der Blende ist falsch. Das Strahlenbündel fällt über den Rand der Blende hinaus wieder auseinander in einen Lichtkegel, ein Strahlenbüschel, das mit der Spitze auf der Blendenöffnung steht. Die Streuung ist umso größer, je enger man das Loch in der Blende macht. Die Fortpflanzung eines zentralen Strahles durch ein enges Blendenloch ist also gar nicht möglich."

Er zeichnete Snell den Vorgang auf und meinte dazu:

„Soweit bin ich bis jetzt. Ich mutmaße, dass diese Streuung von entscheidender Bedeutung für die Klarheit und Farbigkeit des Bildes ist, dass man demnach nicht zu enge Blenden nehmen darf. Versuche müssen das erst einwandfrei beweisen Mir wird jetzt verständlich, warum die Pröbler so sonderbare Bemerkungen machten, als ich mich zuerst für die Wahl enger Blenden entschloss Sie taten aus Erfahrung das Richtige. Ich will nun wissen, warum es getan werden muss, auf welchen Gesetzen es beruht und wie diese Gesetze in ihrer Allgemeingültigkeit mathematisch ausgedrückt werden.

Die Arbeit um diese Erscheinung, die ich Lichtbeugung nenne, wird noch einige Zeit dauern. Danach ist nach menschlichem Ermessen alles geleistet, was der Bau von Mikroskopen auf wissenschaftlicher Grundlage voraussetzt. Lichtbrechung und Lichtbeugung zusammen werden das Geheimnis lüften!"

Er schwieg einige Augenblicke und fuhr dann fort:

„Ebenso wird es Beugungserscheinungen an den Rändern der Linsen und zuletzt an der Pupille des beobachtenden Auges geben. Das muss erst nachgewiesen, in seinen Maßen festgestellt und danach in der Mannigfaltigkeit der für den Fall Mikroskop gegebenen Möglichkeiten genau errechnet werden"

Snell sah zur Zimmerdecke hinaus, und Else ging auf den Fußspitzen hinaus, um Milch nachzufüllen.

„Wenn mir ein anderer dies alles jetzt gesagt hätte, Herr Kollege, würde ich erwidert haben, das ist unmöglich, das lässt sich nicht zwingen. Vielleicht hat mancher von denen so gedacht, die überzeugt und ehrlich behaupteten, der Bau von Mikroskopen auf wissenschaftlicher Grundlage sei unmöglich."

Still dachte er weiter: ‚Ob Abbes Arbeit eines Tages vielleicht doch versanden muss, weil sie ihr Ziel außerhalb alles bis jetzt Erkannten und für möglich Gehaltenen suchte?' – Laut fuhr er fort: „Seien Sie mir bitte nicht bös, wenn ich so zu Ihnen spreche, aber mir ist bewusst, dass das, was Sie erreichen wollen, eine wissenschaftliche und technische Großtat allerersten Ranges bedeuten würde, wenn sie gelänge. Sie würde Gehirne revolutionieren. Die Folgen für jede Wissenschaft, die Mikroskope benutzt, wären nicht abzusehen, und die optische Technik stünde vor einem Umbruch, der sie von Grund aus erschütterte. Sie können mit dem Wagnis die Firma Zeiß zerschlagen …"

„Oder aufbauen, Herr Geheimrat, und ich denke, dass sie, wenn meine Arbeit getan ist, sich eine Stellung auf dem Weltmarkte sichert, die ihr kaum jemand wieder abjagen wird. Wenn Zeiß auf dem Posten bleibt, muss das gelingen. Aber das sind nicht die nächsten Sorgen. Solche Gedanken dürfen mich weder antreiben, noch hemmen. Ich sehe nur meine Aufgabe und arbeite, um sie zu erfüllen. Mir wird jeden Tag klarer, wie schwer es ist, das Gestrüpp der Abbildungsfehler aufzulichten. Aber ich muss es zwingen!"

Else Snell füllte die Kaffeetassen und reichte dem Gaste das Milchkännchen. Keiner von Abbes letzten Sätzen war ihr entgangen, und jeder machte sie froh und stolz. Sie war sicher, dass er sein Ziel erreichen würde. Trotz ihrer Jugend besaß sie viel zuverlässige Menschenkenntnis. Sie hatte bereits mehr von der Welt gesehen als Abbe, denn nach der zweiten Heirat ihres Vaters war sie, um allen möglichen Reibungen mit der Stiefmutter, ihrer Tante, auszuweichen, auf gut Glück nach England gereist, um sich da ihr Brot zu verdienen Sie wusste, was es heißt, eine Sache zu wagen und um Erfolg zu kämpfen.

Und Abbes Kampf wurde mit jedem Tage ihres Beisammenseins mehr und mehr auch der ihrige. Nur hatte sie keinen Menschen, dem sie etwas davon sagen konnte; denn die Freundinnen sahen ihr Verhältnis zu ihm viel weiter entwickelt als es in Wirklichkeit war. Mit ihnen konnte sie nicht reden.

Und Abbe schien so in seiner Arbeit aufzugehen, dass er an Menschliches kein Quäntchen Kraft verschwenden konnte. Kam er nur des Vaters wegen, kam er aus Gewohnheit, um sich zu entspannen, kam er vielleicht auch ihretwegen? Ihr waches Gefühl verriet ihr manches stille Zeichen, aber das gab nicht die letzte Sicherheit, denn sie liebte ihn, weil er ein guter Mensch und in ihrem Sinne auch ein Held war.

Gerade in jener Zeit war er besessen von seiner Arbeit. Wenn es sein musste, würde er dem widerspenstigen Schicksal den Erfolg abgetrotzt haben. Mit messerscharfem Spürsinn zerlegte er zusammengesetzte Erscheinungen, die sich oft in stummer Verschlossenheit gegen den scharfen Zugriff seines Denkens wehrten, in ihre Grundelemente, brachte sie in ursächliche Zusammenhänge und prägte sie in Worte. Er war ein Meister logischer Zergliederung und ein kunstreicher Begründer neuer Zusammenhänge. Im schöpferischen Spiele mit dem Unbekannten erfuhr sein Leben die höchste Steigerung.

Zeiß sah ihn schaffen und empfand die wunderbare Sicherheit, die von Abbe ausging. Die neuen Versuche verschlangen Geld und Arbeitskräfte. Aber der Meister opferte ohne jeden Vorbehalt; denn er glaubte, dass Abbe dem Ziele nahe war. Die freudige Zuversicht des Gelehrten sprang auf ihn über und machte ihn täglich sicherer.

Eines Tages erschien Abbe wie gewöhnlich zum Nachmittagskaffee bei Snell. Das Dienstmädchen brachte Kaffee und Zubehör. Snell goss dem Gaste ein. Der Zoologe Nikolaus Kleinenberg stellte sich noch ein, und es entwickelte sich ein lebendiges Gespräch über die Grenzen der mikroskopischen Vergrößerung. Abbe entwickelte mit seherischer Klarheit den Beweis, dass dem Mikroskope der Zukunft verhältnismäßig enge Grenzen gesetzt seien, soweit es nur auf den bis jetzt gemachten Erfahrungen weiterentwickelt würde.

„Das sind meine nächsten Sorgen nicht", sagte er abschließend. „Wenn diese Grenzen einmal tatsächlich vor uns liegen, werden wir versuchen, sie zu überwinden. Im Zusammengehen von Wissenschaft und Technik braucht es nirgends ein endgültiges Halt zu geben." Eine lange Pause folgte, in der jeder seinen Gedanken nachhing.

Plötzlich hob Abbe den Kopf und fragte unvermittelt: „Verzeihen Sie bitte, Herr Hofrat, darf ich wissen, warum Ihr Fräulein Tochter heute nicht in unserer Runde erscheint?"

Eine leichte Röte war ihm dabei ins Gesicht gestiegen.

Diese Frage hatte wie ein tiefer Grundton unter allen seinen Ausführungen hingeschwungen, und nun war sie heraus.

Snell sah ihn an und antwortete ruhig: „In einer uns nahestehenden Familie hat sich ein Todesfall ereignet. Else hilft dort, bis sich der Hausstand den veränderten Verhältnissen angeglichen hat. Das wird wohl noch einige Zeit dauern."

Irgendetwas Neues trat in das Bewusstsein Abbes. Es kam aus dem Herzen und wurde jeden Tag stärker, solange Else Snell in der Plauderstunde fehlte.

Abbe konnte dieses sonderbare Besorgtsein nicht loswerden und musste empfinden, dass es behutsam sein wissenschaftliches Denken überdeckte, wie eine leise Wehmut, wie Sehnsucht. Er kannte das noch nicht; es war neu. Aber er wehrte sich auch nicht dagegen und empfand dabei ein glückhaftes Erhobensein, das ihm das Herz schneller schlagen ließ.

Jeden Tag beschleunigte eine Frage seine Schritte auf dem Wege in ihr Haus: „Wird sie heute da sein?" Ohne ihre Gegenwart blieben auch die klügsten Sätze farblos, herb, nüchtern. Was war das? Stieg da nicht ein Seufzer aus seinem Herzen, als die Tür geöffnet wurde und nur ein neuer Gast eintrat? Ergänzte sich sein Wesen zum Herzen hin, weil es bisher nur aus dem Verstande gelebt hatte?

Else Snell blieb eine Woche aus. Ihre sieben Tage ließen in Abbe eine neue Welt erstehen. Er liebte. Das musste es wohl sein; als er darüber nachdachte; denn ohne Denken und klaren Abschluss konnte nichts in ihm reif werden.

Und er wehrte sich nicht dagegen, sondern ergab sich der glückhaften Unruhe seines liebenden Herzens. Ihm war, als wüchse er ergänzt und wunderbar gesteigert über sich selber hinaus. Hin und wieder einmal legte er die Hand auf das klopfende Ding in seiner Brust, als könne er es nicht fassen, dass in ihm etwas vorging, das sich mit Willen und Verstand nicht meistern ließ. Er spürte ein glückseliges Unterliegen.

Aber dann erschrak er plötzlich und lachte verlegen. Wie sollte sie es nun erfahren? Würde sie ihn überhaupt verstehen? Und wenn sie ihn ablehnte? Was waren alle Probleme der Optik gegen die Ausweglosigkeit dieser Sorgen?

Ein verschwenderisch reicher Frühling goss Blüten und Duft in das Tal der Saale. Alles, was Leben in sich hatte, reckte und dehnte sich im Wohlgefühl des Wachsens und Werdens. Lieblich, beinahe verschämt lag die Stadt in einem Kranze üppiger Gärten und sprossender Felder. Wo waren die Wiesen grüner, wo sangen die Lerchen heller? Die Studenten zogen lärmend in die umliegenden Bierdörfer.

Abbe trug seine Liebe hinaus in den Frühling. Aber mitten im Glück, das ihn erhob und steigerte, saß ein trüber, kühler Fleck: „Wie kann sie wissen, dass ich sie liebe?"

Aber auch das löste der Frühling. Er sah in beide Herzen und wusste, dass in diesem Falle dem Mädchen die Führung im Ablaufe des notwendigen Nacheinander zukam.

Und so schenkte er beiden eine Stunde, die Abbe ermutigte, das entscheidende Wort zu wagen Danach wussten die zwei, dass sie einander gehörten. Von nun an kreiste sein Dasein um einen unverrückbar festen Mittelpunkt, von dem aus er alles wagen konnte, was sein reiches Leben noch von ihm forderte.

Was sagte nun der Hofrat dazu?

An einem wunderbar milden Abend im Juni saß er am Schreibtische und schrieb an seinen Freund Doktor Krause in Dresden einen Brief. Die hohen Fenster standen auf, und um die leise singende Lampe schwirrte allerlei Mottenzeug.

Else war im Wohnzimmer und spielte verhalten ein Andante aus einer Beethovensonate.

Und Snell schrieb dabei: „Was uns betrifft, so muss ich Dir eine erfreuliche Neuigkeit mitteilen. Die Elise hat sich verlobt, und zwar mit meinem liebsten und genialsten Schüler, der mir zugleich auch in allen Gesinnungen und Ansichten am nächsten steht von allen meinen Kollegen, mit dem Professor Abbe. Er ist dreißig Jahre alt oder wird es nächstens, und die Elise ist fünfundzwanzig. Beide haben sich auch schon seit längerer Zeit im Stillen geliebt. Da nun Abbe zugleich ein durchaus fleckenloser Charakter ist und nur den höheren menschlichen Interessen hingegeben, so ist diese Verlobung für mich und alle als ein großes, seltenes Glück zu betrachten, und ich bin zu dem lebendigsten Dank gegen Gott erfüllt. Möge der gütige Himmel seinen ferneren Segen zu diesem Bündnisse geben!

Ich habe Dir früher schon einmal von den umfassenden Arbeiten Abbes in der Optik gesprochen. Die letzte Vollendung dieser riesenmäßigen Arbeit ist noch nicht hergestellt. Indessen sind doch schon mehrere auf dem Wege liegende Ziele erreicht: Ein neues Präpariermikroskop, das viel Anerkennung unter den Naturforschern gefunden hat, ein neues Spektrometer für optische Fabriken, ein neuer Beleuchtungsapparat für Mikroskope und ein neuer Apparat für Spektralanalyse. Diese Apparate, die kaum ordentlich bekannt gemacht sind, erfreuen sich schon einer ziemlichen Verbreitung. Mehrere sind auch schon von England aus verlangt worden Die große Hauptarbeit wird wohl diesen Sommer zu Ende gebracht werden. Wenn Abbe dann zugleich seine theoretischen Untersuchungen bekannt macht, so kann es ihm an einer seinen Leistungen entsprechenden äußeren Stellung nicht fehlen."

Ehe Snell mit herzlichen Grüßen den Brief schloss, lehnte er sich in den Stuhl zurück. Glück und Stolz überfluteten ihn. Die zarte Stille der Juninacht lag wie ein weicher Samtmantel um ihn her. Er atmete tief und ergab sich gelöst dem aufsteigenden Gefühl der Dankbarkeit gegen das gütige Geschick, das alles so wunderbar geführt hatte.

Gedämpft klang das Singen eines Adagio zu ihm herein und trug seine Seele mitschwingend in die Weite.

„Was ist dieser Abbe doch für ein Mensch?", dachte er dabei.

„Hart wie Stahl und weich wie ein Ton aus einer zarten Melodie." Das Klavierspiel hörte auf. Snell schloss das Fenster und beendete den Brief.

In dieser Stunde rechnete Abbe auf seiner Bude, zeichnete und kalkulierte. Sein Wesen hatte sich ergänzt aus einer Quelle, die ihn kräftigte und der Arbeit einen belebenden Schwung gab, wie er ihn zuvor nicht kannte. Alles ging schneller, sicherer und wurde klarer. Ein neues Verantwortungsbewusstsein stärkte ihn, denn nun arbeitete er ja auch für sie, und jeder Schritt nach vorn wurde ein Stück des Dankes, den er ihr ohne Aufhören entgegentrug.

Ende Juni 1870 wurde die Verlobung öffentlich bekanntgegeben. Jena horchte nicht mehr auf, denn die Interessierten erwarteten diesen Schritt schon lange, und die Eingeweihten meinten, dass Elise Snell wohl kaum zu beneiden wäre.

Im Zwang seiner Arbeit vergaß er sie keinen Augenblick und wenn einmal mitten im Schaffen eine Flutwelle Glück über ihn hereinbrach. Dann griff er hurtig nach einem Bogen Papier und schrieb in fliegenden Zeilen auf, was ihn bewegte.

Manches Briefchen trugen Donats Lehrling oder Magd aus der Saalgasse zum Neutor. Er durchlebte die Glut seiner ersten und einzigen Liebe so hingegeben und gesteigert, als müsse er alles nachholen, was ihm das Leben bisher vorenthielt.

„Meine liebe einzige Else!

Hab ich also wirklich – zum ersten Mal seit vier Wochen – einen ganzen Tag aushalten müssen, ohne Dich zu sehen und Dir die liebe kleine Hand zu drücken! Die Zeit ist mir wirklich lang geworden. Den ganzen Tag habe ich an Dich denken müssen und damit doch auch das Auge nicht ganz leer ausgehen müsse, habe ich den ganzen Tag, solange ich nicht jemand die Treppe heraufkommen hörte, Dein Bildchen vor mir auf dem Tisch stehen gehabt, und Dir jedes Mal in die lieben, treuen Augen geschaut, wenn ich von meiner Arbeit aufsah."

Diese Arbeit rundete sich ab.

Das Wesen der Beugungserscheinungen bekannte sich dem unermüdlichen Forscher. Nach und nach schälte sich aus der Arbeit die rechnerische Bewältigung der Beugungstheorie heraus.

Eines Tages, als er feststellte, dass Berechnung und erwarteter Erfolg einander deckten, sagte er stolz:

„Nichts ist praktischer als die richtige Theorie."

Kapitel 15

Voll Sorge, aber auch voll Stolz blickte das deutsche Volk in den Sommertagen des Jahres 1870 nach Westen. Dort zogen sich Wetterwolken grau und finster zusammen und drängten zur Entladung. Alle Herzen standen unter bangem Drucke. Wollte Frankreich den Krieg um jeden Preis? Das Auftreten des französischen Gesandten Benedetti in Ems dem alten König Wilhelm gegenüber regte nicht nur alle guten Preußen auf, sondern schuf einen Wall von Abwehr und Einigkeit rings um ganz Deutschland. Bismarcks Emser Depesche fuhr in die Schwüle wie ein befreiender Donnerschlag.

Am 19. Juli erklärte Napoleon III. den Krieg. Deutschland atmete auf. „Endlich", dachte jeder und nahm seinen Platz ein im gewaltigen Aufbruche des Volkes zur Abwehr eines fahrlässig vom Zaune gebrochenen Völkerstreites.

Im Freundeskreise um Snell wurde hitzig debattiert. Scharfsinnige Erwägungen schätzten die Aussichten der beiden Parteien auf den Sieg. Dabei senkte sich die Waagschale mit jedem Tage gewichtiger auf die Seite Deutschlands; denn bei ihm war das höhere Recht, und das gab seiner Kriegführung die treibende sittliche Idee.

Snell selber konnte sich in dieser Zeit nicht von einigen Vorbehalten befreien. Sie hinderten ihn daran, sich ohne Hemmung dem gewaltigen Geschehen hinzugeben. Er blieb der unentwegte Großdeutsche, der einem einigen Vaterlande unter Preußens Führung misstrauisch gegenüberstand. „Das ganze Deutschland soll es sein." Diese Worte warf er oft in die Aussprache, wenn ihn andere Meinungen zuzudecken drohten. Er konnte die Deutschen in Österreich nicht vergessen.

Abbe stand in jenen Tagen ganz im Banne seiner Arbeiten und ihrer Auswirkungen, denn nun musste ja angefangen werden, die neuen Mikroskope in die Produktion aufzunehmen. Und damit begann für ihn der andere Teil dessen, was Zeiß nun von ihm erwartete. Das zog den Gelehrten ab von dem Eindrucke der Ereignisse, die sich in dramatischer Steigerung auf dem Kriegsschauplatze in Frankreich abspielten. Gesammelt wie im Brennpunkte einer Linse waren alle seine Kräfte auf ein Ziel geworfen.

„Hoffentlich dauert der Krieg nicht allzu lange, Herr Zeiß."

„Jeder wünscht ihm ein schnelles, siegreiches Ende, voraussagen lässt sich natürlich nichts."

„Und was machen wir, wenn unser Vorrat an französischem Glase zu Ende geht."

„Vielleicht liefert uns England, was wir noch brauchen."

„Dann müssen wir uns wieder umstellen auf andere Qualitäten."

„Das hilft nichts."

„Jetzt erleben wir, wie drückend und für die Güte der Erzeugnisse entscheidend die Rohstofffrage im Kriege werden kann, wenn man vom Gegner abhängig ist."

„Das konnten wir nicht wissen."

„Aber es wird einmal eine lebenswichtige Aufgabe sein, die deutsche Optik vom Auslande freizumachen."

„Richtig, Herr Professor, aber dazu fehlen unserer Glaserzeugung bis jetzt alle Voraussetzungen.

„Dann ist die Veranlassung dazu noch wichtiger."

„Die Glasschmelzerei müsste von Grund auf umgebaut werden."

„Steht es so schlimm mit ihr?"

„Leider. Ihre Arbeitsweise ist heute mehr Alchemie als Chemie Es spukt noch viel Mittelalter in den Glashütten, weil der deutschen Glasschmelzerei jede wissenschaftliche Grundlegung fehlt."

„Es müsste also etwas Ähnliches für die Glashütten getan werden, wie das, was wir für die Optik anstreben Die Pröbler des Glases müssten abgelöst werden vom Glaswissenschaftler. Als Werkstoff kann die wissenschaftliche Optik nur ein gemäßes Glas in ihre Berechnungen einbeziehen. Ohne das hängt sie in der Luft. Optische Werkstatt und Glashütte sollten sich zusammenfinden. Unsere Arbeit ist's nicht mehr zu trennen von der Frage des Glases."

Die beiden Männer schweigen eine Zeitlang, jeder dachte in seinen Bahnen weiter. Zeiß griff das Gespräch wieder auf: „Wie soll das aber gemacht werden? Ich glaube, die Lage der Glasfabrikation in Deutschland einigermaßen zu überschauen. Es gibt keinen Glasschmelzer und keine Glashütte, die das leisten könnten, was Sie fordern"

„Ist die Lage so hoffnungslos?"

„Ja, Herr Professor. Die Herstellung der Glasflüsse jeder Art ist abhängig von einer Fülle überkommener Arbeitsweisen, von uralten Erfahrungen und eifersüchtig gehüteten Rezepten. Wer in diese Erstarrung Bresche schlagen wollte, müsste alles zerbrechen und ganz von vorn anfangen."

„Eine Hütte würde genügen, den Bedarf unserer Werkstatt zu decken."

„Richtig, aber ein Menschenalter dürfte nach meiner Meinung kaum ausreichen, um die neuen Grundlagen zu schaffen Und wer möchte es wagen, sein Vermögen unsicheren Spekulationen in den Rachen zu werfen? Was da zu tun gewesen wäre, um mit der Optik Schritt zu halten, ist hundertprozentig versäumt worden."

„Muss es deshalb aber für alle Zeiten so bleiben?"

Abbe legte aus seiner Höhe dem Meister die Hand auf die Schulter und sagte, jedes Wort betonend:

„Eines Tages wird das gar nicht mehr in der Macht eines einzelnen liegen, darüber zu entscheiden. Das Notwendige fordert sich selber und geschieht immer, wenn es geschehen muss. Einmal werden wir dem Zwange der Tatsachen nicht mehr ausweichen können. Wenn darauf hingearbeitet wird, die Zahl der Abbildungsfehler auf ein Minimum herabzudrücken, dann muss das Glas noch manche von seinen Untugenden ablegen. Ich sehe den Zeitpunkt kommen, wo die Vollkommenheit der Leistung nicht mehr von der Optik, sondern nur noch vom Glase abhängig ist. Also?"

„Also", seufzte Zeiß, „wenn man jung und unabhängig wäre."

Er dachte an seinen Meister Körner.

„Wie viele Glasschmelzen und Werte sind schon zugrunde gegangen, wenn sich die Unternehmer zu einseitig aufs Probieren legten!"

„Sie mögen Recht haben, Meister, aber das Notwendige setzt sich durch. Ist es nicht besser, wenn wir uns darauf gefasst machen?" Zeiß schwieg. Er konnte sich der Schlüssigkeit dieser Gedanken nicht entziehen, wurde aber doch eingeengt von einer Fülle drückender Bedenken. Das Wagnis war ihm zu groß.

Abbe dagegen kümmerte sich nicht um äußere Hemmungen, wenn es darum ging, eine Erkenntnisreihe bis zum Ende durchzudenken. Es wurde dem bedächtigen Meister schwer, dem Vorwärtsdrängen des Gelehrten bedingungslos zu folgen. Die Sorge um seine Familie legte allzu kühnen Wünschen Zügel an und ließ ihn mehr und mehr nur nach dem Möglichen streben, wie er es erkannte und für notwendig hielt.

Eines Tages kam der große Augenblick, an dem sich Abbe zum anderen Male über ein neues Mikroskop beugte, sicherer und ruhiger als damals. Auf der Beherrschung von zwei Grundtatsachen war es geschaffen. Lichtbrechung und Lichtbeugung bestimmten seinen Bau in allen Teilen, und die Optiker waren in ihrer Arbeit jeder Forderung Abbes planmäßig gefolgt.

Wieder lag unter dem Objektiv ein Präparat aus den Kalkschalen winziger Urtierchen. Ruhig und gesammelt wie beim entscheidenden letzten Zuge im Schachspiel, der den Sieg verhieß, sog sich Abbes Blick an dem Bilde fest, das ihm aus dem Okular entgegenleuchtete.

Beherrscht regeln die Finger die letzte Möglichkeit der Feineinstellung. Der Meister steht neben ihm, als wolle er mit hineinschauen. Seine Augen verfolgen jede Spur auf Abbes Gesicht, die etwas davon verraten könnte. Aber das ist wenig, sehr wenig. Eine Frage liegt ihm auf den Lippen. Er presst sie zurück.

Von Abbes zusammengekniffenem Auge her beben leise ein paar lebendige Fältchen die Schläfe entlang. Nichts weiter. Ein Streifen Sonnenlicht legt sich über den Tisch und fängt sich im Beleuchtungsapparat.

Abbe bleibt wunderbar ruhig, schaut und schaut. „Wenn er doch etwas sagen würde! Wie lange geht das nun schon? Hat er mich vergessen?" Der Meister setzt sich. Eine Schwäche löst ihm die Knie. Unruhig jagt sein Blut vom Herzen zum Kopfe, er hört es heimlich summen.

Über Abbes Haltung liegt Ruhe und Befriedigung. Er nickt. „Schön, schön", sagt er ganz leise, bleibt aber noch weiter über das Okular gebeugt. Jetzt hebt er den Kopf. Aus seinen Augen leuchtet der Sieg.

„Es stimmt, Herr Zeiß; die Aufgabe ist im Wesentlichen gelöst."

Diese kargen Worte klingen frei und heiter, aber auch stolz.

„Sehen Sie selbst, Herr Zeiß."

Der Meister fährt hoch und neigt sich über das Instrument. Im Schauen bricht die Freude aus ihm heraus: „Das ist die Wende, Herr Professor! Es gibt auf dieser Welt bis jetzt noch keinen Menschen außer uns beiden, dessen Auge so vollendete Bilder im Mikroskop sehen durfte. Wunderbar! Wunderbar!" Er schraubt den Tubus etwas nach oben. Das Präparat verschwimmt und wird trüb. Darauf senkt er ihn wieder hinunter, bis der höchste Grad der Deutlichkeit erreicht ist. Das tut er einige Male, um Gewissheit zu erhalten, dass das, was er sieht, so bleibt und nicht vom Zufall abhängig ist. Dazu lässt er den Beleuchtungsapparat spielen.

„Einen so hohen Grad von Bildauflösung hätte ich nicht für möglich gehalten", sagt er einige Male glücklich und stolz. Dabei wischt er sich eine Träne aus dem Auge und schüttelt Abbe danach dankbar und bewegt die Hand.

Diese Stunde war einer der stillen Höhepunkte im Leben Abbes. Das auflodernde Gefühl trug seine Gedanken für ein paar Augenblicke über die Zeit hinaus. Er ahnte den Umschwung, den Optik und Naturwissenschaft erfahren mussten, wenn die neuen Instrumente in den Handel gebracht würden Er sah Ärzte über das Okular gebeugt, auf der Suche nach den gefährlichen Feinden der Menschheit. Die große Zeit der Mikrobenjäger konnte beginnen.

Techniker sah er, die den geheimen Bau wertvoller Werkstoffe zu ergründen suchten. Und in der Folgerichtigkeit seiner Vorschau erkannte er die Möglichkeit für eine Menge optischer Neuschöpfungen, die jetzt erst gewagt werden konnten Weit, weit tat sich die Zukunft vor ihm auf und erfüllte sein Herz mit der stolzen Sicherheit des Menschen, der den richtigen Weg gefunden hat.

Aber dabei war er doch nicht ganz frei, denn er ahnte, dass sein Leben von nun an nicht mehr von alledem zu trennen sei.

„Das ist erst der Anfang", fuhr es ihm durch den Kopf.

Wie einen heimlichen Schatz trug er sein Glück im Herzen und schwieg. Andere hätten nichts versäumt, Leistung und Erfolg in die Welt hinauszuposaunen, sich zu spreizen und wichtig zu machen, wie das in der Zeit lag.

Was er erreicht hatte, erschien ihm nur als ein wichtiger Wendepunkt auf dem Marsche zu neuen Zielen.

Niemals kam ihm in jenen Tagen der Gedanke, sich über das hinaus, was ihm Zeiß laufend zahlte, einen besonderen Anspruch am möglichen Verdienste zu sichern, in dem sich der Wert seiner Leistung ausgedrückt hätte; denn er übersah nie, wie sehr der Meister zeitweise seine Mittel anstrengen musste, um den Erfolg zu sichern.

Die wissenschaftlichen Erkenntnisse waren ihm der höchste Lohn. Dazu kam noch, dass er klar abschätzte, wie die Arbeit in der Werkstatt Schritt für Schritt umgebrochen werden müsse.

„Das wird noch einmal Zeit und Geld fressen. Durch Rückschläge und Irrtümer kann sich Zeißens Lage vielleicht vorübergehend verschlechtern, wer weiß?"

Deshalb sah Abbe in dem Meister den treuen Verbündeten, dem er Dank schuldig war.

So wurde das Jahr 1870 ein Glücksjahr.

Großes erfüllte sich. In Frankreich errang das deutsche Heer Sieg um Sieg.

Zeißens Werkstatt sicherte sich durch Abbes Mitarbeit einen Vorsprung in der Optik, der ihre Sonderstellung in der Welt begründete. Die neuen Mikroskope wurden der Wissenschaft die wichtigsten Waffen im Kampfe mit der Cholera, Pest, Milzbrand, Tuberkulose, Syphilis, Tollwut, Schlafkrankheit und dem eklen Zeuge, das allem Leben auf der Erde ein unheimlicher Feind ist. Und mitten in Stille und Abgeschlossenheit erfüllte eine große, einzige Liebe das Leben des Forschers und Finders Abbe, das von nun an gesegnet und gestärkt den Weg weitersuchte.

Er zögerte keinen Tag, das Errungene auszuwerten. Die Pröbler gerieten in die Zugluft des Umbruches und mussten erleben und zugestehen, dass ihre Zeit endgültig vorüber sei.

Abbes Druck auf die Umgestaltung der Arbeitsorganisation in der Werkstatt war biegsam, aber auch sehr bestimmt; denn es galt ja nun, durch die Güte der neuen Instrumente Wert und Wahrheit seiner Erfindungen zu erweisen. Es wurde nichts überstürzt; aber das Neue, das Andere drängte sich bald an jedem Arbeitsplatze zutage. Die Zahl, das Maß beherrschten die Arbeit. Das Spiel mit dem Lichte war vorüber, es musste sich planvoller Arbeit fügen; denn Abbe hatte es bezwungen.

Wie ein Band leuchtender Sterne zogen die deutschen Erfolge am Kriegshimmel vorüber. Der 18. Januar 1871 schuf das Deutsche Kaiserreich.

Abbe erlebte dieses Jahr der Erfüllung mit allerlei Vorbehalten. Ganz in der Tiefe seines gütigen Herzens brannte, von Scham und Ehrfurcht gehütet, das Feuer einer unbedingten Menschenliebe, die den Krieg als letztes Mittel der Politik ablehnte. Sein Leben lang hat er aus dieser Haltung keinen Hehl gemacht. Es erschien ihm immer die größere Tat, den Krieg zu vermeiden, als ihn zu gewinnen.

Mitten im Umbruch und Werden beugte er sich über die Arbeit und siebte mit offenem Verstande den Wust der Phrasen und Schlagworte, die übereifrige Schwätzer in die Zeit warfen.

„Das klingt ab", sagte er zu Zeiß, „wir müssen abwarten, was bleibt. Vom Wort allein wird kein Stein auf den andern gesetzt. Wenn jeder ruhig seiner Arbeit nachgeht und nicht mehr begehrt, als ihm zukommt, dann bleibt das Volk gesund. Strebertum kann es von innenher aushöhlen."

Die Gründerzeit nach dem Kriege, die einen wuchernden Wirrwarr von Scheinblüten hervorbrachte, hat die Werkstatt am Johannisplatze keinen Augenblick aus dem Gleichmaß ihrer Entwicklung geworfen. Sie folgte ihrem Gesetz, und das war die Wissenschaft. Stolz schrieb Snell Anfang September 1871 an den Freund nach Dresden:

„Morgen wird das schärfste mikroskopische System fertig und damit ist die dritthalbjährige Riesenarbeit von Abbe abgeschlossen. Er hat nun die Befriedigung, dass er nicht bloß in den praktischen Leistungen alles bis jetzt Vorhandene übertroffen hat, sondern dass er jetzt auch der einzige überlebende Physiker und Mathematiker ist, der die Dioptrie so in der Gewalt hat, dass er rein theoretisch die kompliziertesten optischen Instrumente berechnen kann, während bisher die Verfertigung wesentlich auf lange fortgesetztem mühsamen Probieren beruht hat. Nun muss er darangehen, auch seine theoretischen Untersuchungen in einem Werke darzustellen. Vorher aber soll er sich die Ruhe der Flitterwochen gönnen, gar zu lange wird er dieselben freilich nicht ausdehnen, da er von Natur nicht lange ohne anstrengende Arbeit sein kann."

Snell kannte Abbe als Freund und Schwiegersohn sehr genau, aber er schätzte ihn doch falsch ein, wenn er meinte, der Bräutigam würde sich nun an den Schreibtisch setzen, um die Ergebnisse seiner Forschungen niederzuschreiben. Dazu fehlte dem Gelehrten aller Ehrgeiz. Auch schien es ihm in der Aufeinanderfolge der notwendigen Arbeitsschritte gemäßer zu sein, erst einmal praktisch weiterzuarbeiten.

Gelehrte Auseinandersetzungen mit Freunden und Gegnern hätten den Fortgang seines Schaffens eher gehemmt als gefördert. Nach dem Gesetz vom Ausgleich der Kräfte mussten sie wohl einmal kommen, aber er konnte warten und mochte sie nicht vorzeitig heraufbeschwören Ein Tag in der Werkstatt war ihm mehr wert als ein gedankenschwerer Aufsatz in einer Fachzeitung.

In der Atempause zwischen Erfolg und neuen Aufgaben beschlossen die Verlobten, zu heiraten. Ehe das aber geschehen konnte, musste noch ein Widerstand überwunden werden, den zuvor niemand bedacht hatte: Abbe lehnte die kirchliche Trauung ab, und Snell bestand darauf. Das tat der Geheimrat nicht aus Enge und Abhängigkeit, sondern er bekannte sich mit seiner Forderung ehrlich zu der Überzeugung, dass ein höherer Wille den Lauf des Schicksals bestimme. Naturwissenschaft und Philosophie hatten ihn hineingetragen in den inneren Kreis der Kräfte, die die Welt nach seiner Meinung in Bewegung hielten. Er ahnte dahinter den ordnenden Geist, vor dem er sich in Ehrfurcht beugte. Der war ihm Gott; und seinem Segen, so wünschte er, solle sich die junge Ehe unterwerfen.

Die Auseinandersetzung wurde nicht leicht. Beide Seiten blieben männlich fest, vermieden geräuschvolle Wortwechsel und alles Pochen auf trennende Grundsätze. Es war ein heißes Ringen der Herzen umeinander, getragen von Achtung, Liebe und Sorge. Auf der Höhe der Spannung verstummten sie und schrieben sich Briefe voll Takt und Geist, die eher Rechtfertigungen wurden, als zu werben und zu drängen suchten.

Schließlich kam es soweit, dass sich einer dem anderen fügen wollte, jeder scheute also das letzte, harte Wort.

In dieser unklaren Lage entschied das Brautpaar. Die Hochzeit wurde am 24. September 1871 ohne kirchliche Trauung gefeiert. Bei dem Hochzeitsmahle im Brauthause ließ sich Snell vom Sturme seiner Gefühle hochtragen und hielt den jungen Eheleuten die schönste Traurede.

Kapitel 16

„Hu, so kalt ist es heute! Sieh her, Ernst, schon ein paar Minuten versuche ich, ein Loch in das Eis auf der Fensterscheibe hineinzuhauchen Aber es geht kaum. Probiere du einmal." Frau Else pustete weiter, und das zarte Geäst der Eisblumen löste sich von einem kreisrunden Loche aus in Wasser auf. Abbe trat neben die fröstelnde Frau, legte ihr die Hand auf die Schulter und beugte sich zu ihr herunter. Nun hauchten sie beide. Das Loch wuchs in die Breite, und langsam kam das blanke Glas zum Vorschein. Die Morgensonne fand den Weg herein und strahlte den zweien ins Gesicht, so hell und rein, dass sie die Augen schließen mussten Wie ein goldenes, schweres Gewebe glänzten die durchleuchteten Eisblumen rings um das Loch im Eise.

„Ach ist das schön, Liebster!" sagte sie, legte ihm die Arme um den Hals und küsste ihn. „Dass du dir zwischen Weihnachten und Neujahr ein paar Tage Ruhe gönnst, ist mir das schönste Christgeschenk. Sie werden dir gut tun."

Abbe strich ihr mit der Hand über das volle braune Haar und sah ihr dabei in die großen, suchenden Augen.

Tastend, wie von einem geheimnisvollen Zauber angetrieben, schoben sich die Eisblumen langsam von den Rändern des Loches her wieder auf die Mitte zu. Ehe es sich vollständig schloss, warf Abbe noch schnell einen Blick hinaus auf das Thermometer: „Zehn Grad unter Null, für Jena eine schöne Temperatur."

„Deshalb wollen wir einheizen und uns das Zimmer mollig warm machen. Und dann eine Tasse guten Kaffee."

Sie sprang hinaus. Abbe sah ihr nach und war glücklich im Gefühl wundersamen Geborgenseins.

Im Erdgeschoss regte sich Vater Snell. Es dauerte nicht lange, da saßen sie zu dritt am Kaffeetische und ließen sich den Weihnachtsstollen schmecken.

Es wurde wenig gesprochen. Über den Dreien lag das Glück der Nähe, das jedes laute Wort überflüssig machte. Die jungen Eheleute wohnten im ersten Stockwerke, und Vater Snell hatte sich das Erdgeschoss vorbehalten. So wurde es möglich, dass Frau Else beiden Haushalten vorstehen konnte. Das war nicht leicht bei zwei so besonderen Männern.

Mit zarter Rücksicht zog sich Snell nach dem Kaffee in sein Arbeitszimmer zurück, und Abbe überließ sich der fruchtbaren Leere des Nichtstuns. Dabei sog er Wolken filzigen Qualmes aus seiner Pfeife und wurde getrieben vom Spiele gelockerter, ungebundener Gedanken.

Gegen elf Uhr läutete es. Meister Zeiß ließ sich melden, und Abbe ging ihm entgegen, um ihn wie einen guten Freund zu empfangen. „Kommen Sie herein in die warme Stube, schnell." Er zog ihm den Mantel herunter. Zeiß rieb sich die Hände, hob die schwere Tasche auf, die er neben sich gestellt hatte, und trat in das weite, sonnendurchflutete Wohnzimmer. Das Eis an den Scheiben war inzwischen abgetaut.

Sonne und Feiertag breiteten über das Gespräch, das sie nun begannen, einen wohligen Schein von Heiterkeit und leichtem Spott.

„Ehe das Jahr zu Ende geht, Herr Professor, drängt es mich noch einmal zu Ihnen." Die Tasche schob er dabei mit dem Fuße unter den Stuhl. „Ich habe in diesen Tagen den Rechnungsabschluss fertiggemacht. Ein Jahr voll Arbeit liegt hinter uns.

‚Was er wohl mit der Tasche will?', dachte Abbe.

„Sinn und Unsinn hat es gebracht", sagte er laut, „in guter Mischung. Wenn ich an den Wahlfeldzug denke, in den ich mich von meinem Schwiegervater einspannen ließ. Was mag ich auf den Versammlungen für ein Zeug zusammengeredet haben!" Er lachte.

„Na, so schlimm, wie Sie es jetzt hinstellen, braucht das ja notwendigerweise nicht gewesen zu sein.

„Bitte, Herr Zeiß, der Erfolg beweist: Der Herr Geheime Hofrat Professor Doktor Karl Snell, mein lieber Schwiegervater, rasselte glänzend durch. Der erste Deutsche Reichstag hat nicht die Ehre, ihn in seinen Reihen zu wissen. Und ich bin an diesem Erfolge wohl zu einem guten Teile schuld, das übrige geht auf Konto des großdeutschen Programmes." Beide lachten herzlich.

„Das alles hat die Heirat wieder wettgemacht. Sie ist der größte Aktivposten meiner Abrechnung mit diesem Jahre."

„Vergessen Sie die neuen Mikroskope nicht, Herr Professor."

„Es wird sich erst ausweisen, was wir damit erreichen"

„Etwas hat der Abschluss schon zutage gebracht, und das führt mich zu Ihnen."

„Hoffentlich ist es nichts Schlechtes, denn ich sage Ihnen ganz offen, dass ich mir manchmal schwere Sorgen um den Bestand der Werkstatt machte, wenn ich überschlug, was unsere Versuche für Geld verschlangen."

Zeiß wurde einige Augenblicke ernst und meinte dann: „Ich verstehe jetzt, wie es einem Spieler zumute sein muss, der alles auf eine Karte setzt. Er kann nur gewinnen oder verlieren. Eine dritte Möglichkeit gibt es nicht."

Abbes Augen wurden weit und hefteten sich fragend an Zeißens Munde fest. Der Meister lächelte und griff nach seiner Hand.

„Wir haben gewonnen, Herr Professor. Endgültig gewonnen Das Geschäft zieht an. Die Wissenschaft siegte."

Er bückte sich und hob die schwere Tasche auf seine Knie. Der Bügel knackte, und Zeiß stellte vier Leinenbeutel auf den Tisch. Es klirrte und klingelte. Dann griff er in die Rocktasche und zog einen Briefumschlag heraus.

Abbe folgte jeder Bewegung mit zunehmender Spannung.

„Ihr Anteil am Gewinn des Jahres, Herr Professor, bitte." Abbe nahm den Umschlag und öffnete ihn.

„Ist das Ihr Ernst?", fragte er hastig, als er eine lange Reihe Zahlen überflogen hatte.

„Die Zahlen weisen's aus."

Der Meister löste die Bänder von den Beuteln und begann ein schön geordnetes Feld von achthundert Talern auf dem Tische auszulegen. Eine Reihe blanker Silbertaler neben der anderen wuchs über die Tischdecke hin. Fast beklommen folgte Abbe dem klingelnden Spiele, das Zeiß nur unterbrach, wenn er die vollen Hunderter besonders betonte.

„Achthundert Taler, laut Rechnung, Herr Professor, zählen Sie bitte nach." Er machte eine einladende Handbewegung. „Wie gesagt, Ihr Anteil." Abbe schwieg noch immer.

„So viel ist das?" Zögernd lösten sich die Worte vom Munde.

„Entsprechend unseren Vereinbarungen haben Sie nach Art der verkauften Objektive fünf bis zwanzig Prozent Anteil zu erhalten. Diese achthundert Taler sind Ihr Anspruch. Bitte."

„So viel Geld", sagte Abbe noch einmal, als könne er es nicht begreifen.

„Gewiss. Ich hoffe, Ihnen beim Abschluss des nächsten Jahres noch mehr auszahlen zu können."

„Und dabei sind wir noch mitten in der Umstellung vom Pröbeln auf Planarbeit, das hätte ich nicht gedacht."

Dankbar schüttelte Abbe dem Meister die Hand. Er rührte das Geld nicht an, sondern folgte den Gedanken, die Zeißens Worte in ihm angeregt hatten.

„Ich kann Ihnen nur ein Bündel Sätze mit auf den Weg geben. Sie sind meine Abrechnung." Zeiß horchte.

„Wir laufen langsam in die dritte Periode Ihrer Werkstatt ein. In der ersten schufen Sie mit Löber die Höhe der Arbeitstechnik. Sie ist die Voraussetzung für die zweite, in der die wissenschaftliche Grundlegung erfolgen konnte. Nun führt der Weg in die dritte, die Anwendung von beiden.

Während des dritten Abschnittes wird sich immer fordernder die Frage des Rohstoffes, ich meine des Glases, herausschälen. Sie ist jetzt noch nicht so brennend, wird es aber einmal werden. Wenn uns der ansteigende Geschäftsgang weiterarbeiten lässt wie bisher, dann wird es im kommenden Jahre soweit sein, die neuen Instrumente zum ersten Male in einer Preisliste anzubieten und sie damit der Öffentlichkeit zu übergeben."

Diese Preisliste erschien als Nummer neunzehn im August 1872.

Schmucklos stand der erste Satz des Textes auf dem weißen Papiere, wuchtig klangen die Worte, wie sie Abbe gebilligt hatte: „Die hier aufgeführten Mikroskop-Systeme sind sämtlich neuerdings auf Grund theoretischer Berechnungen des Herrn Professor Abbe in Jena konstruiert."

In einer Tabelle folgte etwas weiter unten die Aufzählung der Leistungen aller angebotenen Objektiv-Systeme in Zahlen, so genau, wie das noch nie zuvor ein Mensch vermocht hatte. Voll Stolz glitten des Meisters Augen die Reihen der Ziffern entlang.

Diese Tabelle ohne Worte war der eindeutige Beweis für die Größe von Abbes Leistung. In nüchternen Zahlen nannte sie nebeneinander Öffnungswinkel, Brennweite und Vergrößerung, schied Trockensysteme von Immersionen und gab für jedes den geforderten Preis an.

Damit wurde die Wendung in der Mikroskopoptik der Welt bekanntgemacht.

Tag für Tag flogen die Listen wie leuchtende Zeichen hinaus in die Welt. Und die horchte auf.

Ein Sturm von Misstrauen und Ablehnung brach los. Was Zeiß anbot, war so umstürzend, dass es viele nicht glauben wollten, nicht glauben konnten. Den Pröblern ringsum in Deutschland kam die Sachlichkeit der Jenaer Werkstatt beinahe lächerlich vor. Sie waren zu sicher im Besitz ihres Könnens, als dass sie überzeugt werden konnten von der Unantastbarkeit des Neuen. Wer weiß, wo das Wort zuerst ausgesprochen wurde; es sprang in Fachkreisen bald von Mund zu Mund: „Nicht gebaut wie in Jena."

Diese fünf Worte sollten die Erzeugnisse anderer Werkstätten wie eine Schutzmarke unterscheiden von der Anmaßung Zeißens und Abbes.

„Handwerk bleibt Handwerk", sagte die Konkurrenz und meinte, es sei nur eine Frage der Zeit, bis sich die Leute in Jena zu Tode experimentiert hätten.

„Abwarten, abwarten, die machen's nicht mehr lange", hieß es.

In Jena schwieg man und arbeitete.

Mit wachsamer Aufmerksamkeit spürten Zeiß und Abbe die Erschütterungen, die sie verursacht hatten.

„Auch eine Art Reklame", sagte Zeiß einmal, als ihm jemand einen Ballen Verleumdung ins Haus rollte. „Wir können nicht klagen, das Geschäft zieht an."

Auf einer Naturforscherversammlung in Leipzig führte Abbe die neuen Instrumente vor und fand Anerkennung und Beifall; er sprach dabei noch über zwei von ihm erfundene Apparate, das Refraktometer und das Spektrometer. Die unbestreitbaren Verbesserungen überzeugten manchen Wissenschaftler, viele begriffen den gewaltigen Fortschritt eher als die aufgescheuchten Pröbler, die päpstlich an die Unfehlbarkeit ihrer Arbeitsweisen glaubten.

Erst im Jahre 1873 fand Abbe Zeit, die wissenschaftlichen Ergebnisse seiner Forschungen der Öffentlichkeit zum ersten Male vorzulegen. In „Schultzes Archiv für Mikroskopische Anatomie" erschien eine Arbeit, die Aufsehen erregte und wie ein Sturmwind über Schreibtische, durch Laboratorien und in Gehirne fuhr. Jahrelang hielt die Erregung an. Parteien bildeten sich, es gab ein hitziges Für und Wider. Abbes Mikroskopoptik wurde Begriff und Grenze; sie schied und vereinigte die Köpfe, schmolz mit dem Feuer ihrer Beweisführung eingefrorene Erkenntnisse auf und brachte sie in Fluss und Bewegung.

„Das ist von allem, was wir bisher erlebten, die Höhe!" Mit diesen Worten trat Abbe eines Morgens in Zeißens Büro und warf eine Zeitschrift auf den Tisch.

„In dieser Nummer schreibt der Leipziger Biologe Altmann, meine Beobachtungen und die daraus abgeleitete Theorie seien vollkommen falsch und bezeichnet sie als Ausfluss einer in den exakten Wissenschaften bisher glücklicherweise verpönten Phantasterei!

Herr Zeiß, haben Sie das gehört? Ich habe ein dickes Fell, und es schien mir bisher wichtiger, weiterzuarbeiten, als mich in unnütze Zankereien einzulassen Aber hier muss etwas geschehen. Das geht gegen die Ehre! Ich werde dem Herrn antworten und ihm nichts ersparen! Er soll mich kennenlernen!"

Einen solchen Ausbruch der Empörung hatte Zeiß an Abbe noch nicht erlebt. Der Gelehrte war in der Tiefe seines Wesens verletzt und bäumte sich auf in männlichem Stolz.

In seinem Denken formten sich bald die Sätze der Abwehr wie die in einer gesättigten Flüssigkeit zusammenschießenden Kristalle. Prägungen von herzhafter Klarheit und Frische sprangen aus dem grübelnden Hirn.

In einem Vortrage in der Jenaischen Medizinisch-Naturwissenschaftlichen Gesellschaft rechnete er mit den Angriffen Altmanns ab.

Aber die mündliche Abfuhr, die er dem Leipziger Gelehrten bereitete, genügte ihm nicht. Es war eben seine Art, jede Arbeit, die er einmal begann, mit vielseitiger Gründlichkeit zu Ende zu bringen. Deshalb wollte er die endgültige Wertlosigkeit der Altmannschen Behauptungen und Beweise in einem Buche darstellen und seine Erfolge begründen. Eilig flog die Schreibfeder über das Papier, ehrlicher Männerzorn jagte sie die Zeilen entlang. Die überlegene Beherrschung des Stoffes und die treffsichere Meisterung des Wortes versprachen ein Werk von hohem Werte.

Da Abbe es für notwendig hielt, seine Arbeit möglichst bald vor die Öffentlichkeit zu bringen, wurden die ersten Stücke sofort gesetzt und gedruckt. Einige Bogen waren schon fertig. Aber mitten im Schreiben ließ die Schwungkraft nach, der Zorn verrauchte, und eines Tages legte er den Federhalter hin und sagte sich: „Es gibt jetzt Wichtigeres zu tun, als sich zu streiten. Die Mikroskope und ihr Erfolg sind der beste Beweis gegen Altmann; also weiterarbeiten und nicht diskutieren!"

Die fertigen Bögen wurden eingestampft, das Gewitter verzog sich, und alle Aufregung verklang im Andringen neuer Aufgaben. Dazu kam noch, dass sein gütiges Herz nicht hassen und nachtragen konnte, er vergaß schnell, warf ohne Bedenken jeden Ärger und alles Winzige mit reinigender Kraft aus seinen Tiefen und beschwerte sich nicht mit unedlen Schlacken.

Viele Jahre später begannen Abbes Schüler eine Sammlung seiner Abhandlungen herauszugeben. Als sie mit der Sichtung des Materials beschäftigt waren, fiel ihnen auch der Entwurf zu jenem Vortrage in der „Medizinisch-Naturwissenschaftlichen Gesellschaft" in die Hände. Abbe sprach mit ihnen darüber und bestand darauf, dass die schwersten Brocken und die härtesten Kanten beseitigt würden Es blieb noch genug übrig, was die Stärke seiner Empörung verriet. Wie er damals schrieb, schien es ihm geraten, die von ihm vertretenen Ansichten einstweilen zu verteidigen.

„Dieses soll hier zunächst geschehen und da ich nicht in der Lage wäre, mir eine derartige Abschweifung von der regelmäßigen Arbeit öfters zu gestatten, so will ich, was ich einmal tun muss, gleich gründlich tun, damit ich hoffen darf, es werde meine erste polemische Auseinandersetzung in dieser Angelegenheit auch meine letzte bleiben können."

Dann stellte er fest, dass er die Altmannschen Versuche schon lange vorher in Jena gemacht habe, und alle seien ohne Erfolg geblieben. „Demnach bleibt nur noch die Annahme übrig, dass die Gesetze des Lichtes in Leipzig anders als in Jena sind."

Die Frage Altmanns, wie Abbe eigentlich auf seine sonderbare Theorie gekommen sei, beantwortete der Gelehrte mit dem bittern

Satze: „Das dürfte ich doch wohl etwas genauer wissen als er, wie die Sache sich zugetragen hat – bin ja wohl dabei gewesen." Und dann zog er unter die Darstellungen seines Leipziger Gegners einen herzhaften Schlussstrich: „Sie leiden sämtlich an dem Mangel, dass die Theorien nicht richtig und die Behauptungen falsch sind."

Eine Fußnote verriet am Ende noch einmal die ganze Schwere der Empörung: „Ich bedaure aufrichtig, nicht an die Möglichkeit gedacht zu haben, dass vielleicht jemand dieses bedenkliche Terrain dazu ausersehen könnte, sich auf ihm die physikalischen Sporen zu holen. Ich würde sonst nicht verabsäumt haben, an besonders gefährlichen Stellen hinzuschreiben: Hier liegen Fußangeln und Selbstschüsse!" Punktum.

Die knappen, eindeutigen Angaben der neunzehnten Preisliste schlugen ein. So sehr häuften sich die Bestellungen, dass Zeiß noch mehr Arbeiter einstellen musste. Aber es war sehr schwer, geeignete Fachleute zu finden, weil jeder, der angenommen wurde, sich erst mühsam in die neue Planarbeit hineinfinden musste. Dreißig Leute drängten sich bald in den knappen Räumen am Johannisplatze zusammen.

Als treuer Chronist berichtete Snell am Jahresende 1872 dem Freunde nach Dresden: „Mit den Mikroskopen und den übrigen optischen Erfindungen von Abbe geht es sehr gut. Nur kann jetzt noch nicht alles gemacht werden, was bestellt wird. Heute geht die erste vollständige Kollektion aller unserer Mikroskopsysteme ab nach England, an Herrn Lancaster, den Präsidenten der „Microscopical Society", und vorige Woche war Mister Watney aus London bei uns auf einige Tage zu Besuch, und der hat auch für 800 Objektive mitgenommen, um in England sich ein bisschen damit großzutun und die Gelehrten sich dadurch bekannter zu machen."

Die praktischen Engländer in ihrer gelehrten Gesellschaft, die das Mikroskopieren wie einen Sport betrieben, verlegten sich nicht aufs Diskutieren. Sie begriffen den Fortschritt, der ihren Arbeiten ungeahnten Aufschwung verhieß und kauften die neuen Instrumente.

Der geschäftstüchtige Mister Watney erlebte in den letzten Dezembertagen des Jahres 1872 bei seinem Aufenthalte in Jena das Glück der jungen Eltern, denn ihnen war im November ein Töchterchen geboren worden.

Ein weiches, klares Kinderstimmchen mischte sich oft in die gewichtigen Reden der Männer. Hin und wieder einmal horchte Abbe auf und kostete erhoben das Bewusstsein der Vaterschaft.

Im Fortgange der Arbeit wuchs die Werkstatt zu einem festen Gefüge zusammen, über das der Meister seine Hände hielt wie über einen kostbaren Schatz. Er wusste, was Einigkeit und Gemeinschaft für die Güte der Arbeit zu bedeuten hatten.

Mehrmals im Laufe der schönen Jahreszeit lud er die Belegschaft in seinen Garten ein, bewirtete sie gastfrei und großzügig und schmolz Widerstände und Misshelligkeiten gütig und klug um in Bereitschaft und Verständnis. Jeder Mann war ein erprobter Könner. Es gelang, die handwerklichen Abweichungen der Linsen von den errechneten Maßen immer weiter herabzudrücken. Die Prüfungsverfahren wurden verfeinert, und damit steigerte sich die Güte der Arbeitsleistungen.

Wenn man im Anfang noch Abweichungen von einem Zwanzigstel hinnahm, so gelang es mit der Zeit, sie bis auf ein Hundertstel herabzumindern.

Jedes der neuen Objektive verriet die zunehmende Beherrschung der Arbeitsweisen. Es ging darum, Linsen von kaum einem Millimeter Durchmesser so genau zu schleifen und zu polieren, dass mehrere zusammen in einem Systeme eine gemeinsame optische Achse besaßen. Das Fassen erforderte einen bisher noch nicht gekannten Grad von Genauigkeit, genügten doch schon Verschiebungen von einem Hundertstel Millimeter, um ein Instrument unbrauchbar zu machen.

Die Pröbler erlebten staunend, aber auch voll Ehrgeiz, wieviel sie noch lernen mussten, um Abbes Ansprüchen gerecht zu werden, die nichts weiter forderten, als die höchste Annäherung der Arbeitsleistung an einen errechneten Wert.

Die Zahl war das hohe Ziel, das Gehirne, Hände und Werkzeuge lenkte. Der Annäherungswert wurde Maßstab für die praktische Leistung. Im Laufe der Jahre gelang es, ihn noch weit unter ein Hundertstel herunterzumindern.

Wahre Wunderwerke an Genauigkeit gingen in die Welt hinaus. Der erste Satz der neunzehnten Preisliste bewies die Größe von Abbes Leistung. Das war der Sieg.

Es kam eine Zeit, in der sich die Konkurrenz vor die Entscheidung gestellt sah, die Leistungen der Jenaer Werkstatt zu erreichen oder die Segel zu streichen.

Um ihre Erzeugnisse auf dem Markte unterzubringen, wandelte sie das hämische Wort von ehedem und flüsterte in die Welt hinaus: „Gebaut wie in Jena."

Kapitel 17

„Hätt'ste Rot ausgegeben, Nachtwächter, dann war das Spiel gewonnen!", rief einer aus der Runde. Krachend flogen drei Männerfäuste auf die weißgescheuerte Tischplatte. Die hingeworfenen Spielkarten rutschten über das blanke Holz.

Der Schuster Weber schob die Brille auf die Stirne und meinte finster: „Mit euch Ochsen zu spielen hat gar keinen Zweck!" Er drehte sich um und knurrte wie ein grollender König in die Gaststube hinein: „Rot hätte er spielen müssen, der Blechhengst!", und zeigte dabei auf sein Gegenüber, den Klempnermeister Döderlein.

Aber es war niemand weiter im Gastzimmer der „Rose" am Eichplatze in Jena als ein bejahrter Student, der stumpfsinnig hinter einer Kanne Lichtenhainer hockte. Statt in den Hörsaal, war er in die Kneipe geraten. Weil er sich so herzhaft angesprochen fühlte, stand er schwerfällig auf, schwankte auf den Stammtisch der Philister zu und übersah das offenliegende Kartenspiel: „Rot hätte er spielen müssen", brummte er danach und tat dabei einen gewaltigen Zug aus seiner langen Pfeife.

Weber leckte seinen breiten Schusterdaumen und sammelte die Karten auf. Der Klempnermeister warf dem Studenten ein ganzes Bündel finsterer Blicke zu und sagte höhnisch: „Was versteht die Wissenschaft von einem zünftigen Handwerkerskate! Jedem das Seine. Aber das wird jetzt in Jena Mode, dass sich die Gelehrten ins Handwerk mischen und es verpfuschen."

Mit diesem Satze suchte er die Stammtischrunde von dem Fehler im Spiele abzulenken und ein Gespräch ins Rollen zu bringen „Nicht satisfaktionsfähig", meinte der Student geringschätzig und zog sich hinter seinen Bierkrug zurück.

Des Klempnermeisters Worte schlugen ein, das Spiel wurde vergessen, und die Unterhaltung kam in Gang. Jeder kannte das Thema. Es machte in Jena die Runde, und überall war man einer Meinung.

„Wissenschaft ist Wissenschaft!", donnerte der Schuster, um der Sache gleich die richtige Wucht zu geben. „Handwerk bleibt Handwerk!", fuhr der Bäcker Ziermann fort. „Und Schnaps ist Schnaps!", spottete der Student in seiner Ecke.

„Eines Tages ist es aus mit ihm; schade um das schöne Geschäft."
Die Zuhörer nickten.

„Ein Handwerker und ein Gelehrter können eben nicht an einer Deichsel ziehen", meinte der Wagnermeister Schmidt und wälzte dabei den Priem in die andere Backe.

„Wenn Zeiß mit dem Professor Abbe noch lange zusammenwirtschaftet, gibt's eine Riesenpleite."

„Die Sache muss aber doch einen Haken haben?"

„Klar. hat sie auch. Abbe wird dem Meister das nötige Kleingeld in die Finger gedrückt haben.

„Da kann er leicht neue Gehilfen einstellen."

„Aber was ist damit geschafft? Unfug! Nun muss er sich von Abbe in alles hineinreden lassen.

„Stimmt, geschieht auch. Die Werkstatt ist schon ganz durcheinandergeraten."

„Was hat so ein Mann von der Universität für eine Ahnung, wo uns der Schuh drückt.

„Hätt'ste Rot ausgespielt!", höhnte der Student.
Die Runde überhörte diese Worte.

„Das fehlte gerade noch", grollte Weber und schlug mit der Faust auf den Tisch. „Mir täglich von so einem Herrn in die Bude riechen lassen. Der mag so gescheit sein, wie unser Kirchturm hoch ist, aber vom Handwerk sollen solche Leute die Finger lassen!"

Das war die Meinung der Pfahlbürger über die Zusammenarbeit Zeißens mit Abbe. Jeder wartete auf einen Zusammenbruch der Werkstatt am Johannisplatze. Und alles, was dort geschah, wurde mit einem trüben Gemisch von Teilnahme und Schadenfreude bespritzt. Ein solches Experiment konnte nach der Meinung des Handwerkes nur schief ausgehen.

„Und wenn es soweit ist, dann bringt sich Abbe auf seinen Lehrstuhl in Sicherheit, na, und Zeiß?

„Den beißen die Hunde!" Die Kartbrüder lachten dröhnend.

„Bremser!", rief der Student aus seinem Winkel.

Das geschah im April 1875.

Trübe, regnerische Tage steigerten Unlust und Missbehagen. Der kleine Mann hatte wenig Verständnis für Wagemut und Umsturz. Ihm war es am liebsten, wenn er im Trott seiner Gewohnheiten nicht gestört wurde. Stur verteidigte er seine Denkfaulheit und den Mangel an Beweglichkeit.

„Prost, es lebe die gute, alte Zeit!", rief der Schuster und wischte sich mit dem Handrücken den Bierschaum aus dem Schnauzbart.

„Wer wagt, verliert!", meinte der Klempner, und die Runde gab ihm Recht.

In diesen Tagen saßen sich Zeiß und Abbe manche Stunde einander gegenüber in klärenden Verhandlungen. Die Entwicklung der Werkstatt hatte Fragen aufgeworfen um deren Beantwortung die beiden ehrlich und aufrecht rangen, denn der Aufstieg trat immer deutlicher zutage und drängte zu grundsätzlichen Entscheidungen.

„Ich brauche Ihnen die Gründe meines Verhaltens nicht weitläufig auseinanderzusetzen, Herr Zeiß. Sie verstehen mich, das weiß ich. Aber wie die Dinge nun einmal liegen und wie sie sich nach meiner vorsichtigen Meinung weiterentwickeln werden, erscheint es mir notwendig, meine Stellung Ihnen gegenüber klar abzugrenzen Sie wissen, dass das kein Ausdruck des Misstrauens ist."

Zeiß sah dem Gelehrten offen in die Augen und fragte: „Bitte, bitte, Herr Professor, was find Ihre Wünsche?"

„Es erscheint mir nicht unbillig, wenn ich ein Drittel vom Reingewinn der optischen Abteilung fordere." Zeiß nickte.

„Ferner erhebe ich auf alle meine Berechnungen, wie sie der Arbeit jetzt zugrunde liegen, den Anspruch persönlichen Eigentums."

Der Meister überlegte lange und sagte dann: „Darüber kann ich mich im Augenblick nicht verbindlich äußern Lassen Sie mir bitte Zeit."

War das ein Zwist? Lockerte sich das Vertrauen?

Abbe wurde zu dieser Haltung bestimmt durch sein empfindliches Gerechtigkeitsgefühl, das ihn nötigte, nach der Lösung der wissenschaftlichen Aufgaben nun auch alles Geschäftliche endgültig zu ordnen. Seine Forderung war frei von jedem Misstrauen gegen Zeiß.

Der Meister hatte ihm aus dem Gefühl dankbarer Verpflichtung die Jahre daher einen entsprechenden Anteil am Gewinne gewährt. Nun drängte Abbes unbedingte Folgerichtigkeit im Denken auf einen Vertragsabschluss, der seine Rechte für immer herausstellte und festlegte.

Die zweite Forderung erhob er nicht etwa, um sich freie Hand für die geschäftliche Verwertung seiner Berechnungen zu sichern. Er wäre nie fähig gewesen, sie zu seinem Vorteile in einem dunklen Spiele mit der Konkurrenz auszunutzen. Abbe dachte wohl nur daran, immer dann über sein geistiges Eigentum verfügen zu können, wenn er es einmal bei der Verwertung in einer umfangreicheren Veröffentlichung nötig habe.

Über dem Geldgewinn stand ihm der wissenschaftliche Wert. Im Kampfe um ihn wollte er freie Hand behalten. Die Jahre hatten die Bedeutung seiner Erfindungen immer eindeutiger herausgestellt, aber er hatte noch keine Zeit gefunden, sie in einer gemäßen Form der wissenschaftlichen Öffentlichkeit darzubieten.

Dazu kam noch etwas anderes, das aber wohl mehr im Unterbewusstsein wirkte und von da aus fordernd nach Sicherung drängte. Zu dem ersten Kinde hatte sich noch ein Schwesterchen gesellt. Im Januar des Jahres 1875 erkrankten beide an einer schweren Ruhr, die die kleinen Leben auszulöschen drohte. Furchtbare Tage durchlebten die Eltern. Alles stand auf des Messers Schneide. Frau Else kam keinen Augenblick zur Ruhe. Die Sorge um die Kinder gab ihr übermenschliche Kräfte.

„Ruh dich nur eine Stunde aus, Else, lass mich bei ihnen sitzen", bat Abbe, „was ist uns geholfen, wenn du dich noch legst?"

„Lass mich, ich muss", hauchte sie, bleich und übernächtig, „liegt nicht ihr Leben in meinen Händen?"

Abbe streichelte ihr die Stirn „Du hast Fieber, Kind?" Er erschrak.

„Es ist nichts, nur die Schwäche …"

„Komm, leg dich, Else, ehe es zu spät ist. Ich lasse Zeiß sagen, dass ich heute nicht komme."

Sie hielt sich mit ihrer letzten Kraft aufrecht, von einer unheimlichen Angst getrieben. Brennende Fieberwellen hetzten durch den schwachen Körper. Sie wehrte sich gegen die Erkenntnis, dass sie schon in hohem Grade selber krank sei. Was würde aus ihm, wenn sie nicht mehr könne?

Und dann brach sie zusammen.

Abbe fing sie auf und trug sie aufs Bett.

Der Arzt stellte Typhus in fortgeschrittenem Grade fest.

Drei Leben hingen an einem dünnen Fädchen. Abbe leistete Übermenschliches in der Sorge um Frau und Kinder. Acht Tage später musste er sich legen. Tückisch hatte der Typhus den ausgemergelten Mann überfallen und packte ihn nun mit vernichtender Kraft. Tagelang rangen Tod und Leben miteinander, den Kranken zu bezwingen oder zu halten. Aber das Leben siegte.

Am 28. März schrieb Vater Snell dem Freunde nach Dresden: „Hier geht es Gott sei Dank wieder ganz gut. Die Kinder erholen sich sichtlich und werden wohl wieder in 3 oder 4 Wochen in dem früheren gesunden kräftigen Zustande sein. Meine Tochter ist schon einmal ausgegangen, Abbe ist außer aller Gefahr, er bringt täglich fünf bis sechs Stunden außerhalb des Bettes zu und arbeitet auch schon wieder manches. Leider lässt er sich nicht zurückhalten."

Diese furchtbaren Wochen hatten in Abbes Wesen eine tiefe Spur eingegraben. Das wunderbare Glück seiner Familie drohte zu zerbrechen. Hatte ihm die Stunde höchster Gefahr die Einsicht gebracht, die Zukunft seiner Lieben zu sichern? Suchte er deshalb zu vertraglichen Abschlüssen mit Zeiß zu kommen? Verträge überdauern das Leben.

Die Achtung der beiden Männer voreinander hielt sie ab, die mündlichen Verhandlungen einseitig zuzuspitzen Sie schrieben sich Briefe und regelten aus der Entfernung, was die Nähe nicht klären konnte. Abbe legte in einem ernsten, ausgewogenen Schreiben dem Meister seinen Standpunkt noch einmal dar und umriss mit klugen Worten die beiden Forderungen.

Zeiß überstürzte die Antwort nicht. Erst nach einigen Tagen brachte ein Lehrling seinen Brief.

Abbe öffnete und überflog ihn eilig. Er war sich des Ernstes der Lage bewusst und rechnete auch mit einer Ablehnung. Aber im Lesen hellte sich sein gespanntes Gesicht auf, er atmete tief und rief befreit und innerlich erhoben seine Frau herbei.

„Da, höre, Else! Was ist der Meister für ein Mann! Ich will dir ein paar Sätze vorlesen."

„Sie wählten bei Ihrem Vorschlage, betreffend eine Veränderung unseres Verhältnisses den schriftlichen Weg. Auch mir erscheint derselbe sehr angemessen zu einer Verständigung über die wichtigsten Punkte unseres künftigen Verhältnisses. Ich wähle daher denselben, um Ihnen folgende Proposition zu machen. Da nach Ihrem eigenen Vorschlag bei mittelmäßigem Geschäftsgang Ihnen vom Reinertrag der optischen Werkstätte (Sie nahmen ihn z.B. zu sechstausend Thaler an) zirka ein Drittel zukommen würde, so werden Sie es sicher als ein günstiges Propositum ansehen, wenn ich Ihnen ein Drittel vom Reingewinn des ganzen Geschäftes anbiete und besteht darin mein heutiger Vorschlag."

Abbe ließ den Brief sinken. „Immer ist er größer als der Anspruch, mit dem man an ihn herantritt. Hast du verstanden, Else? Er bietet ein Drittel vom Reingewinn des ganzen Geschäftes an. Und das in einer Weise, dass er beleidigt wäre, wenn ich den Vorschlag ablehnte. So ist er."

Abbe überlegte einige Augenblicke und strich dabei seiner tapferen Frau leise über die leicht errötete Wange.

„Du freust dich? Man kann ihm immer nur dankbar sein." Dann las er weiter:

„Ich bin auf diesen Vorschlag geleitet worden einerseits durch den Wunsch, Ihr nicht nur in rebus mathematicis, sondern auch im Bau von Apparaten ausgezeichnetes Talent für das Geschäft dauernd verbunden zu sehen. Es versteht sich von selbst, dass wir eine ganz andere, rein kaufmännische Geschäftsführung einführen und zu diesem Zweck einen gebildeten, tüchtigen Kaufmann engagieren müssen, den ich in zwei bis drei Jahren durch meinen Sohn Roderich zu ersetzen die Absicht habe.

„So muss es kommen, wenn ihm die Geschäfte nicht über den Kopf wachsen sollen. Reichlich fünfzig Leute tummeln sich jetzt in der Werkstatt. Bisher meinte er immer noch, das Ganze von seinem Schemel aus lenken zu können. Er wird bis in seine alten Tage der ehrenwerte Handwerksmeister bleiben. Aber das Gefüge des Betriebes ist in Fluss gekommen und sucht sich neue Darstellungsformen. Die Spezialisierung der Arbeitsschritte wird täglich bestimmter und zerlegt Arbeitsganze in abgegrenzte Teilhandlungen; aus der Gleichzeitigkeit entwickelt sich ein immer feiner gegliedertes Nacheinander. Für das gibt es überhaupt keine Grenzen.

Wie beim pflanzlichen Organismus eine natürliche Arbeitsteilung im Aufbau der Zellen sinnvoll und schöpferisch lebendig ein Stück Leben trägt, so müssen wir darauf bedacht sein, die Entwicklung und Entfaltung des Betriebes zu überwachen und ihren inneren Gesetzen gemäß auszubauen. Organisierte Zusammenarbeit vieler in einem durchgegliederten Unternehmen ist etwas anderes als der gemächliche Trott einer patriarchalisch geleiteten Werkstatt. Wir stehen auf der Schwelle und werden beinahe mehr geschoben als wir selber schieben Der Meister müht sich, mitzugehen soweit er kann."

Else Abbe sah mit aufgerissenen Augen an ihrem Manne in die Höhe. „Du redest wie ein Industriemensch!" Das klang beinahe erschrocken.

„Ich weiß, was du denkst", sagte er lächelnd. „Dabei bleibe ich immer Naturwissenschaftler, denn der Ausbau eines Betriebes muss meiner Meinung nach genauso natürlich und folgerichtig vor sich gehen wie das Wachstum einer Pflanze. Aber nun höre Zeißens Brief zu Ende. Da macht er mir einen dicken Strich durch die Rechnung. Und ich kann ihm darüber nicht böse sein."

Abbe las weiter: „Was die gewünschte Erklärung des Besitztitels der Rechnungsgrößen anlangt, so werden Sie bei der Art der von mir vorgeschlagenen Verbindung vielleicht von selbst darauf verzichten Im anderen Falle bitte ich Sie, mein lieber Herr Professor, zu überlegen, was zu der Ermöglichung für Faktoren nötig waren. Verzeihen Sie, dass ich Ihnen in diesem Punkte nicht recht geben kann, denn ich bin der Ansicht, dass die fraglichen Größen ein Produkt unserer gemeinschaftlichen Arbeit sind."

„Das ist richtig", sagte Frau Else ruhig, „und ich muss dem Meister recht geben. Er hat viel gewagt, ehe es so weit kommen konnte. Jahrelang stellte er dir alle Kräfte, Einrichtungen und Mittel zur Verfügung, ehe auch nur ein Pfennig wiedergewonnen wurde. Ich würde nicht weiter mit ihm um diese Dinge markten." Sie sah ihn leise lächelnd an, und er bemerkte das Vorüberhuschen eines leichten Wölkchens aus Spott und Genugtuung: „Du kannst ja gar nicht mehr zurück, Ernst, und willst es mit deiner Forderung doch auch nicht aufs Äußerste treiben. Wären deine Forschungen jemals soweit gediehen ohne ihn?

Einen Mann wie Zeiß darf man nicht enttäuschen. Unmittelbar tat er für die Wissenschaft mehr, als mancher Stubengelehrte."

„Du hast recht", sagte er und verschwieg dabei die Fortsetzung des Gedankens, ‚wie oft haben Frauen recht, wenn's um Dinge des Herzens und der inneren Gerechtigkeit geht.'

Die auf diesen Brief folgenden Verhandlungen wurden von Freundschaft und Vertrauen getragen. Zeiß trug seinem Mitarbeiter die stille Teilhaberschaft an. Er drängte nicht, weil er zu warten gelernt hatte; die Weite seines Wesens ließ alles reifen. Erst im Jahre 1876 einigten sich die beiden auf einen Vertragstext. „Schön und gut", dachte Abbe, als er vor seinem Schreibtische saß und den Vertrag noch einmal überflog, der ihn zum stillen Teilhaber machen sollte. Seine Augen blieben an dem Paragraphen zwei hängen. Er las ihn oft:

„Herr Professor Doktor Abbe beteiligt sich mit einer Vermögenseinlage von 33.356 Mark 68 Pfennig, welche mit dem dritten Teile sofort, mit den übrigen zwei Dritteilen nach und nach bis zum 15. Mai 1885 in die Gesellschaftskasse einzuzahlen ist."

Das stand wirklich da. „Mit welchen Werten Zeiß umzugehen gewohnt ist", dachte er. „Seinen Anteil setzt er mit 66.718 Mark 86 Pfennig fest. Geld, Geld. Es ist unheimlich, so viel Geld!"

Der Gelehrte spürte zum anderen Male die treibende Kraft des Geldes, die das Geschäft am Leben hielt. Wenn ihm bisher vom Ganzen hin und wieder ein Rinnsal aus dem lebendigen Fließen entgegensprang, dann empfand er es als gerechten Ausgleich für aufreibende, erfolgreiche Arbeit. Das sollte nun anders werden. Der Vertrag verlangte von ihm einen tüchtigen Zuschuss in die Blutbahn des Geschäftes, änderte sein Verhältnis zum Unternehmen also grundsätzlich.

Abbe scheute sich nie, sein Teil Verantwortung auf sich zu laden, aber woher sollte er das Geld nehmen? Bei der Stimmung in Jena würde es ein Wunder bedeutet haben, wenn sich jemand gefunden hätte, der dem Unternehmen so viel Vertrauen schenkte. Snell, der Schwiegervater, von seinem Professorengehalte? Aussichtslos, das reichte für ein anständiges Leben und hatte noch keinen Pfennig Ersparnisse abgeworfen. Woher nun?

Das waren Tage voll Unrast und Sorge. Wo fand sich in Jena ein Mensch mit Geld, der den ungeheuren Wert von Abbes Leistungen auch nur einigermaßen begriffen hätte, um den hohen Einsatz zu wagen? Musste nicht zuletzt am Gelde alles scheitern?

Abbe seufzte. Es schien ihm ein aussichtsloses Beginnen, wenn er sich trotzdem entschloß, an einigen Stellen als Borger an die Türen zu klopfen. Die Gläubiger mussten für einen so hohen Betrag Sicherheiten verlangen, die er nie zu geben imstande sein würde.

Er las weiter: „Paragraph drei: ‚Außer dieser materiellen Beteiligung verpflichtet jeder der beiden Gesellschafter sich, in der bisherigen Ausdehnung seine Kraft und Arbeit dem Geschäftsunternehmen zu widmen dergestalt, dass Herr Zeiß seine volle Zeit und Tätigkeit, Herr Professor Doktor Abbe dagegen diejenige Zeit und Kraft, welche ihm nach dem jetzigen Umfange seiner akademischen und literarischen Tätigkeit übrig bleibt, den Angelegenheiten der Gesellschaftsfirma zu opfern hat. Herr Professor Abbe verzichtet im Voraus auf eine Steigerung seines bisherigen Lehrberufes, insbesondere auf die Annahme einer ordentlichen Professur, es müsste denn Herr Zeiß im Interesse des Geschäftes seine Zustimmung ihm hierzu ausdrücklich erklären. Dabei ist kein Gesellschafter befugt, für die im Geschäfte geleisteten Dienste, sie mögen selbst in der Konstruktion neuer Erfindungen in der Lösung wichtiger Berechnungen, in der Verbesserung der Methoden beruhen, eine besondere Vergütung zu beanspruchen.'"

Das war der tiefe Einschnitt, der Abbes Leben bis hierher scheiden würde von allem, was danach kommen konnte.

Der freie Forscher, der schenkende Wissenschaftler beugte sich unter das Joch geschäftlichen Zwanges. Der Paragraph vier sicherte ihm nach der Erfüllung der geldlichen Verpflichtungen vom 15. Mai des Jahres 1885 an die Hälfte des Reingewinnes zu.

Abbe wog und prüfte, nicht weil er misstrauisch und ängstlich war. Der Vertrag zeugte erneut für Zeißens Großzügigkeit und Herzenstakt. Das war es nicht. Er dachte daran, was er mit der Unterschrift seiner Familie aufbürdete.

Frau Else nahm ihm diese Bedenken; denn sie glaubte an den Erfolg.

„Du siehst doch, Ernst, der Vertrag denkt auch an die letzte Gefahr und gibt Sicherungen, die gerechter und folgerichtiger nicht sein können. Sollte dir oder Zeiß etwas passieren, dann ist für die Erben in jedem Falle gesorgt."

Langsam beugte sie sich über ihn, strich behutsam über sein volles Haar und küsste ihn auf die Stirn. Sie ahnte, was die Zusammenarbeit in der neuen Form für den arbeitsfreudigen, strebenden Mann bedeuten würde: Die volle Entfaltung seiner vielseitigen Begabung, die vorurteilslose und ungehemmte Hingabe an das Neue, Große und damit Glück; für ihn, für sie und für die Kinder.

„Vielleicht ist es das größte Glück, das einem Menschen zuteil werden kann, wenn Berufung und Neigung sich in seinem Berufe zusammenfinden. Dann wird die Arbeit Segen", sagte sie liebkosend. „Es ist eben nur das Geld, das leidige Geld. Wo soll es herkommen?"

Es fand sich Rat und Hilfe: Frau Elses Geschwister legten ohne Vorbehalt ihre Ersparnisse vertrauensvoll in Abbes Hand. Sie reichten aber nicht aus für die ganze Einlage. Da sprang eine befreundete Dame ein und stellte den Rest zur Verfügung.

Am 22. Juli 1876 unterschrieben die Partner den Gesellschaftsvertrag, und damit war Abbe Unternehmer geworden.

Die Werkstatt am Johannisplatz trat in einen neuen Abschnitt ihrer Entwicklung.

Kapitel 18

Ein überreicher Herbst voll Herbe und Duft schüttete seine bunte Schönheit über das Saaletal aus. Die Berghänge brannten lichterloh in den Farben satter Reife. Laub und Gras zitterten leise im Vorgefühl erfüllten Sterbens, und die Kalkberge strahlten wie gesättigte Wärmespeicher die Glut des Sommers über Stadt und Gebreite aus.

Carl Zeiß lehnte am Fenster seines Büros und sah auf die Straße hinunter. Die Finger trommelten ungeduldig an die Scheiben, immer wieder stand er vom Schreibtische auf, weil ihn eine bohrende Unruhe nicht lange sitzen ließ.

Löber trat herein und stellte eine Reihe kostbarer Objektive auf den Tisch. Zeiß dankte nur, sah kaum hin und starrte auf die Straße hinunter. Erinnerungen an das letzte Fest in Dornburg jagten ihm durchs Hirn. Die Werkstatt feierte vor einigen Wochen die Fertigstellung des dreitausendsten Mikroskopes. In einem Sonderzuge waren sie die Saale abwärts gefahren. Eine lange Reihe bunter Papierlaternen stieg spät in der Schwüle einer schweratmenden Sommernacht von Dornburg herunter zur Bahnstation, und die Heimfahrt wurde voll Lärm und Gesang angetreten. Zeiß sah den Zug der schwankenden Lichter und schloß für ein paar Augenblicke die Augen. „Dreitausend", murmelte er, „jedes im Preise eines guten Klaviers, dazu unübersehbar eine endlose Reihe von Objektiven. Welcher Wert!"

Dann hörte er das Hoch ausklingen, als ihm die Belegschaft vor ein paar Tagen ihre Glückwünsche zum sechzigsten Geburtstage darbrachte. Ein leiser Nachklang vom Wohlgefühl jener Stunde huschte durch sein Herz. Er lächelte, wandte sich um und griff nach einigen Briefen, die hart an der Kante des Schreibtisches lagen. Hastig flogen seine Augen darüber hin und blieben an irgendeinem Satze hängen. Eigentlich kannte er sie ja fast auswendig. Abbe hatte sie ihm aus London geschrieben.

Er sah nach der Uhr. Vor einer Stunde war der Zug angekommen, der den Gelehrten nach mehrwöchiger Abwesenheit wieder in die Heimat brachte.

Zeiß kannte seinen „Associé" zu genau und wusste deshalb, dass er ihm sobald wie möglich Bericht erstatten würde.

Das Haus dröhnte dumpf vom Lärm der Arbeit.

Plötzlich nickte der Meister und winkte lebhaft. Unten sprang Abbe grüßend auf die Haustür zu und schwenkte seinen breitkrempigen Hut.

„Was sind Briefe und schriftliche Berichte gegen wirkliche Erlebnisse, Herr Zeiß", sagte Abbe nach herzlicher Begrüßung. „Es ist gut, wirklich gut, dass ich nach London gegangen bin. Die Firma Carl Zeiß als Ton im Konzert der Weltoptik! Um es vorwegzunehmen: Ein guter, ein voller, ein reiner, aber auch ein besonderer Ton! Man hört ihn, und wem er noch unbekannt war, dem wird er nun nach der Loan Collection im South Kenfington Museum unauslöschbar in den Ohren sitzen. Ich kann Ihnen fürs erste nur einen Geschwindbericht über meine Eindrücke geben. Genauer werden sie später schriftlich niedergelegt.

Ich fuhr also über Eisenach und Aachen nach Verviers. Von da nach Calais. Die Fahrt übers Meer ging glatt und hat mir bis Dover keine Beschwerden gemacht. In London mietete ich mich sofort in einem Boardinghouse ein; denn meine Neugier machte mich unruhig. Ich wollte arbeiten. Es ist doch, um das hier zu sagen, ein ganz eigenartiges Erlebnis, wenn man zum ersten Male in seinem Leben mitten unter Menschen steht, die eine fremde Sprache reden. Noch nie hab ich mich so einsam gefühlt. Deshalb schloss ich mich gern deutschen Gelehrten an, die in großer Anzahl gekommen waren, um diese Generalschau über den Stand der Mikroskopoptik der ganzen Welt prüfend zu genießen.

Hier Zeiß, sagte ich mir, und dort die übrige Welt. Ein Wettstreit der Optiker. In geräumigen Glasschränken waren die Spitzenleistungen ausgestellt. Die Ausstellung war zwar nicht vollständig, aber sie bot doch ein so überwältigend reiches Material, wie es noch niemals zuvor gezeigt wurde. Leider waren die Amerikaner nicht besonders vertreten; ich konnte ihre Erzeugnisse nur in den Sammlungen einzelner Privatleute kennenlernen.

Alles Geschichtliche interessierte mich weniger. Ich wollte den neuesten Stand des Mikroskopbaues feststellen. Dabei ergaben sich im Laufe der Wochen eine ganze Anzahl wertvoller Bekanntschaften mit führenden Engländern, die uns vielleicht einmal recht vorteilhaft werden können."

Abbe machte eine Pause und zog sein Notizbuch aus der Tasche Zeiß war nur Aufmerksamkeit und Spannung.

„Von besonderer Wichtigkeit erschienen mir die Leistungen der Engländer. Im ganzen: saubere Arbeit, bis ins kleinste, ausgeklügelte Handlichkeit jedes Teiles und trotzdem alles gefällig und schön. Aber ich hatte das Gefühl, als stünden die Leute irgendwie vor Grenzen, die sie nötigten, an Äußerlichkeiten herumzuprobieren Die eigentlichen optischen Probleme wurden davon kaum berührt.

Manche der deutschen Firmen, die mit ausstellten, erkennen das an, indem sie englische Modelle nachzuahmen versuchen. Bei dem Punkte Nachahmungen will ich gleich erwähnen, dass sich unser Beleuchtungsapparat viel gute Freunde erworben hat, die ihn mit unwesentlichen Abwandlungen nachbauen.

Tiefen Eindruck hat auf mich eine Sonderausstellung aus dem Besitze des Herrn Frank Crisp in London gemacht; sie bezeugt das außerordentliche Interesse englischer Privatleute für wissenschaftliche Instrumente. Wir waren darin mit einigen unserer besten Objektive vertreten.

Überhaupt scheinen unsere Objektive manchem Konkurrenten einen ziemlichen Schrecken eingejagt zu haben.

Ich konnte eine ganze Anzahl Firmen feststellen, die sich darauf beschränken, nur noch Instrumente ohne Objektive zu bauen. Da ich mir vorgenommen hatte, meine Hauptaufmerksamkeit dem Studium des Objektivbaues zuzuwenden, musste ich versuchen, außerhalb der Ausstellungszeit das vorliegende Material zu bearbeiten. Man kam mir sehr entgegen. Ich konnte mich langsam durch die ganze Ausstellung arbeiten und prüfte jedes wesentliche Gerät. Ein ausführlicher Bericht wird darüber Rechenschaft ablegen. Schon jetzt aber kann ich sagen: Wir brauchen nichts und niemanden zu fürchten. Man ist nirgends so weit wie wir und wird es schwer haben, uns einzuholen. Wir wissen warum."

Abbe schwieg. Die letzten Sätze waren das Beste, was er Zeiß sagen konnte. Der saß ihm gegenüber mit strahlenden Augen, sein Herz schlug aufgeregt, und eine Welle Freude nach der anderen jagte ihm das heiße Blut ins Gesicht. Er fasste Abbes freie Hand und drückte sie.

Der Gelehrte fuhr fort: „Unser Beleuchtungsapparat ist unübertroffen. Es war seinerzeit auch richtig, dass wir uns auf die englisch-amerikanischen Maße bei den Gewinden einstellten; das macht dem Objektivgeschäft den Weg auf den Weltmarkt frei.

Hier stehen wir im Gegensatz zu beinahe allen Firmen des europäischen Festlandes, von denen jede unzweckmäßig auf ihren besonderen Maßen und Typen herumreitet. Das gilt vor allem auch von den Deutschen. Bei ihnen ist vieles noch unklar und zerfahren. Man könnte sagen: Wie sie selber.

Trotzdem kann man aber feststellen, dass die Optik in den letzten Jahren gewaltige Fortschritte gemacht hat. Unsere Arbeiten haben das Tempo der Entwicklung ziemlich beschleunigt. Und mir scheint, als stießen alle, die an der Spitze marschieren, an eine gemeinsame Grenze der Fortentwicklung."

Zeiß horchte auf, weil er etwas ahnte, dem er wohl immer schon zugestimmt hatte, das ihn aber in der Stetigkeit seines Strebens wie eine dunkle, widerwärtige Kraft bedrohte. Er dachte an seinen Meister Körner und die eigenen sechzig Jahre.

„Genau so wie uns", fuhr Abbe fort, „wird allen führenden Optikern der Welt klar, dass eine Vervollkommnung des Mikroskopes im wesentlichen abhängig ist von den notwendigen Fortschritten der Glasschmelzerei. Es ist bisher noch niemandem gelungen die vollständige Vereinigung aller Farbstrahlen im Bilde eines Linsensystems herbeizuführen. Deshalb haften auch den besten Apparaten immer noch gewisse Mängel der Bildschärfe an."

Zeiß lächelte schmerzlich und meinte: „So ist also unser Jenaer Kummer zum Weltschmerz geworden. Aber Sie kennen ja meine Meinung: Es wird nur mit Hilfe öffentlicher Mittel an die notwendigen Versuche herangegangen werden können. Gelehrte Körperschaften müssten die Arbeit unterstützen soweit sie auf die Benutzung optischer Hilfsmittel angewiesen find. Ein einzelner wird sich dabei verbluten."

„Richtig", nickte Abbe, „ich will in meinem Berichte darauf hinweisen. In der Glasfrage ist alles beim alten geblieben. Sie wissen ja, dass ich Feil in Paris und Chance in Birmingham nicht bewegen konnte, auf meine Gedankengänge einzugehen. Der eine hatte kein Interesse an einem Meinungsaustausche, und der andere glaubte, ich wolle ihn bewegen, seine Geheimnisse preißzugeben. Der alte Daguet ist inzwischen gestorben und hat sein Wissen mit ins Grab genommen.

Alles, was ich in London in Hinsicht auf das optische Glas wahrnehmen konnte, zeugte von einer gewissen Mutlosigkeit, weiterzusuchen. Einige Firmen beherrschen den Weltmarkt, und es bringt niemand die Kraft auf, ihre Monopolstellung zu brechen.

Von den zahlreichen Bekanntschaften, die ich mit Engländern machte, meistens Mitgliedern der Mikroskopiker-Gesellschaften, scheint mir die des Herrn J. W. Stephenson von besonderer Bedeutung zu sein.

In klug begründeten Ausführungen wies er mich auf die Notwendigkeit hin, die Olimmersionen weiterauszubauen. Der überall in der Welt begonnene Krieg gegen Seuchen und ihre Erreger macht Instrumente von äußerster Leistung notwendig. Wenn Einbettungsflüssigkeit des Präparates, Deckglas, Immersionsflüssigkeit und Frontlinse den gleichhohen Brechungsexponenten haben, dann werden die Lichtverluste verringert und die Bildwirkung außerordentlich gesteigert. Öl als Immersionsflüssigkeit verspricht mehr als Wasser. In dieser Richtung müssen unsere nächsten Versuche vorgetrieben werden.

Mit einigen Sätzen war Abbe mitten drin in der wissenschaftlichen Abschätzung der Aufgabe. „Die Luft zwischen Deckglas und Frontlinse des Objektives muss durch eine Flüssigkeit höherer Brechung ersetzt werden, die es ermöglicht, dass wesentlich mehr Lichtstrahlen vom Präparat in das Objektiv gelangen. Allerdings wird uns, wenn wir die Frage einer homogenen Immersionsflüssigkeit gelöst haben, unsere letzte und ernsthafteste Sorge nicht genommen werden: Das Glas. Und wenn wir wirklich weiterwollen die höchstmögliche Vollendung zu erreichen suchen, dann wird es ohne Aufhören heißen: Das Glas, das optische Glas."

In einem abschließenden Satze fasste Abbe seine Eindrücke noch einmal zusammen: „Was auch an Sorgen und Aufgaben bleibt, eines ist sicher: Das Ausland ist kaum so weit wie wir!"

Diese Stunde hob den Meister über sich selber hinaus; denn sie brachte ihm die Gewissheit, dass alle seine Opfer und sein Glaube nicht umsonst gewesen waren und dass der Weg in die Zukunft sicherstand.

Was hatte Abbe an diesem Tage alles daheim zu erzählen! Snell konnte nicht genug hören und war hocherfreut, als ihm Abbe berichtete, wie er sich verhältnismäßig geschwind in die englische Sprache fand und mit der Zeit sogar imstande war, notwendige Berichte für Zeitungen und Zeitschriften sofort englisch aufzusetzen.

„Also ist die Realschulbildung doch nicht so ganz ohne Wert, wie manche Leute meinen." Dabei zwinkerte Abbe, und der Herr Geheimrat wusste nichts zu erwidern.

Frau Else war stolz auf den Mann, der für seine Mühe bis hierher so reichlich von dem Eindruck der Londoner Ausstellung belohnt wurde. Das war das Wunderbare um diesen Mann: Der zäheste Fleiß und die nüchternste Kraft des Denkens lenkten seine Arbeit, aber sie entfremdeten ihn nie der Familie und den Freunden. Auch wenn er Tag und Nacht schaffte, wenn er aufloderte in schöpferischer Besessenheit, die feinsten Fäden menschlicher Beziehungen blieben immer fest geknüpft und lockerten sich nie. Ohne Aufhören zog es ihn an die reinen Quellen schöpferischer Gemeinschaft mit allen, die ihm lieb und teuer waren. Niemandem verschloss er sich, wenn man Rat bei ihm zu finden glaubte. Und die Einseitigkeit seiner wissenschaftlichen Arbeit milderten Liebe, Güte und Treue zu denen, die er ins Herz geschlossen hatte. Gerechtigkeit versuchte er allen widerfahren zu lassen, die ihre Sorgen auf die empfindliche Waage seines gütigen Herzens legten.

Lange stand er am ersten Abend nach der Heimkehr aus London am Fenster und sah in die laue Herbstnacht hinaus. Er öffnete einen Flügel. Leise raschelte das müde Laub, und die Sterne funkelten.

Abbe drückte seine heiße Stirne an die Scheibe, denn er hatte viel geredet und vor seinen Lieben die ganze Fülle seines Erlebens ausgeschüttet. Ein Reigen von Menschen zog an ihm vorüber. Er hörte ihre Stimmen und sah ihre Gesten.

Da war Crisp, der Sekretär der mikroskopischen Gesellschaft, Lettsom, der so gut deutsch sprach, Stephenson der große schmächtige Mann, der der Mikroskopie leidenschaftlich ergeben war, Fachmann von Rang, im Brotberuf Direktor der Equitable Versicherungsgesellschaft, der alte Lettsom, der ihn trotz des Unterschiedes an Jahren mit jugendlicher Begeisterung einlud, bei dem nächsten Besuche in England sein Gast zu sein. Was waren diese Engländer für Menschen! Ihnen ging eher als den Deutschen ein Licht auf über die Bedeutung der Abbeschen Entdeckungen.

Und der Reigen schwang weiter. Eine ganze Anzahl deutscher Gelehrter tauchten auf; besorgt um die Vertiefung ihrer Wissenschaften; einige waren schon bekannt in der Front der Kämpfer gegen die Mikroben. Sie freuten sich, den Mann begrüßen zu können, der ihrem Suchen die schärfste Waffe lieferte. Sie beluden ihn mit ihren Sorgen um die Verbesserung der Forschungsinstrumente. Wie oft versickerte der Fluß einer lebendigen Unterhaltung auf flachem Sande, wenn die Glasfrage angeschnitten wurde.

Der Reigen klang aus und ein tiefes, wohliges Glück wärmte den Mann am Fenster. Hinter ihm schliefen Frau und Kinder. Meister Zeiß mochte schon lange zur Ruhe gegangen sein.

Abbe atmete tief und versank in sich selber.

„Das Glas", murmelte er nach einer Weile. „Es muss gefunden werden."

Da tauchte, irgendwoher aus dem Schatze entschwundener Erinnerungen eine Begegnung auf, die im vergangenen Sommer tiefen Eindruck auf ihn gemacht hatte.

„Eines Tages kam ein Mann zu ihm und stellte sich vor: „Doktor Robert Koch, Kreisphysikus in Wollstein Kreis -Bomst."

„Dann haben Sie den Milzbrandbazillus gefunden?"

„Stimmt", nickte der bescheidene Landarzt.

Abbe zog ihn in sein Zimmer, und bald versanken die beiden in ein Fachgespräch, das sie lange nicht losließ.

„Was sollte ich Ihnen schreiben? Briefe führen so oft aneinander vorbei. Deshalb habe ich mich selber auf die Bahn gesetzt, um ihnen mein Herz persönlich auszuschütten. Ich komme mit meinen Arbeiten nicht mehr so vorwärts, wie ich mir das wünsche. Das Verbrecherpack von Bazillen, dem ich nachspüre, entzieht sich geschickt jedem Zugriff durch das Mikroskop. Ich habe eins der besten Hartnackeschen Instrumente. Aber täglich erlebe ich seine Mucken Das niederträchtige Bazillenzeug kann mit den bis jetzt verfügbaren Mitteln einfach nicht gezwungen werden, sich unter dem Objektiv zu bekennen. Die Lichtstärke reicht für diese lichtscheue Unterwelt nicht aus. Sie müssen mir helfen." Abbe konnte den mutigen Kreisphysikus, den Bahnbrecher in der Erforschung der Infektionskrankheiten und Helfer der Menschheit, einen Schritt vorwärts bringen. Der neue Beleuchtungsapparat bombardierte das Objekt rücksichtslos mit kostbarem Lichte, und die Olimmersion machte ihm die Bahn frei. Robert Kochs gewaltige Entdeckungen waren in Zukunft nur möglich durch die Jenaer Mikroskope.

Es dauerte noch Jahre, ehe die deutschen Fachkreise vorbehaltlos anerkannten, was ihnen Abbe und Zeiß gebracht hatten.

Vor den Fenstern stand die Nacht.

Abbe überlegte: ‚Das Letzte muss gewagt werden, das Glas. Wir treiben eine Phantasieoptik, die mit einem vollkommenen Glase rechnet, das es nicht gibt. Die Eindeutigkeit aller Berechnungen muss zuletzt an der Unzulänglichkeit des Glases scheitern. Wie kommen wir zum Ziele? Zeiß, ich?'

Er ahnte die bergehohen Schwierigkeiten. Aber das entmutigte ihn nicht. Sein Glaube an die Lösbarkeit auch der schwierigsten Aufgaben war durch nichts zu erschüttern – er wuchs am Widerstande. ‚Das Glas wird gefunden!', dachte er, als er sich schlafen legte.

Es war, als hätte die Reise nach England der Arbeit Abbes und der Zuversicht Zeißens neuen Schwung verliehen. Wie ein zündender Funke sprang der Wille zu höheren Leistungen von Werkraum zu Werkraum. Vom jüngsten Stift bis hinauf in die Leitung standen alle in einer stolzen Front einigen Schaffens. Sie wurden „Zeißianer".

Im Bewusstsein kameradschaftlicher Zusammengehörigkeit hatte die Belegschaft 1875 eine Krankenkasse gegründet, die jeden zum Beitritt verpflichtete. Diese freiwillige Tat selbstbewusster Arbeiter wurde der Anfang zu einer Fülle segensreicher Einrichtungen die die nachfolgenden Jahre entwickelten und reif werden ließen. Es war schon etwas, Arbeiter bei Zeiß zu sein, und der „Alte Herr" stieg zunehmend in der Achtung seiner Leute. Das frische Zupacken Abbes überall da, wo er Hand anlegte, entzog zwar manches seinem Einflusse; eine andere Zeit prägte dem Werke ein neues Gesicht. Aus der Werkstatt formte sich die Fabrik. Aber dass ein Mann wie Zeiß an der Spitze stand, gab allen eine wunderbare Sicherheit und Zuversicht.

„Es geht schon richtig, solange er nichts dagegen hat", dachten die Arbeiter, wenn Abbe mit umstürzenden Eingriffen herkommen und Erstarrung kühn durchbrach.

Über das erste Aufsehen hinaus und die damit verbundenen Stürme und Widerstände begannen sich Abbes Entdeckungen und die Erzeugnisse der Werkstatt mit wachsender Selbstverständlichkeit den Platz im Leben der Wissenschaft zu sichern der ihnen gebührte. Sie konnten nicht mehr übersehen werden.

War es nicht ein Ereignis von ganz einzigartiger Bedeutung, als sich der große Helmholtz im Frühjahr 1878 in Berlin auf die Eisenbahn setzte und nach Jena fuhr? Deutschlands führender Physiker von der ersten Universität des Reiches reiste nach Jena, um sich von Abbe die Versuche vorführen zu lassen, mit denen er seine Theorie begründete.

Der Papst besuchte eine Landpfarre! Er kam zwar sehr spät, aber er kam doch. Man horchte auf. Was würde geschehen?

Ein Brief Abbes an Dohrn nach Neapel gibt die Antwort.

„Im Frühjahr war Helmholtz hier, um mich für eine Spezialprofessur an der Berliner Universität zu engagieren. Ich will nicht leugnen dass ich diesen mir geradezu auf den Leib geschnittenen Posten mit schwerem Herzen, wenn auch natürlich ohne das geringste Bedenken, abgelehnt habe."

Abbe blieb dem Werke treu, dem er sich verschrieben hatte. Hohe Ämter lockten ihn nicht. So vergalt er Zeißens Vertrauen. Dazu kam noch, dass Abbes Stellung an der Universität eine wesentliche Festigung erfahren hatte. Auf Seebecks Betreiben wurde er im August 1877 zum Direktor der Sternwarte ernannt. Die 900 Mark, um die sich damit sein Gehalt vergrößerte, überließ er dem ziemlich vernachlässigten Institute, machte aber von dem Rechte Gebrauch, die zu dieser Stelle gehörige schöne Dienstwohnung zu beziehen.

Mitten in einem parkartigen alten Garten stand das ehrwürdige Haus, in dem einst Schiller gewohnt und gearbeitet hatte. Unter den schweigsamen Bäumen war er vor vielen Jahren mit Goethe auf und ab gegangen. Wie oft saßen die beiden an dem verwitterten Steintische und rangen um Erkenntnis und Einsicht. Idee und Erfahrung suchten einander zu befruchten zwei Welten grenzten sich ab und durchdrangen sich.

Das verschwiegene Haus mit dem stillen Garten ringsumher wurde nun Abbe und den Seinen Heimat und Wohnstatt. Dort besuchten ihn die Freunde, da saß er mit ihnen in angeregter Unterhaltung am alten Steintische, da tollten die Kinder, hier genoß Frau Else das Glück einer befriedigten Ehe.

Und viele Jahre später leuchteten noch manchem Freunde die Augen, wenn er sich der hohen Stunden im Schillergarten zu Jena erinnerte.

Aber bei aller Festigung der äußeren Verhältnisse lag gerade damals über Abbe eine nur mühsam gebändigte Haft, die er mit gütigem Herzen meisterte. Unermüdlich drängte und bohrte in ihm der Wille zum Unbedingten zur letzten Vervollkommnung der Werkstattleistung. Für jede Verbesserung und Verfeinerung lag der Weg offen. Nur das Glas entzog sich noch dem Zugriff seines gestaltenden Willens. Aber er war fest entschlossen sich von dieser Unfreiheit zu erlösen Klar sah er das Ziel: Ein neues optisches Glas.

Kapitel 19

Frau Else klopfte leise an die Tür des Arbeitszimmers und zog sie dann, ohne erst eine Antwort abzuwarten, behutsam auf. Sie stutzte. Abbe war in dem dicken Schwaden Pfeifenqualm, der ihn wie wattiggeschichtete Wolkenbänke umgab, kaum zu erkennen.

„Bringst du mir Kaffee?" fragte seine Stimme hinter einer Nebelwand hervor.

Zwischen Bücherstapeln und Geräten hin tastete sie sich in den verschwommenen Schein der Lampe und setzte das Tablett mit Kanne und Tasse auf den Schreibtisch.

Abbe sah kaum auf. „Danke", sagte er, „nun leg dich schlafen."

„Und du?" fragte sie.

„Noch nicht, Liebste, es brennt mir auf die Finger."

So oder ein wenig anders war es jeden Abend, wenn sie ihm die Kaffeekanne frischgefüllt hereinbrachte. Tabak und Kaffee hielten ihn munter.

Die Sorge um das Glas zwang ihn zur äußersten Zusammenfassung seiner Kräfte. In mühevoller Arbeit bohrte er sich durch Berge von Literatur. Es hatte den Anschein als wolle er selber Glasschmelzer werden, so packte ihn die neue Aufgabe. Wer in jener Zeit mit ihm zu tun hatte, dem loderte hinter aller Mäßigung und Selbstbeherrschung etwas Ungestümes, Brennendes entgegen, das wie eine heiße Flamme aus seinem Innern hervorbrach. Er war nur Wille, Zähigkeit und Ziel.

Der zögernde Zeiß wurde wieder mitgerissen. Die Haltung Abbes ließ keine Bedenken zu.

„Die Eigenschaften der Glasmaterie sind durch chemische Zusammensetzung so zu ändern, dass die theoretische Leistungsfähigkeit in der Bildschärfe der optischen Instrumente bis zur äußersten Grenze erreicht wird."

Noch einmal forderte der Gelehrte von ihm den Einsatz aller seelischen und materiellen Mittel.

Jeder Tag wurde ein Beweis für Richtigkeit und Wert von Abbes Entdeckungen. Das sagten die stolzen Sätze des ersten Preisbuches vom Jahre 1877: „Die gänzliche Beseitigung des Probierens durch eine auf alles Detail ausgedehnte Berechnung der Konstruktionen verbunden mit exakten Arbeitsmethoden und einer geregelten Kontrolle aller einzelnen Arbeiten, sichert eine außerordentliche Gleichmäßigkeit meiner Objektive in den stärksten wie in den schwächsten Nummern und schließt Exemplare von zweiter Qualität ganz aus. Ich habe deshalb keine anderen als völlig korrekte Objektive von durchaus gleichwertiger Leistung abzugeben."

Diese Sätze umrissen klar die einsame Höhe der Jenaer Erzeugnisse. Und doch war das Letzte noch nicht erreicht.

Abgesehen von der theoretischen Erarbeitung des Zieles, bedurfte es umfangreicher Versuche, um über die Formel hinaus zum Glase selber zu kommen. Wer sollte sie ausführen? Wo saß der Fachmann mit so viel Kraft der Entäußerung, der fähig gewesen wäre, allen Wust des Herkommens von sich zu werfen und ganz von vorn zu beginnen? Der Handwerker und Wissenschaftler zugleich, über genügend Einsicht in die Optik verfügte, um die Aufgabe vollständig zu erfassen, die seiner wartete?

„Eigentlich müsste man die ganze anorganische Welt in den Schmelztiegel schütten und ihre Wirkung auf das Zustandekommen feuriger Flüsse ausprobieren." Abbe stöhnte. „Nach der Wahrscheinlichkeitsrechnung gäbe das eine unvorstellbar große Anzahl von Versuchen, verschlänge Mittel, die nirgends vorhanden wären, und erstreckte sich auf lange Zeiträume, ehe auch nur ein Teil des Möglichen ausgeführt werden könnte."

Ein schmerzliches Lächeln huschte über sein Gesicht. „So einfach ist das gesagt: Die Forschung stellt die Aufgaben, und die neue wissenschaftliche Glastechnik hat sie zu lösen. Die neue wissenschaftliche Glastechnik."

Sie war das Ziel, aber auch das Ende.

Er stand auf und öffnete das Fenster. Milde Mailuft strömte herein und lichtete die Rauchschwaden. Allerlei Nachtzeug schwirrte um die

Lampe und versengte sich die Flügel am heißen Zylinder. Unscheinbar niedrig erschien das Zimmer vor der Größe des Gelehrten.

Vor den Fenstern stand der Mond; verschlafenes Vogelgezwitscher wisperte leise und verklang. Irgendwo schlug ein Hund an. Das stille Haus schien zu atmen.

Abbe fuhr sich mit der Hand über die Stirne und sah sich im Zimmer um. Zwischen diesen vier Wänden hatte vor vielen Jahrzehnten Schiller die Nächte über gewacht und in unermüdlicher Arbeit seinen messerscharfen Geist erprobt an der Geschichte. Was er in diesem Zimmer erkannte und formte, ließ die Studenten aufhorchen und ihm zujubeln.

Abbe lächelte.

„Und ich sollte das Rennen so kurz vor dem Ziele aufgeben? Niemals!"

Ein heller, goldener Streifen glomm am Morgenhimmel auf, und die Frühluft brach erfrischend ins Zimmer, als er die Lampe löschte und sich schlafen legte.

Als er gegen zehn Uhr die Haustür schloss und über den knirschenden Sand des Gartenweges ging, um bei Zeiß nach dem Rechten zu sehen, kam ihm der Postbote entgegen und gab ihm einen umständlich versiegelten dicken Einschreibebrief.

Abbe blieb stehen, irgendetwas von der vergangenen Nacht schwang noch in ihm weiter. Unruhig riss er die Hülle auf. Ein Brief lag darin und dazu noch ein paar in weiches Papier sorgfältig eingeschlagene Glasstücke.

„Glas!", fuhr es dem Übernächtigten durch den Kopf.

Er schob die glänzenden Brocken in die Tasche und überflog den Brief. „Vor kurzem stellte ich ein Glas her, in welches eine beträchtliche Menge Lithium eingeführt wurde und dessen spezifisches Gewicht verhältnismäßig recht niedrig war. Ich vermute, dass das bezeichnete Glas nach irgendeiner Richtung hervorragende optische Eigenschaften saufweisen wird und wollte mir hierdurch erlauben, bei Ihnen anzufragen, ob Sie bereit sind, dasselbe zu prüfen oder von einem ihrer Praktikanten auf Brechungs- und Zerstreuungsverhältnisse insoweit untersuchen zu lassen, als sich daraus ergibt, ob meine Vermutung zutrifft …"

Abbe stand wie angewurzelt. Was war das? Er sah nach der Unterschrift: Doktor Otto Schott. Der Brief kam aus Witten an der Ruhr und trug das Datum vom 27. Mai 1879.

Ein Mann aus Deutschland schickte ihm ein neues optisches Glas? Hastig griff er in die Tasche. Wahrhaftig, was er da herauszog, waren Glasstücke. Sie glänzten rein und klar in der Frühsonne.

„Schicksal?" Abbe erschrak. „Nach der letzten Nacht? Wer mag dieser Doktor Schott sein?" Gab es eine Fügung, die ihm den Ausweg zeigte? Auf seiner flachen Hand lagen die Glasproben. Er konnte den Blick nicht wegwenden. Freude und Hoffnung stiegen ihm heiß ins Herz, und dann rannte er davon Die Stücke mussten in Prismenform geschliffen und ihre optischen Eigenschaften untersucht werden. Wenn sie den Ansprüchen genügten! Es war nicht auszudenken.

Auf dem Wege zum Johannisplatze fragte er sich immer von Neuem: „Wer mag dieser Doktor Schott sein?"

Schott war ein Fanatiker des Glases. Sein Vater hatte eine Glasfabrik in Witten an der Ruhr besessen. In alter, handwerksmäßiger Weise wurden dafür Fenster- und Spiegelscheiben hergestellt, schlecht und recht, wie das immer so gewesen war. Man brauchte nicht mehr zu denken. Glas ist Glas, und anders kann es nicht gemacht werden. Es gab im Auf und Ab der Konjunkturen wohl Sorge um die Preise, aber niemals eine Frage, ob das, was man tat, auch anders gemacht werden könne.

Otto Schott wuchs von Kind auf in diese Umgebung und ihre geistige Erstarrung hinein. Auf Höfen in Schuppen und vor den Ofen, überall glänzte und gliss das Glas, und der Junge würde einen guten Prinzipal abgegeben haben, wie ihn sein Vater sich besser nicht hätte wünschen können, wenn er … Und da lag der Hase im Pfeffer: Wenn er ruhig so weitergearbeitet hätte wie der Vater; Glas ist Glas, die alten Rezepte sind unantastbar wie das kanonische Recht, und an der Arbeitsweise kann nichts mehr geändert werden.

Aber der junge Schott rüttelte mit rücksichtsloser Kraft an der handwerksmäßigen Erstarrung des Glashüttenbetriebes. Er glaubte an eine Weiterentwicklung, an die Möglichkeit neuer Glassorten an andere Arbeitsweisen und, das war der kühnste seiner Gedanken, an die Begründung einer wissenschaftlichen Glasschmelzkunst.

Dr. Otto Schott

Sein kritischer Geist ätzte und beizte alles Herkömmliche und Überalterte mit zersetzender Schärfe.

„Wir müssen heraus aus dem Schlendrian der Jahrhunderte. Die Schranken ‚die eure Bequemlichkeit um das ganze Handwerk gezogen hat, machten jede Weiterentwicklung der Glasschmelzerei unmöglich. Die Alchemie unklarer Rezepte muss der Glaswissenschaft weichen. Der wissenschaftlich gebildete Glastechniker wird einmal Dumpfheit und Enge aus den Hütten herauswirtschaften. Eines Tages wird es möglich sein, die erwartete Wirkung eines Glases nach Maßgabe seiner chemischen Zusammensetzung genau vorauszuberechnen. Aus der gefühlsmäßigen, auf simpler Überlieferung beruhenden Mischerei muss die planmäßige, wissenschaftlich festgelegte Schmelzkunst entwickelt werden. Ihr schleppt da so ein Stück Mittelalter mit euch herum, und weil ihr nicht weiterkönnt, glaubt ihr, es ginge auch nicht weiter."

So lief zu Lebenszeiten des Vaters manches Gespräch zu Ende, wenn sich beide über die Zukunft der Schmelzerei der feurigen Flüsse unterhielten.

„Er wird seinen Weg schon finden", dachte Vater Schott dann voll Vertrauen, denn er war weit genug, die drängenden Gedanken des Sohnes zu begreifen. Dabei sah er klar, dass der Hüttenmann der Zukunft mit anderem geistigen Rüstzeuge an die Arbeit gehen müsse, als es ihm selber zur Verfügung stand. Und deshalb förderte er den Sohn. Otto Schott studierte in Aachen, Würzburg und Leipzig. 1875 erlangte er die Doktorwürde. Er schrieb über ein Thema, das seinen umstürzlerischen Willen erkennen ließ:

„Die Fehler bei der Fabrikation des Fensterglases."

Danach arbeitete er in verschiedenen chemischen Fabriken, ließ sich den Wind der Fremde um die Nase wehen und lernte englische und französische Hütten und Fabriken kennen. In Spanien richtete er einige Betriebe ein und kehrte danach in die Heimat zurück, den Kopf voll von Plänen.

Was er dachte, war zielklar und folgerichtig und ordnete sich durchaus ein in die geistige Haltung seiner Zeit. Alle diese Umwerter und Dränger suchten Handwerk und Technik mit einem geistigen Überbau zu verbinden der ihnen aus hoher Sicht die Herrschaft über alles Stoffliche in die Hand geben sollte.

Doktor Otto Schott umriss das Aufgabengebiet seiner Forschungen in einem weit ausholenden Satze: „Es muss ein allgemeines, planmäßiges, die ganze anorganische Natur umfassendes Studium der Schmelzerscheinungen versucht werden."

Ein kühner Satz. Sagte er nicht dasselbe, was Abbe in jener Nacht erkannte?

Nach der Heimkehr aus Spanien machte sich Schott mit Fiebereifer an die Arbeit. Er nistete sich im Keller seines Elternhauses ein, um die Revolution des Glases vorzubereiten. Alles, was er an Mitteln erübrigen konnte, steckte er in wagemutige Versuche. Ohne Anlehnung, ohne die Möglichkeit schon Vorhandenes weiterbilden zu können, stand er vor der ungeheuerlichen Aufgabe, das Glas aufs Neue zu erfinden und es sich untertan zu machen.

Im Arbeitskittel hockte Otto Schott vor einem Kanonenöfchen das er sich für seine Zwecke umgebaut hatte. Schnarchend jagte der Blasebalg einen fauchenden Luftstrom unter das weißglühende Koksfeuer. Mitten in der Glut stand ein hessischer Schamottetiegel von einem Viertelliter Inhalt. Ein Deckelchen mit einem Knopfe schloss ihn. Schott schwitzte. Die Hitze in der Nähe des Ofens war kaum zu ertragen. Oft glaubte er, das armselige Schneideröfchen müsse platzen so viel mutete er ihm zu.

Es war jedes Mal ein schwieriges Stück Arbeit, wenn er das vorgewärmte Töpfchen mit der Schmelzmasse von oben her in das Koksfeuer einbetten musste. Schwaden giftiger Dünste schlugen ihm entgegen, sobald er die Ringe abhob. Sengende Hitze verkohlte die Handschuhe, die er überstreifen musste. Aber das hatte nichts zu bedeuten. In dem Tontöpfchen lag die Hoffnung, schmolz die Zukunft, kochte sein Glaube, sein Wissen und sein zäher Wille.

Rings um ihn her in Büchsen und Flaschen stand auf Brettern und Regalen das kostbare Schmelzgut, das er in winzigen Mengen abwog und mischte, ehe es in den Tiegel geschüttet wurde. Auf Zetteln, in verschmutzte Hefte trug er die jeweils kochenden Mischungen nach Art und Menge ihrer Zusammensetzung ein. Leise plubberte der Deckel, wenn die Schmelzgase entwichen. Und dann saß er davor, stundenlang, quetschte den Blasebalg, gläubig und hoffnungsfroh, irgendwie des Erfolges gewiss.

Die Luft im Keller drückte, der Kopf glühte ihm, und nun gab er sich seinen Glasträumen hin, getragen von der Gläubigkeit des Erfinders.
Wenig gab es, was er aus Büchern hätte entnehmen können, um sich Wege zu kürzen und Umwege zu sparen Er musste neben dem wissenschaftlichen Aufbau seiner Glastheorie auch die dazugehörige Technik mühsam entwickeln. Versengte Haare, gerötete Augen, Husten Schnupfen und verbrannte Fingerspitzen waren die Leidensstationen auf dem Wege nach vorn Aber dies alles ertrug er gern, weil die treibende Kraft seiner Idee stärker war als jeder Schmerz.

Irgendwo in der Ferne lag das lockende Ziel, rief der Erfolg und wartete der Lohn. Dies war des Einsatzes aller Kräfte und Mittel wert.

Was machte es für Mühe, die Schmelzflüssigkeit in dem Tiegel während des Kochens umzurühren, denn das war ja die Hauptforderung an eine brauchbare Glasmasse, dass sie gut durchgearbeitet war und keine Schlieren enthielt. Da fiel ein Bröckchen Kohle hinein, darauf löste sich ein Tonschüppchen von der Gefäßwand ab. Das Schmelzgut färbte sich und musste auf umständlichen Wegen wieder gereinigt werden. Es gehörte der gesteigerte Widerstand und die Unempfindlichkeit eines Besessenen dazu, um alle diese Hindernisse und Fehlschläge zu überstehen.

Zuletzt gelang es ihm trotz alledem, winzige Mengen neuen, bisher unbekannten Glases auszuschmelzen.

Eine sorgfältige Auswahl schickte er in jenem Briefe zur Beurteilung an Abbe, denn wer hätte in jener Zeit größere Ansprüche an neue Gläser stellen können als er?

Der Tag, an dem Schott seinen ersten Brief an Abbe schrieb, wurde zu einem Schicksalstage des Werkes. Der Wittener Glasdoktor geriet an ihm in den Bannkreis der Optik, der ihn von nun an nie mehr freigeben sollte.

Zeiß horchte auf, als Abbe die Glasproben brachte. Dabei erschien es ihm wichtig, dass ein Mann außerhalb Jenas das Glasproblem angepackt hatte. ‚Vielleicht kann es auch in Witten gelöst werden‘, schoss es ihm durch den Kopf. ‚Dann sind die Gefahrpunkte aus unserem unmittelbaren Arbeitsbereiche verschoben.‘

Abbe selbst konnte sich mit der Beurteilung der Stücke nicht mehr abgeben, da er planmäßig am 29. Mai 1879 zum zweiten Male nach

England reiste. Eine Anzahl englischer Gelehrter hatte ihn eingeladen und ihn gebeten, ihnen seine Theorie des Mikroskops vorzutragen. Diese Einladung nahm er mit Freuden an, denn er versprach sich Entspannung und allerlei Anregungen. Die übermäßige Arbeit der letzten Monate hatte ihn angegriffen und mürbe gemacht. Er wollte einige Wochen bleiben und musste deshalb, so leid es ihm tat, das Urteil über Schotts Gläser bis zu seiner Rückkehr aus England verschieben.

Schott wartete Tage, Wochen. Nichts kam aus Jena. Die Spannung engte sein Herz ein und jagte ihm die unsinnigsten Gedanken durch den Kopf. ‚Vielleicht ist die ganze Angelegenheit dem Professor Abbe nicht wichtig genug, und er übergeht sie mit Schweigen. Vielleicht taugt das Zeug nichts, er will dir nur keine Enttäuschung bereiten und antwortet deshalb nicht. Vielleicht, vielleicht …'

Jeder Tag ohne Antwort steigerte den Druck auf der Seele. Aber Schott schmolz weiter.

Endlich kam ein Brief. Richtig, auf dem Poststempel stand „Jena"!

Mit zitternder Hast rissen die von der Arbeit geröteten Finger den Umschlag auf, und die suchenden Augen haschten nach dem Kernpunkte des Schreibens. Schott wurde bleich. Da stand es: Das Glas sei für optische Zwecke nicht zu gebrauchen da es zu viel Schlieren enthielte, die Masse hätte besser durchgerührt sein müssen; denn die Schlieren zeigten in jedem Falle eine andere Lichtbrechung als die Grundmasse.

Schott sah auf. Alle Glasschmelzer der letzten Jahrzehnte, die versucht hatten, ein besseres optisches Glas zu finden, waren an den Schlieren gescheitert. Keiner fand eine brauchbare Lösung für die Aufgabe, die Glasmasse im geschmolzenen Zustande so durchzurühren dass sie vor dem Erstarren eine gleichmäßige, einheitliche Flüssigkeit bildete, in der alle Bestandteile gelöst und bis ins Feinste miteinander vermischt waren.

Außerdem zeigten die neuen Gläser Eigenschaften die zwar neuartig erschienen, Abbes Absichten aber nicht entsprachen.

Schott lehnte sich an die Wand des Versuchsraumes. Die Enttäuschung nach so viel Wochen angespannten Wartens war zu groß, die Beine wollten ihn für ein paar Augenblicke nicht mehr tragen. Was hatte es zu bedeuten wenn der Brief ihn zuversichtlich aufforderte, weiterzusuchen. War das nur eine Phrase?

Aber Schott war aus demselben zähen Holze geschnitzt wie Abbe. Er warf die Flinte nicht ins Korn. Als der erste Schreck vorüber war, sammelte sich der vorwärtsdrängende Wille sofort wieder wie im Brennpunkte einer Linse. Der Kernpunkt für alle Arbeit in der Zukunft trat eindeutig klar aus Aufregung und Schmerz heraus: ‚Abgesehen von der jeweiligen Zusammensetzung der Glasflüsse ist es notwendig, sie in jedem Falle so gut durchzurühren, dass sie schlierenfrei werden und eine homogene Masse bilden.'

Sofort begann sein Hirn zu arbeiten. Die Glasschmelzer der Vergangenheit hatten die sonderbarsten Vorrichtungen ersonnen und waren doch nicht zum Ziele gekommen. Meistens ließ sich das nicht industriell auswerten was beim Versuch im Kleinen gelang. Schott hockte vor seinem Ofen und überlegte. Im Kessel der Schamottewände schwelte die Glut. Sie schlug ihm sengend ins Gesicht, als er die Ringe oben abhob, um hineinzuschauen. Mitten in der Weißglut, bis zum Rande von ihr eingeschlossen, stand der kleine, mit dem Deckel verschlossene Schmelztiegel.

Den Deckel konnte er mit einer langgriffigen Zange abheben. Das musste schnell gehen, denn der glühende Atem des Ofens biss sich durch bis auf die Knochen. Aber nun, wenn der Tiegel offen war, auch noch rühren? Gab es ein Material, das der Hitze standhielt und der Masse dabei keine unerwünschten Beimischungen zuführte?

Es waren wirklich schmerzvolle Versuche, die der Glasdoktor in der nächsten Zeit ausführte. Er machte verzweifelte Anstrengungen und scheute weder Kosten, Zeit noch Brandwunden. Aber der Erfolg ließ sich nicht herbeizwingen.

Dann kam ein Morgen an dem Schott wie besessen aus den Federn sprang. Zwischen Schlafen und Wachen war ihm in der Dämmerung ein Gedanke gekommen.

Bald jagte er die Gassen seiner kleinen Vaterstadt auf und ab und zog mit heftigem Ruck die Türen all der ärmlichen Kramläden auf, in denen die Wittener ihren Tagesbedarf an Kleinigkeiten einkauften.

„Haben Sie holländische Tonpfeifen?", rief er dem Krämer entgegen, ehe der nur grüßen konnte und hinter den Ladentisch getreten war.

„Gewiss, Herr Doktor."

„Dann geben Sie mir die längsten, so viel Sie haben."

„Neun sind es noch, das Stück einen Groschen."
„Her damit."
Was war in den Mann gefahren der in jedem Laden die längsten Tonpfeifen aufkaufte? Wollte er einen Rauchklub gründen oder mit Kindern Seifenblasen in die Luft schwenken?

Schott holte zusammen, was die kleine Stadt an holländischen Tabakspfeifen vorrätig hatte und trug die weißen Rohre wie ein Erleuchteter in den düsteren Schmelzraum.

Bald lohte die Glut im Ofen. Der vorgewärmte Tiegel mit der am Abend vorher abgewogenen Masse wurde hineingesenkt. Schnarchend fauchte der Blasebalg, und der Koks knisterte und zischte.

Das Schmelzgut sackte zusammen und wurde flüssig. Nun war es soweit.

Der Glasdoktor zog über seine Rechte einen unförmigen Handschuh, hob den Deckel vom Tiegel und packte eine seiner Tonpfeifen am Kopfe. Langsam senkte er das Rohr in die Glut hinunter. Als das Mundstück in die zähe Flüssigkeit hineingeglitten war, ragte noch so viel aus dem Ofen heraus, dass Schott umrühren konnte. Vorsichtig begann er. Der weiße, eisenfreie Ton ertrug die Hitze und schmolz nicht. Wenn sich irgendein Teilchen löste, schadete das der Masse nichts.

Trotz Hitze und Aufregung spürte er sein Herz klopfen; denn ihm wurde klar, dass er mit diesen Tonpfeifen die Grundlage einer neuen Rührtechnik gefunden hatte. Für seine winzigen Schmelzungen reichten die weißen Holländer vollständig aus. Er konnte sie, wenn sie zerbrachen, ohne großen Aufwand wieder ergänzen. Die Schmelzmasse wurde gut durchgerührt und verhieß Schlierenfreiheit.

Mit seinen Tonpfeifen überwand Schott eine der größten Schwierigkeiten der Glasschmelzerei. Dieser an sich so einfache Dreh gab ihm die Möglichkeit, planmäßig aufgebaute Versuche mit neuen Glasmischungen technisch einwandfrei durchzuführen.

Erst danach konnte die chemische Zusammensetzung des Glases in ihren Folgen auf die optischen Eigenschaften wertmäßig errechnet werden. Schotts Rührtechnik beseitigte die Schlieren und schuf die homogene Glasmasse. Jetzt konnte der Physiker messen und rechnen und dem Glastechniker Aufgaben stellen.

Kapitel 20

Carl Zeiß saß über das Hauptbuch gebeugt, um den Oktoberabschluss fertigzumachen Ein sonnenüberstrahlter Herbsttag stand vor den Fenstern und goss sein mildes Licht in alle Winkel. Bedächtig legte der Meister die Feder hin, stützte den Kopf in die Hände und dachte nach. Er schien zufrieden und war müde.

„Herein!", rief er, als jemand hart an der Tür klopfte.

Abbe trat ein und stellte eine Reihe kostbarer Objektive auf den Tisch, die nach England geschickt werden sollten.

„Wenn wir das Auslandsgeschäft in den letzten beiden Jahren nicht gehabt hätten, Herr Professor, dann wären wir vielleicht mit in die allgemeine Krise hineingerissen worden. Sie hat uns nur gestreift."

„Das war zu erwarten. Auf die wirtschaftlichen Blähungen der Nachkriegszeit musste ja ein Rückschlag kommen. Wie ein Raureif fiel er in die Blüten der frischfröhlichen Gründerzeit. Und was nicht gesund war und über genügend Widerstand verfügte, verdarb. Heute kann ich es ja sagen:

Ich habe manchmal einen bangen Druck auf dem Herzen gehabt, wenn das Knistern und Knacken in den Balken der Wirtschaft bis zu uns hereinklang. Mancher fiel, der sich für stark hielt. Es ist mir nicht entgangen dass auch Sie ab und zu einmal die Ruhe zu verlieren drohten Aber das ist ja nun vorüber."

„Uns haben die Olimmersionen gut getan, Herr Professor. Sie sicherten uns eine Art Monopol. Dazu kam noch, dass wir der Versuchung standhielten und keine Schleuderware herstellten wie das so viele in Zeiten der Flaute tun. Das hat uns gehalten. Sorgen haben mich natürlich genug gequält, das stimmt. Aber der Monatsausweis für den Oktober 1879 hat ein recht gutes Gesicht."

Er musste gähnen.

„Sie sind müde, Meister?"

„Ist das ein Wunder bei dem Geschäftsgange? Die kaufmännische Arbeit nimmt in einem Maße zu, dass ich nur mit Kummer zusehen kann, wie mir die Übersicht über den Fortschritt unserer technischen Leistungen langsam entgleitet.

Leider muss ich Ihnen das eingestehen. Wie gern würde ich Ihren letzten Erfindungen gefolgt sein. Aber es ging einfach nicht. Trotzdem weiß ich, es ist alles in besten Händen, auch wenn ich es nicht mehr in vollem Umfange verantwortlich überschaue. Das Hauptbuch weist es aus. Sie tragen die wissenschaftliche Verantwortung und Löber die technische.

„Sie müssten sich etwas schonen, Herr Zeiß."

„Ist das möglich, wenn man mit Ihnen zusammenarbeitet, Herr Professor? Sie schreiben das Tempo vor."

„Warten wir noch ein paar Tage, bis Ihr Sohn als dritter vertragsmäßiger Teilhaber in die Firma eintritt, dann wird es für Sie sicher manche Entlastung geben."

Am 11. Oktober 1879 wurde Doktor Roderich Zeiß als offener Gesellschafter in das Geschäft aufgenommen. Er hatte Medizin studiert und war schon in den ersten Kriegstagen bei Wörth schwer verwundet worden. Damals fürchteten die Ärzte, die zerschossene rechte Hand müsse abgenommen werden. Aber es gelang ihrer Kunst, sie zu erhalten. Doch dauerte es noch jahrelang, ehe sie auch nur einigermaßen wieder gebrauchsfähig wurde.

Roderich Zeiß musste den mit Leidenschaft gewählten Beruf des Chirurgen aufgeben und trat nun nach längerer Vorbereitungszeit endgültig in die Firma ein.

Jeden Morgen, kurz nach Arbeitsbeginn ging der Meister noch wie ehedem einmal durch die Werkräume, lüftete sein Hauskäppchen und sagte freundlich: „Guten Morgen meine Herren!" Dann nickte er nach verschiedenen Seiten hin und blieb an dem und jenem Arbeitsplatze stehen, um einen Blick auf irgendeinen Vorgang zu werfen. Immer aufs Neue kam ihm dabei zu Bewusstsein, wie umstürzend sich das Arbeitsverfahren ohne Aufhören änderte. Er spürte den drängenden Einfluss Abbes, der die zunehmende Arbeitsteilung klug lenkte. Es war nicht mehr viel übrig von der früheren Arbeitsweise, wo fünf oder sechs Leute zusammen ein Instrument herstellten.

Was Abbe in stillen Nächten durchdachte, um ein sinnvolles Nacheinander der Arbeitsschritte zu entwickeln, das überwachte er peinlich genau, wenn es dann in die Werkstätten übertragen wurde.

Während die Wirtschaftskrise wie ein schleichendes Unheil über Deutschland hinkroch und Armut und Elend unter die Massen trug, arbeitete man bei Zeiß in kaum gestörter Stetigkeit weiter.

Mit Erschütterung und lebhafter Teilnahme durchlitten Abbe und seine Angehörigen jene Zeit der Not. Wie im engen Kreise der Familie das hingenommen wurde, was sich draußen so drückend ereignete, das verrät ein Brief Snells, in dem er schrieb:

„Alle unsere staatlichen neuen Einrichtungen laufen darauf hinaus, die Besitzenden zu bereichern und dem geringen Manne das Leben schwer zu machen. Das sind die Verbesserungen der Zustände der Arbeiterbevölkerung, welche man so laut versprochen hat bei der Einführung des Sozialistengesetzes. Ich ärgere mich jetzt über jeden Luxus und jedes Wohlleben bei dem Gedanken an die drückende Not so vieler Menschen."

Im engsten Familienkreise wagte sich alles hervor, was der Druck der Polizei in der Öffentlichkeit niederhielt. Als nach dem Schusse Hödels auf den alten Kaiser Wilhelm das Sozialistengesetz seine Netze über die in der Wirtschaftskrise verbitterten Massen warf, empfand man in Abbes Hause tiefere Verpflichtungen und blieb kritisch in der Beurteilung der Polizeimaßnahmen, die in robuster Abwehr niederzuhalten suchten, was doch nur Folge war. Abbe empfing in jener Zeit tiefe Einblicke in den Aufbau der Gesellschaft, in alles, was einigte und trennte, was Ursache oder Wirkung war.

Sein waches Gewissen trug jede Erkenntnis hinein in das innerste Gefüge des Betriebes, dem er vorstand und ließ ihn alles, was er forderte und gewährte, zehnfach sieben, ehe er sich zur Durchführung entschloss. Ganz klar sah er die Hilflosigkeit des Arbeiters im Wandel der Konjunkturen. Gab es ein Recht auf Arbeit? Gab es die Pflicht, die vorhandene Arbeit gerecht zu verteilen? Gab es für den Arbeiter eine grundständige Sicherung gegenüber dem Konjunkturritter. Es gab Polizei, Gewehre und Gefängnisse.

Abbe lehnte das Gebrüll verhetzter Menschen ab, die sich der Straße bemächtigten. Führertum war ihm mehr, als Auffangen und Verstärken der Verbitterung und Hilferufe von unten herauf. Damals sagte er zu Zeiß in einer Aussprache über die Lohnlage in der Werkstatt:

„Der begabte Mensch soll nicht zu einem bequemen Leben geführt werden, sondern er soll schwere Aufgaben in Rücksicht auf das Gemeinwohl übernehmen. Durch solche ständigen Ansprüche an seinen Willen soll sein innerer Mensch gestärkt und gestrafft werden zum Besten der höheren Pflichten und Aufgaben."

Unterdessen mühte sich Schott in Witten mit Feuereifer um das neue Glas. Jeden Tag meisterte er die Tonpfeifen besser und rührte eine schlierenfreie Masse zurecht, so einheitlich, wie sie noch nie jemand vor ihm fertigbrachte.

Nach oberflächlicher Prüfung der ihm zugesandten Proben schrieb Abbe begeistert: „Ich betrachte es als einen großen Erfolg, dass es Ihnen gelungen ist, Probeschmelzungen in kleinen Tiegeln in solcher Qualität zu erhalten, dass eine vollständige optische Untersuchung des Produktes möglich ist. Feil in Paris, der doch ein berühmter und erfahrener Glasschmelzer ist, hat mir noch keine derartige Schmelzprobe geliefert."

Voll Freude las Schott diese Zeilen. Sie waren ihm von dem Manne geschrieben worden, der in der Optik der Welt eine einzigartige Stellung einnahm und machten ihn deshalb stolz und zuversichtlich.

Aber noch stand das endgültige Ergebnis der Untersuchungen in Jena nicht fest.

Schott schmolz und rührte, wog ab und schrieb auf. Dabei begann er zu begreifen, wie gewaltig die Unzahl der möglichen Schmelzflüsse bei der Fülle der anorganischen Stoffe, die ihm die Natur zur Verfügung stellte, sein müsse. Tappte er nicht wie ein Blinder in einen Urwald hinein? War es nicht aussichtslos, aus dieser verfänglichen Welt das herausholen zu wollen, was die Optik nötig brauchte? Hieß es nicht, in den Dünen am Strande ein bestimmtes Sandkorn suchen? Ein vermessenes Beginnen.

Eines Tages waren die Untersuchungen in Jena abgeschlossen Abbe legte Zeiß die Glasproben vor und sagte: „Technisch hat Schott alles bisher Erreichte übertroffen. Sein Rührverfahren ist eine Errungenschaft. Die Gläser sind wirklich rein und schlierenfrei. Dagegen ist die Farbenzerstreuung schlechter. Das neue Lithiumglas eignet sich nicht für optische Zwecke.

Es ist sein Verdienst, dass er etwas wagte. Vielleicht ist es verfrüht, schon so bald brauchbare und abschließende Ergebnisse zu erwarten. Und der Irrtum läge dann mehr bei uns als bei ihm. Dem Manne muss der Wagemut erhalten werden."

Als Schott Abbes Brief mit dem Untersuchungsergebnis gelesen hatte, erschien es ihm, als sei das die schwärzeste Stunde seines Lebens. Er spürte den Boden wanken, auf dem er festzustehen glaubte.

„Hat es nach dem Urteil Abbes nun noch Sinn, weiterzusuchen?", fragte er sich. Wieviel Geld war bis jetzt in den Schmelztiegel gewandert! Hatte er sich in der Zielstellung geirrt? Das leise Schwanken, wie es sich auch bei starken Naturen oft einstellt, wenn Querschläge die Bahn ihres Strebens zerreißen, ebbte schnell ab. Das alte Hochziel blieb stehen und trieb ihn weiter vorwärts.

Der Briefwechsel mit Abbe schlief ein. War es nicht auch vermessen, wenn ein junger Chemiker es wagte, jahrhundertealte Erfahrung zu durchbrechen! Die fünf beinahe heiliggesprochenen Elemente, die jeden Glasfluss bisher bestimmten, waren seit Urzeiten: Kieselsäure, Kali, Natron, Bleioxid und Kalk. Zwei Glasarten wurden hauptsächlich hergestellt: Kronglas. Bei ihm überwog der Kalkgehalt. Es zeichnete sich aus durch geringe Brechung und schwache Farbenzerstreuung. Und Flintglas: Ihm war überwiegend Bleioxid beigemischt. Optisch hat es die entgegengesetzten Eigenschaften des Kronglases .Starke Lichtbrechung und Farbenzerstreuung waren seine Haupteigenschaften. Und alle, die gegen diese Grundsätzlichkeit angestürmt waren, landeten irgendwo in der Irre. Jeder Fachmann hätte Schott geraten, Geld, Kraft und Zeit besser anzuwenden.

Dass Abbe an neue Gläser glaubte, bewies den Fachleuten eben nur die von wenig Sachkenntnis getrübte Höhe seines Laientums. Sie fühlten sich sicher im Turme der Überlieferung und lachten nur, wenn mutwillige Stürmer sich am alten Gemäuer die Köpfe einrannten.

Sollte nun auch Schott Opfer seiner Irrtümer werden? Hatte ihn Abbe aufgegeben?

In Jena häufte sich die Arbeit gegen Ende des Jahres 1879 zu Bergen. Die an Kopfzahl stetig wachsende Belegschaft füllte das Gebäude am Johannisplatz buchstäblich bis in den letzten Winkel aus. Ungemütlich eng und dumpf wurden die Räume vor den Bedürfnissen der

Arbeit. Man schaffte mit angezogenen Ellenbogen und sehnte sich nach dem Grade von Bewegungsfreiheit, den Abbes neue Arbeitsmethoden verschrieben. Das vielfach gegliederte Hintereinander der Erzeugung hatte andere und weitere Räume nötig als die optische Werkstatt ehrbaren Anfangs.

Die drei Teilhaber waren einig in der Einsicht, es müsse wieder einmal umgezogen werden. Aber es gab in Jena kein Gebäude, das den Anforderungen auch nur der letzten Zeit genügt hätte. Und weil alle drei auf weite Sicht rechneten, wurde beschlossen zu bauen. Am Rande der Stadt fand sich das geeignete Gelände. Für 5.700 Taler wurde es erworben. Der gesunde Zustand des Geschäftes machte es möglich, dass die auf 20.000 Taler geschätzten Baukosten aus laufenden Mitteln aufgebracht werden konnten. Frohe Zuversicht beflügelte die Arbeit, denn jeder hoffte mit Recht auf eine wesentliche Verbesserung der Arbeitsverhältnisse.

Viele Nächte lang saß Abbe über den Bauplänen. Aus den innersten Bedürfnissen der Arbeit heraus wurden die Entwürfe entwickelt. Großzügig und neuzeitlich, menschenwürdig und zweckmäßig sollten die neuen Gebäude errichtet werden.

Die Jenaer kamen aus dem Erstaunen nicht mehr heraus, als der Baugrund ausgehoben wurde und die Gerüste in die Höhe stiegen. Und nun begann über Jahrzehnte hin ein unaufhörliches Bauen. Das Werk dehnte und reckte sich.

Als später der Grund und Boden nicht mehr ausreichte und sich die Stadt mit den Jahren um das Zeißwerk herumgelegt hatte, stieg es in die Höhe. Die klaren Stein- und Glasfronten der Hallen und Türme wuchsen dem Himmel entgegen.

Wie eine Pflanze überständige Teile abstößt, so reinigte sich das Werk im Laufe der Zeit von überalterten Bauteilen und entwickelte Zweckformen von edler Schönheit. Die lebenspendenden Kräfte einer gesunden Entwicklung schufen ihm die jeweils notwendigen Bauformen. Der Himmel ist hoch. Die Stetigkeit organischen Wachsens baute den Zeißianern einen Dom der Arbeit.

Als sich der Glasdoktor in Witten von Abbes Schreiben etwas erholt hatte, überprüfte er mit der Gedankenschärfe des Kriminalisten die wissenschaftlichen Grundlagen seiner Schmelzversuche und fand, dass der Weg richtig sei. Er wurde ruhig und begann die Arbeit von neuem. Schweigsam und zäh nahm er die Versuche wieder auf.

Abbe hatte den stillen Sucher nicht vergessen. Der Briefwechsel kam aufs Neue in Gang. Schott trug sich mit Plänen für ein großes technisches Unternehmen zur Herstellung wertvoller Glasflüsse für Optik, Wissenschaft und Wirtschaft. Abbe warnte und mäßigte: „Das zu bearbeitende Versuchsfeld ist meiner Ansicht nach völlig tabula rasa, denn was von Versuchen zur Feststellung der optischen Eigenschaften neuer Glasflüsse gemacht wurde, wenigstens bekannt geworden ist, scheint mir völlig unverwertbar, weil es ohne System und Methode und ohne genauere Feststellung der Tatsachen vorgenommen worden ist."

Die besten Glashütten Europas hatten sich seit gut hundert Jahren bemüht, neue optische Gläser zu finden. Aber von allem, was sie erreichten, war wissenschaftlich nichts verwertbar. Sie waren meistens selber wieder in eine neue Art Geheimniskrämerei versunken, die dies und jenes Produkt wohl veredelte und verbesserte, aber die Glasschmelzerei im Ganzen nicht aus ihrer Erstarrung lösen konnte.

Und das musste Männer wie Abbe und Zeiß zum Angriff reizen.

Abbes Briefe wurden drängender, seine Hinweise bestimmter.

„Meiner Überzeugung nach führt der Weg zur Bereicherung der Optik in dieser Richtung nicht in die Glashütte, sondern zuerst in das chemische Laboratorium."

Damit war die methodische Grundlegung des Forschungsweges bestimmt- Sie entsprach durchaus Schotts Ansichten, ließ ihn aber auch die Gefahr erkennen, die ein Vorstoß ins Uferlose mit sich bringen musste. Deshalb antwortete er:

„Was nun die methodische Disposition der Versuche anbetrifft, so möchte ich es nicht für ganz zweckmäßig halten, alle möglichen Kombinationen durchzuprobieren denn dann dürfte es der Arbeit doch wohl etwas viel werden, aber man muss diejenigen Kombinationen heraussuchen, die die besten Resultate versprechen."

Über Abbes Gesicht huschte ein leichtes Lächeln, als er diese Sätze las. Wenn das Heraussuchen so einfach wäre, wie man es schreibt, unvoreingenommene Jugend!" Der Glasdoktor in Witten nötigte ihm aber doch Hochachtung ab.

„Schott hat das Zeug zu einem Wegbereiter, wie ich ihn suche", sagte Abbe eines Tages zu Zeiß. „Er verfügt über jenen empfindlichen Spürsinn, der ihn hindert, weder die Theorie, noch die Praxis zu einseitig voranzutreiben. Die Sicherheit des Praktikers gibt ihm sofort die Sicht auf die tatsächliche Verwendbarkeit wissenschaftlicher Erkenntnisse und wird ihn immer hemmen, alles Theoretische einseitig und ausweglos in die Breite zu denken."

Der Briefwechsel zwischen Witten und Jena wurde lebhafter. Mit dem Richtungssinn des Pfadfinders pirschte sich Schott ins Unbekannte vor. Es gelang ihm, durch allerlei Kunstgriffe die Güte der Probeschmelzungen zu verbessern. Und weil er ein Mensch war, der den Gläsern ins Herz schaute, fand er bald die Spur, die ihn weiterzubringen verhieß. Sein Erfinderinstinkt ließ ihn mit traumwandlerischer Sicherheit nach einem Stoff greifen, der, dem Glasflusse beigemischt, das erwartete Ergebnis herbeizwingen sollte.

Aber die Einrichtungen in Witten, das Kanonenöfchen, der Tontiegel und die holländischen Pfeifen erwiesen sich bei dem tieferen Eindringen in das Gestrüpp der vielfältigen Zusammensetzungen doch zu unvollkommen und unwissenschaftlich. Schott sah klar, dass er eher zum Ziele kommen würde, wenn er in einem Laboratorium hätte arbeiten können, das auch nur einigermaßen Ansprüchen der Forschung genügte.

Es wurde etwas reif in ihm, das auf Entscheidung drängte. Briefe konnten es kaum noch einfangen. Das Gefühl, vor der Schwelle zu stehen, Neues bald gemeistert zu haben, erfüllte den Glasdoktor mit jener schöpferischen Unrast, die denen das Blut schneller kreisen lässt, deren Leben Dienst an einer großen Aufgabe ist. Briefe schreiben? Das hielt auf und führte oft am Wesentlichen vorbei. Schott drängte also auf eine Zusammenkunft. Abbe verstand ihn sofort. In seiner Güte glaubte er, Schott das Opfer einer Reise von Witten nach Jena nicht ganz zumuten zu können. Deshalb schlug er ihm Eisenach und Kassel als Treffpunkt vor. Aber Schott wollte nach Jena, ins Herz der zukunftweisenden Optik. Ihm schien es wichtig, den Bahnbrecher der Mikroskopie in seiner Umgebung, also vor Ort, kennenzulernen.

Freudig griff Abbe den Vorschlag auf und lud den Glasdoktor ein; allerdings müsse er mit seinem sehr bescheidenen Fremdenstübchen vorlieb nehmen. Sie vereinbarten die ersten Januartage 1881 für ihre Zusammenkunft.

Abbe sah ihr in freudiger Aufregung entgegen, denn er erwartete viel von einer unmittelbaren Aussprache. Irgendeine innere Gewissheit sagte ihm, dass Schott Wesentliches mitbringe und die Glasfrage ein wichtiges Stück vorgetrieben würde.

Das Schillerhaus lag in Schneelasten versunken, still und verschwiegen unter den kahlen Bäumen des Gartens. Ein steifer Ostwind fegte den Schnee von den Wipfeln und jagte ihn zischend die Wege entlang.

Frau Else sorgte dafür, dass das Haus von wohliger Wärme erfüllt wurde. In den Öfen prasselten die Feuer, und auch sonst war alles gerichtet, dem Gaste den Aufenthalt trotz Schnee und Kälte recht angenehm zu machen.

Abbe sieht nach der Uhr. Jetzt könnte der Zug eingelaufen sein, den Schott benutzen wollte. Meisen picken fröstelnd das Futter vom Fensterbrette, das der Gelehrte hingestreut hat. Es duftet nach frischem Kaffee, und die Uhr an der Wand tickt leise. Abbe geht auf und ab, auf und ab. ‚Eigentlich müsste er jetzt da sein.' Er blickt auf den Gartenweg hinaus. ‚Sicher hat der Zug Verspätung, bei dem Wetter leicht möglich. Schneeverwehungen, und was der Winter sonst noch an Tücken mitbringt!'

Auch Frau Else wird ungeduldig. Sie weiß, was diese Zusammenkunft zu bedeuten hat. Ihr Glück ist es, wenn seine Angelegenheiten wohlgeraten. Leise schleicht sich die Besorgnis in ihr Herz, dass da etwas nicht stimme.

Abbe geht auf und ab. Ungeduldig liest er den letzten Brief Schotts. „Es ist kein Irrtum, er müsste da sein, wenn, wenn …" Ein Blick in den Fahrplan „Schott hat sich nicht geirrt." Frau Else wendet die ganze Kunst ihrer mütterlichen Beredsamkeit auf, den Ungeduldigen zu trösten.

Da er sich sein Leben lang seinem Worte verpflichtet fühlte, wird es ihm jedes Mal eine herbe Enttäuschung, wenn ein Mensch nicht zuverlässig ist. Noch wagt er nicht, den Gedanken ins Bewusstsein treten zu lassen. Frau Elses Gründe sind einleuchtend und unwiderlegbar. Aber die Spannung ist zu groß, die Seele zu geladen, als dass er die Störung in der Reihenfolge seiner Erwartungen ruhig ertragen könnte. –

Schott kommt nicht.

‚Sollte er ausbleiben, weil er seinen Reiseplan ändern musste, dann würde er, wie ich ihn kenne, ein Telegramm geschickt haben. Es ist keins gekommen, also werde ich auf ihn warten.'

Das ist der Gedankenabschluss, der ihn zwingt, weiter zu wachen, als Frau Else sich schlafen legt.

Stunden verrinnen. Abbe raucht und raucht, wandert auf und ab und schaut, wenn er das Zimmer durchmessen hat, für ein paar Augenblicke zum Fenster hinaus, ehe er umwendet. Die ganze Glaschemie, soweit er sie theoretisch meistert, fließt ihm wie ein Strom, den er nicht dämmen kann, durchs Hirn. Der Druck gestauter Gespräche macht, dass er mit sich selber redet, um sie loszuwerden.

Draußen liegt der Garten im bleichen Lichte des Vollmondes. Es ist milder geworden und beginnt zu schneien.

Langsam verschwindet der Weg unter dem frischen Schnee. Abbe wartet noch immer und trinkt eine Tasse Kaffee nach der anderen.

Endlich, gegen Mitternacht rappelt die Schelle, hart und rücksichtslos.

Frau Else fährt aus dem Schlafe hoch. „Ist das Schott?"

Abbe springt zur Haustür, stößt den plumpen Schlüssel ins Schloss und öffnet. In der Linken hält er die flackernde Petroleumlampe. Die Tür geht auf, und ein Schwall Schneeluft bricht herein.

Schott hat den Mantelkragen hochgeschlagen. Er hebt den Kopf. Vor ihm steht im Schlafrocke ein baumlanger, vollbärtiger Riese. Übergroß erscheint er im Lampenschimmer. Im Mundwinkel sitzt ihm eine schwelende Tonpfeife. Schott erschrickt beinahe, als ihn Abbes langfingrige Hand packt und ins Haus hineinzieht.

„Ich wusste, dass Sie noch kommen würden, Herr Doktor", sagt Abbe erleichtert und hilft seinem Gaste aus dem Mantel.

Beide übergehen die Verspätung und ihre Ursachen und sind, ehe sie noch Abbes Arbeitszimmer betreten, schon beim Glase.

„Ich habe ein Phosphorsäureglas ausgeschmolzen, das den erwarteten Bedingungen entspricht."

Darauf erfolgt eine Zeitlang nichts. Schott wickelt einige Glasstücke aus und legt sie auf den Tisch. Und dann bricht ein Glasgespräch los, das über Stunden hin weiterfließt.

Schott berichtet, wie er nach und nach eine Anzahl Phosphate in den feurigen Fluss eingeschmolzen hat. Kaum ein Satz kommt aus seinem Munde, der nicht das Wort Phosphorsäure enthält. Abbe fragt. Schott antwortet. Phosphorsäure hin, Phosphorsäure her geht es stundenlang. Die beiden haben sich heißgeredet und spielen mit dem Worte Phosphorsäure wie Kinder mit einem Balle. Da dröhnt es mit einem Male über ihnen. Bricht die Decke ein?

Eine Frauenstimme ruft: „Die verdammte Phosphorsäure!" Damit zerriss Frau Else den Fluss der Sätze.

Die Männer fuhren zusammen, verstanden sich und flüsterten nun, was noch zu sagen war.

Die Glasschmelze kam zum Stehen, und Abbe begleitete Schott ins Gastzimmer. Bald darauf lag das Schillerhaus in tiefer Ruhe.

Kapitel 21

Der Tauwind leckte mit lüsternen Zungen die letzten Schneereste aus den Schluchten und Falten der Jenaer Kalkberge. Behutsam streifte das Städtchen den Winter ab und blinzelte aus tausend Fenstern in die warme Frühlingssonne. Rüstig sorgten sich die Ackerbürger um Pflüge und Eggen, denn das milde Frühjahr versprach eine vorzeitige Aussaat.

In dem neuen Verwaltungsgebäude der Firma Zeiß am Rande der Stadt packten die Tüncher ihre Siebensachen zusammen, und ein paar Scheuerfrauen spülten Schmutz und Reste aus den stattlichen Zimmern. Einige Tage noch, und dann konnte der Meister einziehen.

Im Erdgeschoss reihten sich die Büroräume aneinander; das erste Stockwerk sollte der Familie Zeiß Wohnung werden. Dahinter lagen die neuen Werkstätten, lustig, hell und geräumig. Eine weite Fläche unbebautes Land blieb übrig für die Baunotwendigkeiten kommender Jahre. Mit dem Umzuge in die neuen Anlagen trat das Werk aus den äußeren Bindungen seines Herkommens, warf alle Enge ab und wurde Fabrik. Zeiß gab das Ladengeschäft auf. Fabrikation und Vertrieb hatten sich über die winzigen örtlichen Verhältnisse hinaus in die Welt hineinentwickelt. Vom Schreibtische des Meisters aus gingen viele Fäden in die Weite, und Zeiß hielt sie fest und arbeitete unermüdlich am Ausbau nutzbringender neuer Geschäftsbeziehungen.

Die Worte „Zeiß" und „Jena" wanderten um den Erdball.

Da hatte die amerikanische Regierung eine Kommission von Naturwissenschaftlern und Ärzten eingesetzt; sie sollte die Leistungen amerikanischer und europäischer Mikroskope gegeneinander abschätzen. Die Männer erledigten diese Aufgabe mit nüchterner Sachlichkeit und stellten fest, dass unter allen europäischen nur die Jenaer Instrumente mit den amerikanischen verglichen werden könnten. Und weiter hieß es in ihrem Gutachten:

Mit den Zeißschen Mikroskopen seien Ergebnisse erzielt worden, die die amerikanischen nicht erreichen könnten. Der Präsident der Kommission schickte an Abbe eine Reihe von Mikrofotographien, die bei einer 2.600-fachen Vergrößerung eine Schärfe zeigten und Lebensformen zutage brachten, die noch nie vorher ein Mensch gesehen hatte.

Das warf den Ruf des Werkes steil in die Höhe.

Es entsprach dabei Abbes Art, dass er sich nicht weiter in den Vordergrund ziehen ließ, als unbedingt nötig war; die Fabrikate trugen den Namen des Meisters, er wurde ein Begriff, während Abbes Leistungen meist nur den Eingeweihten bekannt waren.

Die Welt gewöhnte sich an den Namen Zeiß, und Abbe tat in Zukunft alles, um diesen Vorgang der Begriffsprägung zu stützen. Das Jahr 1880 hatte dem Meister eine überraschende, hohe Ehrung gebracht, die seinen Namen ins Licht hob und die Jenaer aufhorchen ließ: Die Universität ernannte den alten Herrn zum Ehrendoktor. Darin lagen Dank und Anerkennung für Opfermut und überlegene Sicht, für viel Glauben und zähes Hoffen.

Nun saß Herr Doktor Carl Zeiß vor seinem Schreibtische im neuen Hause, lenkte die Geschäfte und überließ Abbe den Aufbau einer wissenschaftlich begründeten Industrie, den der Gelehrte mit unermüdlichem Fleiße und unbeugsamer Folgerichtigkeit vorwärts trieb.

Die Glasfrage rückte immer drängender in den Vordergrund.

Es mussten Gläser gefunden werden, die farbfreie Bilder vermittelten. Abbes tätige Unruhe, sein Streben zur letzten Vervollkommnung und zu endgültigen Lösungen beschleunigten Schotts Versuche.

Er nahm alle Anregungen aus Jena mit brennendem Eifer auf und überließ sich der schöpferischen Unrast seines hartnäckigen Suchens.

Als es sich herausgestellt hatte, dass die bei dem Besuche vorgelegten Glasproben doch nicht den optischen Ansprüchen genügten, die Abbe in seiner Unbedingtheit stellte, da gab es für Schott keinen Augenblick des Zögerns. Sein zäher Wille forderte die letzte Lösung.

Der Zauber des Glases schlägt den Mann in Witten stärker in Bann. Alle Phosphate wandern nacheinander in die feurigen Flüsse. Das Gebläse faucht. Mit glühendem Kopfe hockt der Glasdoktor wieder vor dem Kanonenöfchen und rührt mit der Tonpfeife. Die Masse kocht und blubbert. Schott starrt hinein und hofft bei jedem Schmelzversuche, dass er der letzte und das Geheimnis nun gelüftet sei.

Langsam kühlt der Fluss ab und springt splitternd auseinander. Die Stücke wandern nach Jena und werden dort zu winzigen Prismen geschliffen. Prüfend sitzt Abbe mit seinem Assistenten, dem Doktor Riedel, vor dem Spektrometer und schaut den Gläsern in die Seele. „Noch nicht", heißt es immer wieder. „Noch zu viel Farbe. Der Weg ist richtig, aber die Wirkung muss noch besser werden." Briefe, Karten, Telegramme fliegen zwischen Witten und Jena hin und her.

Kaum zwanzig Kubikzentimeter Masse schmilzt der Tiegel in jedem Falle aus, und in Jena werden die Splitter wie kostbare Edelsteine umhegt und umsorgt. Unerbittlich ruhen die Augen der Forscher am Spektrometer und messen Brechung und Farbenzerstreuung. Tabellen füllen sich, und Brauchbares wird von weniger Brauchbarem geschieden. Allmählich hebt sich aus der Wahrscheinlichkeit klar und folgerichtig die Linie zum Eindeutigen, Endgültigen hervor.

Aber der Erfolg lässt weder in Jena noch in Witten Hände und Köpfe zur Ruhe kommen. Alle Teillösungen sind nur Stufe. Mit jeder taucht ein Fächer neuer Fragen auf, die kein Ausweichen dulden.

„Wie geht der Weg weiter? Was muss geschehen, um von den winzigen Tiegelversuchen loszukommen und einmal Mengen auszuschmelzen, die industriell verwertbar sind? Gibt es eine Möglichkeit, die Technik der Großherstellung zu entwickeln? Was für Tiegel müssen da verwendet werden? Wie muss die Rühreinrichtung gebaut sein, die das Glas im großen schlierenfrei halten soll?"

Solche Fragen rührt Schott in seine Versuche hinein. Immer springen die Gedanken dem jeweiligen Geschehen voraus und bereiten das vor, was einmal kommen muss.

Der Sommer geht vorüber. Briefe jagen in zunehmend engerer Folge zwischen Abbe und Schott hin und her. Der schiebt das Schneideröfchen in die Ecke und schafft einen Fletcherofen mit Gasgebläse an. Die Stichflamme braust um den Tiegel. Sie ist hitziger und beschleunigt den Schmelzvorgang. Der Glasdoktor ist versunken in die Geheimnisse der Flüsse, die er mischt. Er regelt Gas und Luft und rührt von oben her mit seiner Tonpfeife. Die Augen sind gerötet, und die Haut glüht. Aber keine der vielfältigen Qualen stört die Stoßkraft seines

Willens. Es gelingt ihm, Glasmengen von hundert bis hundertfünfzig Gramm auszuschmelzen Das ist schon ein gewaltiger Fortschritt!

Die Männer in Jena sind schwer zufriedenzustellen. Immer bestimmter, zwingender und begrenzter werden ihre Ansprüche. Es ist, als empfände Abbe die auf Biegen und Brechen hochgesteigerte Kraft Schotts. Vorsichtig stellt er dem Glasdoktor die notwendigen Forderungen und schraubt sie höher und höher.

Schott ist nicht zu ermüden und zu enttäuschen. Lebhaft greift er jede Anregung auf und folgt mit seherischem Schöpferwillen. Glück und Instinkt lenken seine Überlegungen. Er packt meist nach dem Richtigen.

Statt Phosphorsäure gibt er jetzt Bor in den Fluss. Eine ununterbrochene Reihe langwieriger Versuche mit dem anderen Elemente nimmt ihren Anfang. Der Fanatiker des Glases liegt auf der Lauer, den Erfolg zu fassen. Sein Menschliches scheint ausgelöscht und untergegangen zu sein, was ist ihm das Leben, wenn er einem neuen Glase auf der Spur ist? Nur die zielbesessene Zusammenballung des Willens verheißt Erfolg.

Abbe erhält in laufender Folge Probe um Probe. Bei dem beschleunigten Tempo des Glasdoktors kann er mit den Untersuchungen kaum nachkommen Eine Atempause gibt es für Schott erst, als er den Tontiegel zum hundertsten Male füllt, mit irgendeiner Abwandlung des gleichen Grundthemas. Sorgsam hat er mit aufgerissenen Fingern die Mischungsverhältnisse aufgezeichnet. Abbe erhält die Proben. Er legt Nummer Hundert zu den übrigen, die noch auf Untersuchung warten.

Da tritt Doktor Riedel ein und reicht ihm strahlend einen Zettel. Abbe springt auf. Aus einer glitzernden Reihe winziger Prismen hat der Assistent zwei herausgenommen. Er reicht sie dem Gelehrten. Der stellt mit fliegenden Fingern das Prüfungsinstrument ein. Das Sonnenlicht beginnt zu spielen und entlockt den Glasstücken ihre Geheimnisse.

Abbe starrt entzückt in das Gerät. Er schraubt und murmelt dabei einmal über das andere: „Wunderbar, wunderbar, ein Hexenmeister ist dieser Schott. Sie haben recht, Herr Doktor, wir sind am Ziele."

Diese Stunde wurde dem Werke abermals zu einem Wendepunkte. Sofort schreibt Abbe dem Glasdoktor einen eiligen Brief. Zuerst beglückwünscht er ihn zum hundertsten Versuche und fährt dann in seiner gemessenen Weise fort: „Das Problem der vollkommenen Farblosmachung der Objektive betrachte ich durch die beiden Schmelzungen 78 und 98 tatsächlich als gelöst."

Am Kopfe des Briefes steht der 31. Oktober 1881.

„Das ist der Weg in die Freiheit", sagte Abbe an diesem Tage zum Meister, „wenn uns die Herstellung im Großen gelingt, sind wir frei vom Auslande und verfügen über ein Glas, wie es kein zweites auf der weiten Welt gibt. Vielleicht kommt einmal der Tag, an dem das Ausland uns nötig hat."

Der zögernde Zeiß antwortete vorsichtig und meinte: „Sehr gut, eine gewaltige Leistung, aber Laboratoriumsversuche sind noch keine Fabrikation. Ob es möglich sein wird, sie ins Große zu übertragen? Wer will es wagen, auf einer so schmalen Basis einen Hüttenbetrieb auszubauen?" In seinem Kopfe setzte sich sofort alles in Zahlen um. Er sah einen Turm von Opfern an Geld, Gut und Zeit, Und der mahnte ihn zur Vorsicht.

Als Schott den Brief Abbes las, löste das Glück, das er brachte, eine wohlige Erschlaffung in ihm aus. Der gemarterte Mensch schrie nach seinem Rechte, und das Leben griff wieder nach dem Manne, der es so lange übersehen hatte. Aber dieses Nachlassen war nur eine Pause zwischen zwei Takten.Schon bald begannen Schotts Gedanken wieder zu arbeiten. Es galt, Klarheit zu schaffen für den nächsten Schritt, vom Experiment zur Fabrik. Nirgends gab es eine Glastechnik, die er für seine Pläne hätte ausnützen können. Alles, was zu tun war, musste erst erfunden werden. Das konnte lange dauern. Würden sie in Jena mitgehen?

Auf einem Tische in seinem Arbeitszimmer hatte Abbe einige Prismen aus den neuen Gläsern liegen. Voll Stolz und Wohlgefallen flogen seine Blicke darüber, wenn ihre blanken Flächen im Lichte leuchteten. Ab und zu nahm er eins in die Hand und ließ die Finger über die scharfen Kanten gleiten.

„Die Optik der Welt wird aufhorchen, wenn sie erfährt, was Schott gelungen ist, der neue Werkstoff, das optische Glas."

Solche Gedanken waren wie ein glückliches Atemholen vor dem nächsten Anstiege. Und der Gelehrte konnte mit den Prismen spielen wie ein Kind mit seinem Spielzeuge.

Eines Morgens tritt er in sein Arbeitszimmer, geht auf den Tisch mit den Glasprismen zu, hält eins gegen das Licht und schüttelt den Kopf. Was ist das? Er wischt eine Fläche am Rockärmel ab. Sie ist trüb. Auch die anderen beiden erscheinen ihm matter. Haben die Kinder vielleicht damit gespielt? Er reibt heftiger, packt den Zipfel der Tischdecke und putzt mit Nachdruck. Die Trübung bleibt. Ein Gedanke schießt ihm durch den Kopf. Hastig prüft er die anderen. Alle sind matt, als läge ein feiner Schleier darüber. Er haucht heftig und wischt noch einmal. Ohne Erfolg. Die Flächen bleiben matt. „Vielleicht mit Spiritus?" – Nichts hilft.

„Sollte", fährt es ihm aus dem Munde, „ja, sollte das neue Glas nicht luftbeständig sein?"

Die nächsten Wochen geben die Antwort auf die Frage. Langsam frisst sich ein weißer Beschlag in die Oberfläche hinein.

Die Abdrücke der Finger bleiben haften, als seien sie eingeätzt. Zusehends werden die Prismen blinder. Bei jeder Berührung huschen farbige Reflexe darüber hin, die wie Öl auf dem Wasser glänzen. Ein fressender Schmerz lähmt Abbes Denken. Vielleicht ist alle Mühe und alles Hoffen umsonst gewesen?

Schonend macht er Schott auf die Zerfallserscheinungen aufmerksam. Der stellt sie auch fest. Beide müssen einsehen, dass das neue Glas also nur eine kurze Lebensdauer hat. Die Briefe zwischen Witten und Jena tragen viel Enttäuschung hin und her und sind angefüllt mit der Erwägung von Maßnahmen, die die Beständigkeit des Glases erhöhen könnten. Aber zuletzt gibt man sich auf beiden Seiten keiner Täuschung hin und zieht den einzig richtigen Schluss aus der Lage: Es helfen keine Halbheiten. Die Probeschmelzungen müssen wieder aufgenommen und ein luftbeständiges Glas muss gefunden werden.

Glück, Klugheit und Schicksal lenken die Versuche Schotts. Trotzdem seine Kräfte in dem Auf und Ab von Spannung und Entspannung, von Erfolg und Enttäuschung bald bis auf den Rest verbraucht sind, packt er wieder fest zu. Er muss das Widerwärtige bezwingen!

Als er den hundertdreißigsten Versuch hinter sich hat, ist der Fehler beseitigt, das Glas hält der Luft stand.

Jetzt erst ist der Erfolg sicher, und es kann weitergedacht werden. Von da an begannen die Tatsachen so bestimmt zu wirken, als wollten sie den Menschen vorschreiben, was zu tun sei. Eins ergab sich zwingend aus dem anderen. Zeiß wurde überrannt und mitgerissen. Der Ablauf der Dinge trug sein eigenes Gesetz in sich.

Schott siedelte nach Jena über; denn ihm war klar, dass er nur in engstem Zusammenwirken mit Abbe die Arbeit am Glase vortreiben könne. Die räumliche Nähe erleichterte den Gedankenaustausch und steigerte die Kraft des gemeinsamen Wollens.

Nun waren sie zu dritt, der Mechaniker, der Physiker und der Glastechniker. Aus ihrer Zusammenarbeit stieg nicht nur ein neues Zeitalter des Glases heraus, sondern die Optik wurde überhaupt erst fähig zu den umstürzenden Leistungen der kommenden Zeit. Nichts, was in Zukunft irgendwo auf diesem Gebiete geschah, ist ohne die drei Wegbereiter denkbar: Zeiß, Abbe und Schott, Helden des Willens.

Im Januar 1882 fand die entscheidende Besprechung der Glaspioniere in Jena statt. Schott hatte seine Heimat verlassen, um sich in der unmittelbaren Kraft seiner einunddreißig Jahre in engster Zusammenarbeit mit Abbe der Sache des Glases hinzugeben.

Nun saßen sie in des Meisters Büro und besprachen die Lage, Zeiß, Abbe, Schott und Doktor Roderich Zeiß. Es fiel kein überflüssiges Wort. Jeder stand unter dem Eindrucke des Wagnisses, das vor ihnen lag.

„Der Schritt vom Versuch zur Fabrikation kann meiner Meinung nach nicht sofort und unmittelbar getan werden. Mir scheint es geraten, erst noch ein Mittelglied in die Entwicklung einzuschieben." Abbe wartete die Wirkung seiner Worte ab. Der Meister sagte nach einer Weile ruhigen Überlegens:

„Vor allem gebe ich zu bedenken, dass ein Hüttenbetrieb, wie er geplant und notwendig ist, gar nicht aus den Mitteln unserer Werkstätten allein aufgebaut werden kann. Deshalb begrüße ich Ihren Vorschlag einer Zwischenlösung. Sie wird uns Zeit geben, die eigenen Erfahrungen in Hinsicht auf die Fabrikation anzureichern und Ausschau zu halten nach Geldgebern, die ohne Rücksicht auf Wert und Ertrag die Sache um des Fortschrittes willen unterstützen; denn der vollständige Umbruch des Hüttenwesens, wie er wohl die Folge sein wird, geht die Öffentlichkeit, geht den Staat mehr an, als mancher zunächst zugeben wird. Ich bin für ein bedachtes Hintereinander. Es ist noch nicht abzusehen, ob ein solches Unternehmen jemals Nutzen

abwerfen wird. Überlegen Sie, was es heißt, aus winzigen Versuchsergebnissen technisch verwertbare Produkte zu entwickeln"
Die kluge Vorsicht Abbes und Zeißens legte dem Ungestüm Schotts Zügel an. Sein Wagemut wurde eingeengt durch ihre Mäßigung. Es hätte seinen Wünschen eher entsprochen, wenn man sich sofort zum Hüttenbau als einer endgültigen Lösung würde entschlossen haben. Er machte ein paar karge Einwände, konnte aber nicht durchdringen. Zeiß als kluger Geschäftsmann und Abbe, der mit unendlich feinem Gefühl für die inneren Gesetze alles Voranschreitens wenig geneigt war, Entwicklungsstufen zu überspringen, schlugen die Gründung eines glastechnischen Laboratoriums als Zwischenstufe vor.

Es wurde ausgestattet mit einer Geldeinlage von 35.000 Mark und sollte mit aller Beschleunigung arbeitsfähig gemacht werden. An der Straße zum Weimar-Gera-Bahnhofe fand sich ein Schuppen, der geeignet erschien, das Laboratorium aufzunehmen. Schotts Arbeitseifer fing an zu sieden. Bestellungen gingen in die Welt hinaus. Kisten kamen an, Handwerker bauten und richteten ein. Der Glasdoktor trieb zur Eile. Die Einrichtung, die er schuf, war doch schon etwas ganz anderes als die Ecke in der Glashütte seines Vaters.

Bald sah es in dem Schuppen wirklich aus wie in einer wissenschaftlichen Forschungsstätte. Im Hochgefühl der vor ihm liegenden Möglichkeiten ging Schott an die Arbeit. Die Jenenser wussten mit dem, was sich da hinter verschlossenen Türen abspielte, wenig anzufangen. Sie spürten den Drang fremden Geschehens, schüttelten die Köpfe und stellten mit Verwunderung fest, dass die Zeiß-Werkstätten schon weit über zweihundert Leute beschäftigten; dass die Zeißianer mit ihren guten Löhnen das Wirtschaftsleben der Stadt spürbar belebten, war all den Schustern, Schneidern, Fleischern und Bäckern mehr als recht.

Aber die Sicht in den inneren Kreis des Geschehens blieb ihnen verschlossen. Mit der Zeit gewöhnten sie sich daran, aus der Wirkungswelt der optischen Werke immer Neues und Anderes hervorbrechen zu sehen. Und nun gar das geheimnisvolle Werkeln und Schaffen in dem Schuppen am Bahnhofe. Da war wieder ein neuer Mann aufgetaucht, Schott solle er heißen, und ein Studierter wäre er auch. In der ersten Zeit hatte Gustav, das Faktotum des Glasdoktors, wahren Stürmen von Neugierde standzuhalten. Seinen Mangel an Einsicht in das, was überhaupt geschehen sollte, verdeckte er mit überlegener Geheimnistuerei, die viel mehr ahnen ließ, als er wusste.

„Glas wollen die beiden machen", hieß es, „wenn sie mit ihrer Bude bloß nicht eines Tages in die Luft fliegen." Die Nachbarschaft kriegte Sorgen.

Und Gustav, ein Jenaer Original, von dem kaum jemand in der Stadt den Zunamen wusste, sonnte sich im wachsenden Bewusstsein seines Eingeweihtseins in wichtige Geheimnisse. Das plattfüßige, mickrige Männchen stand an der Wiege des Jenaer Glases und wusste sich durch stille Geschäftigkeit und wendige Geschicklichkeit dem Glasdoktor unentbehrlich zu machen.

Der ließ sich hochtragen von der Gewalt seiner Pläne. Das Glas musste ihm untertan werden. Kam es nicht wie die Wollust eines Machtrausches über ihn, wenn er an das Ziel dachte: ‚Es wird dahin kommen, dass man ihm jede gewünschte Eigenschaft planmäßig aufzwingen kann! Eines Tages muss es jeder Absicht untertan sein. Dann sind wir heraus aus der tastenden Erfahrung, aus dem Glasmittelalter und meistern die Glaswissenschaft.'

Von herrlichen Glasträumen ließ sich Schott in die Zukunft tragen. Da waren alle Rätsel des spröden Werkstoffes gelöst. Im Hochflug seiner Gedanken schwang er sich über die Enttäuschungen der nächsten Zeit kühn hinweg.

Das war die Gegenkraft in seinem Ringen mit der Sache. Der Schöpfer kostbarer Gläser wurde zum Glasdichter, zum Glasschwärmer.

Die neuen Aufgaben reizten ihn zum Einsatz größerer Kräfte. Und weil er der Mann war, der den Gläsern ins Herz sah, griff er in seiner Art mit überlegener Sicherheit sofort nach dem Richtigen. Trotz manchen Umweges, mancher Kurve und hemmenden Ecke ging die Arbeit überraschend schnell vorwärts. Zwischen den kahlen Wänden des Schuppens, unter dem gewichtigen Beistande Gustavs wurde das Glas zum andern Male geboren.

Schott erzwang der wissenschaftlichen Optik den gemäßen Werkstoff und trotzte der Natur manches ihrer wertvollsten Geheimnisse ab.

In den neuen Häfen konnten bereits Mengen von zehn Kilogramm ausgeschmolzen werden. Bei dieser Arbeit wurden die Grundlagen für die Technik der Herstellung von Glasflüssen in noch größeren Ausmaßen gefunden. Die Zeit im Laboratorium war reich an höchsten Spannungen und befreienden Lösungen.

Leistung und Wagnis wurden Segen und Erfolg. Der in Jahrhunderten erstarrte Begriff „Glas" geriet durch die Wissenschaft in Unruhe und Bewegung und wurde von Schotts Entdeckerwillen zu neuen Darstellungsformen gezwungen.

Was sich beim Versuch in Witten als richtig erwiesen hatte, änderte sich auch in Jena nicht.

Abbe ließ die ersten Linsen aus Borat- und Phosphatgläsern schleifen und in Objektive einsetzen. Da kamen Tage, an denen alle, die um die Dinge wussten, den Atem anhielten. Die Boratgläser brachten die vollkommene Aufhebung der sekundären Farbabweichung.

Es war eine große Stunde, als Abbe den Glasschuppen betrat, Schott vom heißen Ofen wegzog und ihm im Fauchen der Gebläseluft zurief: „Der vorausberechnete Fortschritt in der Bildschärfe ist erreicht. Die wissenschaftliche Schmelzkunst hat gesiegt!"

Nun war alles Zahl und Formel geworden, Licht und Glas unterwarfen sich dem Gesetz der Wissenschaft und mussten den denkenden Menschen als Herren und Meister anerkennen. Die Folgen für den Ausbau der Optik in allen ihren Erscheinungsformen waren noch nicht abzuschätzen.

Abbe ahnte den Umschwung, als er in einer Aussprache mit Zeiß meinte: „Erst jetzt haben wir ein Recht, zu sagen, wir stehen an einem Wendepunkte der neuzeitlichen Biologie. Damit hat das Laboratorium erfüllt, was wir von ihm erwarteten. Wissenschaftlich und technisch steht der Gründung einer Hütte nichts mehr im Wege."

Des alten Meisters Gedanken traten nach innen; er schwieg. Es war ihm mehr Erfolg beschieden, als er jemals zu hoffen gewagt hatte.

Nun ließ er die Hand über den weißen, vollen Bart gleiten und dachte nach. Dankbarkeit erfüllte sein Herz. Aber die Klugheit des Alters und die Vorsicht des erfahrenen Geschäftsmannes ließen ihn behutsam, wie im Selbstgespräch, Worte reden, die Abbe zu denken gaben:

„Gut, gut, Herr Professor, alles richtig. Wird sich aber eine Hütte rentieren, wenn wir mit einigen Pfund von dem neuen Glase unseren Bedarf an Linsen auf ein paar Jahre hinaus decken können?"

„Beinahe sechshundert Systeme sind in der letzten Zeit bestellt worden. Die meisten gehen nach England und Amerika. Was können Sie bei Anspannung aller Kräfte leisten?"

Löber überlegte. „Im günstigsten Falle hundertfünfzig Stück im Monat, Herr Zeiß. Wollen wir nicht schludern, dann wird sich kaum mehr erreichen lassen."

Wenn Löber so sprach, gab es für Zeiß keine weiteren Einwendungen. „Dann werden wir die Besteller eben hinzögern müssen, so gut es geht. Das trägt uns natürlich wieder allerlei Beschwerden ein. Aber es lässt sich nicht ändern. Ich lege sie zu den übrigen aus Manchester, Cambridge, Oxford und wo sie sonst noch her sind.

Seit Koch den Tuberkelbazillus mit einem unserer Instrumente entdeckte, ist die Forschung in ein reines Bazillenfieber geraten. An allen Weltecken wird die Jagd auf das Zeug eröffnet. Wir sollen den Jägern die Waffen liefern und kommen bei der sich steigernden Menge der Aufträge einfach nicht mehr nach. Herr Professor Abbe ist auf einigen Tage nach Berlin gefahren, um im Preußischen Ministerium über die geplante Glashütte zu verhandeln. Ein Stoß englischer Briefe hat sich unterdessen angesammelt. Nur er kann sie lesen. Doktor Schott probiert einen neuen Rührmechanismus aus und macht Versuche mit Thermometerglas. Wir stecken bis über die Ohren in Arbeit.

Dann ist heute früh die neue Preisliste fertig geworden. Setzen Sie sich, bitte, Löber."

Der Meister bückte sich, nahm ein Exemplar von einem Stapel, der neben dem Schreibtische stand, und gab es dem alten Mitarbeiter.

„Ein richtiges Buch ist mit den Jahren entstanden, achtzig Seiten Druck. Fünftausend Stück sind hergestellt worden, und jedes kostet beinahe vier Silbergroschen. Vielleicht tun wir gut, mit dem Versand noch zu warten; denn daraufhin eingehende Bestellungen könnten, wie so viele andere, nicht sofort erledigt werden. Kaum sind die neuen Werkräume bezogen, da genügen sie schon nicht mehr ..."

„Was ich Ihnen neulich schon sagte, Herr Zeiß, betone ich auch heute wieder, wir müssen einen Teil unserer zuverlässigsten Leute in Heimarbeit beschäftigen und versuchen, in der Nachbarschaft leerstehende Räume zu mieten, denn die Neubauten werden den ansteigenden Bedürfnissen nach Ausdehnung immer hinterherhinken. Vielleicht können Teile der bestellten Instrumente vorübergehend auch einmal nach auswärts in Auftrag gegeben werden, sodass wir sie hier nur zusammensetzen und ihnen den letzten Schliff geben."

So war die Arbeitslage am Anfange der achtziger Jahre. Auf jedem der leitenden Männer ruhte eine Last Verantwortung. Der Weltbedarf an optischen Geräten schlug sich zunehmend in Bestellungen auf Zeißens Schreibtische nieder. Die Kunde von den neuen Gläsern war den Verhältnissen schon vorausgeeilt und ließ die Optiker aufmerken. „Was sind das für Leute in Jena?" fragte sich mancher. „Es scheint keine Ruhe vor ihnen zu geben. Erst werfen sie mit Abbes Formeln die ganze Pröbelei über den Haufen und nun dazu noch ein neues Glas."

Es gab Neider und begeisterte Anhänger; denn gerade die Sorge um bessere optische Gläser lag manchem Unternehmer wie ein Alpdruck auf dem Herzen. Aber keiner wagte sie ernsthaft anzupacken und schleppte verdrossen die Abhängigkeit vom Auslande wie ein gewohntes Übel weiter.

Aber die drei Glasgewaltigen von Jena fassten zu. Sie wollten die Lösung über das Laboratorium hinaus bis zur Hütte erzwingen. Abbe überlegen, mit dem sicheren Instinkt für jeden Schritt, der nützen konnte; Schott hingegeben und besessen von der Größe der erwarteten Leistung. Zeiß über alle Bedenken und Hemmungen hinaus gläubig mitgerissen und zu neuen Opfern bereit.

Diese Zeit des Aufbaues verlangte von jedem Leistungen die alle gewöhnlichen Maße weit überstiegen.

Abbe wurde Unternehmer, schuf den wissenschaftlichen Überbau für eine neue Industrie, arbeitete ruhelos an wegweisenden Erfindungen und hielt mit der Treue des verantwortungsbewussten Gelehrten seine Vorlesungen an der Universität. In ungezählten stillen Nächten, beim Scheine der Lampe, wenn alle schliefen, wachte er und schaffte.

Die schöne, bunte Welt mit der Fülle ihrer Verlockungen und Reize, mit Kunst und Rausch, zog sich vor dem stillen, gütigen Manne zurück und so sah er sie kaum noch. Eingesponnen und unscheinbar lebte er im Kreise des eigenen Seins, seiner Arbeit; ein Diener am Werke, zielsicher und hart mir sich selber. Der Sinn für den schönen Schein, der vieles auslockert und mildert, ging ihm verloren.

Als ihm das Geld in größeren Mengen zufloss, blieb er ohne Gefühl für seine Macht. Er verzichtete auf sein Professorengehalt, und wer in einer gerechten Sache hilfesuchend zu ihm kam, der ging niemals enttäuscht wieder fort.

Unauffällig und schlicht blieb die Lebenshaltung seiner Familie, der er der beste Vater war. Aus ihrem Schoße strömte ihm so viel Freude und Aufmunterung zu, wie er nötig hatte, sein aufreibendes Leben zu erfrischen und zu ergänzen. Frau Else war der gute Geist des Ausgleichs und wusste in unermüdlicher Fürsorge ihres Mannes äußeres Dasein so überlegen zu lenken, dass ihm alle Sorgen um die kleinen Dinge des Alltags vollständig abgenommen waren. Das konnte sie, weil sie groß und weit genug war, den hohen Bogen zu überschauen, der Abbes Leben trug.

Gesellschaftliche Verpflichtungen wagten ihn nicht mehr zu stören; wie Schatten zogen sie von ferne vorüber. Frack und Zylinder waren abgeschafft. Was das Denken ihm als richtig verschrieb, das wurde Maß und Ziel seines Handelns.

Mit der Zeit entwickelte er für seinen Anzug eine Zweckform, die sich ihm wesenhaft verband. Er trug einen altväterischen langschößigen Rock, darunter eine hochgeschlossene Weste, über die ein schneeweißer, weicher Hemdkragen hinwegfiel. Dadurch wurde die lästige Krawatte überflüssig.

Wie das tägliche Brot hatte er die Gesellschaft seiner Freunde nötig. Er hat wohl nie einen enttäuscht. In ihrer Runde, auf Spaziergängen und im Hause erlöste er sich von der Einseitigkeit seiner Stille; dann sprangen die schäumenden Brunnen seines Witzes auf und quollen über; dann wusste er in geistreicher Führung kluge Gespräche zu lenken.

Die Angewohnheit der Astronomen, nachts zu wachen, ließ ihn mit einem Mindestmaß von Ruhe auskommen. Die quälende Schlaflosigkeit, an der er zeitweise litt, mehrte die Menge seiner ruhelosen Nächte. Und wenn ihn die Besessenheit einer Arbeit überfiel und der Körper einmal nach Schlaf und Entspannung schrie, dann zwang er sich zum Wachsein. Kaffee und Tabak wurden ihm zunehmend unentbehrlicher.

Auf solche Zeiten folgten oft Zustände von Erschlaffung; dann waren alle Reserven erschöpft, und der ersehnte Schlaf blieb aus. Wie nahe lag da die Versuchung, nach einschläfernden Mitteln zu greifen!

Die gesunden Mannesjahre ließen ihn dies alles ohne erkennbaren Schaden ertragen. Die Nacht blieb Abbes Freundin und schenkte ihm Antworten auf entscheidende Fragen, die der Tag aufwarf. Sie streute aus ihrem Schatten die Ergebnisse schwieriger Berechnungen auf das weiße Papier, vor dem er grübelnd saß, und drückte ihm vollendete Prägungen für heiß umworbene Erkenntnisse in das suchende Hirn. Behutsam räumte sie mit hilfreichen Händen die Hindernisse aus der Bahn, auf der die Arbeit um Wohl und Wehe von Werk und Wissenschaft vorangetrieben werden sollte. Sie ließ den irrenden Mann gläubig werden und gab ihm nach leisem Schwanken gütig helfend, die innere Sicherheit zurück. Ohne Aufhören hielt sie ihn wach in der Verantwortung, sein empfindliches Ich in Beziehung auf die Umwelt zu erleben. Der Wächter über dem Werke, das der Menschheit die Augen in alle Höhen und Tiefen öffnete, durfte nicht schlafen.

Schott versank in die Abgründe gesunder Ruhe nach den Zeiten auszehrenden Schaffens und stand erfrischt wieder auf.

Zeiß schlief den Schlaf des gerechten Mannes.

Abbe wachte und blieb Wille und Gewissen des wachsenden Werkes.

Kapitel 22

Die drei Männer waren sich einig, dass sie die Glashütte nicht mit eigenen Mitteln errichten konnten. Die laufenden Kosten für die Werkstätten und ihre Einrichtung ließen das nicht zu, und keiner verfügte über genügend Vermögen, das er hätte zuschießen können.

Aber auch da fand sich ein Ausweg, der Erfolg verhieß.

Es waren noch andere Leute in Deutschland, die Glassorgen hatten. Schon im Jahre 1880 gab der Berliner Astronom Wilhelm Förster in einer Denkschrift der Preußischen Regierung die Anregung zur Gründung einer Anstalt für die Herstellung von Gläsern zu wissenschaftlichen Zwecken. Er dachte dabei vor allem an Thermometerglas, weil er in seiner Eigenschaft als Direktor der Normal-Eichungs-Kommission die Unzuverlässigkeit aller Wärme- und Kältemessung kannte, denn es gab noch kein Glas, das den besonderen Anforderungen des Thermometerbaues genügte. Eine ganze Industrie hing in der Luft. Försters Mitarbeiter war Doktor Wiebe, ein Jugendfreund Schotts.

Beide kamen in einen sachlichen Briefwechsel, in dessen Verlaufe Wiebe den Freund aufforderte, nach einem brauchbaren Thermometerglase zu suchen. Dabei erfuhren Abbe und Zeiß Försters Pläne über die Gründung einer glastechnischen Staatsanstalt in Preußen, und Wiebe versäumte keine Gelegenheit, seinen Vorgesetzten von dem Stande des Kampfes um neue Gläser in Jena zu unterrichten.

Über Schott und Wiebe kamen auch Förster und Abbe miteinander in Verbindung, sahen gemeinsame Aufgaben und einigten sich, beim Preußischen Staate um eine Unterstützung nachzusuchen, die die Gründung der Hütte in Jena fördern sollte, denn die Genehmigung einer Staatsanstalt hätte, das sah Förster ein, noch jahrelang auf sich warten lassen, und in Jena war alles bereit, den Schritt vom Laboratorium zur Glashütte zu wagen.

Schon im März 1882 arbeiteten Abbe und Schott eine Denkschrift an das Preußische Kultusministerium aus. Sie enthielt eine eingehende Darstellung des augenblicklichen Standes der Schmelzkunst überhaupt, schilderte dann die Versuche Schotts in Witten und ihre Fortführung im Jenaer Laboratorium und warb zuletzt um eine staatliche Beihilfe für den weiteren Ausbau des glastechnischen Unternehmens in Jena.

Hinter den nüchternen Sätzen der Denkschrift brannte der heiße Wille zweier Männer, denen die Wissenschaft über allem Nutzen stand. An die wirtschaftlichen Grenzen der Weiterführung ihrer Arbeit geschoben, suchten sie nach Mitteln, die Hemmungen zu überwinden.

Es entsprach durchaus der Selbstlosigkeit ihres uneigennützigen Denkens, als sie am Ende ihrer Ausführungen schrieben:

„Denn wir haben diese Arbeit von Anfang an als eine rein wissenschaftliche Aufgabe behandelt, ohne die Absicht auf persönliche Vorteile – wie es denn zu unseren ersten Verabredungen gehört, dass beim einstigen Abschluss der Untersuchung alle Ergebnisse rückhaltlos veröffentlicht werden müssen, und dass auch nichts davon der allgemeinen Benutzung durch Patente entzogen werden darf."

Dieser Satz war ein leuchtendes Beispiel für den hohen Stand der sittlichen Kräfte, die in Jena hinter allem Schaffen standen und bewiesen, wie eine Sache um ihrer selbst willen getan werden müsse.

Dies muss umso mehr bedacht werden, da in jener Zeit der industriellen Umwertung aller Werte, Erfindungen und Patente oft die Grundlage zu gewaltigen Vermögen wurden. Gelddynastien gründeten ihre Macht auf die Beherrschung von Rohstoffen und Patenten die ihnen ungeheure Werte in die Hände trieben.

Nach vorsichtigem Abschätzen und Abtasten der Lage reichte Förster die Denkschrift im Juli an den preußischen Kultusminister von Goßler ein. Das Begleitschreiben würdigte in knappen Sätzen die Notwendigkeit einer wirksamen Hilfe und zeigte, wie richtig Förster die Jenaer Bestrebungen erkannte.

„Bei näherem Zusehen indessen – und die Denkschrift der Herren Abbe und Schott spricht dies auch unverhohlen und eindrucksvoll an mehreren Stellen aus – ergibt sich, dass zwar in einem gewissen *status nascens* derartiger Arbeiten rein private Bestrebungen und individuelle Geistesarbeit unentbehrlich und ausreichend sind, dass aber nach der Natur der in Rede stehenden Probleme für private Arbeit sehr bald eine Grenze eintritt, über welche hinaus sie allein der Weiterführung der Aufgabe nicht gewachsen ist, weil die sozusagen säkularen Probleme auch eine Zusammenfassung der materiellen Kräfte großer Gemeinschaften erforderlich machen."

Abbe reiste nach Berlin, die Lage zu sondieren und vorzufühlen an welchen Stellen die Angelegenheit festhing und vorwärts gebracht werden musste, denn ihm brannte, genauso wie Zeiß und Schott, eine sich stetig steigernde Verschärfung der Lage auf die Finger. Die Versuche im Laboratorium konnten als abgeschlossen angesehen werden. Darüber hinaus war nur noch die Gründung der Hütte möglich und notwendig. Aber dazu kam es nicht, weil das Geld fehlte.

Nun setzten die Dreie alle Hoffnung auf Preußen. Aber da ließ sich bei allen Vorteilen, die die Lage verhieß, nichts beschleunigen. Der Amtsschimmel trottete mit steifen Knochen nur mühselig vorwärts und hielt sich an den einzelnen Stationen seines Weges ungebührlich lange auf. Abbes Versuche, seinen sturen Schritt zu beschleunigen hatten keinen merkbaren Erfolg.

In Berlin hatte Abbe Verhandlungen mit dem für das Schicksal der Denkschrift zuständigen Geheimrat Wehrenpfennig zu führen gehabt. Die beiden Männer lernten sich gegenseitig schätzen, trotzdem die ersten Besprechungen schon herausstellten, dass sie im Weltanschaulichen Abgründe voneinander trennten. Aber sie waren beide weit genug, die taktvolle Abgrenzung zum anderen nicht mit Werturteilen zu verbinden, einander nicht überzeugen zu wollen und sich nicht lästig zu werden mit nutzlosen Bekehrungsversuchen. Einer achtete den anderen und nahm ihn hin als eine der möglichen Seinsformen in der unendlichen Vielgestaltigkeit des Lebens.

Die sittliche Kraft, aus der sich das Denken und Handeln beider nährte, verband den preußischen, konservativen Geheimrat mit dem weltoffenen, beweglichen Professor und ließ mit den Jahren eine immer fester begründete Freundschaft entstehen.

Wie oft mag Wehrenpfennig den Kopf geschüttelt haben, wenn ihm Abbe in späterer Zeit seine umstürzenden sozialen und wirtschaftlichen Pläne entwickelte! Aber er hielt dem Gelehrten und Unternehmer die Treue, weil er groß genug war, das andere als einen möglichen

Weg zu erkennen, der nur abwich von dem, den er selber im gegebenen Falle gegangen wäre.

Abbe durfte hoffen, nach der Aussprache mit einem so wohlwollenden Manne, seine Sache gefördert zu sehen.

Im Sommer 1888 kündigte Wehrenpfennig seinen Besuch in Jena an. Das wurde ein großer Tag für das Werk. Zeiß, Schott und Abbe waren sich klar darüber, dass von den Eindrücken, die der Geheimrat an ihm sammeln würde, die Entscheidung über die erhoffte Unterstützung abhing.

Die Sommersonne glühte, als der Gast aus Berlin eintraf. Auf den Feldern bissen die Sensen ins Korn, und die ersten Erntefuhren wankten in die Stadt hinein.

Nach der erschlaffenden Reise ließ es sich der Geheimrat nicht nehmen, noch am gleichen Tage das Werk und vor allem das glastechnische Laboratorium zu besichtigen. Eine Flut von Eindrücken stürzte ihm entgegen. Trotz der Hitze stieg er unverdrossen treppauf, treppab und sah ein paar Hundert Menschen kostbare Werte schaffen. Aus den kühlen Kellern bis hinauf auf das Dach, wo in flachen Glasschalen das Zedernholzöl für die Immersionen im Sonnenlichte gebleicht wurde, kletterte der Gast und beobachtete mit wachsender Anteilnahme das sinnvolle Nacheinander der vielfach geteilten Arbeitsschritte.

Von Raum zu Raum erlebte er die einzigartige Höhe der wissenschaftlichen Optik, wie sie Abbe theoretisch festgelegt und Löber in die Wirklichkeit umgesetzt hatte. Dabei wurde ihm klar, dass eben nur Männer wie Zeiß und Abbe in der Lage waren, so unbeirrt auf ein Ziel vorzustreben und jedes Hindernis umzurennen, das ihnen die Bahn verstellte, auch wenn sie sich dabei selber im Wege standen und die härtesten Widerstände im eigenen Innern niederringen mussten.

Als sie am späten Nachmittage das Werk verließen und sich zu dritt auf den Weg zu Schott ins glastechnische Laboratorium machten, schwieg Wehrenpfennig und gab sich ganz den Eindrücken hin, die er in den Werkstätten empfangen hatte.

Abbe und Zeiß hatten ihn in die Mitte genommen und warteten auf irgendeine Frage. Aber der Geheimrat in seinem schwarzen Anzuge, mit der hellgrauen Glocke auf dem Kopfe und dem gebauschten Allwetterschirme in der Hand, sagte nichts und erschrak beinahe, als ihm das Fauchen des Gebläses im Laboratorium in die Ohren fuhr.

In wenigen Sätzen machte ihn Schott mit dem Stande seiner Arbeiten bekannt und zeigte ihm Glasplatten, aus denen Fernrohrobjektive von vier bis fünf Zoll Öffnungsweite geschliffen werden konnten.

„Soweit reichen die Schmelzungen unserer Versuche im Laboratorium", sagte Schott und hielt eine der an zwei schmalen Seiten blankpolierten Platten gegen das Licht.

„Wie reines Wasser", meinte der Geheimrat.

„Ein paar tadellose Scheiben in Kron und Flint für ein Objektiv von zwanzig Zentimeter Durchmesser kosten bei Chance in Birmingham vierhundertfünfzig Mark. Bei dreißig Zentimetern fordert er schon viertausendvierhundert Mark, und für fünfzig Zentimeter Durchmesser beträgt der Preis zehntausend Mark. Wir wären bei entsprechenden Einrichtungen durchaus in der Lage, Platten in diesen Größen und darüber hinaus herzustellen. Unsere Gläser sind unter allen Umständen besser als die französischen und englischen, und, Herr Geheimrat, die Hütte würde uns freimachen vom Auslande. Das dürfte eine nicht zu unterschätzende Veranlassung zu ihrer Gründung sein. Haben Sie die Güte, den Herrn Minister besonders darauf hinzuweisen."

Gustav, das Faktotum, schaukelte auf seinen Plattfüßen unruhig im Raume auf und nieder; er war sich der Bedeutung der Stunde bewusst und ließ beinahe ein paar Glasröhren fallen, die ihn Schott zu bringen bat. Wehrenpfennig legte die Platte beiseite und nahm dem dienernden Gehilfen eine Röhre aus der Hand.

„Etwas von den Versuchen, ein neues Thermometerglas auszuschmelzen", sagte der Glasdoktor. „Theoretisch ist das Ziel eine Masse, die ihre Ausdehnung nicht ändert, weder bei Kälte, noch bei Wärme. Erst dadurch sind im wissenschaftlichen Sinne genaue Messungen möglich. Sollten wir auch nur in die Nähe des absoluten Zieles kommen, dann stünde die Thermometerindustrie vor einem nicht zu überblickenden Aufschwunge, und die Wissenschaft könnte mit Thermometern arbeiten, die erst dann verdienen, ernstgenommen zu werden."

„Und Sie meinen, mit den von Ihnen aufgestellten Theorien diesen Nullpunkt der Empfindlichkeit wirklich zu erreichen?"

Wehrenpfennig sah Schott prüfend an. Er zweifelte nicht an des Glasdoktors Können, wollte aber einen Einblick in Wesen und Haltung des Mannes gewinnen, für den er dem Minister gegenüber gutsagen sollte.

„Für den Forscher gibt es kaum ein Unmöglich. Jeder Fehlschlag wird ihn aufstacheln zu entschiedenerer Arbeit, und die erreichten Annäherungswerte beweisen nur, dass er auf dem richtigen Wege ist und weiter zu suchen hat. Die unbedingte Folgerichtigkeit der optischen Theorien des Herrn Professor Abbe kann nur dann in die Wirklichkeit umgesetzt werden, wenn ein entsprechendes, man möchte sagen, absolutes Glas vorhanden ist. Die Optik stellt die Aufgaben, die wissenschaftliche Glasschmelzerei hat sie zu lösen. Die Versuche um ein neues Thermometerglas sind nur ein Beweis für die Tatsache, dass eine Hütte, wie sie uns vorschwebt, Anregungen aus allen nur möglichen Gestaltungsgebieten menschlicher Arbeit empfangen wird, und dass wir erst am Anfange der Zeit stehen, die aus dem Glase einen gefügigen Werkstoff machen kann. Die Mannigfaltigkeit der aus den verschiedenen Notwendigkeiten entwickelten Glasarten ist unbegrenzt, wenn wir das Gesetz der Mischung in die Hand bekommen. Und das werden wir, Herr Geheimrat, dafür bürgen die Namen Abbe und Zeiß."

Schott war bei den letzten Sätzen lebendig geworden und sah den zurückhaltenden Geheimrat mit strahlenden Augen an.

„Dass wir im Augenblicke nicht weiterkommen, liegt nicht an der Entwicklungsfähigkeit unserer Theorien, sondern einfach am Gelde. Und Ihr sehr erfreulicher Besuch ist uns ein Beweis für die kluge Einsicht des Herrn Ministers."

Mit welchem von den drei Männern in Jena der Geheimrat auch sprach, es war immer dasselbe: Jeden trug die unerschütterliche Gewissheit, dass seine Sache gut und richtig sei, und alle drei standen zueinander in vorbehaltloser Treue um des Werkes willen. Da war nichts von Übertreibung, überspannten Hoffnungen und verlockendem Spiele mit den Möglichkeiten der Technik. Zeiß, Abbe und Schott sahen ehrlich alle Grenzen, gaben sich keinen Wunschträumen hin und verhießen keinen Augenblick mehr, als sie halten konnten.

So wurde dieser Tag für den Geheimrat auch im Menschlichen ein Erlebnis.

Hin und wieder strich er mit seiner weißen Hand über den gepflegten Vollbart und hätte gern öfter ein Wort der Anerkennung gesagt. Aber die stille Würde alles dessen, was er erlebte, ließ ihn schweigen und vertiefte die Verpflichtung zum Handeln.

Kapitel 23

Die Sonne sank, als Abbe mit dem Geheimrat unter die alten Bäume des Schillergartens trat. Frau Else lief den beiden entgegen, begrüßte den Gast und stellte ihm die Kinder vor.

„Sie werden müde sein, Herr Geheimrat", sagte sie, „ich kann mir denken, was man Ihnen heute aufgebürdet hat, kenne ich doch unsere Männer." Sie lachte. Wehrenpfennig nickte. „Da gibt es nur eins", meinte sie im Weitergehen, „mitmachen."

Der Gast blieb stehen und holte tief Luft: „Ach, ist das schön, die Stille, der Duft und dann noch irgendetwas, das man nicht in Worte bringen kann."

In der Veranda hatte sie den Abendtisch gedeckt. Der Geheimrat ließ sich, wohlig ermüdet, in einen bequemen Stuhl fallen. Jetzt erst merkte er, wie ihn der Tag beansprucht hatte.

Nach dem Abendessen lud ihn Abbe zu einer zusammenfassenden Aussprache in sein Arbeitszimmer ein. Alle Fenster waren geöffnet. Die Männer rauchten und Frau Else deckte den alten Steintisch unter den flüsternden Wipfeln.

„Heute ist mir klar geworden, warum Herr Doktor Schott den ihm in Aussicht gestellten Ruf an eine Staatsanstalt ablehnte, ablehnen musste." Er lächelte. „Es wäre Frevel, das würdige Kleeblatt zu zerpflücken. Was in meinen Händen liegt, Herr Professor, will ich tun. Ihr Gesuch muss aber, auch wenn es der Herr Minister vorbehaltlos gutheißt, erst dem Landtage vorgelegt werden. Seine Erfüllung ist auf der letzten Station der umständlichen Reise dem Einflusse und der Entscheidung von Leuten ausgesetzt, deren Meinung wir weder kennen noch bestimmen können."

Er schnippte mit den Fingern.

„Die *vox populi* ist immer eine unzuverlässige Angelegenheit, Herr Professor. Uns wäre lieber, wir könnten morgen sagen: Genehmigt."

Diese Worte hörte Frau Else, als sie ein Tablett mit Weingläsern hinübertrug zu dem Steintische unter den hohen Bäumen. Sie stutzte einen Augenblick, als wollte sie abwarten was ihr Mann entgegnen würde, denn sie kannte seine kämpferische Haltung, wenn es um Rechte des Volkes ging. Aber Abbe schwieg, und sie schritt mit den klingelnden Gläsern weiter.

Das letzte Sonnenlicht lag wie ein grüngoldener Schimmer auf den höchsten Wipfeln und die Dämmerung schlich durch die Büsche. Abbe führte seinen Gast zur Bank hinter dem Steintische, Frau Else trug eine kühle Bowle hinterdrein und füllte dann die Gläser.

„Auf das Wohl unseres Gastes", sagte sie und hob ihr Glas.

„Und auf das der Hütte und der Namen Zeiß, Abbe und Schott", erwiderte Wehrenpfennig und tat einen tiefen Zug.

Der Tag mit seinen Eindrücken schwang noch in ihm fort. Die Stille des Sommerabends mit der Milde der von ihr ausgehenden Reize trug wenig dazu bei, das Auf und Ab der Gedanken zu dämpfen. In des Geheimrats Kopfe liefen sie rastlos weiter und bestimmten die sich anspinnende Unterhaltung.

Glühwürmchen leuchteten auf und löschten aus. Die laue Luft trug den Ton der Glocke vom Stadtkirchturme herüber. Samten weich klang eine Flöte in der Ferne, und eine Amsel saß hoch oben über den dreien und konnte nicht zur Ruhe kommen.

„Bei der Fülle der Eindrücke wissenschaftlicher und technischer Art, die mir der heutige Tag vermittelte, ist mir dazu noch einiges aufgefallen Herr Professor, was Sie mir bitte erklären wollen."

„Und das wäre?"

„Es lässt sich schwer in Worte fassen, und Sie entschuldigen wenn ich ein wenig umständlich werde."

„Bitte", nickte Abbe.

„Alle Ihre Leute, denen ich heute zusah, machten einen so sicheren, selbstbewussten Eindruck. Ich hatte eigentlich gar nicht das Gefühl, Arbeitern in dem Sinne gegenüberzustehen wie er uns in der Regierung leider immer abträglicher zum Bewusstsein gebracht wird. Dieser aufbegehrende Stand, der augenblicklich mit Explosivstoff überladen zu sein scheint, macht allen Regierungen trotz verschärfter Gesetze und erweiterter Polizeimaßnahmen beängstigend mehr Kopfschmerzen. Die Niederhaltung des von üblen Demagogen unablässig geschürten Klassenkampfes erfordert laufend verstärkte Abwehrmaßnahmen. Es ist den Leuten in gewissem Sinne nicht zu verdenken, wenn sie um Erhöhung der Löhne und Verbesserung der Arbeitsbedingungen kämpfen. Das sollen sie mit den Unternehmern ausmachen; der Staat hat darüber zu wachen, dass dies alles reibungslos und ungefährlich abläuft. Aber vom Staate selber sollen die Leute die Finger lassen. Er ist unantastbar, auch wenn er sich täglich stärker gegen Eingriffe in sein inneres Gefüge wehren muss. Er darf nicht daran denken sich irgendwelchen Zufälligkeiten auszuliefern. Wir alle sind verpflichtet, ihn in der Unantastbarkeit seiner inneren Substanz zu verteidigen, seinen ewigen Gehalt nicht von der Masse verfälschen zu lassen, und …" Es war, als brach ein Gewitter aus dem so gesammelt erscheinenden Manne hervor, das aus versteckten Winkeln seines Wesens allerlei mitriss und fortspülte, was ihn bedrückte.

Die Erregung ließ ihn den Anfang des Gespräches vollständig vergessen.

Abbes Brillengläser funkelten im Scheine der Lampe, und Frau Else empfand die mit jedem Satze Wehrenpfennigs wachsenden Widerstände ihres Mannes. Was mochte kommen? Sie spürte die Grenze.

Abbe ließ den alten Herrn losdonnern. Die Güte seines Herzens gönnte ihm die Erleichterung. Er wartete mit Antwort und Entgegnung so lange, bis der Geheimrat zu Ende war.

Die Amsel sang noch immer, und auch die Flöte setzte zu neuen, übermütigen, beinahe spottenden Tonfolgen an.

Frau Else füllte die Gläser. Ruhig begann Abbe: „Das ist Schicksal, auf welcher Seite man steht und stehen muss, Herr Geheimrat. Ich will mich bei dem, was ich zu sagen habe, vom Politischen vollständig fernhalten. Es ist Ausweg, Folge, gleich, in welcher Form es auftritt."

Wehrenpfennig trommelte noch immer mit den Fingern auf dem weißen Tuche, das den Steintisch deckte und nahm dankend ein Stück Gebäck vom Teller, den Frau Else herumreichte.

„In unserer Zeit machen sich ungeheuer starke trennende Kräfte bemerkbar. Es ist, als müssten sich die Fronten erst klar gegenüberstehen, ehe wirksam von beiden Seiten aus Entscheidendes getan werden kann. Hier die Arbeitgeber, dort die Arbeitnehmer. Wir stehen mitten im Wirrsal der Klärung und im Brodel der Scheidung, und der Staat wird dazwischen zerrieben. Ich bin kein Prophet, kann aber trotzdem sagen, dass diese zersetzenden Tendenzen, wenn sie lange anhalten, für Wirtschaft und Gesellschaft eines Tages den unvermeidlichen Zusammenbruch bringen werden. Das raffende Kapital geht über Leichen. Die neuen Industriemagnaten sind Herrenmenschen, kalt, gewandt, elegant und schneidig. Sie wissen Entfernung zu halten zwischen sich und den Arbeiterheeren, die von ihnen abhängig sind. Es gibt nichts Gemeinsames zwischen ihnen und ihren Leuten. Von einem der bedeutendsten unter ihnen habe ich gehört, dass er hoch zu Ross, die Reitpeitsche schwingend, durch die weiten Hallen seiner Fabrik reitet.

Was hat es dann zu bedeuten, wenn einige auf den Gipfeln ihres Reichtums zur Besinnung kommen und ihre Härte und Enge mit Wohltaten zu mildern versuchen? In pharisäerhaften Stiftungen fließt den Schaffern das wieder zu, was ihnen bei grundsätzlicher Gerechtigkeit nicht abgenommen zu werden brauchte. Heute liegt der Arbeitsmann auf der Straße, morgen ruft ihn die Konjunktur wieder in die Fabrik. Heute schreibt sie ihm diese Löhne vor, morgen andere. Der Mann ist nur Werkzeug, Mahlgut zwischen den Mühlsteinen der Wirtschaft. Ängstlich hält er Ausschau nach Sicherungen auf diesem wetterwendischen Planeten und findet sich mit den Schicksalsgenossen zusammen, denen die gleichen Sorgen das Leben verbittern.

Wenn der Vernachlässigte seine Ansprüche vor den vollen Tischen der Reichen geltend macht, dann hat er das Recht gegen sich, weil es wohl den Besitzenden schützt, sein Eigentum hütet und mehren hilft, den Armen aber kaum in die mächtigen Arme einschließt. Es gibt viele Gesetze, aber wenig Gerechtigkeit. Der Arme steht draußen und ist dem eiskalten Sturme der Konjunkturen schutzlos preisgegeben. Das Gesetz blieb stehen, ist auch wenig deutsch, und hat für zwei Grundpfeiler menschlichen Zusammenlebens kaum Sinn, für den Grundsatz der gegenseitigen Hilfe und die lebensspendende und erhaltende Wirkung der Gemeinschaft, in der der Mensch das Maß aller Dinge ist, und nicht ein Bankguthaben." Abbe machte eine Pause.

Der Geheimrat hatte die Augen geschlossen und sich zurückgelehnt. Um die Lampenglocke her schwirrte es von Motten und Nachtschmetterlingen.

Frau Else war den Worten ihres Mannes mit steigender Besorgnis gefolgt. Die Aufrichtigkeit seines Wesens ließ ihn schonungslos offen reden.

Wehrenpfennig saß ihm wie ein Igel gegenüber, der alle Stacheln widerborstig von sich streckte. Jeden von Abbes Sätzen hätte er widerlegen können. Vielleicht würde er es unter anderen Umständen sogar für unbedingt notwendig gehalten haben, aus der hohen Sicht, zu der ihn sein Amt verpflichtete, die Anschauungen Abbes anzugreifen. Satz für Satz, Wort für Wort.

Aber er schwieg nur und seufzte. In Gedanken ging er noch einmal durch die Räume des Werkes und wunderte sich über die freie, freundliche Haltung der Leute, die weder dienerhafte Untertänigkeit, noch kraftmeierische Vertraulichkeit erkennen ließ. Und dabei arbeiteten sie mit einer Hingabe, die ihn in Erstaunen versetzte.

Abbe bot ihm eine Zigarre an, sie tranken und schwiegen. Der Mond stand über den Bäumen und in seinem weichen, blauen Lichte löste sich alles Trennende.

Bewegt sagte der Geheimrat nach einer Weile: „Das ist ein Tag voller Wunder, den ich nicht vergessen werde. Sagen Sie mir bitte noch eins, Herr Professor, ehe ich gehe, – allerdings möchte ich mich mit dieser Frage nicht in Ihr Vertrauen einschleichen – was müssen Sie hinter sich haben, ehe Sie so sprechen konnten wie vorhin?"

Abbe war nach der Schärfe seiner Worte wie verwandelt.

„Es ist wenig und doch alles, Herr Geheimrat. Ich selber habe in meiner Jugend unter solchen Verhältnissen leben müssen. Mein Vater war zuletzt Spinnmeister in Eisenach, in einem Betriebe, dessen Besitzer zu den Ausnahmen im guten Sinne gehörte. Er hat jeden Tag, den Gott werden ließ, vierzehn, fünfzehn und auch sechzehn Stunden an der Arbeit stehen müssen. Vierzehn Stunden, von morgens fünf bis abends sieben Uhr, bei normalem Geschäftsgange. Sechzehn Stunden, von morgens vier bis abends acht Uhr bei gutem Geschäftsgange. Und zwar ohne jede Unterbrechung, selbst in der Mittagspause.

Ich habe als Junge zwischen fünf und neun Jahren jeden Tag abwechselnd mit meiner um ein Jahr jüngeren Schwester, wenn das Wetter nicht gar zu schlecht war und die Mutter den weiten Weg dann nicht lieber selber machte, meinem Vater das Mittagbrot gebracht.

Und ich bin dabei gestanden wie er sein Mittagessen an eine Maschine gelehnt oder auf eine Kiste gekauert, aus dem Henkeltopf mit aller Hast verzehrte, um mir dann den Topf geleert zurückzugeben und sofort wieder an seine Arbeit zu gehen. Mein Vater war ein Mann von Hünengestalt, einen halben Kopf größer als ich, von unerschöpflicher Robustheit, aber mit achtundvierzig Jahren in Haltung und Aussehen ein Greis; seine weniger robusten Kollegen waren aber mit achtunddreißig Jahren schon verbraucht.

Das sind unverlöschliche Eindrücke aus meiner Jugend, Herr Geheimrat. Nun werden Sie meine Haltung verstehen. Ich bin nicht verbittert, setze mich aber da, wo ich kann, gegen das wirtschaftliche Faustrecht der Starken ein, die sich das Recht nehmen, die Schwachen ungestört auszubeuten.

Jetzt werden Sie begreifen warum ich jeden Versuch, die sozialen Schäden aus Mitleid und Wohlwollen zu mildern, also charitativ zu wirken, ablehne, grundsätzlich ablehne; genauso wie die alten patriarchalischen Gesichtspunkte eines Brotherren, der von seinen Arbeitern ohne Aufhören Dankbarkeit und Ergebenheit erwartet.

Aus den Wirrnissen der Zeit hebt sich für mich mit fordernder Deutlichkeit immer bestimmter ein Ziel ab: So weit mein Einfluss reicht, will ich mich bemühen die Rechtslage all derer zu heben, die in unseren Wirkungskreis eingetreten sind oder in Zukunft in ihn eintreten werden. Das klingt sehr allgemein und kann recht unbedeutend erscheinen, aber es ist schon viel erreicht, wenn unsere Leute diese Haltung empfinden. Und sie wissen davon. Die Zukunft wird es noch klarer beweisen.

Wehrenpfennig hatte mit angehaltenem Atem zugehört. Er empfand die gestaute sittliche Kraft, die Abbes Worte trug.

Nun räusperte er sich und sagte: „Sie müssen aber doch zugestehen, dass die Wohltaten, wie Sie großzügige Aufwendungen für die Arbeiterschaft zu nennen belieben, wirklich Ausgezeichnetes, Vorbildliches geschaffen haben."

„Oasen bleiben immer Oasen, Herr Geheimrat. Um sie her ist Wüste, sonst gäbe es keinen Anlass, sie als solche zu erkennen. Wohltaten haben oft einen wirkungsvoll dekorativen Charakter und schmeicheln der Eitelkeit philanthropisch eingestellter Herrschernaturen.

Das haben sie nötig zur Erhöhung ihres Ansehens und zur Rechtfertigung alles dessen, was sie sonst tun.

Die Arbeitskraft der Menschen ist der größte Schatz der Nation! Wir Arbeitgeber haben seine Hüter zu sein. Man muss den Übeln an die Wurzel; und da scheiden sich alle Wege."

Das war die Grenze. Auf der einen Seite stand der Geheime Oberregierungsrat Doktor Wehrenpfennig aus dem Ministerium in Berlin und von der anderen herüber schaute der Arbeitersohn Ernst Abbe, ein Mann aus eigenem Wuchs, unbeugsam in seinen Zielen, unruhig brennend im Feuer der Gerechtigkeit.

Aber sie schied die Männer nicht feindselig, sondern verhinderte nur das schwächliche Verwischen der Grundsätze, weil sie sich in beiderseitiger Achtung gegenüberstanden.

Wehrenpfennig erhob sich.

„An diesem Abend sind Sie, liebe Frau Professor, wohl zu kurz gekommen." Er verbeugte sich leicht. „Das tut mir sehr leid, aber so sind wir Männer. Mit Leidenschaft grenzen wir ab, was uns trennt, solange, bis jeder wie ein Storch auf einem Beine seinen Standpunkt eingenommen hat. Bei so viel Ausschließlichkeit kann eine Frau kaum etwas mildern."

Er versuchte zu lachen.

„Wenn mildern verwischen bedeutet, Herr Geheimrat, dann ist von mir wenig zu erwarten Sie finden mich in grundsätzlichen Fragen immer auf der Seite meines Mannes", sagte Frau Else.

Ein lauer Wind strich durch den nächtlichen Garten und wisperte in den Wipfeln der alten Bäume. Der Mond hatte schon ein großes Stück seines Weges zurückgelegt, als sie sich trennten. Der Geheimrat küsste Frau Else beim Abschiede die Hand.

Abbe begleitete den Gast ins Hotel zum „Schwarzen Bären", wo er ein Zimmer bestellt hatte.

Als der Professor zurückkam, stieg er hinauf in die Kuppel der Sternwarte, öffnete das Dach und schob das Fernrohr den Sternen entgegen. Der Himmel war wolkenlos, und vor seiner samtenen Tiefe zogen sie wie stille Lichter vorüber. Im Schauen verlor sich die Unruhe des Herzens, die ihm der Tag gebracht hatte. – Abbe war eingespannt in die ewigen Läufe anderer Welten und gab sich ihren Schauern hin, wie ein Mensch, der der stärksten Eindrücke bedarf, um vor sich selber Ruhe zu finden.

Noch lange stand der Geheimrat am offenen Fenster seines Zimmers, ehe er es schloss, und sog die weiche Luft in vollen Zügen ein.

„Was für ein Tag", sagte er und erschrak beinahe über seine Stimme, „und was für ein Mann!"

Am anderen Morgen fuhr Doktor Wehrenpfennig nach Berlin zurück und erstattete dem Minister Bericht. Aber das genügte nicht, den Trott des Amtsschimmels zu beschleunigen. Der folgte eigenen Gesetzen und ließ sich auch von Geheimräten nicht aus der Ruhe bringen.

Die Männer in Jena warteten und warteten. Jeder Tag, der ohne Antwort aus Berlin vorüberging, schien ihnen verloren. Es musste etwas geschehen.

Und wieder kam ihnen das Geschick entgegen und brachte den richtigen Mann ins Haus.

Der Herbst färbte die Blätter im Schillergarten als der Feinmechaniker Carl Bamberg aus Berlin zu einem Geschäftsbesuche in Jena eintraf. Er war Besitzer einer bedeutenden Werkstatt für wissenschaftliche Präzisionsinstrumente, hatte bei Zeiß in den sechziger Jahren gelernt und blieb der Firma in Freundschaft verbunden.

Als er seine Einkäufe besorgt hatte, saß er noch ein Stündchen mit Abbe zusammen in Meister Zeißens Büro, sie gedachten der alten Zeiten und besprachen den Wandel des Werkes bis auf den heutigen Tag. Zeiß war hinzugekommen und brachte das Gespräch auf die Glashütte.

„Wir sind einfach zur Untätigkeit verdammt. Jeder Tag ist Geldverlust, denn es hat wenig Zweck, noch mehr Mittel in das Laboratorium hineinzustecken. Da Herr Doktor Schott der Sache schon viele Opfer gebracht hat, werden wir, falls sich die Entschlüsse des Ministers noch weiter hinauszögern, ihn eines Tages nicht halten können, wenn er sich ein anderes Betätigungsfeld suchen will. Es muss etwas geschehen und zwar sehr schnell."

Bamberg überlegte und meinte dann: „Ich sehe einen Weg."

„Und der wäre?"

„Auch ich bin vom Geschäfte her gut bekannt mit dem Direktor der Sternwarte in Berlin, Herrn Professor Förster. Er ist sehr angesehen beim Minister von Goßler. Wenn wir ihm nun sozusagen einen

Brandbrief schrieben, den er dem Minister übergeben könnte, vielleicht käme die ganze Geschichte dann ins Rollen."
„Einen Brandbrief? Wie meinen Sie das, Herr Bamberg?", fragte Abbe.
„Ich würde Förster in knappen Sätzen die Dringlichkeit der Lage schildern ..."
„Und weiter?"
„Da er an der Glasfrage genauso interessiert ist wie die ganze deutsche Optik, wird er wissen, was er danach zu tun hat. Aber da fällt mir eben ein: Er ist augenblicklich in Paris."
„Schreiben Sie also brandeilig nach Paris."
„Gut, ich kann seine Anschrift in Berlin erfahren. Dann geht der Brief eben von Berlin über Paris nach Berlin an den Minister."
Sie besprachen den Inhalt des Schreibens eingehend. Bamberg machte sich Notizen und begann den Entwurf schon auf der Fahrt nach Berlin.
Am 7. Oktober 1888 schickte er den Brief ab. Zwei Tage darauf las Förster das Schriftstück in Paris. Er war betroffen, denn er glaubte, die Angelegenheit sei schon viel weiter gediehen. Eilig flog sein Rotstift übers Papier, als er einzelne Partien unterstrich:
„Es darf ohne Übertreibung gesagt werden, dass die Glasfrage für wissenschaftliche Zwecke ... durch die Herren Abbe und Schott im Experiment erledigt sein wird.
Herr Doktor Schott hat eine kaum glaubliche Sicherheit in der Herstellung von Glassorten vorgeschriebener optischer Eigenschaften erlangt. Die ausländische Konkurrenz ist geschlagen.
Herr Doktor Schott ist nun ganz und gar mit den Stadien der Experimente zu Ende und jetzt nahezu zur Untätigkeit verurteilt. Ich habe den Eindruck, dass ernstlich Gefahr in Verzug ist, wenn nicht bald Hand geboten wird, die Fabrikation im Großen zu beginnen. Das aber würde im Wesentlichen von einer staatlichen Unterstützung abhängen. Es handelt sich dabei weniger um die Auszahlung eines Betrages, sondern mehr um die schleunige, sichere Garantie dafür, dass überhaupt etwas getan wird. Herr Professor Abbe hat ... sehr erhebliche Fonds für die Experimente geopfert, Doktor Schott hat nicht allein sein kleines Vermögen sondern auch zweieinhalb Jahre seiner techni-

schen Tätigkeit zum Opfer gebracht, und er sprach mir unverhohlen aus, dass, falls nicht sehr bald entscheidende Schritte geschehen würden, die Pflicht der Selbsterhaltung als Privatmann ihn nötigen würde, wenn auch mit schwerem Herzen, seine Errungenschaften im Dienste von Feil in Paris oder Chance in Birmingham zu verwerten.

Beide Firmen sind zweifelsohne im Niedergang begriffen und er würde dort sicher mit Freuden empfangen werden; wie deprimierend aber der Verlust für Deutschland in wissenschaftlicher, technischer und auch rein kommerzieller Beziehung sein würde, mag ich gar nicht erwähnen. Es wäre ein trauriges Blatt in der Geschichte der deutschen Präzisionskunst, auf welchem die Tatsache der Überlassung so unzweifelhaft bedeutender Errungenschaften an das Ausland verzeichnet werden müsste ... Ich bin übezeugt, wenn die großen und wohlsituierten optischen Firmen des Auslandes erst Kenntnis von den Jenaer Arbeiten erhalten, so werden sie mit Angeboten an Herrn Doktor Schott herantreten ... dass ich nicht zu schwarz schildere ... auf Ihrer Rückreise Jena zu berühren ... sich ... überzeugen ... diesen Brief mit der ganz ergebenen Bitte schließen sich diese Überzeugung verschaffen zu wollen."

Wie Signale brannten die roten Striche unter den Zeilen des Briefes. Förster fügte ihm ein Begleitschreiben an den Minister bei.

Das schlug ein.

Schon am 15. Oktober fand im Ministerium eine Konferenz statt. Sie ergab die Zustimmung des Finanzministers und beschloss, das Gesuch als dringliche Angelegenheit sofort an den Landtag weiterzuleiten.

Im Staatshaushalts-Etat für 1884/85, gedruckt in der Reichsdruckerei 1883, tauchte ein Titel auf, der den Männern in Jena die Gewissheit brachte, dass sie nun doch, wenn auch nach dem Verluste wertvoller Zeit, an den Erfolg ihrer Denkschrift glauben durften: ‚Zur Förderung von Unterstützungen und wissenschaftlichen Veröffentlichung auf dem Gebiete der Optik und Mechanik 30.000 Mark.'

Davon sollten nach einem Zusatze 25.000 Mark der Fortführung der Glasforschung in Jena dienen. Das war vor allem ein moralischer Erfolg, denn es war von schwerwiegender Bedeutung für die Einschätzung von Schotts und Abbes Arbeiten, dass sich der Preußische Staat dahinterstellte.

Schott hatte unterdessen mit Fiebereifer weitergearbeitet und kam bis zum Ende des Jahres 1888 auf reichlich siebenhundert Schmelzungen. Die unruhige Gewissenhaftigkeit Abbes konnte sich nicht mit der Denkschrift zufrieden geben, die Professor Förster im Juli 1882 dem Minister eingereicht hatte. Am 1. Januar 1884 ließ er mit Schott zusammen einen umfangreichen Bericht über die Versuche zur Verbesserung des optischen Glases folgen.

Unter den Beilagen befand sich ein Gutachten des Kommerzienrates Emil Busch in Rathenow, dem Gründer eines führenden optischen Werkes. Es enthielt Sätze von Gewicht und Wert, die erkennen ließen, was die deutsche Optik von den Arbeiten in Jena erwartete. Er schrieb:

„Auf eine weitere Ausdehnung der Fabrikation können wir, solange die Bezugsquelle für Kron- und Flintglas nur Paris bleibt, nicht rechnen. Die schlechten Stellen in den Platten werden dort herausgeschnitten und gerade diese sind dann gut genug für das Ausland. Die Pariser Fabrik glaubt, uns in dieser Beziehung alles Mögliche bieten zu können weil sie in Deutschland bisher keine Konkurrenz gefunden und jeder Pariser Optiker die Annahme solcher fehlerhafter Stücke verweigert, wie sie nach Deutschland versendet werden. Dazu kommt noch selbstverständlich die natürliche Bevorzugung der Franzosen gegen die Deutschen; nirgends in der Welt herrscht eine so große Parteilichkeit wie in Frankreich, speziell in Paris. Die meisten praktischen Optiker befinden sich in einer Zwickmühle, aus der sie nur durch die Errichtung einer Fabrik auf deutschem Boden befreit werden können …

Bricht ein neuer Krieg mit Frankreich aus, so liegen alle Branchen der optischen Industrie … darnieder … Wie wichtig es aber ist, dass gerade zu solcher Zeit eine auf Kriegsmaterial Bezug habende Fabrik leistungsfähig bleibt, brauche ich wohl nicht zu erwähnen."

Ein Gutachten der Firma Picht und Comp. in Rathenow berechnet den Bedarf an optischem Glase für sich auf reichlich fünfhundert Zentner im Jahre. Auch diese Fabrik betont die niederdrückende Abhängigkeit vom Auslande:

„Die dortigen Werke wollen es aber nicht dulden dass Deutschland … in den Stand gesetzt wird, sich hierin selbständig zu machen. Es bleibt uns nur, das Glas auf großen Umwegen und mit erheblichem Kostenaufschlag zu beschaffen."

Der gute Stand der Angelegenheiten in Berlin und die Dringlichkeit der Weiterarbeit führte schon im Januar 1884 zu dem Wagnis der Gründung einer Genossenschaft für die Glastechnische Versuchsanstalt. Mit ihr wurde der Grund gelegt zu einem Werke von Weltbedeutung. Der Gründungsvertrag hatte zunächst fünf Jahre Geltung. Vor dieser Zeit sollte keiner der Gesellschafter von dem Unternehmen zurücktreten können. Sie ketteten sich für diese entschlossene Tat mit eisernen Ringen aneinander und waren bereit, alles gemeinsam zu leisten, was die nächste Zeit von ihnen forderte. Noch einmal stand der alte Meister vor dem Unbekannten. Schütteten sie ihr Geld in einen Abgrund? Wurden Vermögen geopfert, um nur Ehre zu ernten? Aber weil ihn ein bedingungsloses Vertrauen an Abbe kettete, wankte er keinen Augenblick in seinen Entschlüssen.

Die Einlage betrug 60.000 Mark, die von Abbe, Schott und den beiden Zeißen zu je einem Drittel zu tragen waren.

Schott wurde mit der Leitung beauftragt. Er wuchs damit hinein in eine gewaltige Aufgabe. Jetzt endlich fühlte er festen Boden unter den Füßen und sah Schaffensmöglichkeiten gesichert, die seinen Zielen und Fähigkeiten entsprachen. Die kluge Abgrenzung der Arbeitsgebiete ließ keine Reibung aufkommen und hielt die Genossenschafter für lange Zeit in der Hochstimmung frohen Beginnens und glücklichen Wagens.

Der Glasdoktor kaufte ein weitläufiges Grundstück auf einer Anhöhe über dem Bahnhofe, zwischen der Stadt und dem Bierdorfe Lichtenhain, dabei bedachte er die mögliche Entwicklung und den wichtigen Anschluss an die Eisenbahn.

Endlich, im März 1884, kam die Angelegenheit Abbe und Genossen vor das Plenum des Landtages in Berlin. Und kein geringerer als der berühmte Arzt und Zellenforscher Virchow setzte sich für die Vorlage ein und warb um die Zustimmung der Abgeordneten mit glänzenden, überzeugenden Worten.

„Es handelt sich hier in der Tat um ein nationales Unternehmen ... Von ganz besonderer Wichtigkeit ist diese Angelegenheit für die Herstellung der zu militärischen und Marinezwecken dienenden Instrumente, worin wir bisher vollständig abhängig sind vom Auslande. Ich kann nur sagen, dass die wissenschaftlichen Kreise mit höchster Spannung der weiteren Entwicklung dieser Angelegenheit entgegensehen, und dass diese Summen, welche hier ausgegeben werden, unzweifelhaft im höchsten Maße nützlich sein werden für die gesamte Industrie, welche sich auf dieses Glas stützt."

Der Landtag genehmigte für zwei Jahre hintereinander den Betrag von 60.000 Mark und erwarb sich damit ein Verdienst um Volk und Vaterland.

Als die erste Kunde davon in Jena eintraf, brachte sie den Genossenschaftern eine Stunde glücklicher Entspannung, bedeutete der Beschluss des Landtages über alle Geldwerte hinaus, die er brachte, doch die Anerkennung einer umstürzenden Leistung vor aller Welt und ließ manchen aufhorchen der noch misstrauisch und missgünstig beiseite gestanden hatte.

Der Meister sah seine kühnsten Träume reifen.

Mit Eifer ging es an den Bau der Hütte; die Freude am Erfolge schürte den Arbeitswillen. Das Neue lockte und trieb alle beim Schaffen Beteiligten an, das Beste zu leisten. Es war noch nie vorgekommen, dass eine Glashütte aus einem chemischen Laboratorium hervorwuchs.

Und dieser Besonderheit blieb das Glaswerk in alle Zukunft treu. Es entwickelte sich eine chemische Fabrik der feurigen Flüsse, wie sie die Welt bis dahin noch nicht kannte.

Das Bauen, Erweitern, Einreißen und Verjüngen nahm von nun an kein Ende mehr. Jenaer Glas wurde einer der wenigen Generalnenner, die die Zeiten überdauerten und kaum einem Kulturmenschen unbekannt blieben.

Für Abbe waren mit der Gründung der Hütte und seiner offenen Beteiligung an ihr Folgen verknüpft, deren Druck er als Mann von Ehre und Gewissen sofort empfand. Und als er seine Lage bis auf den Grund durchdacht hatte, entschloss er sich, sofort zu handeln.

„Es wird sich nun manches bei uns ändern", sagte er einige Tage nach dem Abschlusse des Gründungsvertrages zu Frau Else.

Sie sah gespannt auf.

„Ich bin als offener Gesellschafter in ein gewerbliches Unternehmen eingetreten. Das ist mit den Pflichten eines besoldeten Lehramtes nicht zu vereinbaren"

„Was willst du tun?"

„Vom nächsten Semester ab auf alle Bezüge von Amtswegen verzichten. Dabei habe ich nicht die Absicht, meine Lehrtätigkeit oder andere Arbeiten in irgendeiner Weise einzuschränken und werde deshalb bitten, mich im Amte zu belassen. Vielleicht lässt es sich auch ermöglichen mein Gehalt als Direktor der Sternwarte auf den Etat dieses Institutes zu übertragen und so die Möglichkeit zu schaffen, den Assistenten fest anzustellen."

Beide schwiegen eine Weile und sahen sich an.

Jeder hatte das Gefühl, über eine Schwelle getreten zu sein. Wagen, Brücken abbrechen und neue schlagen, das war der Sinn ihres Lebens.

Die tapfere Frau fürchtete sich vor nichts und redete in die Wendung nicht mit kleinlichen Worten hinein.

„Tu es, Ernst, es ist richtig so."

Nur ein leises Schwanken und Besorgtsein hätte sie beinahe zum Sprechen gebracht; aber sie unterdrückte die Worte und dachte nur: ‚Wird es nicht zu viel für ihn? Zu all den Lasten nun auch diese noch.'

Weil ihr aber die Bedeutung alles dessen, was Werk und Glashütte von ihm forderten, klar war und sie ihn mit unbeirrbarer Sicherheit bis in die Untergründe seines vielseitigen Wesens erfühlt hatte, nahm sie auch das hin. Die Hellsicht der liebenden Frau sagte ihr, dass ein solches Leben Opfer und Verzicht sein müsse. Dass sie nicht dagegen anstürmte und es in seiner Besonderheit gütig zu lenken suchte, so wie es war, dies ist die große menschliche Leistung Else Abbes an dem Werke.

Der Sommer ging vorüber.

Auf dem Felde über der Eisenbahn wimmelte es von Handwerkern aller Art. Ende August rückten sie ab, und die Hütte konnte, wie es geplant war, Anfang September in Betrieb genommen werden. Es war am 1. September 1884.

Ein herrlicher Herbsttag klang aus. Rings auf den Bergen flammten die Feuer, und die Glocken auf allen Türmen begannen den Sedantag einzuläuten. Im Schmelzflügel der Hütte versammelte sich eine kleine Festgemeinde, um den Betrieb mit dem Anbrennen des ersten Ofens zu eröffnen.

Frau Else war dazu bestimmt. Hinter ihr standen in froher Erwartung der Meister, Abbe, Schott und Roderich Zeiß, dazu noch zwei

Schmelzer, der Maschinist, ein Maurer, ein Häfenmacher, ein Schleifer und drei Handlanger.

Fauchend brausten die Stichflammen um den Schmelzhafen im Siemensofen, als sie das ausströmende Gas angezündet hatte.

Alle vergaßen den Sedantag und meinten die Glocken läuteten ihre große Stunde ein, und die Höhenfeuer seien der Hütte wegen angebrannt worden. Freude und Hoffnung lagen auf jedem Gesicht. Im freien Raume vor dem Ofen war ein rohgezimmerter Tisch aufgestellt worden. Teller und Biergläser standen darauf.

Eine Riesenschüssel Kartoffelsalat wurde gebracht. Auf einem Sägebocke ruhte ein Fässchen Bier, und draußen vor der Hütte stieg der Rauch vom Bratwurstherde wie Opferdampf zum Himmel. Bald waren alle in froher, gelöster Stimmung, und als eine Ziehharmonika einen Polka spritzend in die Runde springen ließ, gab es auf den Steinplatten zu allem noch ein lustiges Tänzchen. Sogar der Meister wagte eine Runde.

Danach erzählte er dem Glasdoktor von den fehlgeschlagenen Schmelzversuchen seines Lehrherren des Doktor Körner.

„So mussten noch Jahrzehnte vergehen ehe das wirklich werden konnte, wovon er einstmals träumte."

Noch über Jahre hin wurde die Einweihung jeder neuen Hütte in gleicher Weise gefeiert.

Das Glaswerk Schott und Genossen begann seinen Aufstieg.

Kapitel 24

Das Werk entwickelte sich mit einer eigenwilligen Stetigkeit, die von keiner Wirtschaftsschwankung in der Zielstrebigkeit ihres Wachstums erkennbar gestört wurde. Die Wirtschaft in ihrer launenhaften Beweglichkeit, mit der Gier und dem blinden Wagemut manches tollkühnen Unternehmers, ließ die Zeißwerkstätten außerhalb des leidenschaftlichen Kampfes größer werden, der sonst Menschen entzündet, wenn es um Geld und Macht geht.

Das Werk schuf sich seine Märkte, planvoll und überlegen. Es wusste sich der Welt unentbehrlich zu machen durch die Güte seiner Leistungen und wurde ihr mit den Jahren ein Lieferant, auf den sie nicht mehr verzichten konnte.

Das war nur möglich durch die kluge Führung seiner Schöpfer. Kein lockender Augenblicksgewinn konnte sie aus der unruhigen Sorge für das Ganze über heute und morgen hinaus zu übereilten Entschlüssen bringen. In einmütiger Zusammenarbeit wachten sie voll Verantwortung über allem, was geschah und planten in weiser Voraussicht das Zukünftige. Ihr Wagemut, mit dem sie weite Zeiträume überspannten, war größer als der manches erfolghaschenden Glücksritters.

Dabei ließen sie sich führen von der Wissenschaft und waren bei aller kaufmännischen Sachlichkeit Arbeitgeber, die schon damals den tieferen Sinn gegliederter Zusammenarbeit verstanden.

Es geschah nichts, was dem wachen Bewusstsein Abbes entging. Er ruhte nicht eher, bis alles Ungefähre genau und alles Blinde sehend geworden war. Die Stärke seiner sittlichen Persönlichkeit durchtränkte alles, was überhaupt getan wurde. Und der Meister folgte ihm.

Das hinderte sie beide, sich im Zuschnitt des äußeren Lebens von der Grundlinie ihres Ausganges zu entfernen und ihm, als ihnen der Reichtum zuströmte, jenen prunkhaften Aufputz zu geben, mit dem mancher gerne Ursprung und Weg seines Werdens verdeckt.

Sie blieben einfach. Und das sicherte ihnen die Achtung aller, mit denen sie zusammenarbeiteten.

Nun war zu den optischen Werkstätten noch die Glashütte hinzugekommen. Sie musste sich im Rahmen der Wirtschaft ihr Lebensrecht erst erkämpfen. Jeder Tag brachte neue und besondere Sorgen, denn sie war ja noch ohne Vorbild und musste in ihren Arbeitsweisen erst erfunden werden.

Das ging oft nicht ohne Reibungen ab. Wissenschaftler und Praktiker fanden sich manchmal recht schwer zueinander. Dann nannte eine Partei die andere Stümper, und mancher bissige Witz überbrückte einen brüchigen Augenblick. Es gab Stunden der Schwäche und Ratlosigkeit, da hieß es bei den Hüttenleuten öfter: „Vielleicht ist der ganze Laboratoriumskram doch nur Hirngespinst und für die Herstellung im Großen nicht geeignet."

Das Glaswerk fraß im Anfang unheimlich viel Geld und machte den Genossenschaftern oft schwere Sorgen. Jeder Gedanke, der in die Praxis umgesetzt werden sollte, tappte ins Ungewisse. Manches schlug fehl. Anderes erwies sich als undurchführbar; das Mögliche musste unter vielen Enttäuschungen aus den gesammelten Erfahrungen oft erst herausgefunden werden.

Schott war unermüdlich unterwegs zwischen Hütte und Werk, weil sein Verantwortungsgefühl ihn nötigte, die Entwicklung keine Minute aus den Augen zu verlieren.

Der Meister, in seiner Arbeitsfrische schon spürbar eingeengt von der Last der Jahre, wurde zuzeiten unruhig und empfindlich wegen des Standes der Dinge. Er war immer der alte Mechanikus geblieben, der in Stunden der Besorgnis das Fremde leicht lastend empfand, das sie sich mit der Glashütte aufgebürdet hatten.

„Dass wir zunächst tief in unsere Taschen greifen mussten, war mir klar", sagte Schott im Büro des Meisters in den ersten Dezembertagen des Jahres 1884.

„Sehr tief, Herr Doktor, beängstigend tief."

„Der Erfolg lässt sich nicht aus dem Boden stampfen, wir müssen ihn millimeterweise erkämpfen.

„Zugegeben, werden wir das aber jemals wieder herausholen können, was hineingesteckt wird?"

„In zwei Jahren sind wir aus dem Gröbsten heraus."

„Noch zwei Jahre", murmelte Zeiß.

„Das Unternehmen muss mit seinen Erzeugnissen unangreifbar sein, wenn es mehr werden soll, als nur eine kurzlebige Spekulation. Unser neues Normalthermometerglas wird ein wirtschaftlicher Erfolg, dessen Wirkung noch nicht abzusehen ist."

„Aber bedenken Sie, Herr Doktor, der Ofen verschlingt jeden Tag, an dem geschmolzen wird, sechzig Zentner Kohle. Da er auch an schmelzfreien Tagen in Betrieb gehalten werden muss, jagen wir ohne allen Nutzen täglich vierzig Zentner Kohlen in die Luft; jede Schmelzung verschlingt rund hundert Mark an Chemikalien."

„Das ist nicht zu vermeiden."

„Wie gesagt, die Kostspieligkeit übertrifft alle meine Erwartungen Die drei Hüttenfachleute müssen teuer bezahlt werden. An Gehältern und Löhnen gehen rund zweitausendfünfhundert Mark im Monat drauf. Das ist wie ein Berg, über den man nicht hinweggucken kann."

Schott saß dem Meister aufrecht gegenüber und sah ihm fest in die Augen.

„Stimmt alles, Herr Zeiß, man könnte noch einige Posten dazuzählen, um die Latte abzurunden. Ich weiß, Sie wollen mit Ihren Worten nicht flau machen. Wir mussten damit rechnen und haben doch schon manches miteinander gewagt, sind also zu Hause in der Lage von Menschen, die Opfer zu bringen gewohnt sind."

„Aber es gibt Grenzen."

„Wir werden sie überwinden. Es erscheint mir beinahe überflüssig, immer wieder betonen zu müssen, dass ich mich auf dem eingeschlagenen Wege absolut sicher fühle. Bedenken, die nur einer gewissen menschlichen Zaghaftigkeit entspringen, sollten niedergehalten werden, damit sie den Fortschritt der Sache nicht aufhalten. Wir brauchen im Aufbau jedes Quäntchen Kraft. Alles Neue ist ein Schritt ins Unbekannte, also ein Wagnis. Die Genossenschafter dürfen nicht unsicher werden, dafür ist unsere Arbeit schon zu bekannt."

„Wenn es dafür doch nur irgendwelche Vorbilder gäbe."

„Es gilt, das Neue mit dem Neuen zu schaffen. Das braucht Zeit. Das Nacheinander im Aufbau der Hütte sehe ich vollständig klar."

Der Meister sah auf. Er war in der letzten Zeit oft auffallend müde.

Schott fuhr fort: „Das Ziel ist zunächst die Verdrängung der ausländischen Kron- und Flintglassorten die von der heimischen Industrie am meisten gebraucht werden. Gelingt das, dann habe ich keine Sorge um die Unterbringung unserer Produktion. Erst danach gehen wir an die Herstellung neuer Zusammensetzungen. Nichts darf sprunghaft getan werden."

Abbe war eingetreten hörte eine Weile zu und griff dann ins Gespräch ein: „Wie wird sich aber die optische Industrie zu uns stellen? Ich sehe da nicht besonders rosig. Gewohnheiten sind schwer zu durchbrechen."

„Wir werden versuchen in enge Zusammenarbeit mit ihr zu kommen, sie soll uns Aufgaben stellen, wie sie aus ihren Bedürfnissen hervorwachsen. Glasproben, die wir den einzelnen Betrieben übergeben, mögen sie über den Stand unserer Produktion unterrichten."

„Gut", nickte der Meister, „kostet aber wieder unheimlich viel Geld."

„Es wird sich lohnen", fuhr Abbe fort. „Zu gleicher Zeit müssen wir versuchen, Proben all der ausländischen Gläser in die Hand zu bekommen, die die deutschen Werkstätten verarbeiten. Ziel wird sein, ihre Mängel festzustellen, sie zu verbessern und zu verbilligen. Nur so kann die Sicherung unserer Hütte erzwungen werden."

„Dabei wird es den optischen Werkstätten gehen wie den Bauern, die wohl über den Viehjuden schimpfen, sich aber von ihm nicht trennen können", lachte der Meister, denn Abbes Worte hatten ihn zuversichtlich gemacht.

„Natürlich wird das seine Zeit dauern, bis wir das Ausland bei uns verdrängt und uns vielleicht noch auf seinen Märkten sonst wo niedergelassen haben. Das hängt aber nur ab von der Güte des Glases, das wir anbieten."

„Aber mit optischem Glase allein werden wir's wohl nicht schaffen."

„Gewiss, Herr Zeiß. Aber auch die Optik wird durch neue Verwendungsmöglichkeiten in Fluss kommen und den Bedarf steigern. Dabei dürfen wir keinen Augenblick versäumen, die Arbeitsaufgaben in den Bereich der Hütte einzubeziehen, die Wirtschaft, Wissenschaft und Technik außerdem laufend stellen. Mit den neuen Thermometergläsern sind wir doch auf dem besten Wege. Ist auf diese Weise die Ellenbogenfreiheit erkämpft, dann können wir planmäßig neue Gläser herstellen und anbieten."

„Und wo stehen wir demnach im Augenblicke?", fragte der Meister.

„Die Leistungsfähigkeit der Hütte ist durch genügend Versuche erwiesen. Wir können also jetzt an die optischen Werkstätten herantreten und sie veranlassen, uns Aufgaben zu stellen und sie ferner zu bitten, Proben von Jenaer Glas zu versuchen. Es kann, um damit den Anfang zu machen, sofort an einen unserer Geschäftsfreunde, Herrn Kommerzienrat Emil Busch in Rathenow, geschrieben werden. An seinem Urteil ist mir besonders viel gelegen."

Der Meister war leise eingenickt. Die überlegene Sicherheit Schotts und Abbes hatte ihn beruhigt. Die Schlüssigkeit ihres Denkens überwand alles Schwanken und Straucheln. Nur so wurde es möglich, ein Werk auszubauen das Tausenden Arbeit und Verdienst bringen konnte und sich auf dem Weltmarkte eine einzigartige Stellung errang.

Nicht weit von Jena liegt Weimar. Aus der Welt Goethes flossen nachweisbar die ersten Anregungen für optische Gläser hinüber nach Jena. Döbereiner, Körner, Carl August und Goethe mühten sich um die Verbesserung des Glases, zu früh, ohne Erfolg. Die Zeit war noch nicht reif.

Zeiß, der Lehrling Körners, trug die große Sehnsucht in die Zukunft. Abbe und Schott erfüllten sie.

Und das Zeißwerk erfand und baute in engster Verbindung mit der Glashütte jene Fülle an gläsernen Wundern für Krieg und Frieden, die dem Menschen das Leben auf der Erde schöner, würdiger und sicherer gestalten.

Das Zeitmaß, das Abbe der Entwicklung und Entfaltung vorschrieb, erwies sich nun seit vielen Jahren als das richtige.

Aus den ersten Lehrlingen und Gehilfen waren Meister von hohen Graden geworden. Mancher hatte sich in der Fremde umgesehen und kehrte mit Kenntnissen nach Jena zurück, die er in den bekanntesten optischen Werkstätten Deutschlands sammelte.

Nach ihnen waren andere von auswärts gekommen die der Ruf der Zeißwerkstätten anzog; sie ahnten, dass da etwas Umstürzendes im Gange war, das man nicht ungenutzt vorübergehen lassen könne. Einige arbeiteten sogar im Auslande und brachten Maßstäbe mit für die Wertung der Verhältnisse von daheim und draußen. Jeder war stolz in dem Bewusstsein, einen Bau aufrichten zu helfen, der den Einsatz aller Kräfte wert war. Die meisten blieben dem Werke bis ins hohe Alter treu und legten das Werkzeug erst aus der Hand, als sie wirklich nicht mehr konnten. August Löber war der Älteste in dieser Schar treuer Gefolgsmänner. Sie hatten sich durch Fleiß und Leistungen in führende Stellungen hochgearbeitet und wurden in den schwierigen Jahren des Aufbaues unentbehrliche Glieder in der Kette der Kräfte, die das Ganze vorwärts bewegte.

Abbes Vertrauen übertrug ihnen wichtige Sonderaufgaben, die ihren Ehrgeiz trafen und jeden verpflichteten das Beste zu leisten. Dem Tüchtigen war kein Weg verschlossen.

Abbe selber blieb Kopf und Herz des Ganzen und bewies bei der Auswahl der Männer, die er auf führende Posten stellte, eine an Hellsicht grenzende Treffsicherheit. Bei seinen regelmäßigen Gängen durch die Werkräume empfanden alle, wie er sie schätzte, sie ehrte und mit ihnen immer in naher, menschlicher Berührung blieb.

Ein bindendes Bewusstsein fester Zusammengehörigkeit verknüpfte alle miteinander, bestimmte ihr geselliges Leben nach Feierabend und schmolz sie ineinander zu jener inneren Gemeinschaft, die die Welt draußen mit dem Namen „Zeißianer" quittierte. Als solche blieben sie im Gemeinwesen Jena immer eine besonders wahrnehmbare Schicht.

Im Aufbau von Hütte und Werk kamen Zeiten in denen Abbe die Last der Arbeit zu erdrücken drohte. Ob er nun wollte oder nicht, er musste nach wissenschaftlichen Mitarbeitern Ausschau halten, auf deren Schultern er einen Teil der Bürde abwälzen konnte. Dabei ging er mit seinem feinen Gefühl für Menschen und Begabungen zu Werke.

Der erste, den er 1884 nach Jena rief, war Doktor Siegfried Czapski. Er war ihm von Helmholtz empfohlen. Seine umfassende mathematische und naturwissenschaftliche Bildung gestattete ihm, den Riesenbau der rechnerischen Leistungen Abbes auf dem Gebiete der geometrischen Optik zu überschauen und ihn zusammenhängend in Buchform erscheinen zu lassen.

Die vielseitige organisatorische Befähigung, mit der er zupackte, als wüsste er des Gelehrten letzte Ziele, machte ihn bald unentbehrlich und trug ihm Abbes uneingeschränktes Vertrauen ein.

Mancher Name von denen, die später kamen, steht wie ein Meilenstein auf dem Wege nach vorn und ist für immer mit der Entwicklung des Werkes verbunden.

Doktor Roderich Zeiß bearbeitete mit Erfolg das Gebiet der Mikrofotographie und legte über alle bis dahin bekannten Errungenschaften dieses Forschungsgebietes hinaus die Grundsätze fest, nach denen in Zukunft gearbeitet wurde.

Die Liste der optischen Waren wurde umfangreicher. Die neuen Gläser erschlossen andere Verwendungsmöglichkeiten. Ohne Aufhören waren die Gehirne in Bewegung, Erfindungen auszudenken, Verfahren zu verfeinern und Absatzgebiete aufzuschließen.

Die Glashütte brachte mit zunehmender Erfahrung planmäßig die Gläser hervor, die für irgendein Gestaltungsgebiet gebraucht wurden. Abbe setzte die optischen Werte fest; der Glasdoktor übertrug sie in chemische Quantitäten und die Hütte schmolz das Glas mit den erwarteten Eigenschaften aus.

Aus Tasten, Zufall und Probieren wurde Meisterschaft.

Und Meisterschaft verpflichte.

„Das ist der Segen der Wissenschaft, die das Leben sucht und gestaltet", sagte Abbe eines Abends zu Frau Else. Sie hatte ihm Tee gebracht und öffnete ein Fenster, um frische Luft hereinzulassen, denn er saß in Wolken von Zigarrenqualm. Vor ihm lag ein sauber beschriebener Bogen Papier.

„Ich bin soweit", begann er wieder, „und glaube, alles berücksichtigt zu haben, wie wir es besprochen." Leicht nach vorn geneigt, las er, was er geschrieben hatte. Frau Else setzte sich neben ihn.

„Das soll nur ein Anfang sein und allen, die nach uns kommen, die Arbeit leichter machen. Ich habe auch die Bedingung hinzugefügt, dass von dem, was hier festgelegt wird, nichts in die Öffentlichkeit kommt. Erst nach unserem Tode mag darüber gesprochen werden, wenn es dann noch nötig ist. Lies, bitte, einmal durch, was ich geschrieben habe, setze deinen Namen darunter, wenn du damit einverstanden bist."

Er gab ihr das Schriftstück, und sie las es.

Danach nahm sie den Federhalter und fügte ihren Namen unter seinen. Das geschah am dreizehnten Mai 1886. Damit war der „Ministerialfonds für wissenschaftliche Zwecke" geschaffen.

Die Mainacht war mild, und von der Stadt her flogen die letzten verlorenen Reste müder Tagesgeräusche unter die Wipfel im Garten.

Leise ging Frau Else aus dem Zimmer und ließ ihn allein. In wattigen Schwaden zog der Rauch an der Lampe vorüber und wirbelte durcheinander, wenn er eine neue Wolke hineinblies. Gestalten und Gedanken gebar der wogende Nebel. Jahre sah Abbe aufsteigen und versinken. Drüben stand Zeiß, der ehrwürdige Meister, und auf der anderen Seite sah er sich selber. Handwerk und Wissenschaft trafen sich. Dem tappenden, schwerfälligen Handwerke wurde die Wissenschaft Auge und Hirn. Und nun sollte die Kluge, Sehende Anteil erhalten an dem, was die von ihr geführten Hände hervorbrachten; denn hinter ihnen stand die Universität als Pflegestätte des Wissens, das dem Werk das Licht gab.

Der Ministerialfonds stellte ihr für Lehrtätigkeit und Forschung auf den Arbeitsgebieten der mathematisch-naturwissenschaftlichen Fächer fürs erste jährlich sechstausend Mark zur Verfügung.

Es war ein frohes, dankbares Beraten gewesen, als Abbe mit Frau Else Sinn und Umfang der Stiftung besprach; sie glaubten mit ihr einer selbstverständlichen Pflicht der Dankbarkeit zu genügen. Aber sie wussten auch, wie das Werk auf der Bahn seiner weiteren Entwicklung immer enger mit der Universität Fühlung nehmen müsse.

„Siehst du", hatte er zu ihr gesagt, „es ist nicht nur dies, dass ich selber von ihr herkomme, sondern noch mancher, den wir in Zukunft nötig haben, wird sich sein Rüstzeug dort holen. Unsere Anforderungen werden auch ihre Leistungen steigern. Wissenschaft wird Leben und Leben Wissenschaft. Und beide sollen im Wechselspiel der Kräfte aneinander reifen; so kann das Leben besser und schöner werden und die Wissenschaft tiefer und wirklicher. Dann mag es einmal weniger wurzellose Meinungen, dafür aber mehr entscheidende Taten geben."

Sie hatte ihn verstanden und billigte das Opfer.

Abbes Streben zum Unbedingten, die Unruhe, das Letzte und Höchste zu leisten, ließ ihn die Grenzen alles Menschenwerkes erkennen. Wenn Zahlen und Formeln die absoluten Werte ausdrückten, dann blieben auch die besten Objektivsysteme dahinter zurück. Auch die höchste Leistung führte nicht über eine in den Annäherungswerten liegende Schranke hinweg. Soweit es auch erreicht wurde, die Fehler zu mildern, ein heimlicher Rest blieb.

Abbe drang auf die letzte Lösung. Und was Menschenwerk nicht fertig zu bringen schien, suchte er jetzt in der Natur.

Es war ihm, wie manchem Optiker zuvor, bekannt, dass Flussspat optische Eigenschaften hat, die von den besten Gläsern nie erreicht werden. Schott schlug vor, Fluor in die Glasmasse einzuschmelzen. Aber er stieß bei den Versuchen auf unüberwindliche Schwierigkeiten und gab sie deshalb auf.

Danach ließ Abbe Linsen aus guten Stücken des reinen Minerals schleifen und in Objektive einsetzen. Die Wirkung war überraschend. Sie brachten das Höchste hervor, was an Reinheit der Bilder bisher erreicht wurde."

Er nannte diese Systeme Apochromate – Farblose.

Die in zunehmender Menge einlaufenden Bestellungen zehrten die geringen Vorräte an brauchbarem Fluorit schnell auf. Genügend große und reine Stücke waren selten. Die klarsten kamen aus der Schweiz.

Abbe ging den Spuren nach und erfuhr durch einen Schweizer Bergingenieur, dass die besten Stücke, die ihm der Mineralienhandel zutrieb, einem umfangreichen Funde entstammten, der im ersten Drittel des Jahrhunderts von Kristallsuchern, den Strahlern, wie sie genannt wurden, in einer Höhle oberhalb der Oltscherenalp am Alphorn gemacht worden war. Stücke von hundert Zentnern wurden damals gefunden, zerschlagen und in alle Welt verhandelt.

Abbe kaufte, was er noch erreichen konnte. Dann versiegten die Quellen, aber der Bedarf wurde immer größer.

Schatzgräbersehnsucht packte ihn. Die Geschichte von der Kristallhöhle ließ ihn nicht mehr los. Das Abenteuer lockte. Vielleicht konnte die Höhle gefunden und von neuem erschlossen werden? Glück gehörte dazu. Das Unbekannte rief und reizte. Aber es war ihm nicht möglich, sich sofort aus dem Betriebe herauszulösen. Andere Forderungen riefen dringender um Erfüllung; doch die Sehnsucht des Schatzgräbers nach der unbekannten Höhle im Gebirge blieb lebendig.

Von 1886 an unternahm Abbe die ersten Reisen in das Fundgebiet, gespannt und voll Erwartung. Öfter begleiteten ihn Frau und Kinder, einige Male traf er sich mit Freunden.

Im Laufe der Zeit wurde der Professor aus Jena den Wirten, Sennen Bergführern und Strahlern ein guter Bekannter. Rastlos suchte er nach

Spuren des Minerals. Die Strahler unterstützten ihn dabei; denn sie hofften auf guten Verdienst.

Auf der Suche nach Flussspat unternahm er ausgedehnte Märsche und kühne Klettereien. Das Gebiet des Oltschihorns wurde beinahe fußweis abgegrast. Aber das Geheimnis der Schatzhöhle konnte nicht entschleiert werden.

Abbe war glücklich, wenn ihn der frische Bergwind packte und auslüftete. Die Freiheit der Berge wurde ihm Zuflucht und Erholung über viele Jahre hin. Er lebte einfach wie die Alpler. In ihrer Gesellschaft ergänzte er den Kräfteverlust nach Zeiten übermäßiger Arbeit. Sein schlichtes Wesen schloss ihm unmittelbar die Herzen jener kantigen, herben und ehrlichen Menschen auf; er fühlte sich unter ihnen wohl; denn sie gaben ihm das wieder, was ihm Ebene, Masse und Enge abgenommen hatten.

In der Einsamkeit der Berge kam er zu sich selber, da klang das Wort „Ich" anders als unten in den verflachenden Reibungen mit den Vielen. Seinem Spürsinn gelang es, die letzten Überbleibsel jenes sagenhaft großen Fundes aufzutreiben. Aus Kellern und Ställen, wo sie als Glücksteine versteckt worden waren, holten die Gebirgler Stücke von Flussspat hervor, von denen einige kopfgroß waren. Abbe zahlte gut und rettete sie für die Optik.

Das aber schürte die Lust der Strahler von neuem. Sie gingen wieder auf die Suche und entdeckten auch geringe Vorkommen. Aber die waren an Reinheit nicht zu vergleichen mit den Resten des Fundes von 1882 aus der unbekannten Höhle. Vielleicht lag sie gar im Bereiche dieses Gebietes?

Abbe erwarb für die Firma Zeiß das Mutungsrecht und ließ planmäßig schürfen. Mit großen Erwartungen gingen die Strahler an die Arbeit. Sie zwängten sich in Schluchten und Spalten, erklommen Steilwände und gefährliche Schroffen. Abbe war unermüdlich bei ihnen. Donnernd brachen sich die Sprengschüsse in den Bergen. Steine und Erde flogen dem blauen Himmel entgegen.

Und dann kam jener Tag, an dem der Eingang in die Kristallhöhle gefunden wurde. Hoch oben an einer fast unzugänglichen Wand tat sich das Loch auf. Klopfenden Herzens krochen die Männer hinein, tasteten und leuchteten die Wölbung ab. Mit großen Kosten wurde der Zugang erschlossen Aber der erwartete Segen blieb aus. Es wurde nichts gefunden. Eine große Hoffnung musste begraben werden.

Da der Bau des Gebirges darauf schließen ließ, dass Flussspat auch noch an anderen Stellen liegen könne, wurden mit Fiebereifer noch einige Spalten, Abstürze und Höhlen durchsucht. Mehrere Zentner des Minerals kamen zutage, aber nur einige Pfunde davon waren so rein, dass sie für optische Zwecke gebraucht werden konnten. Das Gebiet war erschöpft, und zum großen Leidwesen der Strahler wurde die Mutung eingestellt.

Die Werkstätten mussten versuchen, ihren Bedarf aus anderen Quellen zu decken.

Abbe blieb den Menschen treu, die er liebgewonnen hatte. Der lange, schwarze Professor aus Jena wurde den Gebirglern ein gewohnter Gast, auf dessen Ankunft sie in jedem Jahr mit Spannung warteten. Freundschaft verband ihn mit dem Bergführer, der ihn auf allen gefährlichen Wegen begleitete und auch mit dem Obmann der Strahler, in dessen Hütte mancher unfreundliche Tag verklönt wurde. Über Jahre hin blieb die Nähe dieser Menschen dem Gelehrten Zuflucht und Ausweg, wenn er, von Arbeit und Sorgen erschöpft, die Stille suchte.

Es durften aber nicht zu große Hoffnungen auf ausreichende Mengen von Flussspat als optischen Werkstoff gesetzt werden. Auf das Glas konnte man sich verlassen. Die Hütte erzeugte jede gewünschte Menge und die Versuche, die einige der führenden Firmen mit Jenaer Gläsern abgeschlossen hatten, bestätigten den gewaltigen Fortschritt im Schmelzwesen.

Deshalb wagten die Genossenschafter im Juli 1886 das erste „Produktionsverzeichnis des glastechnischen Laboratoriums von Schott und Genossen in Jena" herauszubringen. Die Fachwelt riss sich darum, denn dieses Verzeichnis war für das Glaswesen genau so neu und umstürzend, wie jene Preisliste Zeißens im Jahre 1872, in der zum ersten Male die von Abbe berechneten Objektivsysteme bekanntgegeben wurden.

Vierundvierzig neue Glasarten enthielt das Verzeichnis. Was kaum jemals ein Mensch für möglich gehalten hatte, das war geschehen: Die Jenaer Hütte hatte die Erstarrung uralter Herstellungsweisen aufgelöst, gelockert, zerschlagen. Leben und Bewegung traten an ihre Stelle.

Die Wissenschaft der feurigen Flüsse verdrängte die Glaspröbler für alle Zeiten. Genau wie Stahl, Eisen, Holz und Kohle beim Übergang in die harten Fäuste und unerbittlichen Gehirne moderner Industriemenschen ihre tiefsten Geheimnisse preisgeben mussten, so war nun auch das Glas aus der Enge handwerklichen Herkommens erlöst und musste sich zu neuen Darstellungsformen bequemen.

Diese erste Liste war das Signal für ein neues Zeitalter des Glases. Sie hatte noch kein Vorbild und überraschte durch die Genauigkeit ihrer Angaben.

Die Erforschung des Weltalls im großen und kleinen, Kino, Fotographie, das Maß- und Prüfwesen einer zu Höchstleistungen aufsteigenden Großindustrie, nichts von alledem hätte auf den hohen Stand unserer Tage gebracht werden können, wenn die Pioniere von Jena nicht die Grundlagen dazu geschaffen haben würden.

Die Liste enthielt in Zahlen, nüchtern und eindeutig die Eigenschaften jeder Glassorte. Ein Vorwort von Abbe und Schott schilderte knapp die Entwicklung der Vorversuche und ihrer Ergebnisse. Das Eis war gebrochen; die Jenaer Gläser setzten sich durch. Nach dem wissenschaftlichen stellte sich nun auch der wirtschaftliche Erfolg ein.

Die Zeit der Sorgen war vorüber.

In der harten Schule des Wagens und Versuchens hatte das Schicksal den Meister und Abbe geformt. Nun kamen Jahre des Wohlstandes und einer ungestörten Aufwärtsbewegung. Das änderte nichts an der Grundhaltung beider Männer. Sie blieben einfach und lösten sich nicht los von Herkommen und Umwelt, wie so viele, die Besitz erben oder unverdient erwerben und Verpflichtungen zu den Mitschaffenden nicht mehr kennen oder sich ihrer sogar schämen.

Am 24. September 1886 beging das Werk in einer Folge von drei Festtagen die Feier der Herstellung des zehntausendsten Mikroskops. Von der laufenden Produktion kaufte das Ausland beinahe die Hälfte, und ein Viertel davon ging nach Übersee. Dazu kam noch eine Unzahl von Objektivsystemen, die in vorhandene Instrumente eingesetzt werden konnten.

Im gleichen Monat bezog Abbe mit seiner Familie ein einfaches Haus am Leutrabache, nur einige Schritte von den Werkstätten entfernt. Von jetzt an war er ihnen räumlich nahe und konnte hinübersehen in die blanken Fenster.

Sein Arbeitszimmer lag im Erdgeschoss und wurde im Laufe der Zeit die Stätte, von der aus Weg und Art des Werkes weiter bestimmt wurden, denn die geistige Führung blieb klar und eindeutig in Abbes Händen.

Der siebzigjährige Meister stand im wärmenden Lichte des Erfolges. Er hatte über Jahrzehnte hin einem großen Gedanken die Treue gehalten, und dafür segnete ihn das Schicksal.

Das zunehmende Alter engte seine Schaffenskraft ein, er musste sich mehr und mehr von den Geschäften zurückziehen. Ein erfülltes Leben neigte sich dem Ende zu, als seine Gesundheit durch einige Schlaganfälle an der Wurzel getroffen wurde.

Leise glitt die Bürde der Verantwortung von den müden Schultern und legte sich auf die Abbes und des Sohnes.

Am 3. Dezember 1888 schlief der Meister ein.

Der Herzschlag des Werkes setzte aus, als die Todesnachricht durch die Räume flog.

Abbe befand sich auf einer Geschäftsreise in Berlin und fuhr sofort nach Jena zurück. Im ratternden Zuge fielen ihm die Worte ein, die er dem treuen Freunde am Grabe sagen wollte.

Schauer der Wehmut und Vereinsamung durchfrösteltenden Reisenden. Das Ende war so schnell und für manches zu früh gekommen. Aus Dankbarkeit und Ehrfurcht formten sich die Sätze zu einer Rede, die des Meisters Verdienste noch einmal für alle Zukunft festlegten.

Es war ein bitterkalter Tag, als der Sarg aus der Garnisonkirche hinausgetragen wurde. Menschen und Gräber froren, der Schnee knarrte, und die Sonne stand wie eine kalte, blasse Scheibe am Himmel. Trotz der Kälte folgten Hunderte dem Sarge und sahen ihn tiefbewegt in die Grube sinken.

Abbe und Frau Else gingen als letzte nach Hause, nachdem sie gewartet hatten, bis die fröstelnde Trauergemeinde auseinandergelaufen war. Schweigend stapften sie durch den glitzernden Schnee und erschraken, als das Friedhofstor hinter ihnen zukrachte.

Die äußere Welt versank um sie her. Leicht gebückt lief Abbe seinen Gedanken nach, und Frau Else sah mit Wehmut zurück auf köstliche Jahre, die hinter ihnen lagen. Besorgt blickte sie zu ihm auf, weil sie wusste, dass er nun noch mehr schaffen müsse.

Plötzlich blieb Abbe stehen und reckte sich.

Ein ganz neues Kraftbewusstsein durchflutete ihn. Er trat über die Schwelle, bereit, um des Werkes willen alles zu tragen, was die Zukunft fordern mochte.

Kapitel 25

„Bringe den Herrn bitte sofort zu mir herein, wenn er kommt." Frau Else nickte und schloss die Doppeltür, die Abbes Arbeitszimmer wie eine in sich ruhende Welt von allem trennte, was sonst im Hause geschah.

Der Gelehrte seufzte. Seit des Meisters Tode bedrückten ihn Sorgen, die sich mehrten und ihm manche schwere Stunde bereiteten. Frau Else empfand, dass ihn irgendetwas beschäftigte und nachdenklich machte. Aber sie fragte nicht weiter danach, weil sie wusste, er würde in dem Augenblicke sprechen, der ihm geeignet erschien, sein Herz aufzuschließen.

Bisher hatte er alles, was für Familie und Werk von Bedeutung war, vorbehaltlos mit ihr besprochen. Jetzt schwieg er länger, als sie es gewohnt war. Sie spürte nur einen dunklen Unterton in allem, was er sagte, merkte, wie er oft mit seinen Gedanken abwesend war und beobachtete eine ins Grüblerische absinkende Veränderung seines Wesens. Sie sorgte sich um ihn und war froh über den Besuch des sozialdemokratischen Reichstagsabgeordneten; denn sie hoffte, eine Unterhaltung mit diesem Manne würde eine wohltuende Ablenkung bringen.

In den Werkstätten wurde Feierabend gemacht. Die beiden kleinen Dampfmaschinen, die seit 1886 im Betriebe aufgestellt waren, hörten auf zu zischen und zu schnaufen.

Abbe trat ans Fenster und sah die Belegschaft auf die Straße eilen. Gegen vierhundert Leute wurden jetzt beschäftigt.

Als einer der letzten trat Doktor Roderich Zeiß heraus, angetan mit einem modischen Reitanzuge. Er führte eine schwerfällige Dogge an der Leine und nahm aus dem Schafte des rechten Stiefels eine wippende Reitgerte.

Abbes Gesicht verdüsterte sich. Er trat einen Schritt zurück und sagte zu sich selber, als wolle er etwas entschuldigen: „Trotzdem ist er ein tüchtiger und auch ein anständiger Mensch, eben nur anders." Er schüttelte den Kopf.

Da klopfte es leise an die Tür.

Abbe wandte sich um, rief „Bitte", und der Reichstagsabgeordnete trat ein.

Es dauerte nur ein paar Minuten da waren die äußeren Dinge um den Besuch mit einigen Fragen und Antworten herüber und hinüber erledigt, und die beiden Männer nahmen sich in die Zangen eines zupackenden Gespräches.

„Ich freue mich jedes Mal, wenn ich in das Gebiet der schwarzgrün-gelben Grenzpfähle komme", meinte der Besucher lachend, „da habe ich keine Polizeispitzel mehr auf den Fersen, und auch die Luft ist etwas freier, die man im Großherzogtum atmen kann. Das Sozialistengesetz scheint hier einiges von seiner Tücke verloren zu haben, und man achtet die allgemeinen Menschenrechte etwas höher."

Abbe, dessen Güte immer auf der Seite verfolgter Menschen stand, nickte und meinte: „Ich glaubte, man würde nach dem Tode des alten Kaisers die Fesseln etwas lockern. Aber Bismarck ist unerbittlich. Er lässt das Gesetz nicht fallen. Es hat die Klassengegensätze unnötig vertieft. Es war ein Missgriff, der Sozialdemokratie die Attentate von Hödel und Nobiling auf den Kaiser an die Nockschöße zu hängen. Bismarck brauchte damals eben nur den letzten zureichenden Grund für das Gesetz gegen sie, das sie vernichten sollte. Nur unter dem unmittelbaren Eindrucke beider Mordversuche konnte es im Reichstage durchgesetzt werden."

„Die Mehrheit verschloss die Augen vor der zunehmenden Verschärfung der sozialen Lage, trat damit einseitig auf die Seite des Unternehmertums und drückt sich noch einige Jahre um eine endgültige Auseinandersetzung zwischen Kapital und Arbeiterschaft herum. Aber sie wird, sie muss einmal kommen. Dann gibt es kein Ausweichen mehr. Sozialismus ist Ausgleich, Gerechtigkeit. Und Karl Marx hat in seiner Lehre deutlich und unwiderlegbar Notwendigkeit und Weg zur Vernichtung der kapitalistischen Gesellschaft nachgewiesen."

„Das sagt sich so einfach, mein Herr, und Sie sind davon so fest überzeugt, dass Sie kaum zu folgen geneigt sein werden, wenn ich Ihnen eine andere Meinung entgegensetze. Als Unternehmer drängen sich mir täglich eine Menge Fragen auf, die gelöst sein wollen. Es handelt sich dabei um ganz bestimmte Fälle: Lohn, Urlaub, Überstunden, Pensionen, Krankenkasse und so viel anderes. Eine grundsätzliche Lösung der Arbeiterfrage auf der Basis einer abstrakten Wirtschaftslehre kann ich nicht abwarten. Der sozialistische Zukunftsstaat, die klassenlose Gesellschaft, die beide irgendwo zielhaft in der Ferne hängen, können den nicht locken, der in der Praxis steht und mehr zu tun hat, als sich propagandistisch für irgendwelche utopischen Ideen einzusetzen. Mir erscheint es wichtiger, den nächsten Strohhalm aufzuheben, als Trennendes und schwer Überbrückbares noch zu vertiefen."

„Sie weichen also aus und wagen nicht zu Ende zu denken?"

„Wenn Sie glauben, dass ich meine Meinung aus Schwäche verteidige, dann trennt uns alles. Ihre Idee lebt so lange, wie die Mangelerscheinungen anhalten, die Sie beseitigen wollen. Es liegt im Sinne Ihrer Werbung, das Begehren der Massen ohne Aufhören aufreizend anzustacheln. Wie viele Ihrer Anhänger sind nur Neider, denen das fehlt, was sie andern abnehmen wollen Verhinderte Kommerzienräte!" Abbe lachte und fuhr fort:

„Sie sind wie die Kirche, die vom jenseitigen Leben redet und ausweicht, wenn sie bei entscheidenden Schritten in dieser Welt herzhaft zupacken soll. Wem nützt die marxistische Ideologie über das Eigentum etwas? Nicht der Privatbesitz ist schuld an der Verknechtung der Menschen, sondern seine ungerechte Verteilung und oft menschenfeindliche Verwendung. Solange das Volk nicht erkennt, dass es nur Verwalter, Treuhänder des Nationalvermögens ist, so lange der einzelne nicht sieht, dass ihm vom Ganzen nur ein Teil zur Verwaltung überlassen worden ist, solange es Gesetze gibt, die den oft schützen, der solches Eigentum gegen das Wohl des einzelnen und des Volkes verwendet, so lange hat jeder anständig denkende Mensch die Pflicht, diesen Raubbau zu bekämpfen."

„Und das arbeitslose Einkommen?"

„Es ist unsittlich, Herr Reichstagsabgeordneter. Zinsen, die die Arbeit drosseln und das Kapital schonen, schädigen das Volk. Ein Rentnervolk faulenzt sich zu Tode und verknechtet in zunehmendem Maße die wenigen, die noch an der Urproduktion beteiligt sind. Irgendwo obendraus sitzt eine Schicht von Nutznießern denen die Welt tributpflichtig ist. Die Söhne und Töchter derer, die einmal schwer arbeiteten, leben sich aus den Arbeitsverpflichtungen heraus, werden Erben und lassen andere für sich schaffen. Ich kenne das und möchte es einmal für den Betrieb, den ich zu leiten habe, unmöglich machen.

Also weder Kapitalismus, noch Marxismus. Vielleicht gibt es einen dritten Weg, der das Volk zusammenhält, der einigt und nicht trennt."

„Das ist ein Abgrund, Herr Professor, über den keine Brücke geschlagen werden kann. Sie stehen hüben und ich drüben. Die Zukunft wird das Urteil sprechen. Im Wesentlichen bleiben Sie Kapitalist und werden den Weg gehen, der manchem so bequem erscheint: Wenn genug zusammengerafft ist, greifen Sie in die vollen Beutel und teilen Wohltaten aus. Pflästerchensozialismus!"

Abbe fuhr auf: „Mein Herr! Bei Ihrem Interesse für alles, was hier geschieht, glaubte ich, Sie würden mehr von den Kräften erkannt haben, die unsere Entwicklung gestalten. Wir haben doch nicht nötig, uns im Wahlpropagandatone Phrasen an den Kopf zu werfen. Ich bin Naturwissenschaftler. Für mich entscheidet das Experiment und nicht eine ins Wesenlose hinaustrompetete Lehre. Da sehen Sie", er wies mit einer weitausholenden Armbewegung ins Zimmer hinein. „Berge von Büchern, Wirtschaftsutopien und Sozialträume aller Zeiten und Völker. Schön edel, erbaulich, angefüllt mit wundervollen Weisheiten, Räusche der Menschenliebe, aber nichts Wirkliches, nirgends ein Versuch, immer nur Forderungen, aber kein Verzicht, kein Opfer. Welten werden gedacht, gedichtet, die so oder so wären, wenn, wenn, wenn … Daran kann ich mich erbauen, wenn ich Zeit habe, genauso wie die, die ihre gesicherte Lage nötigt, viel Langeweile mit dem Spiel lustiger Gedanken zu vertreiben. Philanthropie ist das Spielzeug müßiger Erben.

Ich stecke zwischen den Steinen, täglich, stündlich; mich drückt die Verantwortung für die gesunde Entwicklung einer aussichtsreichen Industrie, und ich will handeln und muss handeln.

Mein Stand ist schwieriger als der Ihrige. Sie sind verpflichtet, zu propagieren, von mir wird erwartet, dass ich etwas tue. Und ich will und werde es!"

Der Gast horchte auf. Abbes eindringliche Sätze ließen ihn ahnen, dass der Gelehrte Wichtiges vorhabe. Entweder war er sich noch nicht klar oder scheute sich, deutlicher zu werden.

„Jede Wirtschaftslehre hat den Vorzug einer bestimmten Zielstellung, einerlei ob ich mich für sie oder gegen sie entscheide", sagte der Reichstagsabgeordnete, um ihn zum Weitersprechen zu veranlassen.

Abbe griff den Satz auf und antwortete: „Ich habe nie daran gedacht, eine Wirtschaftslehre als gestaltende Idee über das Werk auszubreiten und es danach und damit zu vergewaltigen. Eigentlich stehe ich allem, was geschieht, vollständig voraussetzungslos gegenüber. Mir ist klar: Die technische und wissenschaftliche Grundlegung des Werkes ist in der Hauptsache gesichert. Jetzt drängt sich die soziale in den Vordergrund. Und ich werde ihr nicht ausweichen. Es muss schnell gehandelt werden, ehe es zu spät ist. Wenn sich das Werk weiter so vergrößert wie bisher, dann ist es gut, gewisse Dinge recht bald zu regeln, ehe der Umfang des Betriebes zu groß geworden ist. Jede Erweiterung findet dann eine Norm, die ihr gemäß ist."

Er machte plötzlich eine Pause, als wären seine Gedanken vor irgendeinem Hemmnis stehen geblieben das ihm die Worte verschlug.

Der Besucher sah klar, was ihn weltanschaulich und politisch von dem Gelehrten schied. Aber seine angriffslustige Haltung am Anfang war bewegter Teilnahme gewichen und beugte sich vor der Würde des um Klarheit ringenden Gelehrten.

„Sie haben es leichter", fuhr Abbe fort. „Der einfachste Schritt nach vorn, den ich im Sinne meiner sozialen Aufgaben tun muss, lässt mich auf meinen Teilhaber prallen."

„Aber Herr Doktor Zeiß ist doch mit Ihnen gegangen, als Sie sofort nach dem Tode des alten Herrn das Pensionsstatut einführten."

„Gewiss, das rechne ich ihm hoch an. Aber glauben Sie mir, es war schwer. Wer sozial wirken will, muss Sozialist sein. Vielleicht ist man dazu geboren. Das ist irgendwie eine sittliche Grundhaltung, die alles formt, was im Wirkungskreise des Menschen steht, den sie beherrscht. Das hat mit Sozialdemokratie und Marxismus nicht das Geringste zu tun. Dem Typ des sozialen ausgleichenden Menschen steht der kapitalistische gegenüber. Er ist oft fleißig, strebsam, müht sich mit dem Einsatz seiner ganzen Kraft um die Mehrung des Besitzes und tut das einwandfrei im Rahmen der bestehenden Gesetze.

Das wachsende Vermögen gehört ihm zu Recht, solange solches Recht besteht. Er freut sich daran, wie der Bauer, wenn die Kühe kalben. Die Besitzfreude gebiert Wünsche. Sie können leicht erfüllt werden. Luxus und Wohlleben sind der äußere Ausdruck für das, was ich meine. Genuss steigert die Wünsche. Dabei reißt das Volk auseinander; von unten her begehren die Vernachlässigten auf, und oben wuchern hemmungsloses Weltbürgertum, Willkür und entwurzelte Überfeinerung. Das, Herr Reichstagsabgeordneter, möchte ich dem mit so viel Fleiß, Entsagung und Treue geschaffenem Werke ersparen.

Eines Tages werden die Erben zu faul und zu bequem; dann ziehen sie sich zurück, eine Aktiengesellschaft entsteht. Ihre Papiere werden an der Börse gehandelt, und so weiter und so weiter. Was andere tun, kann ich nicht ändern, aber das Zeißwerk soll nicht auf solche Abwege geraten. Wenn ich nicht Marxist sein kann, dann bin ich Sozialist. Es gibt Notwendigkeiten in denen das Recht des einzelnen vor dem Rechte der Gemeinschaft zu schweigen hat.

Reichtum darf sich nicht gegen das Volk ausleben. Von der gewaltigen Menge jener unbekannten stillen Schaffer, die ihren Tag in harter Arbeit zubringen, haben nur wenige Anteil an den Errungenschaften der Kultur. Aber sie erarbeiten alle Vorbedingungen und werden sie, wenn es nötig ist, auch als Soldaten verteidigen. Jeder ist wie ein Tropfen im Meere. Und alle zusammen sind der ewig junge Quell, aus dem sich das Volk erneuert. Die oberen Stände als Träger von Bildung und Wohlstand können ohne sie nicht bestehen. Sie sind Wurzel und Stamm, auf dem Blüten und Früchte wachsen. Es gibt deshalb keine wichtigere Aufgabe, als den ganzen Baum gesund zu erhalten. Niemand darf zum Schaden des Ganzen auseinanderreißen, was zusammengehört. Das trennt mich von Ihnen."

Der Reichstagsabgeordnete hörte mit wachsender Spannung zu, denn er empfand die Unterströme, die Abbes Ausbruch veranlassten und war taktvoll genug, ihn jetzt nicht zu unterbrechen trotzdem ihn manches Wort zum Widerstande reizte.

Hochaufgereckt stand der Gelehrte im Zimmer.

„Das eine kann ich Ihnen jetzt schon sagen: Wenn ich im Kampfe um eine neue Werkform einmal bedingungslos hart sein muss, dann weiß ich, dass ich nichts Unrechtes tue. Der maßlose Vorteil des raffenden einzelnen muss abgelöst werden vom Rechte des gemeinen Nutzens. Ihm möchte ich Wegbereiter werden. Die wirtschaftliche Freiheit der alten Nationalökonomie ist weiter nichts als wirtschaftliches Faustrecht. Erwarten Sie von mir keine neue Wirtschaftslehre für alle. Ich will die brennenden Fragen nur für unseren Betrieb lösen."

Abbe setzte sich. Jeder von den beiden hing seinen Gedanken nach. Der Besucher schwieg unter dem Eindrucke von Abbes tiefer Erregung und ahnte, dass der Gelehrte vor wichtigen Entschlüssen stand. Voll Hochachtung erkannte er die kompromisslose Folgerichtigkeit, mit der Abbe das Werk gedanklich von seinen Besitzern trennte und sich mühte, die überpersönliche Eigenwilligkeit des Unternehmens zu sehen.

„Es gibt Stunden in denen man merkt, dass man sich eigentlich gar nicht selber mehr gehört. In ihnen steht man unter dem Zwang einer höheren Forderung und wird nur ihr Vollstrecker. Wenn dabei Dinge geschehen, die die zuschauende Welt nicht sofort versteht, dann ist es Kraftverschwendung, um ihre Gunst und ihr Verständnis zu buhlen. Ich werde handeln. Das Werk zwingt mich dazu."

Abbe war wieder aufgestanden und ging einige Schritte ins Zimmer hinein.

„Wenn ich Sie recht verstehe, Herr Professor, planen Sie irgendwelche Sozialreformen die Ihren Werkstätten ein ganz besonderes Gesicht geben sollen."

„Richtig und falsch, mein Herr. Das eine ist klar: Es wird sich um keine Reformen handeln, sondern um etwas Anderes, Neues ..." Er blieb stehen.

„Aber es ist noch nicht soweit. Da müssen vorher erst einige Dinge von Bedeutung geregelt werden, und davon wird alles Weitere abhängen."

„Ich will Sie nicht mit zudringlichen Fragen belästigen, Herr Professor. Was auch geschehen mag, die Monopolstellung Ihres Werkes gibt Ihnen mehr Bewegungsfreiheit, wie manchem anderen Unternehmer. Sollten Sie aber durch irgendwelche Einflüsse von außen her einmal gezwungen sein, die einsame Höhe Ihrer Leistungen zu verlassen, Massenware herzustellen, in den Konkurrenzkampf einzugreifen dann wird es schwer werden, das Neue, das Besondere durchzuhalten, dann werden Sie geschoben, wie alle anderen auch."

„Richtig, deshalb darf das Werk seine Tradition unter keinen Umständen aufgeben und eben darum will ich Sicherungen schaffen die wissenschaftlich, technisch und sozial seinen Weg über meinen Tod hinaus für alle Zeiten eindeutig klar bestimmen."

Die Unterredung der beiden dehnte sich bis in die Nacht hinein aus. Als der Reichstagsabgeordnete durch die stillen Straßen der Stadt ging, um sein Quartier aufzusuchen, war ihm, als schritte der Gelehrte neben ihm und spräche noch einmal die Worte: „Also, machen wir zwischen uns beiden Schluss mit allen Phrasen der Politik und Propaganda. Ein für alle Male: Ich lehne den reinen Kapitalismus ebenso ab, wie den marxistisch-sozialistischen Zukunftsstaat. Es muss einen dritten Weg geben, und ich werde ihn finden."

Abbe steckte sich nach dem Weggange seines Besuches eine neue, schwere Zigarre an, hob die Hülle von der Kanne und goss sich eine Tasse Tee ein. Das Gespräch mit dem Reichstagsabgeordneten schwang in ihm weiter. Es hatte ihn gelockert und geklärt, aber auch gefestigt.

Er schrieb auf einen Zettel den Satz: „Das Werk darf für niemanden eine Quelle zu persönlichem Gewinn werden."

Er las ihn immer wieder von neuem und wog jedes Wort.

„Auch für Roderich Zeiß nicht", sagte er nach einer Weile.

„Die Herrschaft des Kapitals zerfrisst wie eine scharfe Säure das Verhältnis zwischen Unternehmer und Arbeiter und zerstört die Würde der Arbeit. ‚Mehr Gewinn!' rufen sie auf der einen Seite, ‚Mehr Lohn!' auf der anderen. In dem Machtkampfe werden Mensch und Arbeit verdorben Der Arbeiter wird Klasse, der Kapitalist Volksfeind und die Arbeit Dirne."

Dann zog er einen Kasten seines Schreibtisches auf und entnahm ihm den Entwurf eines Briefes. Er hatte ihn am ersten November 1887, also ein Jahr vor dem Tode des Meisters, an seinen Freund, den Kurator der Universität, Dr. Eggeling, geschrieben. Langsam las er:

„Zur Erfüllung der Pflichten hinsichtlich der Verfügung über meinen Besitz, welche meine persönliche Überzeugung mir auferlegt, wünsche ich durch irgendeinen genügend Rechtssicherheit gewährenden Akt herbeizuführen:

1. Dass nach meinem Tode mein jeweiliger Besitz, soweit er in Anteilen an den Geschäftskapitalien von Zeiß und Schott besteht, an die Universität … übergeht, vorbehaltlich einer nach meinem Tode meiner Familie zu gewährenden einmaligen Abfindungssumme; und

2. dass nach meinem Tode die Universität in alle Rechte und Pflichten eintritt, welche nach den bestehenden Geschäftsverträgen meinen Rechtsnachfolgern zukommen, wozu namentlich gehört das zeitlich unbeschränkte Recht, an dem Reingewinn beider Unternehmungen nach Maßgabe der Verträge teilzunehmen."

Diesem Brief beigegeben war ein umfangreiches Schreiben mit dem Titel „Motive zum Erbvertrag".

In ihm legte Abbe die Auffassungen nieder, die zu dem Vermächtnis führten. Er las flüsternd: „Die Beweggründe. Diese entspringen aus zwei ganz verschiedenen Gedankenreihen. Obwohl die erste von diesen nur rein persönliche Ansichten zum Ausdruck bringt, glaube ich doch auch, sie mitteilen zu müssen; einmal, weil ich in keinem einzigen Punkte meine Beweggründe im dunklen lassen möchte; und dann auch, weil ich darin allein Schutz finde gegen den Verdacht eines lieblosen Verhaltens gegen meine nächsten Angehörigen, deren sogenannte natürliche Anrechte durch mein Vorhaben nach Meinung mancher, verletzt erscheinen könnten. Diese erste Erwägung geht aus von der Tatsache, dass der Besitz, über den ich gegenwärtig verfüge, und der Erwerb, den ich auf Grund bestehender Verträge in Zukunft erwarten kann, ganz wesentlich dadurch zustande gekommen sind, dass es mir und meinen Genossen möglich war, die Tätigkeit vieler anderer Personen dauernd in unseren Dienst zu stellen und den Ertrag ihrer Arbeit uns zunutze zu machen. Die gegenwärtige Rechtsordnung erklärt auch solchen Besitz bedingungslos für freies Privateigentum des erfolgreichen Unternehmers. Nach meiner persönlichen Überzeugung aber will er vor einer strengen Sittlichkeitsidee als öffentliches Gut betrachtet und behandelt sein, soweit er hinausgeht über das Maß eines angemessenen Lohnes für die persönliche Tätigkeit."

Er sah auf und dachte nach.

Mit einem federnden Sprunge saß ihm die Katze, die bisher beim Ofen gelegen hatte, auf der Schulter und drückte ihr knisterndes Fell an seine Backe. Leise strich seine Hand über den gebogenen Rücken des Tieres. Dann nahm er den schmiegsamen Schwanz und ließ ihn durch die Finger gleiten. Voll Wohlbehagen schnurrte sie und rieb sich an seinem dichten Haar.

„Seit siebenundachtzig geht das nun schon und noch sind wir nicht am Ende. Bedenken über Bedenken, Hemmungen, der schwerfällige Staat, Gesetze, Paragraphen, Meinungen. Das frisst Nerven."

Er spürte die wohlige Wärme, die von dem Tiere ausging, neigte den Kopf ein wenig zur Seite und las weiter: „Diese Überzeugung, in welcher ich durch die eigene Lebenserfahrung als Unternehmer mehr und mehr bestärkt worden bin, verpflichtet mich vor meinem Gewissen, die Mittel, welche die Gunst der Umstände in meine Hand gelegt hat, bei meinen Lebzeiten zu gemeinnütziger Verwendung zu bringen und rechtzeitig Vorkehrung zu treffen, dass auch nach meinem Tode gleiches geschehe.

Unter mancherlei möglichen Wegen hierzu kommen für mich nur zwei in Betracht: ausgiebige Fürsorge für das Wohl aller derer, welche zur Gewinnung jener Mittel bisher mitgewirkt haben oder in Zukunft mitwirken werden, und Förderung der Wissenschaften auf deren Boden die betreffenden Unternehmungen gewachsen sind und denen ich zugleich mein eigenes Emporkommen zu verdanken habe."

Er lehnte sich ein paar Augenblicke zurück und lächelte.

Die Katze erschrak und sprang mit einem weiten Bogen ins Zimmer hinein.

„Wie mitleidig haben sie mich manchmal angesehen, wenn wir verhandelten. Für einen Narren mögen sie mich gehalten haben und glaubten, sie müssten sich schützend vor meine Frau und die Kinder stellen, um ihre Rechte zu wahren. Wenn sie wüssten, wie treu Else zu mir steht. Nichts geschieht ohne ihr Einverständnis."

Die Uhr schlug zwölf.

Draußen hatte sich ein scharfer Wind erhoben· Er peitschte den Regen an die Scheiben und fuhr heulend den Schlot herunter. Im Zimmer dachte Abbe über das Opfer nach, das er zu bringen bereit war, und las weiter: „Der zweite Beweggrund steht auf dem Boden rein sachlicher Erwägungen und praktischer Ziele … Die beiden Werke haben Jena zu einem der Hauptsitze der für die Wissenschaften arbeitenden Industrie gemacht. Die optische Werkstätte im Besonderen steht schon jetzt an der Spitze aller Unternehmungen auf diesem Gebiete. Dank dem günstigen Umstande, dass der Kaufwert seiner Erzeugnisse fast ganz auf hier geleisteter Arbeit beruht, bleibt der ganze Geldwert am Orte. Er kommt der Lebenshaltung und Wohlstandsvermehrung kleiner Leute in der Stadt zugute und die Existenz vieler Familien ist dadurch mehr oder weniger von dem Fortbestande und dem ferneren Gedeihen des Unternehmens abhängig geworden.

Darin erblicken wir, meine Mitarbeiter und ich, eine Wohltat für die Stadt … Die Hoffnung aber, dass solches Vorgehen wirklich heilsam werde und nicht schließlich doch aus einer wohlsituierten Arbeiterschaft ein hilfloses Proletariat hervorgehe, ist allein auf die Voraussetzung gegründet, dass es gelingen werde, die hiesigen Unternehmungen dauernd auf der Höhe der einmal erreichten Entwicklung zu erhalten."

Er erinnerte sich an die Worte des Reichstagsabgeordneten über die Leistungen des Werkes.

„Sollten einmal die Erben versagen, dann kann die mühsam errungene Vormachtstellung vielleicht fahrlässig fallengelassen werden. Eine Stiftung bietet mehr Aussichten für Dauer und Wert, sie sichert den Absichten des Stifters Erfüllung über den Tod hinaus und bewahrt das Werk vor dem Einfluss unfähiger und auch übelwollender Erben."

Abbe war überzeugt, dass Schott sich als der Jüngere, der ihn überleben müsse, in die nach seinem Tode geschaffene Lage finden würde. Er redete sich ein, auch Roderich Zeiß könne dem Zwange der Tatsachen nicht ausweichen. Aber so viel und so oft Abbe vor sich selber beteuerte, er glaube an ihn, und die Zuverlässigkeit seines Charakters verbürge die Einhaltung übernommener Verpflichtungen über den Tod hinaus, es blieb immer ein Schatten Unsicherheit und leiser Argwohn zurück.

An ihm litt Abbe, rieb sich sein Herz wund, und von ihm konnte er sich nicht befreien.

Plötzlich stand er auf.

„Alles nur Stufe", fuhr es aus seinem Munde, als stünde er unter dem Eindrucke einer Eingebung. „Wenn es sein muss, dann einmal ohne ihn." Er seufzte.

Das war es, was er Frau Else noch nicht gesagt hatte. Das musste erst ausreifen, ehe es entschieden werden konnte. Aber es zerrte wie ein unaufhörlicher Schmerz an den Nerven, eben weil es in der Schwebe hing. Davor lagen noch Fragen, die dringlicher gelöst sein wollten.

Die Verhandlungen wegen der Stiftung zogen sich über Gebühr in die Länge. Abbe sah alles einfacher und konnte manchmal kaum verstehen, warum so viel Konferenzen, Sitzungen, Aussprachen, Briefe und Aktenbündel nötig seien, ehe der letzte Wille eines Mannes, der sein Werk über den Tod hinaus am Leben erhalten wollte, endgültig in einem Statut festgelegt werden könne.

Die Unruhe des Herzens drängte auf Erfüllung seines Planes.

Mitten in den Wirbeln von Unklarheit, Widerstand und Verzögerung richtete er sich auf an der Liebe und dem tiefen Verstehen Frau Elses. Es waren schwere Zeiten für sie; denn nur wenige verstanden das Opfer um des Werkes willen. In der Einsamkeit zu zweien fanden sie sich nur noch fester zusammen und gaben einander Halt.

Die unruhigen Unterströmungen seines Denkens rührten mit mancher anderen vor allem eine Frage auf, die an den schwachen Stellen der sonst so fest gefügten Überlegungen rücksichtslos durchstieß: „Kann es möglich sein, das Werk am Leben zu erhalten, wenn nur die eine Hälfte Stiftungsbetrieb wird und die andere Privatbesitz bleibt?"

Hier lag die Reibung. Hier brannte die Unrast. Eigenwillig sprangen die Gedanken über Stunden hin weiter und ließen ihn, als er sich schlafen gelegt hatte, nicht zur Ruhe kommen.

Kapitel 26

„Ich bin Ihnen von Herzen dankbar, Herr Geheimrat, dass Sie sich selber von Weimar herüber bemüht haben." Abbe drückte dem Vertreter des Weimarischen Staatsministeriums, Geheimrat Rothe, die Hand und lud ihn zum Sitzen ein.

„Was ich Ihnen heute zu sagen habe, Herr Professor, wird uns in der Sache des Erbvertrages hoffentlich ein gutes Stück weiterbringen, vielleicht kommen wir sogar zum Ende."

„Wie ich das begrüßen würde, Herr Geheimrat! Es gibt sonderbare Dinge auf der Welt: Da ist ein Mensch. Er hat Erfolg. Sein Besitz wächst. Nun möchte er ihn nicht in der üblichen Weise vererben, sondern das Ganze um seiner selbst willen beieinander lassen, die Erben einmalig abfinden und irgendeinen einsetzen, der im gemeinnützigen Sinne Bürgschaft bietet, dass der zukünftige Ertrag den Absichten des Erblassers entsprechend verwendet wird. Seit siebenundachtzig probieren wir nun herum, wie das zu machen sei. Aber statt zu einem Ende zu kommen, scheint die Sache immer schwieriger zu werden. Ich bin gespannt, was Sie für Neuigkeiten mitbringen."

„Ja, ‚irgendwen', das ist es eben, Herr Professor. Die Universität?"

„Warum nicht?"

„Umständliche Untersuchungen haben doch klar gezeigt, dass es nicht möglich ist, sie verantwortlich in ein kaufmännisches Unternehmen einzuspannen. Das liegt vollständig außerhalb ihres Wesens. Sie hat im Rahmen der Personen die an ihr tätig sind, niemanden, den man mit einer solchen Aufgabe betrauen könnte. Es wird sich jeder Universitätsrektor sträuben, im Sinne der gedachten Stiftung die Verantwortung für Werk und Arbeiterschaft auf sich zu nehmen. Die Zusammenarbeit mit den Teilhabern könnte Schwierigkeiten bringen, an die heute noch niemand denkt, denn der Erbvertrag gilt ja nur für Ihren Anteil am Geschäft. Es ist zu begrüßen und die Staatsregierungen würden freudig ja sagen, wenn der Universität Geldmittel zufließen. Aber sie darf deshalb nichts von ihrem wissenschaftlichen Charakter aufgeben. Jede Erweiterung ihres Arbeitskreises kann nur in diesem Sinne erfolgen. Es liegen hier also unübersteigbare Schranken."

Abbe schwieg, er hätte manches entgegnen können, aber seine Gründe hatten in den vergangenen Monaten nichts an der Haltung des Staates ändern können. Und Rothes Ausführungen waren ja mehr eine Zusammenfassung, als Auftakt für eine neue Aussprache.

„Dann käme nach der Universität der Staat als Erbnehmer selber in Betracht. Es ist durchaus üblich, ihm etwas zu vermachen. Es gibt auch Staatsbetriebe, die einwandfrei arbeiten.

In unserem Falle aber wird eine Regelung in Ihrem Sinne besonders schwierig, weil die Universität von vier Staaten unterhalten wird. Ich bezweifle sehr, ob sich die Arbeiterschaft des Werkes und der Glashütte in die Rolle von Staatsbeamten finden würde. Ihre Leute sind viel zu freiheitlich und selbständig, als dass sie sich ohne Not in solche Abhängigkeit begeben würden. Ich habe wohl verstanden, was einer Ihrer besten Mitarbeiter meinte, als ich mit ihm darüber sprach. ‚Ich lehne für meine Person ab, Staatsbeamter zu werden und suche mir sofort eine neue Stelle, wenn diese Gefahr heranrückt.'

Vier Staaten, eine fortschrittliche Arbeiterschaft, die ganz besonderen Absichten, die Sie mit der Stiftung verwirklichen wollen, eine Glashütte, ein optisches Werk, von jedem nur die Hälfte, es wäre noch manches zu sagen. Sie kennen den Wust von Schwierigkeiten, der alle an den Verhandlungen Beteiligten manchmal zur Verzweiflung zu bringen drohte. Vor solcher Wirklichkeit können die besten Absichten Schiffbruch leiden."

„Wo ist nun Ihre Lösung?", fragte Abbe ungeduldig. „Seien Sie mir nicht böse, Herr Geheimrat, wenn ich Sie unterbreche. Sie können sich denken, wie sehr ich gespannt bin, denn keines der Ministerien, keiner der Juristen, an die ich mich um Auskunft wandte, konnte mir Fingerzeige geben, was zu tun sei. Bitte, sagen Sie mir, wie wir weiterkommen."

Diese Worte verrieten die mühsam gebändigte Ungeduld Abbes.

Geheimrat Rothe bückte sich mit vornehmer Würde, nahm seine Aktentasche, zog einen Bogen Papier heraus und lächelte.

„Eigentlich ist es wie das Ei des Kolumbus. Und jeder wundert sich hinterher, warum man nicht schon eher auf den erlösenden Gedanken gekommen ist. Wir haben uns die Köpfe zerbrochen, der ganze Spuk juristischer Formulierungen wurde verjagt durch einen Begriff, der uns zuletzt in höchster Not einfiel."

Abbe beugte sich erregt vor. Aber des Geheimrats Ruhe war unerschütterlich. Er drehte sich den Bart und begann ruhig, als sei er beim Großherzog zum Vortrage:

„Da nun der Staat aus rechtlichen und praktischen Gründen Ihre Stiftung nicht annehmen kann, wird Ihnen folgendes empfohlen ..."

‚Ach, so ein Geheimrat', dachte Abbe.

„... das Erbe einer juristischen Person zu vermachen."

Darauf folgt eine ziemlich lange Pause. Das Papier in Rothes Hand zitterte leise. Er sah Abbe durch seine schmalrandige Brille fragend an und sagte noch einmal: „Einer juristischen Person."

Vielleicht hatte er von Abbe einen Ausbruch freudiger Zustimmung erwartet. Aber der schwieg und dachte nur: ‚Irgendeine neue juristische Kniffelei.'

„Also, Sie vermachen die Stiftung einer gedachten, unabhängigen, juristischen Person und alle Sorgen sind begraben."

„Darf ich um eine Erklärung bitten?"

„Sie, Herr Professor, sind eine physische Person. Sie essen, Sie trinken, Sie sind gesund, krank, je nachdem, haben Sorgen oder nicht, sind aber ein Mensch, der da ist; Sie bestimmen die Wirklichkeit und werden durch sie bestimmt.

Die juristische Person ist nur eine Einbildung, ein Gedachtes, losgelöst von aller Erdenschwere, abstrakt, eine Erfindung der Juristen, mit der sich aber ganz gut umgehen lässt, denn sie hat keine Bedürfnisse, ist leidenschaftslos, ihr liegt nichts an einer Vermehrung und Anhäufung des Besitzes."

Jetzt begannen Abbes Augen zu leuchten. Sie hingen an Rothes Lippen.

„Die physische Person hat Wünsche, Ziele und steht im Lebenskampfe, die juristische Person ist tot. Sie ruht als Abstraktum hinter einem Statut, hinter Bestimmungen und Grundsätzen, handelt aber nicht selber, sondern hat nur Beauftragte, die ihre Interessen wahrnehmen."

„Das ist es", sagte Abbe erlöst, „was ich suche." Er fasste des Geheimrats Hand und schüttelte sie. „Die Stiftung wird selber juristische Person, ist unantastbar und meinungslos, auf sie kann man sich verlassen. Ich danke Ihnen, Herr Geheimrat!"

Die auf diese Unterredung folgende Konferenz mit Schott, Zeiß und dem Kurator der Universität bewies die magische Kraft der juristischen Person. Dinge, die seit langem festgefahren waren, kamen wieder in Fluss. Die Verhandlungen rückten vorwärts. Abbe wurde zuversichtlicher und verlor manches von seiner inneren Unruhe.

In den ersten Apriltagen 1889 wurden die Verhandlungen abgeschlossen und die Niederschriften von Abbe, den Vertretern des Staates und der Universität unterschrieben. Alle waren erleichtert, denn Abbes Grundsätzlichkeit und sein starres Festhalten an einmal Erkanntem hatten allen Beteiligten manche Stunde schwer gemacht.

Im Mai lag die Stiftungsurkunde fertig vor. Frau Else hatte sie freiwillig unterschrieben, um dadurch ihr Einverständnis mit allem, was das Schriftstück enthielt, zu erklären. Abbe atmete auf. Er schien befreit von einer drückenden Last, und es war, als hätten sich alle Schatten verzogen, die seine Tage so oft verdüsterten. Der Zauber der juristischen Person löste die schwierigsten Rätsel. Und die Tatsache, seinen Anteil am Werke über den Tod hinaus in einer unantastbaren Stiftung festgelegt zu haben, schob manches, was sonst noch unruhig bohrte und wühlte, fürs erste einmal in den Hintergrund.

Das war keine Selbsttäuschung, sondern nur die unmittelbare Freude am Gelingen eines Planes um des Werkes willen.

In bescheidener Entäußerung gab Abbe der Stiftung den Namen des verstorbenen Meisters und nannte sie „Carl-Zeiß-Stiftung". Damit wich er allen möglichen Ehrungen aus und setzte dem Gründer des Werkes ein lebendiges Denkmal. Ausgenommen die Pflichtanteile für seine Angehörigen, deren begrenzte Höhe die Urkunde festsetzte, sollte nach Abbes Tode der Stiftung alles zufallen, was im Sinne des Gesetzes als Erbe anzusehen war. Frau Else erklärte, sie wolle den Willen ihres Mannes, wenn er vor ihr stürbe, getreu erfüllen.

Noch im Mai lag das Stiftungsstatut dem Staatsminister in Weimar zur Bestätigung vor. Exzellenz Stichling las es öfter und eindringlich, nachdem ihm Geheimrat Rothe Vortrag darüber gehalten hatte.

„Was für ein Mensch", sagte der Minister einige Male beim Lesen, stand auf und trat ans Fenster, „er arbeitet, schafft, baut auf, erringt Erfolg, wird reich, um am Ende den erworbenen Besitz wie eine Last abzuwerfen. Er misst seinen nächsten Angehörigen nur einen Bruchteil vom Ganzen zu, und damit ist die Frau einverstanden als sei es ihr eigener Wunsch. Universität und Zeißwerk haben den größeren Nutzen vor der Familie."

Er schüttelte den Kopf, trat ins Zimmer zurück und las den Schluss der Urkunde noch einmal, als brauche er Zeit, um das ihm so schwer Begreifbare zu verstehen:

„Von meinen nächsten Familienangehörigen endlich erwarte ich, dass sie meinen wohlbedachten, gewissenhaft erwogenen Festsetzungen in allen Stücken bereitwillig Folge leisten werden. Von meiner Ehefrau bin ich nach ihrer Gesinnung und nachdem alle meine Abmachungen im vollen Einverständnis mit ihr zustande gekommen sind, der unbedingten Unterstützung hierin im Voraus sicher.

Zu meinen Kindern aber vertraue ich, dass sie, zu welcher Zeit auch diese Angelegenheit an sie herantreten möge, ihren Eltern darin Ehre machen werden, dass sie die von uns beiden für angemessen und gerecht befundene Teilung meines Besitzes zwischen meiner Familie und einer gemeinnützigen Stiftung nicht als eine Beeinträchtigung ihrer eigenen Rechte ansehen. Sollte ihnen ein solcher Gedanke von irgendwelcher Seite eingegeben werden, so wollen sie sich dessen erinnern, dass mir von meinen Vorfahren durchaus nichts an Glücksgütern überkommen ist, mein Besitz vielmehr ganz und gar von persönlicher Tätigkeit herrührt; dass ich aber auch als ein Naturrecht für mich in Anspruch nehmen kann, über diesen Besitz zu verfügen, wie es meinen Grundsätzen und meiner Pflichtauffassung entspricht, sofern ich dabei nicht verabsäume, auch für meine Familie nach Verhältnis meiner eigenen Lebensführung reichlich Fürsorge zu treffen.

Als eine schnöde Verletzung kindlicher Pietätspflicht und als eine grobe Verunglimpfung meines Andenkens müsste ich es hiernach hinstellen, wenn eines von meinen Kindern oder dessen Rechtsvertreter behufs Erlangung größerer Vermögensvorteile versuchen sollte, nach meinem Tode irgendeine von den Verfügungen anzufechten, welche ich klaren Bewusstseins unter Lebenden oder letztwillig getroffen habe."

„Er weiß, wie schwach die Menschen sind", sagte der Minister zu sich selber, „und wie nahe das einmal liegen könnte, was er in diesen Sätzen unterbinden will. Er bleibt hart und führt folgerichtig zu Ende, was ihm denkend notwendig erschien. Ob auch die Menschen denen das Vermächtnis zugutekommt, groß genug sein werden, es im Sinne des Stifters zu verwenden und weiterzuführen? Ob es überhaupt möglich sein wird, die Werthälfte eines bedeutenden Unternehmens stiftungsmäßig mit Privatinteressen zu verkoppeln?" Dem erfahrenen Staatsmann blieben bei aller Hochachtung vor Abbes Entschlüssen doch mancherlei Bedenken, über die ihn nichts hinwegbrachte.

„Abbe ist erst fünfzig Jahre alt, seine unermüdliche Arbeitskraft lässt vermuten dass er einmal hoch zu Jahren kommt. Der Stiftungsfall kann also sicher noch lange auf sich warten lassen. Das ist nur zu wünschen, denn das aufblühende Werk wird der Fürsorge und Führung Abbes noch über viele Jahre hin bedürfen."

Der Großherzog bestätigte die Stiftungsurkunde. Auch er konnte sich des Eindruckes von Abbes Verzicht als einer einzigartigen sittlichen Leistung nicht verschließen und ließ dem Gelehrten seinen Dank voll Hochachtung aussprechen.

Mit neuem Eifer ging Abbe an die Arbeit. Nun lag die Bahn frei. Was jetzt aus aller Welt an Aufträgen zuströmte, mehrte nicht den ihm so lästigen Besitz, sondern vergrößerte den Wert der Stiftung und erweiterte den Betrieb. Pläne regten sich! Abbe erschien verjüngt und stürzte sich mit Hingabe in die Arbeit.

Schott führte die Glashütte wie ein erfahrener Kapitän durch alle Untiefen des Anfanges. Sein Wesen und seine Art zu arbeiten und sich einzufügen entsprachen dem, was Abbe von einem Mitarbeiter erwartete. Alle Zusammenarbeit bisher verriet einen Mann von Einsicht und sozialem Verständnis, der bereit war, Abbes Pläne an seinem Teile wohlwollend zu fördern.

Er hatte ja von der Pieke auf gedient, und die Zeit des großen Wagens mit Abbe und dem Meister ließ ihn nun, da Carl Zeiß nicht mehr lebte, sich fester an Abbe anschließen und ihm die Treue halten.

Die Fabrikation der optischen Werkstätten griff sicher und kraftvoll nach neuen Arbeitsgebieten. Die Fotografie stellte der Optik bisher ungekannte und wichtige Aufgaben; optische Messinstrumente für

Industrie und Erdmessung, Prismenfeldstecher, Entfernungsmesser, Zielfernrohre, astronomische Instrumente griff die Fabrikation auf. Eine Fülle grundlegender Erfindungen sicherte dem Werke die Einzigartigkeit seiner Weltstellung.

Einzelne dieser neuen Arbeitsgebiete mussten ganz von vorn begonnen werden, da sie nirgends Vorbilder hatten. Über manche Jahre hin wurden sie geldzehrende Zuschussgebiete und fraßen oft ungebührlich viel von dem auf, was bei bescheideneren Ausmaßen der Produktionserweiterung als Gewinn übriggeblieben wäre.

Der Riese begann sich zu dehnen und zu recken. Er wurde sich seiner Kraft bewusst und überraschte die Welt ohne Aufhören mit den Ergebnissen seines wissenschaftlichen und technischen Könnens. Abbe bewies treffsicheres Fingerspitzengefühl bei der Auswahl der in zunehmender Zahl notwendigen Mitarbeiter. Er konnte nur Menschen um sich brauchen die ohne jede Hemmung in ihrer Arbeit ausgingen und bereit waren, ihr Bestes herzugeben.

Abbe wurde das Werk, und das Werk wurde Abbe. Das Licht beugte sich den kühnen Schlüssen seiner Berechnungen und musste sich zu immer neuen und überraschenderen Geständnissen verborgener Eigenschaften herablassen.

Schott schuf ihm mit seinen Gläsern das Bett, in dem es sich zu erkennen gab, und die Zauberfinger der Feinmechaniker bauten die empfindlichen Gehäuse für seine wundersamen Wege. Jene Jahre der Eroberung und Meisterung des Lichtes waren hohe Zeiten für alle, die sich diesem Dienste widmeten.

Aber schon bald nach der Begründung der Stiftung krochen die alten Schatten wieder aus den Schlupfwinkeln der Seele und legten sich grau und düster über Abbes ungestüme Schaffensfreude. Die Befriedigung, die ihm die Loslösung vom Werke gebracht hatte, wurde zerbröckelt und gestört durch eine Meute rücksichtslos vorbrechender Sorgen, die sich in der zunehmenden Stärke ihres zermürbenden Druckes bald nicht mehr verscheuchen ließen. Frau Else sah, wie sich Abbe verschloss, wieder zu grübeln begann und schweigsam wurde.

In den Nächten des Sommers 1889 brach sein bedrücktes Herz auf und rang um Entschlüsse, wie sie die sich zuspitzende Lage forderte. Da half weder Liebe noch Verstehen, da half keine Ehrfurcht vor dem

Andenken an den toten Meister; das Werk mit seinen Leuten und der schöpferischen Weite seiner Erzeugung forderte Opfer über Opfer. Es brachte Gewinn, sog aber viel davon wieder auf in die gesunden Kreisläuse seines Wachstums.

Das war Abbe recht und selbstverständlich, aber es störte Roderich Zeiß und ließ ihn abrücken von dem Tempo der rastlosen Erweiterung des Betriebes.

Er hatte das Erbe des Vaters übernommen war ein tüchtiger Geschäftsmann, arbeitete mit Hingabe und freute sich am Erfolg. Und der stellte sich ihm in Zahlen dar, stand auf der Habenseite der Buchführung und wurde ihm als Gewinn Wertmesser für die Rentabilität des Werkes. Und er sah den Sinn der Arbeit wesentlich darin, den Gewinn und damit seinen Besitz zu mehren. Das war der Entwicklung des Werkes nur soweit hinderlich, als es die von Abbe für notwendig angesehenen Maßnahmen manchmal störte, bremste, unklar hinzögerte und aufhielt.

Da Doktor Roderich Zeiß es oft nicht wagte, dem Gelehrten offen zu widersprechen, wurde seine Haltung unentschlossen und sprunghaft. Jene wunderbare Sicherheit und Zuverlässigkeit, die den Meister auszeichnete und die dem stolzen Aufstieg des Werkes den Weg bereiten half, wich widerspruchsvollen, unklaren Verhältnissen, die Abbe zermürbten und ihn in die schwerste Krise seines Lebens führten. Verschärft wurde die Lage durch äußerliche Dinge, an denen sich der Gelehrte im Maße der wachsenden Zermürbung immer schmerzlicher stieß, die er unter anderen Verhältnissen übersehen hätte.

Die Hingabe an das Werk zog seinen Blick von der Welt ab und ließ ihn manches aus der Herbe seines Wesens einseitig einschätzen was er sonst vielleicht gütig geduldet haben würde; denn er gestand ja jedem Menschen das Recht zu, sich in seiner Weise auszuleben.

Er war ein Mann von beinahe fünfzig Jahren, einfach gekleidet, anspruchslos, ohne jede Rücksichtnahme auf sich selber, unempfindlich für die Reize eines äußerlich gesteigerten Lebens. Mit gütigen Händen streute er in der Stille aus, was ihm an Reichtum zufloss und milderte die Härten des Lebens überall da, wo sie ihm nüchtern entgegentraten. Sein unruhiges Gerechtigkeitsgefühl war eine empfindliche Waage für Gut und Böse.

Anders der Partner Doktor Roderich Zeiß.

Wenn Abbe es sonst übersah, dann wirkte gerade in jener Sommerzeit der schnittige Reitdress des jungen Herrn, in dem dieser am Morgen nach einem erfrischenden Ritte das Werk betrat, störend, manchmal sogar aufreizend.

Der Riss weitete sich. Doktor Roderich Zeiß wandte sich mit aufgeschlossenen Sinnen den schönen Seiten des Lebens zu. Er war ein guter Musiker und wusste zu genießen was ihm das Erbe des Vaters und der eigene Fleiß zutrugen.

Mancher unausgereifte Widerspruch hing zwischen beiden Männern. Abbe litt daran. Zeiß lavierte, wich aus und hemmte; nicht böswillig, eher schwach und unentschlossen. Abbes große Pläne für den weiteren Ausbau des Werkes, seine unbedingte soziale Haltung störten ihn. Männer aus zwei Welten standen sich gegenüber.

Mit jedem Tage stellte es sich deutlicher heraus, dass es einmal unmöglich sein würde, das Werk aus zwei weltentfernten Grundsätzen leiten zu wollen, aus dem des Gewinnes und zugleich auch dem des Verzichtes.

Die Dinge trieben auf eine Entscheidung zu. Aus den Qualen seines Herzens, aus nervenfressenden Überlegungen rang sich Abbe zu Entschlüssen durch, die die Lage klären sollten. Frau Else sah ihren Mann leiden und schweigen. Sie ahnte mehr, als sie wusste. In ihrer Not schrieb sie einen Brief voll Klage und Sorge an Anton Dohrn nach Neapel. Und der antwortete bald darauf:

„Als ich Abbe zum letzten Male sprach, fühlte ich wohl, dass ihm ein unerträglicher Druck auflag, der seine Nerven zu zerstören drohte. Jetzt haben Sie mir das Rätsel gelöst. An einen Associé geschmiedet zu sein, der einen auf Schritt und Tritt hemmt, das ist in der Tat eine Quälerei, dass sie schwerer wiegt als die allerschwerste Arbeit."

Abbe trieb während ruheloser Nächte in Gedanken den Ausbau der Stiftung weiter. Manchmal hatte er das Gefühl der Unsicherheit, wenn er daran dachte, ob nach seinem Tode wohl alles so durchgeführt werden würde, wie es bestimmt war. Dann kreiste sein Denken um Doktor Roderich Zeiß, umwarb ihn und stieß ihn ab.

Und dann kam jene Novembernacht 1889, in der Abbe mit allem, was ihn quälte und zerriß, zum letzten Male ins Gericht ging.

Über das Saaletal hin brauste ein Sturm, der das Haus bis in den Grund erschütterte. Immer einmal leckte das Feuer aus dem Ofen, wenn ein Windstoß den Schlot herunterzischte.

Wirbelnd wogte der Tabaksqualm das Zimmer auf und nieder. Die Wände schienen in die Ferne gerückt zu sein, denn das Licht hatte nicht die Kraft, bis zu ihnen durchzudringen. Ein einsamer Mann saß in der Nacht und schätzte hart und herb ab, was um des Werkes willen getan werden müsse. Dabei wog er nicht nur seine eigenen Rechte und Pflichten, auch nicht allein die seines Partners, sondern vor allem das innere Gesetz des Werkes, das als Dritter fordernd vor ihn hintrat.

Er war bereit, sich selber zu opfern wenn es notwendig sein sollte.

Hastig flog die Feder über das Papier, denn das, was er niederschrieb, war ja in Wochen und Monaten durchlitten und durchgrübelt.

„Geehrter Herr Doktor!

Jena, am 23. Nov. 1889

Ihr nachträgliches Umstoßen einer für unser Unternehmen wichtigen Entschließung – und zwar das Umstoßen aus einem Anlass oder Beweggrund, dessen Zusammenhang mit der Sache weder ich noch sonst jemand zu verstehen vermag – hat nun bei mir einen Entschluss zur Reife gebracht, den ich schon im vorigen Monat zu fassen nahe daran war. Er geht dahin, Sie freundlichst zu bitten mit mir in eine ruhige und freundliche Erwägung einzutreten über die möglichen Wege, auf denen wir uns hinsichtlich der Geschäftsführung dauernd trennen können, weil ich zu der endgültigen Überzeugung gekommen bin, dass eine weitere Fortsetzung der gemeinsamen Geschäftsführung weder der Sache heilsam, noch mir persönlich überhaupt möglich ist. Der entscheidende Beweggrund zu meinem Entschluss ist die Rücksicht auf meine Gesundheit und die Erhaltung meiner Leistungsfähigkeit.

Um Ihnen nun gleich einige Unterlagen zu bieten zur Erwägung der verschiedenen Modalitäten, unter denen wir eine Trennung in der Geschäftsleitung herbeiführen können – auf das Ziel gerichtet: entweder Sie allein oder ich allein. Das erstere biete ich Ihnen in erster Linie an. Wenn Sie glauben, dass Sie die Sache prästieren können, so wäre es für mich eine Wohltat, mich nunmehr von aller geschäftlichen Tätigkeit freimachen und meinen wissenschaftlichen Studien unbehindert obliegen zu können. Wollen Sie diesen Ausweg aus irgendwelchen Gründen nicht, so bin ich erbötig, die ganze Geschäftsführung umgekehrt auf mich zu nehmen. Was ich Ihnen hier schreibe, ist frei von jeder feindseligen Stimmung und von jeder Bitterkeit. Ich betrachte es als ein unglückliches Verhängnis, dass wir beide zum dauernden Zusammenarbeiten nicht passen und ich will nichts weiter, als der Gefahr entgehen, diesem Verhängnis zum Opfer zu fallen."

Draußen heulte der Herbststurm, das Haus zitterte.

Abbe legte den Federhalter hin und überlas die Hauptgedanken des Briefes noch einmal. „Er oder ich", sagte er an einer Stelle. Und dann flog sein aufgestörtes Denken der Zeit und den Umständen voraus. Wie sehr er sich auch mühte, den Trennungsfall so zu sehen, dass er vielleicht werde gehen müssen und Doktor Zeiß blieb, in gleichem Maße riss das, was Gerechtigkeit und Verstand nüchtern als möglich einsahen an der Lebenskraft seines heißen Herzens. Er hing mit allen Fasern an dem Werke, dem er sich verschworen hatte.

Und diese Liebe, dieses Verwachsen- und Einssein schürten in den Hintergründen des Bewusstseins den Wunsch, Zeiß möchte sich entschließen auszuscheiden. Abbe würde diesen Gedanken sofort unterdrückt haben, wenn er sich deutlich in ihm geregt hätte. Aber trotzdem war er da, wenn auch nur in der Wirkung einer würgenden Angst vor der Möglichkeit, das Werk dem anderen ausliefern zu müssen.

Eins wurde dem Gelehrten dabei klar: In den folgenden Verhandlungen würde er dem Partner, wenn der geneigt sei, zurückzutreten, die besten Bedingungen gewähren und jedes Opfer auf sich nehmen, um den Sohn des Meisters und seine beiden Schwestern glänzend abzufinden.

Aber noch war es nicht soweit. Menschen sind zäh, wenn es um den Besitz geht, und Erbe verpflichtet.

Kapitel 27

„Nach diesem Briefe musste ich zu Ihnen kommen, Herr Professor."
„Bitte, nehmen Sie Platz."
„Danke, Herr Professor, lassen Sie mich bitte stehen." Doktor Roderich Zeiß fieberte vor Aufregung.
Abbe sog heftig an seiner Zigarre und spielte nervös mit der dünnen Uhrkette, die er um den Hals hängen hatte.
„Sie setzen mir das Messer an die Kehle", begann Zeiß.
„Ich liebe Klarheit."
„Aber warum dies alles so plötzlich?"
„Es musste doch einmal kommen."
„Wir hätten uns einigen können."
„Daran habe ich auch einige Zeit geglaubt."
„Und mit einem Male ist Ihnen das nicht mehr möglich?"
„Nein. Es ist falsch."
„Ich bin Ihnen also im Wege?"
„Sie nicht, Roderich, nicht als Person, nicht als Mensch."
„Warum dann?"
„Es stehen Grundsätze einander gegenüber, von deren Auswirkungen die Zukunft des Werkes abhängen wird. Wir beide, Sie und ich, sind nur ihre Exponenten."
„Ich weiß, was Sie meinen, aber mir scheint, als verführe Sie die logische Herausschälung des Trennenden dazu, gewisse Dinge zu überspitzen und einseitig zu übertreiben."
„Ich muss erst trennen, ehe ich vereinigen kann."
„Haben Sie sich schon so weit von den Verpflichtungen zu meinem Vater gelöst?"
„Lassen wir den alten Herrn aus dem Spiele. Er hat sich im Ernst keiner meiner Anregungen jemals verschlossen. Seinem klugen Mitgehen verdankt das Werk den Aufstieg. Ich bin der festen Überzeu-

gung, er würde, wenn er lebte, alles Notwendige um des Werkes willen mitgetan haben, was nach seinem Tode geschah. Die Gewissheit, ihn auch heute an meiner Seite zu haben, beruhigt mich und lässt mich so reden, wie Sie es hören."

Es blieb einige Augenblicke still zwischen den beiden Männern. Dann griff Abbe das Gespräch wieder auf.

„Ich hoffe noch einige Jahre zu leben und arbeitsfähig zu bleiben. Das nötigt mich, alles abzuwehren was meine Kräfte nutzlos zerreibt."

„Darf ich Sie bitten manches, was sich in der letzten Zeit zwischen uns beiden ereignete, nicht zu schwer zu nehmen Die Verhältnisse spitzten sich zu, ich sah mich in die Verteidigung gedrängt, vergriff mich vielleicht auch in den Mitteln …"

„Sie brauchen sich nicht zu verkleinern Roderich. Sie sind mein Partner, stehen also nicht unter und nicht über mir. Gewiss, ich muss es offen sagen, dass ich keine Lust mehr habe, alle die Reibungen und persönlichen Verletzungen, wie sie offen und versteckt in der letzten Zeit auf mich einbrachen, weiter zu ertragen …"

„Sie müssen doch zugeben Herr Professor, dass sich die Lage in dem Augenblick ganz außerordentlich zu meinen Ungunsten verschob, als Sie unserem Besitzanteil Ihre Stiftung gegenüberstellten. Das war wie ein Riss quer durch, bis in die Tiefe. Ich musste mich doch irgendwie verteidigen; denn Ihre Haltung wirkte wie ein Generalangriff."

„Das ist es ja eben, denn Ihre Widerstände, die ich zu spüren bekam, schufen eine allgemeine Unsicherheit in allen Schritten, die wir hätten gemeinsam tun sollen. Ich weiß, was Sie in den letzten Jahren geleistet haben als Kaufmann als Organisator und auch als Wissenschaftler. Sie brachten in kurzer Zeit die Mikrofotographie weiter, als gewisse Leute vor Ihnen in fünfzig Jahren."

„Und trotzdem …"

„Ja, Roderich. Sie erwähnten die Stiftung. Die ist die treibende Kraft für meine weiteren Ziele. Dass es in einem aufstrebenden Betriebe zwischen den Leitern Meinungsverschiedenheiten gibt, ist natürlich und notwendig. Dass aber ein Werk wie das unsere auf zwei Gestaltungstendenzen weiter ausgebaut werden soll, ist ein Unding. So gesehen sind Sie der Vertreter der einen und ich der der anderen. Ich hätte mir nur gewünscht, die Klärung der Lage, wie sie folgerichtig nach der Stiftung eintreten musste, würde nicht von so viel menschlich minderem Ballast beschwert werden."

Nach diesen Worten sah Abbe den Sohn des Meisters aus unendlich gütigen Augen an und legte ihm die Hand auf die Schulter.

„Es ist also nicht möglich, Ihren Wünschen meine unterzuordnen, genau so wenig, wie ich erwarte, dass Sie Ihre den meinigen anhängen. Mein Brief sagt Ihnen klar, dass es für mich nicht mehr heißen kann, teils – teils, sondern nur noch entweder – oder. Dass diese Auseinandersetzung zwischen uns beiden erfolgen muss, ist schmerzlich, aber unabänderlich."

„Ich habe bis zuletzt geglaubt, wir würden uns wieder auf einem gemeinsamen Wege finden …"

„Sehen Sie doch ein, worum es geht. Wenn ich den Trennungsstrich ziehe, dann ist damit unter keinen Umständen ein gegen Sie gerichtetes Werturteil mit diesem Vorgange verbunden. Sie sind Fabrikant im guten Sinne, suchen Ihren Besitz zu bessern und zu mehren; tun das in durchaus einwandfreier Weise, unterscheiden sich also in nichts von unzählig vielen anderen, die genau so handeln.

Sie lassen je nach dem Stande des Geschäftes mehr oder weniger Menschen für sich arbeiten. Wie viele das in jedem Augenblicke sein werden, entscheidet die Konjunktur. Heute sind es so viel, morgen mehr oder weniger. Sie setzen auf die Straße oder nehmen herein, wie es die Geschäftslage gebietet. Aus den Seiten Ihrer Buchführung ergibt sich das Urteil über diese Menschen. Sie hängen ohne jede Sicherung in der Luft und sind hilflos der Willkür der Rentabilität ausgesetzt.

Und diese Hilflosen, alle jene Unbekannten, die im schmutzigen Kittel tagaus, tagein für die Unternehmer arbeiten, müssen sich, wenn sie ihre Lage nicht zu bald abstumpft, wie Menschen einer minderen Rasse vorkommen, die gar nicht das Bewusstsein haben, einem Volke anzugehören.

Das bringt bei den starken selbständigen Naturen Hass hervor. Die Schwachen heucheln und werden Knechte. Es ist auch für den einfachsten Menschen das höchste Bewusstsein, sich nicht als Knecht eines anderen fühlen zu müssen. Das Arbeitsverhältnis ist kein geschäftliches, sondern ein Rechtsverhältnis.

Ich sage es, wo ich kann, das Unternehmertum darf um des Gewinnes willen nicht Schindluder mit der Volkskraft treiben, sondern es muss sie als ein ihr anvertrautes Gut, geistig und körperlich, gesund erhalten."

„Wollen Sie die Welt ändern?"

„Nein, niemals."

„Wollen Sie alles preisgeben?"

„Das kann nur dem Sorgen machen, der viel hat."

„Soll ich das Erbe meines Vaters wegwerfen?"

„Meinen Sie, dass Sie es besäßen, wenn Sie rechtlich darüber verfügen konnten?"

„Noch ist es mein Recht, damit umzugehen, wie ich will."

„Noch."

„Es ist mein Recht." Er stampfte auf.

„Das macht Ihnen niemand streitig."

„Also, was wollen Sie?"

„Dass Sie sich Gedanken darüber machten, ob Ihr Recht vielleicht mit einer Abfindung abgelöst werden könnte."

„Niemals, ich darf das Erbe meines Vaters nicht preisgeben. Das wäre Unrecht, und Ihr Brief eine maßlose Forderung, die ich ablehnen müsste. Sie schießen weit über das Ziel hinaus; man kann sozial wirken ohne die Ihnen vorschwebende Askese, den Verzicht auf alles erworbene, rechtmäßige Eigentum."

Doktor Roderich Zeiß stand bleich, mit zitternden Lippen vor Abbe. Dem war kaum eine spürbare Erregung anzumerken.

„Ich will Ihnen noch einiges zu bedenken geben", sagte er ruhig, aber sehr bestimmt.

„Wenn Sie bleiben, gehe ich. Dann wird das Werk ein kapitalistischer Betrieb und hat damit Sinn und Seele verloren. Wenn Sie gehen, und ich bleibe, dann wird Ihnen durch eine gemäße Ablösung Ihrer Rechte, kein Jota am Besitz geschmälert."

„Niemals, Herr Professor!" In diesem Augenblicke empfand Zeiß die ungeheure Wucht des Willens, der ihm gegenüberstand. Er spürte den Gluthauch einer sittlichen Idee.

„Sollte mir das Glück teilhaftig werden, zu bleiben, dann will ich aus dem ganzen Besitz eine Stiftung machen, die ich selber noch bei meinen Lebzeiten ausbauen und führen werde. Ihr Verzicht, Ihre Auslösung würde den Weg dazu freimachen. Ich glaube, Sie handelten im Sinne Ihres Vaters, denn der Wert Ihres Erbes bliebe Ihnen ja erhalten, und der Ausbau des Werkes geschähe so, wie ich ihn jeden Tag vor dem alten Herrn verantworten könnte. Er war im Grunde seines Wesens immer ein guter Sozialist."

„Niemals, Herr Professor", sagte Zeiß matt. Er hatte das Gefühl, als sei er trotz seiner festen Worte doch geschlagen, drehte um und ging hinaus. Abbe schaute noch eine Weile auf die gepolsterte Tür, hinter der Roderich Zeiß verschwunden war. Dann wandte er sich um, zündete eine neue Zigarre an und schob auf seinem Schreibtische einen Stapel volkswirtschaftlicher Bücher beiseite.

Jetzt erst schlug die gebändigte Erregung von vorhin lichterloh aus ihm heraus. Er strich über das nach hinten gekämmte lange Haar, ließ sich in den Schreibtischstuhl fallen und stützte den Kopf mit beiden Händen.

‚Ich will nicht über Industriesklaven herrschen, sondern in gemeinsamer Arbeit mit Industriebürgern das Werk in die Zukunft führen.'

Solche Gedanken züngelten wie Flammen durch das aufgestörte Denken. Aus Sturm und Wirbeln klärten sich nach und nach bestimmte Erkenntnisse heraus, die den Willen richteten und Ordnung in das von Hochgefühlen gesteigerte Überlegen brachten. Ein Wort Fichtes blieb wie ein Stein im jagenden Strome der Gedanken stehen: „Wenn eine Gemeinschaft freier Wesen möglich sein soll, dann muss auch das Rechtsgesetz gelten.

„Das Rechtsgesetz gewährleistet die Gerechtigkeit. Und Gerechtigkeit ist der beharrliche Wille, jedem sein Recht zuzuteilen. Ich will das Proletarierrecht der Reichsgewerbeordnung für das Werk in ein Arbeiter und Angestelltenrecht umwandeln."

Der kühne Gedankenflug riss den aufgeregten Mann rücksichtslos vorwärts und ließ ihn Ziele sehen, die ihn packten und steigerten. Greifbar klar traten sie vor ihn hin, er hätte jauchzen können in der Wollust des Erkennens. Er gab sich den lockenden Bildern und kühnen Prägungen freudig hin, die ihm vor die Seele traten. Ein Rausch faustischer Schaffensfreude trug ihn hoch über sich selber hinaus.

Als sich das zu beruhigen begann, fing die Logik des Wissenschaftlers zu arbeiten an; denn nur sie konnte ihn nach dem Sturme der

Gefühle den Weg weiterweisen. Er sah klar: „Die Stiftung kann nicht nur einen Teil des Ganzen umfassen. Das Ganze soll Stiftung werden. Wenn das erreicht ist, muss der Stiftungsfall sofort eintreten und nicht erst nach meinem Tode."

Er bleibt in jeder Lage seines Lebens der überlegene Wissenschaftler, dem das Experiment mehr wert ist als ein Vermächtnis, das auf dem Papiere steht. Jetzt, sofort soll der Schritt über die Schwelle getan werden. Dafür ist ihm kein Opfer zu groß. Er zieht einen Bogen Papier aus dem Schreibtischkasten, besinnt sich eine Weile, taucht die Feder ein und schreibt in fliegender Hast den Entwurf für die Verzichtleistung und Abfindung, den er Zeiß vorlegen will. Sein überhelles Denken gestaltet das Schriftstück schon auf den ersten Anhieb zu lückenloser Vollkommenheit.

„Wenn er darauf eingeht, kann er als vermögender Privatmann allen seinen Passionen nachleben."

Als Abbe fertig war und das Geschriebene überlas, wurde er ruhiger, denn er sah ein, dass er sich, wenn die Dinge so laufen würden wie sie auf dem Papiere standen, nichts vorzuwerfen habe. Die für die Abfindung einzusetzenden Beträge ließ er offen mit der Absicht, sie in den nachfolgenden Verhandlungen mit Zeiß bis zur tragbar größten Höhe anzubieten.

Aus Schatten und zwielichtigen Hintergründen zwang er in allgemeinen Umrissen mit der Unerbittlichkeit seines Denkens das Bild einer Werkverfassung in die Klarheit des Bewusstseins, die sofort ausgebaut werden sollte, wenn Zeiß sich entschlossen hatte.

Mitten in der Wonne logischen Schließens und Aneinanderkettens wurde ihm klar, wie einsam er war mit allen seinen Plänen. Nirgends in der weiten Welt gab es ein Vorbild, nach dem er sich hätte richten können. War es nicht möglich, dass das Unternehmertum sein Werk dann wie einen Angriff auf unantastbare Vorrechte empfinden würde?

In kristallklaren Prägungen traten die Grundsätze vor ihn hin, nach denen die Werkverfassung aufgebaut werden sollte: „Das Recht des Eigentums muss zerbrochen werden vom Rechte des gemeinen Nutzens. Über dem Rechte des Einzelnen steht das Recht der Gemeinschaft. Nicht der Kampf aller gegen alle hat die Rechtsgrundsätze des Ausbaues zu bestimmen, sondern das Prinzip von der gegenseitigen Hilfe. Wirtschaftliche Freiheit, also wirtschaftliches Faustrecht, muss gebrochen werden, weil es den Schwachen, also den Arbeiter, ungestört ausbeuten darf. Sein Existenzminimum muss krisenfest sichergestellt werden. Alle philanthropischen, aber auch alle patriarchalischen Gesichtspunkte bei der Festlegung der Werkverfassung sind auszumerzen, denn nur eindeutige Rechtsgrundlagen entziehen Arbeitnehmer und Arbeitgeber einseitiger Willkür und persönlichen Strebungen. Die Werkverfassung wird das Gesetzbuch, aus dem die Werkgemeinschaft wachsen soll.

Der Reingewinn muss mit einem Teile denen wieder zugutekommen, die ihn schufen. Er wird mit einem anderen der Wissenschaft zugeführt, die dem Werke das Licht gibt. Ein dritter soll der Lösung von Kulturaufgaben in der Gemeinde zufließen, in der Werkleute und Wissenschaftler wohnen und leben, die ihnen zwischen Geburt und Tod Heimat ist.

Also Werk, Universität und Gemeinde Jena, diese Dreiheit soll teilhaben am Nutzen des Unternehmens. Die Werkverfassung wird sie zusammenschmelzen in eine untrennbare Schicksalsgemeinschaft."

Wie eine geweihte Nacht, im Hochflug der Gedanken verrannen dem stillen Mann die Stunden. Schneewehen schmitzten an die Fenster. Leise sang die Lampe. Und dann, mitten in zeitlosem Versunkensein, es war schon weit nach Mitternacht, lächelte Abbe und stand auf.

„Noch ist nichts entschieden, man soll die Vorposten nicht zu weit ins Gelände schicken, denn noch kann Roderich Zeiß ‚Nein' sagen."

Am anderen Tage ging Abbe wie gewöhnlich ins Geschäft. Die erkenntnisreiche Nacht wirkte noch in ihm weiter. Sein Wille war unerbittlich fest auf das Ziel gerichtet. Die Klarheit, mit der er nun den letzten Schritt tun wollte, stimmte ihn beinahe heiter; denn er hatte seine Ruhe wiedergefunden, weil er wusste, kein Unrecht zu tun.

Leicht nach vorn geneigt, ging er im Arbeitszimmer des Meisters auf und ab. In den Werkstätten wurde trotz der nahen Mittagsstunde Licht gebrannt. Der Himmel war grau verhangen und die Erde erwartete den Winter.

‚Wird er von selber kommen?' Abbe blieb stehen und überlegte.

‚Ich habe ihm die Entscheidung zugeschoben. Warum bleibt er aus? Er kann sich also doch nicht entschließen.'

Die Zeit verging. Abbe versuchte einige Briefe zu lesen, die Geschäftsfreunde aus England geschrieben hatten. Aber es gelang ihm nicht, seine Aufmerksamkeit genügend zu sammeln.

Endlich ließ er Doktor Roderich Zeiß zu sich bitten. Bleich und übernächtig, fahl und müde trat der Sohn in das Büro des Vaters.

„Ich ließ Sie rufen, Herr Doktor, weil Sie nicht selber kamen. Seien Sie mir darum bitte nicht bös."

Zeiß schwieg. Wieder fühlte er sich wie eingeklemmt in die Backen einer Zange.

„Die Entschlüsse, die ich in der vergangenen Nacht fasste, nötigen mich, mit Ihnen zu sprechen." Zeiß sah auf den Mann, der in zusammengefasster Ruhe vor ihm stand, und erwartete irgendetwas wie einen Urteilsspruch.

„Ich bin entschlossen, die Werkstätten und meinen Anteil an der Glashütte sofort zu einer Stiftung auszubauen. Daran ist nichts mehr zu ändern. Genauso unverrückbar fest bin ich nach unserer letzten Unterredung davon überzeugt, dass Sie mir bei diesem Schritte nicht folgen können, nicht folgen wollen. Deshalb müssen wir uns trennen."

Abbe wandte sich um und nahm einige beschriebene Blätter vom Schreibtische.

„Hier habe ich den Entwurf für eine Urkunde, die Vorschläge über die Form Ihres Ausscheidens aus dem Geschäfte und für die Ablösung enthält, unter denen das geschehen könnte. Den Raum für die zu vereinbarenden Beträge habe ich offengelassen.

Dies ist mein letztes Wort: Wenn es Ihnen nicht möglich ist auszuscheiden, dann gehe ich."

Das war so offen, aber auch so rücksichtslos ehrlich gesagt worden, dass es Zeiß den Atem verschlug. Er musste sich setzen und sank in den Stuhl des Vaters. Was war das für ein Recht, nach dem der andere ihn zu verdrängen suchte? Er liebte das Werk. Er wollte arbeiten, gewinnen und leben.

Seine Augen suchten die des Gelehrten. Die sonst so gütigen erschienen ihm jetzt erloschen, kein Fünkchen Hoffnung glomm darin. Eiskalt liefen Schauer über ihn hin.

„Es gibt also keinen Ausweg?"

Abbe schwieg.

„Dann bitte ich Sie, mir eine auskömmliche Frist einzuräumen innerhalb deren ich meine Entschlüsse fassen kann."

„Ich dachte, Sie hätten das schon getan." Abbes Stimme schien aus weiter Ferne zu kommen. „Gut, ich hoffe, dass Sie bis heute Abend mit sich im reinen sind!"

„Herr Professor, das kann niemand in so kurzer Zeit."

„Sie müssen, Herr Doktor, was einmal geschehen soll, braucht nicht hinausgeschoben zu werden. Auch für mich ist die Lage keineswegs leicht, denn Ihr Entschluss bestimmt mein Handeln. Sie haben die Vorhand. Ich bitte Sie, mir Ihre Entscheidung bis heute gegen Abend mitzuteilen."

Mit einer leichten Verbeugung ging Doktor Roderich Zeiß aus dem Zimmer. Eine Welt schien hinter ihm zu versinken. Das war die schwerste Stunde seines Lebens.

Aber er liebte das Werk. Das Erbe verpflichtete ihn. In der rücksichtslosen Überprüfung seiner Lage hielt er Zwiesprache mit dem toten Vater. Und wie die Minuten verstrichen wurde er ruhiger und klarer. „Das Werk muss leben", sagte er sich. „Aber das kann es nie ohne Abbe. Er ist sein guter Geist. Der Vater glaubte an ihn. Also muss er bleiben".

So wurde Abbe der dritte Weg bereitet.

Er gab den Urkunden, die den Verzicht regelten, die letzte Form und schlug für die Abfindung Zeißens so hohe Beträge vor, dass dieser, wenn er sie anerkennen würde, Zeit seines Lebens als vermögender Mann gelten konnte.

Noch einmal stieg die alte Bitterkeit in Zeiß hoch, als er sich über die Papiere beugte, um sie zu unterschreiben. Abbe stand dabei und empfand Achtung vor dem Manne, der sich einer höheren Notwendigkeit opferte. Die Größe des Augenblickes dämpfte jeden Misston und Überschwang und gab der Vollziehung der Unterschriften eine stille, wehmütige Würde. Jeder war in seiner Weise zutiefst berührt von dem, was diese Minuten entschieden.

Alle, die am Zustandekommen der Stiftung für den Todesfall beteiligt gewesen waren, hatten sich verpflichtet, darüber zu schweigen. Um Entschlüsse, die ihm selbstverständlich waren, wollte Abbe kein Aufsehen erregt haben.

Dass aber zwischen ihm und Doktor Roderich Zeiß tief einschneidende Auseinandersetzungen stattfanden, das war manchem nicht entgangen, dessen Fühler irgendwie in jene inneren Bezirke reichten, in denen sich die beiden Männer kämpfend gegenüberstanden. Es sickerte dies und das in die Öffentlichkeit. Die kleine Stadt griff es auf. Gerüchte fluteten wie Wasserstürze die Gassen entlang.

Abbe war so schweigsam, sein Leben so unauffällig und still, wer konnte ahnen, was er plante?

„Er hat Doktor Zeiß gezwungen, aus der Firma auszutreten." So wurde das geprägt, was doch nur eine Wahl zwischen zwei Möglichkeiten gewesen war.

Bis in die Reihen seiner Kollegen an der Universität klangen übelwollende Gerüchte, wurden geglaubt, weitergegeben und verstärkt:

„Er ist machtbesessen, deshalb die Kraftprobe. Als alleiniger Besitzer will er nun auch jeden Gewinn allein haben. Darf ein Universitätsprofessor zu gleicher Zeit auch Großindustrieller sein?"

Wilde Gerüchte verspritzten zersetzendes Gift. Aber nur wenig kam an Abbe heran. Er schwieg und ließ sich von dem, was er hörte, zu keiner Entgegnung verleiten, sondern drängte mit noch wirksamerer Entschiedenheit zur endgültigen Lösung.

Tage voll aufreibender Arbeit, Nächte, angefüllt mit Sorgen und Entwürfen, für die letzte Ausgestaltung der Stiftung, nur ein Mann wie Abbe konnte das leisten, was jene Zeit von ihm forderte. Um sich zu entlasten, hatte er einen führenden, tüchtigen Kaufmann eingestellt. Mit ihm saß er täglich zwei Stunden zusammen, um alle Geschäftsvorfälle eindringlich durchzusprechen.

Das tat er in rücksichtsloser Genauigkeit zwei Jahre lang.

Diese beiden Jahre machten aus dem Kaufmanne einen Mitarbeiter aus einem Guss, der danach ganz auf eigenen Füßen stand. In zermürbenden Kreuzverhören war er reif geworden. Als Abbe merkte, wie der Mann sich eingespielt hatte, zog er sich langsam zurück, um sich anderen Notwendigkeiten mit der gleichen Hingabe zuzuwenden; denn eine Stiftung, die aus sich selber leben sollte, konnte nur von den besten und fähigsten Mitarbeitern getragen werden. Sie zu finden, an der richtigen Stelle einzusetzen und zu erproben, das war eine Aufgabe, mit der es Abbe sehr genau nahm.

Die abschließenden Verhandlungen über Zeißens Auslösung zogen sich noch lange hin. Schritt für Schritt wich der Sohn des Meisters aus seiner Stellung. Geheimrat Rothe als Mittler hatte es nicht leicht. Aber schließlich kam er zu Ende.

Abbe war in diesen Tagen zu Besuch bei einem Freunde in Frankfurt. Er musste einmal ausspannen, denn die letzte Zeit hatte ihn über alle Maßen mitgenommen. Er gönnte sich den Schlaf nicht mehr. Wenn er müde wurde, wenn ihn die Nacht behutsam und milde zur Ruhe zwingen wollte, dann bäumte er sich auf gegen ihre Vorsorge, rauchte heftiger, trank Kaffee und Tee immer stärker und verscheuchte so jedes aufkommende Ruhebedürfnis.

Erlag er aber einmal dem Zwange und stand am Rande des Tragfähigen, dann versagte die Nacht dem aufgewühlten Hirn die Wohltat des Schlafes. Ruhelos hetzten die Gedanken weiter. Er musste nach Schlafmitteln greifen, um sie zu lähmen und auszulöschen.

Die Kunde vom Abschluss der Verhandlungen mit Doktor Roderich Zeiß zwang ihn nach Jena zurück. Es war ein wunderschöner Sommertag im Jahre 1891, als die Belegschaft des Werkes durch einen Anschlag am Schwarzen Brett überrascht wurde, der allem Gerede und Fluten von Gerüchten ein Ende machte:

„Die Unterzeichneten haben den sämtlichen Geschäftsangehörigen der Optischen Werkstätte und des Glaswerkes folgendes zur Kenntnis zu bringen: Um für die wirtschaftliche Sicherung und sachgemäße Verwaltung der beiden Geschäftsunternehmungen auch für eine fernere Zukunft größere Gewähr zu schaffen, als Privatunternehmer auf die Dauer zu bieten vermögen, sind wir, mit Rücksicht auf das Interesse einer großen Zahl von Personen an dem gedeihlichen Fortbestande dieser Unternehmungen, übereingekommen, unsere beiderseitigen Geschäftsanteile mit allen daran sich knüpfenden Anrechten sowohl bei der Firma Carl Zeiß wie bei der Schott und Genossen jetzt abzutreten an die im Jahre 1889 begründete Carl-Zeiß-Stiftung in Jena, juristische Person, deren Zwecke und Verfassung durch gleichzeitige Kundmachung des Großherzoglichen Staatsministeriums den Geschäftsangehörigen bekanntgegeben werden.

Hiernach scheiden wir mit heutigem Tage aus beiden genannten Firmen aus, während die Carl-Zeiß-Stiftung als nunmehriger alleiniger Inhaber der optischen Werkstätte und alleiniger Mitinhaber des Glaswerkes in alle unsere Rechte und Verpflichtungen, im Besonderen auch den Geschäftsangehörigen gegenüber, eingetreten ist.

Indem wir hiermit aus unserer bisherigen Stellung als Besitzer, beziehungsweise Mitbesitzer, uns verabschieden, sprechen wir den Geschäftsangehörigen beider Betriebe unseren herzlichen Dank aus für das uns bisher bezeugte Vertrauen und für ihre im Dienste der Unternehmungen bewiesene Pflichttreue, indem wir zugleich wünschen und hoffen, dass sie das gleiche Vertrauen und die gleiche Pflichttreue auch unserem Rechtsnachfolger gegenüber fortgesetzt betätigen werden.

Jena und Clausberg bei Eisenach. Am 30. Juni 1891.

Ernst Abbe.
Roderich Zeiß."

Das war die große Tat. Abbe milderte bei ihrer Bekanntgabe in seiner ausgleichenden Güte einen Umstand von grundsätzlicher Bedeutung: Doktor Roderich Zeiß schied, dem Anschlage nach, genauso aus wie Abbe. Aber Zeiß erhielt sein ganzes Erbe, und Abbe verzichtete bis auf einen Betrag, der seinen Angehörigen zukommen sollte. Zeiß konnte von den Zinsen eines ansehnlichen Kapitales sorgenfrei leben. Abbe blieb als Mitarbeiter im Geschäfte und begnügte sich mit einem festumrissenen Gehalt.

Nun war er Mitarbeiter wie jeder andere auch, der gegen Gehalt oder Lohn arbeitete. Nun war er Arbeitnehmer bei der Stiftung, der er Millionenwerte übertragen hatte.

Mit einem Schlage verstummte alles Geraune und Getuschele. Rein und riesengroß stand er da über allem, was ihn vorher zu verkleinern suchte. Freude raste von Werkstatt zu Werkstatt. Noch stand jeder unter dem unmittelbaren Eindrucke des Ereignisses und konnte nur ahnen, was es zu bedeuten hatte.

Die Stiftungsverwaltung übertrug die Geschäftsleitung Abbe, Czapski und Schott. Jetzt war er ein Gleicher unter Gleichen, und das Werk ein selbständiges Wesen.

Kapitel 28

„Königliche Hoheit lassen bitten."

Der Kammerdiener schlug die Flügeltür auf, und Geheimrat Rothe trat ins Arbeitszimmer des Großherzogs. Er verbeugte sich, der Landesherr kam ihm einige Schritte entgegen und gab ihm die Hand. Die Sonne schien in den hohen Raum und spielte mit dem seidigen Gewoge zarten Zigarettenrauches.

Der Fürst setzte sich wieder in seinen Stuhl hinter den Schreibtisch, stellte die Finger beider Hände steil aneinander und begann: „Sie haben mir vor einiger Zeit einen umfangreichen Bericht über die Carl-Zeiß-Stiftung eingereicht."

„Der Geheimrat neigte sich zustimmend."

„Ich las ihn mit großem Interesse einige Male und möchte Sie bitten, mir über dies und jenes noch besondere Auskunft zu geben.

Der Großherzog nahm einen Notizzettel auf und begann zu fragen: „Wie hat die Arbeiterschaft die Stiftung aufgenommen?"

„Da ich selbst die Rede des Herrn Professor Abbe nicht gehört habe, die er nach dem Anschlage vor der Belegschaft hielt, benutze ich für meinen Bericht eine Notiz im Jenaer Volksblatt"

„Welche Richtung vertritt diese Zeitung?"

„Sie ist ein unabhängiges Blatt, das Herr Abbe ins Leben gerufen hat, um außerhalb der parteipolitisch gebundenen Zeitungen eine Möglichkeit zur freien Meinungsäußerung zu schaffen.

Geheimrat Rothe zog ein Blatt aus seiner Mappe und berichtete: „Es machte tiefen Eindruck auf alle Anwesenden, als der Redner beteuerte, nur die Rücksicht auf das fernere Gedeihen und die feste Grundlage des Institutes, aber auch das Wohl aller Geschäftsangehörigen hätten ihn bewogen, die Stiftung ins Leben zu rufen. Wenn ihre Verwaltung auch dem Kultusdepartement des Staatsministeriums übertragen worden wäre, so sei in dieser Regelung nichts geschaffen worden, was die Geschäftsgenossen befürchten lasse, man habe sie in eine unliebsame Abhängigkeit vom Staate gebracht. Jedem, so betonte der Redner, sei seine vollständige Freiheit und Unabhängigkeit bezüglich der bürgerlichen Rechte gesichert wie bisher."

„Wie kommen die Leute nur dazu, vom Staate immer anzunehmen, er sei ihr Feind?" fragte der Großherzog.

„Die Aufregungen unserer sozial bewegten Zeit wirken natürlich auch in die Zeiß-Werke hinein. An den aufgeklärten, beweglichen Arbeitern gehen die brennenden Tagesfragen selbstverständlich nicht ohne Einwirkung vorüber. Die Arbeiterschaft ist mit dem Werke verwachsen, jeder hängt daran mit der Liebe und dem Verantwortungsbewusstsein eines Mannes, der hilft, etwas Großes, Bedeutendes zu schaffen. Abbes bedingungsloser Kampf gegen alle Einengungen der bürgerlichen Freiheit, die von ihm daraus hergeleiteten Pflichten, denen sich der einzelne um des Ganzen willen zu unterwerfen hat, schufen eine Belegschaft, die wie ein geschlossener Block hinter dem Professor steht. Es gibt in der Zugluft des Aufbaues natürlich Reibungen; die ändern aber an der Grundhaltung nichts. Es ging ein freudiges, verständnisvolles Aufleuchten über alle Gesichter, als Abbe sagte, sie wüssten ja, er habe als Mann des Volkes nie um Gunst nach oben geschielt. Aber es müsse doch anerkannt werden, mit welcher Bereitwilligkeit und Ausdauer sich die Staatsbehörden für das Zustandekommen der Stiftung eingesetzt hätten."

„Was Sie bis jetzt sagten, Herr Geheimrat, schließt den Riss zwischen Arbeiterschaft und Staat nicht.

„Königliche Hoheit gestatten, in dem Berichte fortzufahren."

Der Großherzog hing seinen Gedanken nach. Rothe sprach weiter:

„Es ging ein stolzes Verstehen durch die Hunderte von Männern, als Abbe bekanntgab, er sei ja in Zukunft nur besoldeter Mitarbeiter und habe keinen Anteil mehr am Reingewinne des Geschäftsbetriebes. Es werde ein Reservefonds gesammelt, der im Falle eintretender Geschäftsstockung alle Geschäftsangehörigen vor Not schützen solle. Ich kann verstehen, wie das die Leute zusammenschmeißt, wenn sie nun wissen, dass sie, so gesehen, für ihr eigenes Wohl und die eigene Sicherheit arbeiten. Der Berichterstatter im Volksblatt schließt mit dem Satze:

„In unserer durch die sozialen Fragen so aufgeregten Zeit ist der Schritt des Herrn Professors Abbe von nicht zu unterschätzender Bedeutung."

„Das klingt sehr bescheiden, Herr Geheimrat, und ich befürchte, die Lösung Abbes wird immer ein Sonderfall bleiben.

Zu etwas anderem: In der Stiftungsurkunde hat Abbe die Aufgaben umrissen, die die Stiftung erfüllen müsse. Die aus den Überschüssen stammenden Mittel sollen benutzt werden für persönliche und sachliche Aufwendungen, welche geeignet erscheinen, Forschung und Lehrwirksamkeit in den mathematischen und naturwissenschaftlichen Disziplinen der Universität mittelbar oder unmittelbar zu fördern. Daneben dürfen Aufwendungen gemacht werden, die der ganzen Universität zugutekommen sollen. Man hat mir nun gesagt, Professor Abbe nehme von allem, was geleistet werden solle und könne, einzig die Theologie aus. Wie kommt er dazu?"

Der Geheimrat überlegte einige Augenblicke, ehe er antwortete.

„Die Bestimmungen der Stiftungsurkunde sind nur der allgemeine Rahmen für die Verwendung der Überschüsse. Um diese Dinge überhaupt zu regeln, will sich Abbe mit aller Beschleunigung an die Ausarbeitung eines Statutes machen, das mit der Eindeutigkeit eines Gesetzbuches alle Aufgaben, Pflichten und Rechte, wie sie aus der Stiftung hervorwachsen, unverrückbar festlegt.

Ehe das nicht geschehen ist, lässt sich wenig über die grundsätzliche Haltung des Stifters zu Einzelheiten sagen."

„Es kam mir bei meiner Frage ja auch nicht darauf an, der letzten Lösung vorzugreifen, sondern ich wollte eben nur etwas über diese Haltung Abbes erfahren."

„Der Professor ist ein weitherziger, gütiger Mensch. Er wird nie kleinlich sein, seine Großzügigkeit und …"

„Bitte, weichen Sie mir nicht aus, Herr Geheimrat; er kann auch stahlhart sein. Es gibt Kreise, die sorgen sich darum, zu wissen, wie sich Herr Professor Abbe der Theologie gegenüber verhalten wird. Sie kennen ihn ja aus vielen Verhandlungen.

„Wie Königliche Hoheit wissen, gehört der Gelehrte keiner Kirche an. Es ist ihm einerlei, zu welchen Konfessionen sich seine Mitarbeiter bekennen. Er bindet die Belegschaft nur an die Pflichten und Rechte des Betriebes. Über allem steht ihm der planmäßige Ausbau einer immer innigeren Zusammenarbeit von Wissenschaft und Industrie …"

„Aber die Theologie ist doch auch eine Wissenschaft und im Rahmen unserer Universität eine nicht zu unterschätzende."

„Gewiss, aber …" Rothe zögerte, den Satz zu vollenden.

„Aber?" Der Großherzog war unerbittlich.

„Aber er hält die Theologie nicht für eine Wissenschaft."

„Wofür denn sonst?"

„Ein bitteres Wort, Königliche Hoheit …"

„Na?"

„Für mittelalterliches Theologengezänk, das mit Christentum nichts zu tun hat."

Der Fürst lehnte sich in seinen Stuhl zurück, sah zur Zimmerdecke hinauf und sagte:

„Peinlich, sehr peinlich. Da ist also nichts zu erwarten.

„Nichts", sagte der Geheimrat in Gedanken und machte sich danach einige Notizen.

Der Landesherr zündete sich eine Zigarette an und sah, leicht nach vorn geneigt, dem feinen Faden aufsteigenden Rauches nach.

Die letzte Klärung dieser Fragen durch das Ergänzungsstatut vom Jahre 1896 ließ auch die Einbeziehung der evangelischen theologischen Fakultät in die Wirkungen des Universitätsfonds zu, wenn auch die dem Interessenkreise der Stiftung nahestehenden Lehrfächer wegen ihrer Wichtigkeit für die Zukunft des Werkes eine besondere Betonung erfuhren. Abbe war ja nie Feind des Christentums und empfand die Apostel des Unglaubens unangenehmer als die des Glaubens.

„Noch eins, Herr Geheimrat", begann der Großherzog von neuem, „ein Teil der zur Verfügung stehenden Mittel soll der Förderung der wissenschaftlichen und sittlichen Wohlfahrt der Arbeiterschaft zugewendet werden. Meinen Sie nicht auch, dass zu weitgehende Bildungseinrichtungen den Arbeiter nicht in dem Maße beglücken werden, wie das Abbe vielleicht wünscht?

Es handelt sich doch meist um Menschen mit ganz bestimmt umrissenen Leistungen, die das Denken in dem Maße geringer beanspruchen, je mechanischer sie im Laufe der Zeit ausgeführt werden. Unsere Volksschule ist doch nicht so schlecht, als dass das von ihr vermittelte Wissen irgendeiner weitgehenden Ergänzung bedürfte; denn die wissenschaftlichen Leistungen die der Fabrikation zugrunde liegen, werden entweder von Abbe selbst oder akademisch gebildeten Mitarbeitern vollbracht. Was da geschehen kann, wird doch nur Halbbildung schaffen und die in der Zeit liegende allgemeine Unzufriedenheit eher fördern als mindern Was meinen Sie dazu?"

„Die Zeißwerke sind Stätten höchster Präzisionsarbeit. Soweit ich Abbe verstehe, wünscht er, seine Leute möchten nicht in Handgriffen und schablonisierten Vorgängen starr und geistig unbeweglich werden. Die Gefahr besteht in dem Maße, wie Maschinenarbeit nach und nach die ursprüngliche Handarbeit verdrängt. Er fühlt sich verpflichtet, einer möglichen Abstumpfung der Arbeiter vorzubeugen durch Einrichtungen, die ihnen die notwendige Ergänzung, Vervollkommnung und Ablenkung bringen sollen. Abbe sieht Geist und Körper als eine untrennbare Einheit an. Die Abnutzung einer Seite dieser Ganzheit zieht eine Schwächung der anderen nach sich. Er wünscht sich aber ausgeglichene Menschen an den Arbeitsplätzen. Deshalb ist es ihm genauso wichtig, die Dauer der Arbeitszeit bald neu zu regeln als auch Einrichtungen zu schaffen, in denen die Freizeit richtig ausgenutzt wird, um die durch einseitige Arbeit gestörte Harmonie wieder herzustellen. Eine Herabsetzung der Arbeitsstunden muss, so sagt er, verbunden sein mit Einrichtungen, die jedem Gelegenheit geben, sich gemäß zu ergänzen. Er wünscht, dass seine Leute teilhaben sollen an den Freuden des Lebens und nicht als Vernachlässigte beiseite stehen. Ausgeruhte, geistig lebendige, weltoffene Arbeiter sind ihm lieber als solche, die auf Mangelerscheinungen ohne Aufhören jeder politischen Zersetzung preisgegeben sind und unzufrieden und innerlich unausgeglichen am Morgen zu schaffen beginnen. Er will keinen zwingen, die bereitgestellten Bildungseinrichtungen zu benutzen aber jeder soll so viel Möglichkeiten geboten bekommen wie sein Fleiß und seine Neigungen verlangen. Keiner darf danach mehr sagen, er fühle sich vernachlässigt."

„Ich verstehe, Herr Geheimrat, und bewundere Abbes hohe Meinungen von den Menschen Er muss an das Gute in ihnen glauben, sonst könnte er nicht solche Pläne ausführen wollen. Das klingt wie der Anbruch einer neuen Zeit."

„Abbe kommt von unten herauf und hat das nie vergessen", sagte der Geheimrat.

„Wird es Glück oder Unglück?"

„Sicher wird es Schicksal, und es gehört die ungeheure Zuversicht eines starken Herzens dazu, die sich durch nichts irremachen lässt."

Das Gespräch im Arbeitszimmer des Landesherrn zog sich noch eine Weile lang hin. Es wurde getragen von der Ehrfurcht vor einem großen Manne, der sich sein eigenes Gesetz gegeben hatte und ihm treu blieb über alles hinaus, was Menschen sonst einengt und daran hindert, das wirklich auch zu tun, was sie für richtig und recht halten.

„Ich habe daran gedacht, Herr Geheimrat, ob man dem Professor nicht in irgendeiner Form eine Anerkennung zuteilwerden lassen könnte. Einen Titel, einen Orden?"

„Wer Abbe kennt, weiß, wie unwichtig und bedeutungslos ihm solche Dinge sind; er hat keinen Ehrgeiz in dieser Richtung, und seine Bescheidenheit hält ihn zurück, sich ohne Not in die Scheinwerferbeleuchtung der Öffentlichkeit zu begeben. Es ist bei der Folgerichtigkeit seines Denkens damit zu rechnen dass eine ihm zugedachte Ehrung einfach zurückgewiesen wird."

„Und trotzdem, Herr Geheimrat, fühlen Sie, bitte, in dieser Richtung vor. Wir sind dem Manne irgendetwas schuldig. Das erwartet vor allem auch die Öffentlichkeit von Uns."

„Ich will es versuchen Königliche Hoheit, erlaube mir aber, noch einmal darauf hinzuweisen dass ich es für ein aussichtsloses Beginnen halte."

„Was ist dieser Abbe für ein Mensch?", fragte der Großherzog, schüttelte den Kopf und entließ den Geheimrat.

Für den Gelehrten begannen nach dem großen Verzicht auf das Werk einige schwere Jahre. In ihnen schuf er die Verfassung, das Statut. Sie stellten ihn vor die gewaltige Aufgabe, alles, was aus der Überfülle reiner Menschenliebe nach Gestalt und Verwirklichung drängte, durch das engmaschige Sieb seines kritischen Denkens zu gießen, damit es sich niederschlagen könne in Bestimmungen, Paragraphen und Ordnungen.

Abbe hörte juristische Vorlesungen, setzte sich in Verbindung mit Rechtsgelehrten von Rang und Ruf; denn das Statut, das er schaffen wollte, sollte eine nach menschlichem Ermessen vollkommene Leistung werden, die die Zeiten überdauerte.

Vor dem nüchternen Zwang der schriftlichen Festlegung verflüchtigte sich jeder Schwarm und alles, was jenseits des Wortes und Gedankens nur wundervolles, schöpferisches Gefühl war. Aus der Weite beglückenden Erkennens trat der bestimmte Fall hervor, der gefasst und geformt sein wollte. Aus der Vielgestalt des Möglichen forderte sich das Einzelne und Bestimmte.

Die rücksichtslose Folgerichtigkeit, mit der Abbe zu Werke ging, ließ ein organisatorisches Wunderwerk erstehen, das für das Zeiß-Werk die Lösung der sozialen Frage bedeutete.

Abbes Gerechtigkeit, die unerschöpfliche Güte seines Herzens, sein unbestechlicher Sinn für Freiheit und Männerehre, die zuverlässige Sachlichkeit seines wissenschaftlichen Denkens brachten eine Meisterleistung hervor, die auch den Fachleuten Hochachtung abnötigte, denn die juristische Fakultät der Universität Jena ernannte ihn, als das Statut veröffentlicht worden war, zum Ehrendoktor.

Öfter fuhr er nach Leipzig zu Besprechungen mit dem Rechtslehrer Sohm. Es genügte ihm nicht, seine Absichten nur aus der Sicherheit des gesunden Menschenverstandes festzulegen, sondern er wollte ihnen auch die letzte Eindeutigkeit im juristischen Sinne geben.

„Daran bitte ich Sie, kein Wort zu ändern", sagte der Leipziger Rechtsgelehrte an einem kratzigen Wintertage vor Weihnachten als ihn Abbe aufgesucht hatte, um einen Teil des Entwurfes mit ihm durchzusprechen. Er las:

„§ 2.

NAME.

Die Stiftung soll für alle Zeit den Namen ‚Carl-Zeiß-Stiftung' führen zu Ehren des Mannes, der zu obengenannten Unternehmungen den ersten Grund gelegt hat, und zur dauernden Erinnerung an sein einzigartiges Verdienst: geordnetes Zusammenwirken von Wissenschaft und technischer Kunst auf seinem besonderen Arbeitsfeld zielbewusst angebahnt zu haben."

„Es ist schwer", sagte Abbe, „all das, was einen mit dem unaufhörlichen Druck der Überzeugung ausfüllt, in knappe, eindeutige Sätze zu zwängen. Ich will versuchen im Rahmen der Stiftung die Würde der

Arbeit wiederherzustellen. Sie wird ihres kapitalistischen Charakters entkleidet und in das Licht eines Dienstes an einer übergeordneten Gemeinschaft gerückt. Der bloße Gelderwerb, wie er der gewöhnliche Zweck aller privaten Geschäftstätigkeit ist, darf niemals die maßgebende Richtschnur der Verwaltung unserer Institute werden; dieser Zweck muss immer ein untergeordneter bleiben.

Die Stiftung ist Nahrungsquelle für einen zahlreichen Personenkreis und hat im Dienste wissenschaftlicher und praktischer Interessen zu stehen.

Ihr Zweck ist darüber hinaus die Schaffung von gemeinnützigen Einrichtungen und Maßnahmen zugunsten der arbeitenden Bevölkerung Jenas und seiner nächsten Umgebung. Dazu kommt noch die im einzelnen festzulegende Unterstützung der Universität. Wir haben also nicht einseitig auf Überschuss, Reingewinn und Kapitalvermehrung hinzuarbeiten, sondern auf die Erfüllung überpersönlicher, überwirtschaftlicher Kulturaufgaben. Was wir leisten, soll sich einmal nicht in Tantiemen, Dividenden, Riesengehältern und Bankguthaben darstellen, sondern in Wohnungen vorbildlichen Arbeitsbedingungen, Bildungseinrichtungen, Werken des Friedens, der Kultur und der Wissenschaft überhaupt.

Dass wir, so gesehen, in der Leitung die besten Fachleute brauchen, um dies alles zu schaffen, also keine kostspieligen Aufsichtsräte, keine unkundigen, rein dekorativen Direktoren und Generaldirektoren, sondern Fachmänner von Format, das möchte ich in einem Paragraphen festlegen."

„Verzeihen Sie, Herr Professor, wenn ich Sie unterbreche", sagte Sohm. „Sie nannten Werke des Friedens. Wie ist es aber dann zu verstehen, dass Sie so außerordentliche Anstrengungen machen, das Heer mit den besten optischen Hilfsmitteln zu versehen? Sind das auch Werke des Friedens?"

„Gläserne Waffen", antwortete Abbe. „Je größer der Vorsprung ist, den wir der deutschen Armee damit vor anderen schaffen, desto mehr dienen wir der Sache des Friedens."

„Gut", sagte Sohm, „pflege die Waffen und sichere den Frieden."

„Aber weiter", drängte Abbe. „Ich möchte in den Paragraphen achtundzwanzig noch den Satz einfügen, dass keiner der Vorstandsmitglieder außer dem Dienste an der Stiftung irgendein besoldetes Amt annehmen darf. Genauso soll keiner einen auf seine Funktion bezüglichen Titel führen. Es sind also weder vielfache Aufsichtsräte noch aufgeblasene Kommerzienräte und hochnäsige Direktoren erwünscht. Die Männer bleiben Mitarbeiter an einem Ganzen, dem sie zu dienen haben."

In wenigen Minuten hatten beide die endgültige Form für Abbes Vorschlag gefunden.

„Herr Professor", fuhr Sohm weiter fort, „auch hinsichtlich der Kaution, die die Vorstandsmitglieder zu stellen haben, bestehen keine Bedenken gegen Ihre Erwägungen."

„Ich ging davon aus, dass nur ein tüchtiger Mann geschaffen sei, das Werk zu führen. Aber er hat keine Mittel, die notwendige Sicherheit zu leisten. Ein anderer, dem es an Führereigenschaften fehlt, hat genug Vermögen. Ihm macht die Kaution keine Sorgen. Wer soll nun führen? Da gibt es für mich nur eine Entscheidung: Der Tüchtige ohne Geld. Das wollte ich ausdrücken mit dem Schlusssatze des Paragraphen dreißig: Kautionsleistung darf nur insoweit gefordert werden, als die Betreffenden eigenes Vermögen haben."

Auf diese Weise gestaltete Abbe das Statut. Es war kaum zu fassen, wie er das neben der sich mehrenden Arbeit noch schaffen konnte. Aber die Verantwortung, der Drang, möglichst bald zu Ende zu kommen, schenkten ihm Kräfte und Ausdauer, die weit über das hinausgingen, was ein Mensch sonst zu leisten fähig ist.

Dabei erlebte er eine köstliche Freude am Gelingen dessen, was er sich zu prägen bemühte. Im Hochflug schöpferischen Gestaltens formulierte er das Notwendige zur endgültigen Fassung.

Aus der Wechselwirkung zwischen Betrieb und Schreibtisch entstand der Paragraph 43:

„Die Organe der Stiftung haben besonders darauf hinzuwirken, dass auch in Zukunft die Stiftungsbetriebe fortgesetzt und in möglichstem Umfang an solchen Aufgaben ihres Arbeitsgebietes sich betätigen, welche technisch hochstehende Einzelarbeit erfordern und welche deshalb, wenn sie auch wenig Vorteil bringen, dem Ganzen ein höheres Niveau technischer Leistungsfähigkeit erhalten und ein Gegengewicht gegen die Routinetendenz rein fabrikatorischer Tätigkeit darbieten!"

Eine ganz unkapitalistische Einstellung, aber ein Beweis für Abbes unaufhörliches Bemühen, das individualistische Erwerbsstreben und die Macht des Mehrwertes zu brechen, zugunsten übergeordneter, unpersönlicher Werte.

Mit ungewöhnlichem Scharfsinne gestaltete er den Teil des Statutes, der die Rechtsverhältnisse der Angestellten und Arbeiter regelte. Er räumte auf mit allen patriarchalischen Sonderbarkeiten der Vergangenheit und stellte fest, dass jedes durch den Dienstvertrag begründete Pflichtverhältnis sich ausschließlich auf die vertragsmäßigen Dienstgeschäfte zu erstrecken habe. Damit grenzte er die Arbeitsleistung ab gegen alle Verschwommenheit zurückliegender Zeiten. Andere Verpflichtungen als die im Dienstvertrag vorgesehenen sollten niemandem auferlegt werden können.

Stein für Stein fügte er in den Bau des Statutes, immer besorgt, Ehre und Würde der Arbeit und des Arbeiters zu sichern. Unbeugsam verteidigte er die Freiheit der Schaffenden und legte das in Paragraphen fest, was in den Werkstätten seit Jahren schon eingehalten wurde.

„Bei Anstellung der Beamten der Stiftung und der Stiftungsbetriebe, der Geschäftsgehilfen und Arbeiter muss jederzeit ohne Ansehen der Abstammung, des Bekenntnisses und der Parteistellung verfahren werden."

Diese Bestimmung wirkte in einer Zeit politischer Gärung kurz nach der Aufhebung des Sozialistengesetzes wie eine Herausforderung. Sie war ein Beweis für Abbes kämpferische Haltung und wurde von schicksalhafter Bedeutung für die fernere Entwicklung des Zeißianers als eines selbstbewussten Arbeitsmannes. Grundsätze, die die Nachfahren oft mit gleichgültiger Selbstverständlichkeit hinnehmen, waren zuvor oft Gegenstand erbitterten Ringens, ehe sie sich durchsetzen konnten.

Wie stolz klangen die Sätze: „Die Fortsetzung der eingegangenen Anstellungs- und Arbeitsverträge sowie die Beförderung der Angestellten und Arbeiter in Hinsicht auf Funktion und Entlohnung darf nur von ihren Fähigkeiten und Leistungen der Pflichtmäßigkeit ihres dienstlichen Verhaltens und von Rücksichten auf andre wesentliche Interessen des Betriebes abhängig gemacht werden, vom außerdienstlichen Verhalten aber nur insoweit, als dasselbe die Erfüllung ihrer

Dienstpflichten oder ihr persönliches Ansehen in Rücksicht auf bürgerliche Ehre und gute Sitte berührt."

„In der freien Ausübung aller persönlichen und staatsbürgerlichen Rechte außerhalb des Dienstes darf … niemand unmittelbar oder mittelbar behindert werden."

Solche Worte mussten das Selbstbewusstsein der Werksangehörigen heben Durch sie erkannten sie sich als Glieder einer unantastbaren Werksgemeinschaft, die jeden verpflichtete, menschlich und leistungsmäßig das Beste herzugeben, denn Abbes Bestimmungen zeugten von einem hohen Glauben an das Gute im Menschen. Sein Vertrauen band jeden an das Werk und stellte ihn vor schwere Proben überpersönlicher Einordnung in das Ganze. Asoziale Naturen wurden abgestoßen wie auskochender Schmutz, weil der feste Erzieherwille, der hinter dem Statut stand, den Einzelnen nicht zum zusammenhanglosen Individualisten formen wollte, sondern ihn reif zu machen suchte für eine überlegene, freiwillige Einordnung in ein Gemeinsames, Bindendes, für das auch der Letzte sich verantwortlich fühlen sollte.

Abbe sagte einmal: „Infolgedessen muss unsere Organisation auf Kräfte und Eigenschaften der Menschen zählen, an deren genügende Häufigkeit nicht alle glauben wollen: weniger Selbstsucht, mehr Gemeinsinn – weniger äußerer Ehrgeiz, mehr Sinn für den inneren Wert menschlicher Arbeit – weniger Gehorsam, mehr freie, bewusste Pflichterfüllung …"

Von den Führenden forderte er: „dass die Betätigung der leitenden Funktionen in der Großindustrie nicht in erster Reihe unter Rücksichten des eigenen Vorteils oder des Interesses einzelner stehen dürfe, sondern in erster Reihe geübt werden müsse unter Rücksichten, welche das soziale Interesse der staatlichen Gemeinschaft fordert."

Auf dem Boden solchen Gedankengutes wuchs das Statut.

Es wollte jeden, der sich bewährte, weitgehend sichern und gesund erhalten. Deshalb musste es wie ein Angriff auf die Vorrechte des Unternehmertums wirken, als Abbe bestimmte: „Der Arbeitsvertrag darf die im gewöhnlichen Lohnverhältnis stehenden Angehörigen der Stiftungsbetriebe nur zu einer bestimmten täglichen Arbeitszeit verpflichten, die in den Arbeiten des laufenden Betriebes nicht länger als neun Stunden sein soll."

Über diesen kargen, schwerwiegenden Satz hatte Abbe lange nachgedacht, denn er ahnte, wie sein Inhalt draußen, jenseits des Werkes, von der übrigen Industrie aufgenommen werden würde. Aber im Gesamtaufbau seiner Pläne sollte er ja nur eine Teillösung für einige Zeit darstellenm ihr musste einmal die weitere Herabsetzung der Arbeitszeit folgen. Das war umso gewisser, je mehr Maschinen Menschenkraft zu ersetzen begannen.

Seit 1890 fauchte die dritte Dampfmaschine mit dreißig Pferdekräften im Betriebe, nahm den Leuten viel ermüdende körperliche Arbeit ab und beschleunigte gewisse Arbeitsvorgänge. 1891 umstanden staunende Arbeiter das Wunder der ersten zehnkerzigen Glühbirne.

Winzig und bescheiden waren die Anfänge, aber der Weg wurde vorgeschrieben. Abbe sah ihn und war bereit, ihm zu folgen. Einsam, wie auf einer Insel, blieb er lange, lange umbrandet von den Widerständen seiner Gegner, die sich bedroht fühlten.

„Zur Leistung von Überstunden oder Feiertagsarbeit im Betriebe darf, außer für den Fall einer stattgehabten Betriebsstörung, niemand verpflichtet oder angehalten werden."

Das war ein kühner Ritt quer durch das Gestrüpp von Ausbeutung und Willkür, denen Arbeiter und Angestellte in jenen Jahren noch ausgeliefert waren. Ihr gewerkschaftlicher Zusammenschluss reichte lange nicht aus, das auch nur annähernd zu erreichen, was Abbe im Statut festlegte.

Jedem, der über achtzehn Jahre alt war, sollte ein zwölftägiger Urlaub zustehen. Davon wurden dem, der ein Jahr in Arbeit stand, sechs Tage bezahlt und alten Arbeitern alle zwölf.

Für die gesetzlich festgelegten Feiertage des Jahres erhielt jeder seinen Lohn als wären sie Arbeitstage.

Das waren unerhörte Bestimmungen für jene Zeit. Abbe zwang sie sich nicht ab, sondern legte sie fest aus dem unbeugsamen Pflichtbewusstsein, das seinem Gerechtigkeitsempfinden entsprang. Weiter, kühner wurde sein Denken. Er rüttelte an allem, was durch Herkommen und Überlieferung im Verhältnis zwischen Arbeitnehmer und Arbeitgeber starr und unabänderlich geworden zu sein schien. Aus den ehernen Lohngesetzen des Unternehmertums brach er die festesten Teile heraus.

Aus Tagelöhnern machte er Wochen- und Monatslöhner. „Alle Arbeiter und Geschäftsgehilfen müssen gegen einen mit jedem zum Voraus vereinbarten festen Zeitlohn pro Woche oder pro Monat eingestellt werden."

„Der feste Lohn oder Gehalt, der in einem Stiftungsbetrieb einem Arbeiter, Geschäftsgehilfen oder Beamten einmal ohne ausdrücklichen Vorbehalt gewährt oder ungeachtet solchen Vorbehalts für länger als ein Jahr einmal fortgewährt worden ist, darf auch bei zeitweiliger oder dauernder Verkürzung der täglichen Arbeitszeit nicht wieder herabgesetzt werden. Für einmal notwendige, unausweichbare Überstunden wird ein Zuschlag von fünfundzwanzig Prozent auf den Zeitlohn gewährt.

Auch zur Frage der Löhne für Akkord- und Stückarbeit musste sich Abbe stellen. Er konnte ihr auf dem Wege der zunehmenden Mechanisierung des Betriebes nicht ausweichen und bestimmte deshalb, dass der dem Arbeiter zukommende feste Zeitlohn nach Verhältnis der aufgewandten Arbeitszeit als Mindestverdienst zu gewährleisten sei.

Das war eine Bestimmung, die der Akkordarbeit alles Unsichere und Antreiberische nahm, denn sie mochte laufen wie sie wollte, jedem, der sich zu ihr entschlossen hatte, stand der Zeitlohn als Mindestlohn sicher. Damit war jeder ausbeuterischen Tendenz die Spitze abgebrochen.

Hinter dem, was Abbe anstrebte, stand die Absicht, die Existenz der im Werke Schaffenden auf lange Zeit sicherzustellen. Das Statut wurde in jeder seiner bedeutungsvollen Bestimmungen Ausdruck eines sozialen Willens, der nicht ein verweichlichendes Paradies hervorzaubern wollte, dem es vielmehr darum ging, Lasten, Pflichten, Vorteile und Nachteile gerecht auf alle Schultern zu laden, der jedem Aufstiegsmöglichkeiten schaffte und das Wohlergehen aller und des Ganzen abhängig machte von Einsatz des Einzelnen.

Deshalb wollte er jede Arbeitskraft, wenn sie sich bewährt hat, dem Unternehmen so lange wie möglich erhalten. Er sah in ihr nicht eine Größe, die man nach Bedarf kauft oder abstößt, sondern einen kostbaren Schatz, der dem Werke möglichst auf Lebensdauer verbunden werden soll. Deshalb wurde der Titel V des Statuts, der die Rechtsverhältnisse der Angestellten und Arbeiter regelt, von Abbe mit besonderer Sorgfalt und Verantwortung durchgebracht.

„Beamte, Geschäftsgehilfen und Arbeiter, welche vor Vollendung ihres 40. Lebensjahres in den Dienst eines Stiftungsbetriebes eingetreten sind, haben nach fünfjähriger Dienstzeit klagbaren Anspruch auf Pension gegen ihre Firma, sowohl für sich selbst, falls sie während des Dienstverhältnisses durch Alter oder dauerhafte Krankheit oder sonst ohne eigenes grobes Verschulden zur Fortsetzung ihrer Tätigkeit unfähig werden, wie auch für den Fall ihres Todes zugunsten ihrer Hinterbliebenen."

Solche Vorsorge gab der Werkgemeinschaft das Gefühl des Geborgenseins. Aus der seelischen Geschlossenheit der Leute wurde kein Quäntchen Kraft mehr herausgezogen und zerrieben von der Sorge um das Alter und die Angehörigen.

Was Abbe ihnen so ersparte und erhielt, kam dem Werke zugute. Trat aber nun doch einmal die Notwendigkeit einer Kündigung ein, und mussten arbeitsfähige Menschen ohne ihr Verschulden ausscheiden, dann sollte sie eine Entschädigung erhalten, und zwar ihren letzten Zeitlohn oder Gehalt noch für ein halbes Jahr. Mit dieser Bestimmung legte Abbe jeder voreiligen und konjunkturbedingten Entlassung Zügel an, denn es hätten da, wenn es sich um eine größere Anzahl von Leuten handelte, erhebliche Beiträge weiterbezahlt werden müssen.

Ehe man also zu Entlassungen schritt, würde die Geschäftsleitung deshalb versuchen, die Männer so lange wie möglich zu halten. Die Werkgemeinschaft trug also die gefährdeten Kameraden über die Krise hinweg und bewies damit die Einordnung in ein höheres, sittliches Gesetz.

Gerade mit dieser Bestimmung stellte sich Abbe in scharfen Gegensatz zu der brutalen Haltung des raffenden Industriekapitals seiner Zeit, das mit rücksichtsloser Ausbeutung des Arbeiters seine klassenkämpferische Verbitterung schürte und herausforderte. Er wusste, wie sehr er gegen alles Übliche anrannte, mitten in der scharfen Luft des himmelstürmenden Wirtschaftsliberalismus, dem der Mensch nichts und die Prosperität alles war.

Ganz hart sagte Abbe solchen Verhältnissen den Kampf an: „Ich will in der Tat unter scharfe Repression gestellt haben, dass meine Nachfolger jemals sich mitschuldig machen könnten des volkszerstörenden Unfuges, den die Großindustrie darin noch treiben darf, dass sie, um immer mehr Geschäfte zu machen, ohne Rücksicht auf die Folgen für andere, beliebig viele von sonstigen Arbeitsgebieten abzieht und von ihren Unternehmungen abhängig werden lässt, ohne jenen irgendeine Gewähr für ein dauerndes Unterkommen bieten zu können und ohne auch nur die Verpflichtung anzuerkennen, im ungünstigen Falle zur Erlangung anderen Fortkommens selbst mithelfen zu müssen."

Er spürte die treibenden und zersetzenden Kräfte, die der sich zunehmend verschärfende Klassenkampf hervorrief. Wie ätzende Säure zerfraß er Volk und Kultur.

Eine dünne Oberschicht, in deren Händen sich der Reichtum sammelte, stieß unübersehbare Menschenmassen in die Abgründe hoffnungsloser Armut und Abhängigkeit. Die nackte Sorge um den kommenden Tag zerrieb und zermürbte alles Gemeinsame, Verbindende, Volkhafte. Wie Wölfe brachen die Verbitterten aus dem Hinterhalte, um zu zerstören, aufzulösen und zu verderben. Die tragenden Schichten des Mittelstandes fielen auseinander und sanken in die Tiefe. Profitwirtschaft hat keine Hemmungen und Ehrfürchte. Abbe sah, was um ihn her vorging. Er litt daran, lehnte aber den Klassenkampf und seine Zukunftsträume ab und wies unentwegt darauf hin, dass ein gesundes Volk in der natürlichen Gliederung seiner Stände sich Unterschiedliches und Einigendes zugleich schaffe.

Seiner Meinung nach brauchte sich das Unterschiedliche nicht in einem unversöhnlichen Gegeneinander auszuwirken, sondern er glaubte, es sei nur der Ausdruck für die natürliche Schichtung, wie sie ein gesundes Geistes- und Wirtschaftsleben hervorbrächte. Das Schwergewicht ruhe in der Mitte. Volk und Staat seien umso härter bedroht, je mehr die Mittelschichten im Wirtschaftskampfe zerrieben würden und hinuntersänken in die Hilflosigkeit einer hoffnungslosen Verarmung.

Das wollte er dem Werke und allen darin Schaffenden ersparen. Es sollte gesund bleiben an Leib und Seele und um seiner selber willen denken und arbeiten:

„Als ein dringendes Volks- und Staatsinteresse gilt unbestritten die Erhaltung bzw. Wiedererneuerung eines breiten, gesunden Mittelstandes, dessen Glieder noch Vollbürger sein können, nicht hinsichtlich der persönlichen und bürgerlichen Verhältnisse schon auf einer

Zwischenstufe zum Helotentum stehen und nicht in ihrer wirtschaftlichen Existenz einem Proletariat, welches nichts mehr zu verlieren hat, verfallen oder jederzeit zu verfallen bedroht sind."

Er wollte nicht trennen um zu herrschen, sondern vereinigen um stark zu sein.

Er schuf das Recht einer neuen Werkgemeinschaft, das dem Betriebe eine stetige Entwicklung ermöglichte und den Leuten festere und gesündere Sicherungen gewährte als irgendeine andere gesetzliche Norm.

Das bewog ihn, im Paragraphen eins über den Zweck der Stiftung unter anderem zu bestimmen, er sei:

„Erfüllung größerer sozialer Pflichten als persönliche Inhaber dauernd gewährleisten würden, gegenüber der Gesamtheit der in ihnen tätigen Mitarbeiter, behufs Verbesserung ihrer persönlichen und wirtschaftlichen Rechtslage."

Mit solchen Leistungen stand er wie ein Fels im Strome seiner Zeit.

Kapitel 29

Geheimrat Wehrenpfennig läutete.

Ein Zimmermädchen kam herein, zog die Vorhänge zu und zündete das Gaslicht an. Blitzschnell sprangen grelle Lichter über alle Kanten und Flächen der schweren Möbel im Arbeitszimmer.

Abbe kniff die Augen zusammen, lehnte sich in den tiefen Sessel zurück und blies eine Wolke dicken Zigarrenqualms in den Raum. Der Geheimrat ging auf und ab, die Hände in den Rocktaschen geballt. Nach stundenlangem, aufpeitschendem Gedankenaustausch war eine Erschöpfungspause eingetreten. Dumpf schwang in jedem das weiter, was er an Gründen und Gegengründen ins Gefecht geführt hatte. Die Auseinandersetzung ergab bisher weniger eine Deckung der Meinungen als vielmehr die Abgrenzung der beiderseitigen Standpunkte.

Abbe hatte einen Geschäftsbesuch in Berlin benutzt, um auch dem Geheimrat seine Aufwartung zu machen. Es lag in der Luft, dass sie dabei auf das noch im Entstehen begriffene Statut zu sprechen kamen. Sie hatten sich hart ineinander verbissen.

Wehrenpfennig blieb stehen und sagte, als wolle er sich entschuldigen: „Sie kennen mich, Herr Professor. In einigen wesentlichen Punkten musste ich Ihnen Widerpart halten. Man kann nur schwer über sich selber hinwegspringen, es gibt Grenzen. Das Koalitionsrecht, wie Sie es Ihren Leuten einräumen wollen, erscheint mir als eine sehr gewagte Angelegenheit."

„Ich glaube, Sie sehen zu schwarz; geben Sie der Belegschaft Rechte, dann können ihr Pflichten auferlegt werden. Die Leute stehen in einem Rechtsverhältnis zum Betriebe, das muss sich doch irgendwie ausdrücken."

„Das setzt eine Aristokratie der Arbeiterschaft voraus, deren Vorhandensein immer ein schöner Traum bleiben wird. Menschen, die das ertragen können, was Sie ihnen anbieten, gibt es einfach nicht."

„Es wird sie geben."

„Sie können mit solchem Optimismus das Werk zugrunde richten. Ich bin immer geneigt, meinen Glauben an die Menschen ein wenig tiefer anzusetzen; das bewahrt mich vor Enttäuschungen. Sie greifen zu hoch und erwarten zu viel."

Diese Sätze sollten das Gespräch abschließen, regten aber zur Fortsetzung an. Abbes Kampfgeist flackerte wieder auf.

„Es liegt mir nicht, vor jedem Entschlusse so viel Bedenken aufzuhäufen, dass sie das Handeln lähmen. Ich werde es wagen."

„Ich warne Sie."

„Aus zwei Gründen, nahm man bisher an, könne ein Unternehmen zu Falle kommen: Einmal, wenn der Fabrikant nicht zu arbeiten verstand, und zum anderen, wenn er nicht genügend Wege fand, seine Ware abzusetzen."

„Stimmt doch auch."

„Ich sehe aus der industriellen Entwicklung unserer Zeit noch einen dritten aufsteigen."

„Bitte?" Wehrenpfennig blieb stehen.

„Er muss mit seinen Leuten rechtmäßig umgehen, sonst untergräbt er die Grundlagen des Betriebes. Erst die sinnvolle Zusammenarbeit aller erhält das Werk. Es muss heißen:

Gibst du mir Unternehmergelegenheit, gebe ich dir Arbeitsgelegenheit. Und von der anderen Seite:

Gibst du mir Arbeitsgelegenheit, gebe ich dir Unternehmergelegenheit. Es ist doch nur ein Teil vom Ganzen, wenn der Besitzer das Kapital und seine eigene Arbeitskraft einsetzt. Er vermag nichts ohne die Hände der Arbeiter. Von einem bestimmten Punkte an gehört er, genauso wie Sie, nicht mehr sich selber, sondern hat sich in eine übergeordnete Gemeinschaft einzufügen."

Wehrenpfennig lachte: „Das sagen Sie dem Unternehmer heute!"

„Ist nicht meine Aufgabe!"

„Vergessen Sie nicht, eines Tages kann Ihnen der Staat einen dicken Strich durch alle Ihre Pläne machen, wenn Sie in der Gewährung des Koalitionsrechtes zu weit gehen und die Arbeiterschaft in einem Maße mündig machen, die ihm nicht angenehm ist. Ihr Satz, dass Arbeitgeber und Arbeitnehmer gleichberechtigt einander gegenüberstehen sollen, erschreckt mich. Ich will Ihnen nur wünschen, dass Siedie Umstände eines Tages nicht dazu zwingen, ein Danaergeschenk zurückzunehmen."

„Ich verstehe Ihren Standpunkt als hoher Staatsbeamter, kann ihn aber nicht teilen. Die Werkgemeinschaft wird ein unaufhörlicher Erziehungsvorgang sein, der alle Beteiligten hebt."

„Daran glauben Sie?"

„Ja."

„Ich kann Sie also nicht warnen?"

„Nein."

„Damit öffnen Sie aller Politik und Parteiverhetzung Tür und Tor."

„Alle unberechtigten Forderungen und Bestrebungen verpuffen vor der Weite und Tragfähigkeit unserer Einrichtungen. Das für die Betriebe vorgesehene Vereinigungsrecht soll nichts weiter sein als eine Plattform, auf der sich Werkleitung und Arbeiterschaft in gesetzmäßiger Weise treffen, um sich gemeinsam um Werk und Werkleute zu sorgen. Weiter nichts will der von Ihnen so bekämpfte Paragraph vierundsechzig.

Wenn einmal die Entwicklung des Arbeitsrechtes über ihn hinausgeht, wird, er von selber überflüssig."

„Beschwören Sie die Schatten des Sozialistengesetzes nicht noch einmal herauf." Der Geheimrat seufzte.

„Das geschieht nicht, und sie werden sich umso eher verziehen, je gerechter das Statut diese Dinge regelt. Ist es nun so schlimm, wenn es da heißt:

„Die Arbeitervertretungen gehen aus einer direkten geheimen Wahl hervor. Mindestens zwölf Mitglieder gehören zu jeder. Sie sind befugt, auch ohne Einberufung durch die Geschäftsleitung ihres Betriebes zusammenzutreten und haben das Recht, in allen Angelegenheiten ihres Betriebes auf ihren Antrag von dieser Geschäftsleitung gehört zu werden."

„Das ist Wasser auf die Mühlen der Bebel, Singer, Liebknecht und Konsorten. Die werden Ihnen hart zusetzen. Warten Sie ab. Nein, hier trennen uns Welten."

Wehrenpfennig ließ sich in einen tiefen Polsterstuhl fallen und sah starr vor sich hin.

„Und dann noch eins", fuhr er plötzlich auf. „Noch so ein Geschenk, die Gewinnbeteiligung der Arbeiter, Angestellten und Beamten. Das klingt sehr nach Konsumverein und Dividende. Ihre kleinen Kapitalisten genießen den Kitzel des Reichtums, wie er großen Aktionären in den Schoß fällt. Das ist doch nur ein Unterschied der Menge und nicht der Art. Erwartet wird die Gewinnausschüttung von derselben Gesinnung."

„Halt, Herr Geheimrat. Vergessen Sie nicht, dass der Gewinn von allen Schaffenden erzeugt wird. Aktionäre beziehen ihn als arbeitsloses Einkommen."

„Gut, aber Sie werden es erleben, dass Sie Ihre Leute damit zu einem rein kapitalistischen Denken erziehen. Hier ist die wunde Stelle Ihres Sozialwerkes."

Abbe schwieg ein paar Minuten überlegt und entgegnete darauf: „Es handelt sich nach dem Wortlaute des Statutes nicht um eine Gewinnbeteiligung, sondern es wird eine Lohn- und Gehaltsnachzahlung gewährt."

„Sie weichen aus. Das ist nur ein Unterschied der Worte. Die Sache ist dieselbe." Wehrenpfennig blieb unerbittlich."

„Die Nachzahlung wird allen Lohn- und Gehaltsempfängern gegeben, außer den Mitgliedern der Geschäftsleitung. Diese haben die Höhe der Aufschüttung zu errechnen und festzusetzen. Sie ist sozusagen eine Lohnergänzung."

„Und die Belegschaft wird schuften und erwarten, dass sie für jedes Jahr recht hoch ausfällt. Also rufen Sie damit den gewöhnlichsten Erwerbstrieb wach. Wenn ich die Fülle der unpersönlichen Leistungen der Stiftung anerkenne, dann steht mir das, was Sie hier tun, in Gegensatz zu allem übrigen. Die Einzelperson erhält die Möglichkeit, sich am Ganzen zu bereichern. Das kann unter der Arbeiterschaft im Reiche viel böses Blut schaffen."

„Sie sehen zu schwarz. Es wird sich herausstellen dass diese Nachzahlungen sich immer in mäßigen Grenzen halten. Aber sie binden den Schaffenden an das Werk und lassen ihn teilnehmen am Ablauf der Konjunkturen die ihm das geben und nehmen, was er erwartet."

„Ihre Ausführungen können meine Ansicht nicht ändern." Immer gespannter wurde die Luft zwischen den beiden.

„Ich bitte Sie, sich der genauen Bestimmungen des Statutes zu erinnern: Die Nachzahlung ist als prozentualer Zuschlag auf die Summe aller Löhne und Gehälter anzusehen welche die Firma in dem betreffenden Geschäftsjahre ausbezahlte. Sie gibt den Leuten das wieder, was sie, wenn der Mindestlohn dem Anstieg eines guten Geschäftsganges nachentwickelt worden wäre, auch sonst erhalten hätten."

„Das überzeugt nicht. Sie haben mich nicht widerlegt."

Abbe stand auf, machte ein paar entspannende Schritte ins Zimmer hinein und sagte nachdenklich: „Ich gestehe zu, dass mir die Gedanken über diese Dinge nie reines Vergnügen gemacht haben, und die Lösung, wie sie das Statut vorsieht, lässt mich auch jetzt noch nicht froh werden. Aber ich sehe keinen anderen Ausweg. Eins erscheint mir dabei wichtig: Die zu erwartenden Reibungen und Unklarheiten werden der Geschäftsleitung und den Arbeitervertretungen Anlass geben, die Beine gemeinsam unter einen Tisch zu stecken und in Verhandlungen das zu regeln suchen, was allen am Herzen liegt. Also eine Möglichkeit mehr, den üblichen Herrenstandpunkt des Unternehmertums und die daraus sich entwickelnden Klassengegensätze zu überwinden. Das ist schon etwas wert."

„Bleibt aber Ausweg."

So standen sie sich gegenüber, getrennt von einem Abgrund, der nur von persönlicher Achtung und wertvoller Freundschaft überbrückt wurde. Das Gespräch zog sich in die Länge. Der Geheimrat sparte Abbe nichts. Er riet in manchem Falle, der Gelehrte möge seine Pläne nicht überspannen und sich vielmehr dem Flusse einer sicheren Entwicklung anvertrauen als sozialrevolutionär alles aufs Spiel setzen.

„Sie können doch nicht ohne Schaden für das Ganze einige Stufen der sozialen Entwicklung einfach überspringen!"

„Ich tue, was ich muss", sagte Abbe fest. „Wer zu lange wartet, verliert oft."

Sie sprachen noch über die Anteile am Gewinn die dem Reservefonds, der Pensionskasse und der Krankenkasse überwiesen werden sollten. Es fiel manches ablehnende Wort aus dem Munde des preußischen Geheimrates.

Abbe fuhr steil auf, als Wehrenpfennig sagte, eine zu weitgehende soziale Fürsorge verweichliche die Menschen, mache sie anspruchsvoll und mildere zum Schaden des Ganzen die natürliche Auslese der Starken und Brauchbaren im Kampfe ums Dasein.

Danach entwickelte der Gelehrte seine Pläne über die Anteile von Universität und Stadtgemeinde. Dabei kam sein Blut in Wallung und verriet dem kühlen Staatsbeamten das heiße Herz, dem sie entsprangen. Gerechtigkeit und Liebe schlugen wie Flammen hinter den drängenden Worten hervor. Der Baumeister am Dome eines beispiellosen Sozialwerkes türmte Stein auf Stein und wuchs mit seinem Werke hoch über alles Gewohnte und Übliche hinaus.

Plötzlich sprang er auf: „Herrgott, mein Zug! Zu spät."

„Der nächste geht eine Minute nach Mitternacht", sagte der Geheimrat ruhig. „Ich werde Ihnen eine Droschke bestellen."

Abbe musste bleiben.

Die Zeit bis zu seiner Abreise benutzten sie, den Wortlaut einzelner Paragraphen im Statute zu wägen und zu wiegen.

Dann hielt die Droschke vor dem Hause. Im Zockeltrapp ging es aus dem Tiergartenviertel zum Anhalter Bahnhofe. Wolken fegten unter dem Nachthimmel hin. Ab und zu einmal gaben Sie einen Schlitz frei, und dann sah der volle Mond für ein paar Augenblicke ruhig und würdevoll auf die Erde herunter.

Abbe fand ein unbesetztes Abteil. Er blendete das Licht ab, legte seinen breitrandigen Schlapphut neben sich und wickelte sich fest in den weiten Kaisermantel. Der Zug fuhr an. Langsam tastete er sich durch das Gewirr der Weichen. Lichter schwammen draußen vorüber. Im Gleichklang der Schienenstöße kamen Abbes Gedanken in Bewegung. Wie immer um Mitternacht herum, stieg sein Denken noch einmal hoch und ließ Erkenntnisse reifen, die der wechselvolle Tag verdeckte.

‚Lebendig muss das Statut bleiben; es darf nicht erstarren, sondern soll sich schmiegsam dem Wandel der Verhältnisse anpassen. Aus dem gesunden Wechselspiele zwischen Werk und Welt wird es die mögliche Form erhalten. Es wird formen und geformt werden. Aber …?'

Die Tür flog krachend auf. Grell schoss das Licht aus der Laterne des Schaffners herein. „Ihre Fahrkarte, bitte." Abbe fand sie endlich. Der Beamte ging, und im Rhythmus des Rollens sprangen die Gedanken weiter.

‚Leben ist Wandel; aber um Bleibendes, Festes. Also, was bleibt? Muss bleiben?'

Sein Kinn versank tiefer hinter den hochgeschlagenen Mantelkragen. ‚Es bleibt das Gesetz des Wandels. Ihm muss das Statut gerecht werden. Demnach könnten in Zukunft einmal blutvolle Paragraphen den Wandel des Werkes und das gesunde Werk den Wandel der Paragraphen beeinflussen, zum Wohle aller. Also muss das Gesetz des Wandels unwandelbar als Festes, Gesichertes im Statut verankert werden. Den Späteren soll es zur Pflicht gemacht werden, das Statut anderen Gemäßheiten anzupassen. In das Gerüst der Paragraphen wird als unabänderlich die Möglichkeit und Notwendigkeit der Wandlung eingebaut. Aber wer soll es wandeln?'

Abbe dachte lange. Der Zug hielt, fuhr weiter und hielt. Öfter wurde die Türe aufgerissen. Aber es setzte sich niemand zu ihm ins Abteil. Der bärtige Mann mit den langen Haaren erschien jedem unheimlich.

‚Also wer?' Er stand auf, zog den Blendschirm von der Lampe weg, nahm Notizbuch und Stift aus der Tasche und schrieb: ‚Statutenänderungen können beantragt werden von der Stiftungsverwaltung, wenn wesentliche Voraussetzungen nicht mehr zutreffen.'

Er überlegte: ‚Das darf nicht ins Uferlose ausarten und zur Überschätzung augenblicklicher, vorübergehender Schwankungen führen.

Also, innerhalb der ersten zehn Jahre nach Inkrafttreten des Statutes bleiben Abänderungen der Vereinbarung zwischen Stiftungsverwaltung und Stifter vorbehalten. Würde ich vorher sterben oder unfähig werden, dann sollen drei von mir bestimmte Personen das ausführen, was ich selber dann nicht mehr leisten kann.'

Gedanke reihte sich an Gedanke. Fluss und Ufer, Bewegung und Ruhe grenzten sich im lebendigen Spiel seines Denkens ab. Er verfolgte jeden Denkanstoß bis in die letzten feinen Wirkungen seines Verlaufes. Wie eine empfindliche Waage spürte er die leisesten Gewichtsverschiebungen im Zulegen und Wegnehmen von Rechten und Pflichten.

Wandel sollte nicht zu Willkür und Einseitigkeit führen, sondern Ausgleich und Gerechtigkeit sichern. Deshalb bestimmte er später bei der endgültigen Festlegung des Wortlautes, dass vorgenommene Änderungen sowohl von den Sozien der Stiftung, den Mitgliedern der Vorstände, vom Personal der Stiftungsbetriebe, der Stadt und Universität Jena und den in Deutschland lebenden Nachkommen des Stifters bis ins vierte Glied auf dem Rechtswege angefochten werden können.

Er schloss das Notizbuch und ließ die letzten Gedanken ausklingen: ‚Niemand darf sich der Verantwortung entziehen, die ihm das Werk auferlegt. Alle sollen zu seinem Wohle Augen und Ohren, Herz und Verstand offenhalten. Auch Mitverantwortung ist ein Wall gegen die auflösenden auseinandertreibenden Kräfte der Zeit. Sie bindet und fügt Gemeinschaft. Sie wird auf drei Säulen ruhen: Werk, Universität und Stadt. Die Möglichkeit der Statutenwandlung wird das Werk nicht einseitigem Machtstreben, aber auch nicht blindem Massenwillen ausliefern. Der gesunde Ausgleich aller Kräfte wird das Erreichbare herausstellen.'

Bitterfeld, Halle.

Abbe lehnte am Fenster und drückte die heiße Stirn an die kühle Scheibe. Der Mond reiste mit am klaren Nachthimmel, die Wolken hatten sich verzogen und die Gedanken rollten mit den Rädern des Zuges.

Wehrenpfennigs Einwände sprangen wieder auf. Abbe lächelte. Sie waren nicht neu und hatten ihm oft in den Ohren geklungen. Mancher hob warnend den Zeigefinger, wenn er sagte: „Sie überschätzen Ihre Zeitgenossen und die Menschen überhaupt."

„Was ist überschätzen, wenn man zuvor nichts wagt?", sagte er still vor sich hin. „Man muss es versuchen und kann danach erst urteilen."

In jeder Lage blieb er der Naturwissenschaftler, für den das Experiment entschied. ‚Es muss Bresche geschlagen werden in die Machtbestrebungen von oben und unten. Um die beiden Pole Kapitalismus und Marxismus sammeln sich die feindlichen Kräfte. Herrschaft des Geldes, Zusammenballung aller materiellen Machtmittel erstrebt die eine Seite, Auflösung des Privateigentumes, Herrschaft der Massen die andere. Zwei ungeheure Machtmittelpunkte, zwischen denen alles zerfetzt und zerrieben wird, was in ihre Bereiche gerät. Sie rasen mit zunehmender Schärfe auf eine Endauseinandersetzung zu.

Weder so noch so soll die Stiftung bestimmend beeinflusst werden. Das Statut entzieht sie dem Zugriff politischer Machtkämpfe und gibt ihr eigenes Leben. Die Werkgemeinschaft steht gegen den Klassenkampf. Sie wird kapitalistische Raffsucht ebenso überwinden wie die Blutleere einer klassenlosen Gesellschaft.

Alle, denen das Werk Arbeit und Lohn gibt, werden herausgelöst aus dem Ringen zwischen Kapital und Arbeit und den dritten Weg geführt. Die drei Grundsteine der bisherigen Wirtschaft, Boden Kapital und Arbeit, überdeckt ein vierter: Die Werksgemeinschaft. Sie erzeugt den Organisationsgewinn. Er wird allen wieder zugutekommen. Und die Versklavung der Schaffenden durch das Geld wird unmöglich, weil die Stiftung als juristische Person sich an nichts und niemandem bereichern will.

Abhängigkeit und Willkür müssen dem Rechte weichen. Was Recht ist, sagt das Statut. Es soll das Werk in alle Zukunft tragen, aber nicht starr und rechthaberisch, sondern wandelbar: gebunden an den Sinn seines Ursprunges, immer lebendig aufgeschlossen gegen Unabwendbares, das die Zeit von ihm fordert.'

Stunden solchen Denkens waren Abbes Glück und einziger Lohn. Er gab sich ihnen hin und folgte gern den leuchtenden Spuren ihres hohen Fluges.

Der Zug bohrte sich durch die Nacht. Wie Schatten flogen die Felswände vorüber, auf denen die Dornburger Schlösser standen. Faustisches Glück durchglühte den einsamen Mann am Fenster. Es trug ihn über Zeit und Raum hinaus in die Weite erlöster Schau. Er sah ein freies Volk, festgefügt und gesund in allen seinen Bindungen, niemandes Herr, keines Menschen Diener, keinem zum Nachteile und allen zum Nutzen.

Wie schnell war die Reise vergangen als er am Saalbahnhofe in Jena ausstieg. Noch ganz erfüllt vom Hochfluge der letzten Stunden eilte er durch schlafende Gassen und Straßen nach Hause. Unheimlich, wie dunkle Klötze hockten die Werkstätten dem Hause Abbes gegenüber in der blauen Nacht, auf Firsten und Kanten versilbert vom letzten Lichte des Mondes.

Er schloss Gartenpforte und Haustür auf, ging leise in sein Arbeitszimmer und setzte sich an den Schreibtisch. Die Sterne verblassten und der Morgen kam heraus, als er die Schreibfeder hinlegte, um noch ein Weilchen zu schlafen, ehe ihn der neue Tag mit tausend anderen Forderungen belud.

Aber wie er sich auch mühte, der Schlaf wollte nicht kommen. Das ruhelose Hirn arbeitete aus eigener Kraft weiter. Nur ein Schlafmittel konnte helfen. Es betäubte ihn und täuschte die Entspannung vor, nach der sich der Körper sehnte.

In den letzten Julitagen des Jahres 1896 wurde das Statut veröffentlicht, ohne viel Aufsehen und äußeren Prunk. Damit löste sich Abbe entgültig von der Last des Besitzes, die ihm so unbehaglich geworden war.

Eines Tages schob er ein versiegeltes Kästchen in eine Schublade seines Schreibtisches, in der es später vergessen wurde. Darin lag ein hoher Orden, den ihm der Großherzog von Weimar vrerliehen hatte. Er hatte ihn eigentlich nicht annehmen wollen. Frau Elses ganze Beredsamkeit gehörte dazu, um den Abweisenden gefügiger zu machen.

Nun begann eine Zeit des Überganges, die Jahre dauerte. Stiftung und Werkleute mussten erweisen, ob sie einander wert waren. Ein Stamm treuer Mitarbeiter verstand Abbes große Tat und war im Laufe vieler Jahre so mit ihm verwachsen, dass jeder mit Sicherheit, Ruhe und tiefer Dankbarkeit in die durch das Statut geschaffenen Verhältnisse hineinglitt.

Aber es gab auch Reibungsstellen, an denen Hitze entstand. Menschliches, Winziges wagte sich hervor. Machtgelüste versuchten sich auszuwirken; ewig Unbefriedigte und Überkluge kritisierten, suchten Stimmung zu machen und wussten vieles besser.

Abbe glich aus, milderte, blieb hart, forderte und gab nach. Es war nicht leicht, achthundert Menschen einen gemeinsamen Weg zu führen. Wach und überlegen behielt er alle Fäden fest in der Hand und beobachtete das Spiel der Kräfte. Er änderte die Verhältnisse, um die Menschen zu ändern. Und mit besseren Menschen glaubte er, bessere Verhältnisse schaffen zu können. Darüber hinaus hoffte er, eine gesunde Gesetzgebung müsste einmal das aufgreifen und für Volk und Staat nutzbar auswerten, was die Stiftung als Vorbild schon brauchbar erwiesen hatte.

So schlug er Bresche in die aufschießenden Machtgelüste irrgängiger Volksherrschaft und gab dem Werke die überlegen Führung klarer Köpfe, deren Entschlüsse sich auswirkten in der Ebene einer gesunden Selbstverwaltung.

Wer auf eine zügellose, unfruchtbare Freiheit gehofft hatte und glaubte, sich schrankenlos allen Härten und jedem Druck entziehen zu können, der musste enttäuscht erleben, wie ihm viele, oft unbequeme Pflichten auferlegt wurden. Die Genauigkeit wissenschaftlich begründeter Arbeit, eine bis ins Kleinste durchdachte Arbeitsteilung, der eindeutige Wille des Statutes, Abbes festgefügte Werkordnung, dies alles behagte manchem nicht, dem Freiheit nichts weiter war als Wegwerfen alles Unbequemen. Es musste den Leuten oft begreiflich gemacht werden, dass das Ganze zu marschieren habe wie eine Truppe, wenn die gesteckten Ziele erreicht werden sollten. Gehorsam und straffe Einordnung wurden verlangt, und jeder, der ausbrechen wollte in hemmungsloser Einzelgängerei, bekam die richtunggebietende, ordnende Kraft der Werkgemeinschaft zu spüren.

Im Dezember 1896 feierte das Werk, gesund und arbeitsfroh, seinen fünfzigjährigen Geburtstag. Abbe hielt vor Gästen, Freunden und Mitarbeitern eine seiner schönsten Reden. Er gab einen Rückblick auf fünf Jahrzehnte höchster technischer, wissenschaftlicher und sozialer Leistungen. Dabei gedachte er voll Dankbarkeit und Ehrfurcht des Meisters Zeiß und stärkte alle im Glauben an die Richtigkeit des eingeschlagenen Weges.

„Carl Zeiß muss einer von denen gewesen sein, die fähig sind, Motive ihres Handelns, Argumente ihrer Entschließung durch das bestimmen zu lassen, was noch nicht ist, was nur ihren Gedanken nach sein sollte, – in deren Sinnen und Trachten so das Zukünftige die Kraft der Kausalität gewinnt, bildend und gestaltend einzuwirken auf das Gegenwärtige, Bestehende. So allein aber vollzieht sich aller Fortschritt in menschlichen Dingen, großen und kleinen."

Die Rede wurde getragen von dem unerschütterlichen Glauben an die unzerstörbare Kraft sittlicher und sozialer Ideen, die das Leben der Vielen gestalten und steigern. Er sprach davon, wie verhängnisvoll es sein würde, wenn in dem rohen Kampfe ums Dasein selbstsüchtige Kräfte die edleren besiegen würden, wenn einmal die Leute recht behielten die sagten: „Seht die Toren, die nicht im breiten Strome mitschwimmen wollten, weil seine Wasser trüb waren".

Solchen Befürchtungen äußeren Misserfolgen gegenüber darf es aber, wenn nicht jeder Antrieb des Fortschrittes lahmgelegt, jedes Bewusstsein sittlicher Verantwortung in den Menschen aufgehoben sein soll, keine andere Antwort geben als das Wort des strengen

Römers: „Die siegreiche Sache hat den Göttern gefallen, die besiegte Cato!"

Wie schwere Steine fielen diese Worte unter die Zuhörer. Und wer sie nicht ganz verstand, wurde in Bann geschlagen von der strahlenden Würde einer überlegenen Persönlichkeit.

Danach reckte sich Abbe auf. Seine Augen leuchteten und über die gefurchte Stirn flog ein Schein höchsten Glückes. Eine weit ausholende Armbewegung wies hinaus in die Weit, der er die Worte zuwarf:

„In unseren Verhältnissen liegt jedoch heute nichts, gar nichts, was darnach angetan wäre, an das Gekrächze der Raben zu erinnern. Ganz im Gegenteil – die äußere und innere Lage unseres Institutes hat noch zu keiner früheren Zeit so großes Vertrauen gerechtfertigt, wie wir heute es haben dürfen; vor allem liegen auch erfreuliche Anzeichen dafür vor, dass der Geist, in dem die Personen zusammenzuwirken sich gewöhnt haben, den Anforderungen entgegenkommt, die unsere Organisation zu stellen hat. Auch in unserer Organisation kann es sich nicht darum handeln, die natürlichen Gegensätze und Unterschiede der verschiedenen Interessen aufzuheben oder zu verdecken, sondern nur darum, im Rahmen geordneter Einrichtungen sie immer von neuem in vernünftiges Gleichgewicht zu setzen – die Interessen der einzelnen und der Gruppe zueinander und zu den dauernden Interessen der Gemeinschaft."

Ein Schauer erhebenden Stolzes rührte an die Herzen der Festgemeinde. Gläubig hingen die Augen an dem Manne, der solche Worte sprechen durfte. Das Wort „Gemeinschaft" band sie aneinander mit der Kraft des Schicksals, das sie sich gemeinsam schufen als Zeißianer.

Sie waren eingebettet in den Willen einer überlegenen Führung, die zielsicher nach allem griff, was das Werk fördern konnte. In der neuen Abteilung für Himmelsfernrohre regten sich viele Hände. Die optische Ausrüstung des Heeres und der Marine beschäftigte Hunderte.

Abbe führte eine Fülle wissenschaftlicher Arbeiten weiter. Neue Werkräume wurden gebaut. Rastlos ging es vorwärts, wie Abbe am Schlusse seiner Rede sagte: „Zum Segen aller, zum Dienste des Gemeinwohls, zur Ehre deutscher feintechnischer Industrie."

Kapitel 30

Jene Jahre der Regsamkeit und des Wachstums waren für die optische Industrie Deutschlands eine fruchtbare Zeit. In gesundem Wettbewerb steigerten die einzelnen Firmen die Güte ihrer Erzeugnisse, grenzten sich ab gegen das Werk in Jena oder kämpfte mit ihm um den Erfolg. Das trieb an und schuf Spitzenleistungen, die der deutschen optischen Industrie einen besonders bevorzugten Platz auf dem Weltmarkte eintrugen.

Abbe wusste, was der Kampf um den Erfolg für Mensch und Erzeugnis zu bedeuten hatte. Seine Weitsicht verriet ein Paragraph des Statutes, in dem es hieß:

„In Bezug auf solche aus dem Wirkungskreis der Stiftungsbetriebe hervorgehende neue Erzeugnisse, Verbesserungen und dgl., welche ihrer Bestimmung nach wesentlich Zwecken des Studiums und der wissenschaftlichen Forschung dienen, darf auch in Zukunft eine Beschränkung des Wettbewerbs anderer durch Patentnahme oder ähnliche Maßregeln nicht herbeigeführt werden."

Damit schlug er der Forschung die Tore auf, gab uneigennützig frei. was sie fördern konnte, und rief alle auf, die es anging, mit zuzupacken. Sicherheit und Selbstlosigkeit, aber auch ein stolzes Bewusstsein der eigenen Stärke konnten es wagen, wichtige Erfindungen ohne Patentnahme dem Konkurrenzkampf preiszugeben. Das Zeißwerk fürchtete sich nicht davor, denn ohne jeden Kampfverlust entsprangen den Quellen seiner geistigen Führung Erfindung auf Erfindung.

Schott schuf wie ein Zauberer jedes gemäße Glas. Die Hütte wuchs mit Hallen und Schlöten immer weiter über das Feld jenseits des Bahnhofes. Nirgends Krankheit, nirgends Schwäche, Sorgen wohl, Hemmungen genug, aber mit ihnen stieg der Wille, sie zu überwinden.

Abbes Arbeitskraft schien unerschöpflich zu sein. Er saß im Gehirn des Werkes und übersah das reizvolle Leben in allen Nervensträngen, die da zusammenliefen. Ob er den Bierverbrauch während der Arbeitszeit abdrosselte, ob er mit wachsamer Aufmerksamkeit die Arbeiten in der Vielfalt ihrer Aufteilung verfolgten, ob er teilnahm am Geschick einzelner Leute, ob er besessen war von der Last einer ans Licht drängenden Erfindung, ob er das lebendige Spiel der Kräfte zwischen Werk und Statut beobachtete, immer tat er alles ohne Rücksicht auf sich selber und sein Wohlergehen Schonungslos unterwarf er seinen Körper übergeordneten Forderungen und schenkte sich nichts, wenn das Gemeinwohl auf dem Spiele stand. Wenn er sein Leben lang die Vernunft als oberstes Gesetz seines Handelns walten ließ, dann schaltete er sie im Verhalten gegen sich selber, öfter als ihm dienlich war, aus.

Behutsam strich sein Blick über die Bereiche des Werkes hinaus, stellte soziale Schäden im weiteren Umkreise fest und suchte sie mit derselben Zähigkeit zu bekämpfen, die das Zeißwerk formte.

1901: Eintausendeinhundert Leute schaffen in den Stiftungsbetrieben. Ein großes Dampfkraftwerk für Hütte und optische Werkstätten ist geplant. Das Bauen hört nicht auf.

Abbe fährt im August nach Dresden zum Deutschen Mechanikertag. Dort will er einen Vorstoß gegen unsoziale, zum Nutzen des Unternehmertums weitergeschleppte Einrichtungen wagen.

Die Stimmung im Hotel „Zu den drei Raben" ist sehr gespannt. War es nicht genug, dass Abbe die Carl-Zeiß-Stiftung den Herren wie eine ewige Anklage vor die Nase gesetzt hatte? – Neunundachtzig Mitglieder sind erschienen. Darunter die Inhaber der bekanntesten Werkstätten. Nun will er sich auch noch in ihre Angelegenheiten einmischen. Vierzehn Gehilfen wurden von Jena aus durch den Fachverein der Mechaniker und Optiker eingeladen. „Wozu?" fragt sich mancher der Herren. „Was gehen sie die Sorgen der Arbeitgeber an?"

Der Vorsitzende, Dr. Krüß, Hamburg, muss viel Mühe aufwenden Erregte zu beschwichtigen und Voreilige niederzuhalten. Der etwas muffige, prunkhaft überladene Saal des Hotels ist von Spannung erfüllt. Die Kräfte der Abwehr ballen sich mit jeder Minute entschiedener zusammen. In einer Ecke stehen wartend und flüsternd die Gehilfen. Sie sind nur Gäste und haben kein Stimmrecht. ‚Es wird sich irgendetwas ereignen', denkt mancher, der die Herren Unternehmer beobachtet.

Einzelne Gruppen stehen herum: Die große Hufeisentafel ist noch leer. Abbe erscheint.

Alle Köpfe fahren herum. Das ist er also, der große Unruhestifter? Krüß heißt ihn willkommen. Die Plätze werden eingenommen. Nach der Eröffnung beginnt Doktor Krüß:

„Meine Herren! Es liegt ein Antrag des Herrn Professor Doktor Abbe, Jena, vor, über den verhandelt und abgestimmt werden soll. Er lautet: Die Deutsche Gesellschaft für Mechanik und Optik wolle ihre Mitglieder auffordern:

Erstens, die regelmäßige tägliche Arbeitszeit in ihren Betrieben nicht mehr als auf neun Stunden festzusetzen.

Zweitens, für alle Überstunden an Werktagen einen Zuschlag in Höhe von fünfundzwanzig Prozent, für alle Feiertagsarbeit einen solchen von fünfzig Prozent des regelmäßigen Zeitlohnes zu gewähren."

Eine kurze Pause, eisiges Schweigen, stumme Abwehr. Krüß liest weiter: „Drittens, bei aller Akkord- und Stücklohnarbeit den der aufgewandten Arbeitszeit entsprechenden Zeitlohn als Mindestverdienst zu gewähren"

„Was gehen ihn meine privaten Angelegenheiten an?", flüstert einer erregt seinem Nachbarn zu. Der nickt.

„Viertens, allen Gehilfen die eine vierjährige, ordnungsmäßige Lehrzeit unter Lehrvertrag in einer Werkstätte für Präzisionsmechanik absolviert haben und schon ein Jahr und länger als Gehilfe tätig gewesen sind, überall einen Mindestlohn von einundzwanzig Mark pro Woche, mit Ortszuschlag für die größeren Städte, zuzugestehen."

Pause. Abbe empfindet die Versteifung der Widerstände, die sich mit jedem Worte des Antrages gegen ihn verstärken. Die Reihe der Gehilfen hängt mit Erwartung an ihm; sie ersehnen erlösende Worte.

Abbe steht auf. Riesenlang. Hager. Ein wenig vornübergebeugt. Blick nach innen. Ruhig beginnt er zu sprechen:

„Es gehört satzungsgemäß zu den Aufgaben der Deutschen Gesellschaft für Mechanik und Optik, regelnd in das Verhältnis zwischen Prinzipal und Gehilfen einzugreifen." Besinnlich lässt er den Bart durch die Hand gleiten.

„Schon 1890 trat diese Frage in Bremen an uns heran. Es wurde damals beschlossen die Deutsche Gesellschaft solle sie regeln. Nichts geschah. Nun regen sich die Gehilfen, um von sich aus die Verbesserungen des Arbeitsvertrages auf die Tagesordnung des Mechanikertages zu bringen. Ich sehe es als meine Ehrenpflicht an, Klarheit zu schaffen. Die Bremer Beschlüsse müssen endlich durchgeführt werden. Als Mann mit genügender Erfahrung darf ich mich für zuständig bezeichnen, das zu begründen, was der Antrag fordert."

Es ist sehr peinlich, von Abbe daran erinnert zu werden, dass man die Bremer Beschlüsse reichlich zehn Jahre lang mit Schweigen überging. Unerbittlich spricht der Gelehrte weiter und betont, die nachfolgende Aussprache müsse zunächst einmal zeigen, ob die Herren überhaupt geneigt seien, neue Normen, für alle bindend, aufstellen zu wollen. Würde das abgelehnt, dann könne versucht werden, außerhalb der Gesellschaft eine Art von Tarifgemeinschaft zu begründen.

Die Saaltür geht auf. Eine Gruppe von Damen rauscht herein. Sie haben es im Nebenzimmer vor Neugier nicht mehr aushalten können und wollen dabei sein, wenn ihre Männer wie die Löwen kämpfen. Abbe zählt sechsundzwanzig. Er spricht weiter:

„Eine Verkürzung der Arbeitszeit wurde bereits im Bremen empfohlen, von zwölf auf zehn Stunden. Es ist bis heute nichts geschehen. Schon damals ging man in England mit vielen Betrieben zum Achtstundentag über. Es stellte sich heraus, dass damit keine Verminderung der Arbeitsleistung verbunden war. Die Firma Carl Zeiß ist am 1. April 1900 zum Achtstundentag übergegangen. Bei ihr wurden gesicherte zahlenmäßige Unterlagen über die damit erzielten Ergebnisse gewonnen. Die betreffenden Tabellen sind den Anwesenden vorgelegt worden."

Papiere raschelten. Augen bohrten sich in Jenaer Ermittlungen. Einige der Herren blieben abweisend gleichgültig. Wozu sich mit dem Kram beschäftigen, wenn man doch ablehnen würde? Stolz sahen die Frauen zu ihren Männern hin. Es war daheim zu viel gesprochen worden von dem Jenaer Sonderling, der Frau und Kinder um ihr Eigentum gebracht hatte, von dem mancher bezweifelte, dass er überhaupt zurechnungsfähig sei, dem aber niemand beikommen konnte.

Was für ein Mann? Augen, hinter Lorgnetten versteckt, tasteten ihn ab, den Unheimlichen. Langes, schwarzes Haar, dichter, schon angegrauter Bart, altväterlicher, überlanger Schoßrock, hochgeschlossene Weste, darüber liegender Kragen ohne Krawatte.

Das war er, der den Männern so viel Kopfzerbrechen machte und sie dauernd in Atem hielt mit der Unruhe seiner Erfindungen und den Beglückungsversuchen den Arbeitern gegenüber, von dem man sich zuflüsterte, dass er ein Sozialdemokrat sei.

Ist er ernstzunehmen? Sie wussten nicht, wie schwer er den Männern wog. Aber wenn sie sich beinahe mitleidig abwandten dann wurden ihre Blicke trotz Abwehr und Vorurteil doch immer wieder zu ihm hingezogen, seine Augen, seine Hände, die Stimme ...

„Jedenfalls ein interessanter Mann."

Mit der Genauigkeit des Wissenschaftlers stellt Abbe die Erfahrungen dar, die in Jena mit der Einführung des Achtstundentages gemacht wurden. Mit jeder Schwankung im Kreislauf der Kräfte ist er vertraut. Er verschweigt nichts und spricht rücksichtslos auch von den Unklarheiten und Nachteilen, die sich am Anfange herausstellten.

„Als wir die Gehilfen befragten, erklärten sie, dass sie sich beim Übergang zum Achtstundentag in der ersten Zeit sehr angestrengt hätten um die Arbeitsleistung auf der alten Höhe zu halten. Sie könnten das auf die Dauer nicht aushalten."

„Das war vorauszusehen!", platzte ein Zwischenruf in Abbes ruhige Rede. Er spricht unbekümmert weiter.

„Der Nutzeffekt der Maschinen stieg in den ersten drei Tagen um siebenundzwanzig Prozent, in der ersten Woche hielt er sich auf neunzehn Prozent Zunahme, dann sank er in der zweiten Woche auf fünf Prozent."

„Und um diese lumpigen fünf Prozente der ganze Umsturz, kostspielige Experimente und unnütze Schinderei!", trumpft ein kurzatmiger Herr auf.

Der Vorsitzende schwingt die Glocke und bittet, Zwischenrufe zu unterlassen Abbe fährt fort: „Er hob sich aber darnach wieder auf zwölf Prozent, und dabei ist es geblieben Die Überanstrengung war ausgeglichen Die Arbeiter glaubten, sie arbeiteten nicht schneller wie früher."

Diese Feststellung ist den meisten wenig angenehm. Sie wappnen sich zur Abwehr und wachsen in der stummen Verteidigung ihrer Interessen zu einer festgefügten Front zusammen. Es trifft sie hart, als Abbe sagt: „Daher ist es unbillig, den Arbeiter zehn und zwölf Stunden in der Werkstatt festzuhalten, wenn er die gleiche Arbeitsleistung in neun, ja in acht Stunden erzeugen kann. Acht Stunden Arbeit, acht Stunden Erholung, acht Stunden Schlaf. Diese Teilung des Tages gibt jedem die Kräfte wieder, die die Arbeit aufzehrte, und gewährt die Möglichkeit, den Schaffenden mit Nutzen an den wertvollen Gütern unserer Kultur teilnehmen zu lassen."

In der Pause, die auf diese Sätze folgt, stecken sie gruppenweise die Köpfe zusammen und tuscheln. Doktor Krüß spürt die Widerstände und weiß, dass er mit allerlei Entgleisungen rechnen muss.

Abbe sitzt zusammengefasst, aber ein wenig müde auf seinem Stuhle und überdenkt den Fortgang seiner Ausführungen.

Einige von den Frauen verlassen den Saal, denn sie erwarteten größere Sensationen. Sie haben ein feines Empfinden für die Überlegenheit Abbes, die alles dämpft und niederhält. Ihre Helden werden still vor seiner Würde und verpuffen den aufgestauten Widerwillen in Winzigkeiten. Und weil ihnen das peinlich ist, gehen die meisten.

Abbe nimmt seinen Vortrag wieder auf und spricht über Akkord und Akkordlöhne.

„Mein Antrag meint, dass der Arbeiter ein Recht darauf habe, im Akkord mehr zu verdienen als im Lohne. In gewissen Kreisen wird die Ansicht vertreten, Akkordarbeit sei Mordarbeit. Unsinn, meine Herren! Akkordarbeit ist eine höhere Form der Arbeit. Die Leute schaffen eben nicht nur mit der Hand, sondern auch mit dem Kopfe. Sie machen mit einem Handgriffe, wozu sie früher zwei brauchten und mit einem Blicke übersehen sie, wozu früher mehrere nötig waren.

Als wir in Jena die Akkordarbeit mit einem Mindestlohn untermauerten, hat es Leute gegeben, die meinten, mit seiner Garantie werde die Werkstatt ein Eldorado für Faulenzer, die sich mit dem Mindestlohn begnügen und keinen Finger rühren würden, mehr zu verdienen. Aber …"

„Richtig, richtig!", rufen mit hönischem Lachen einige und klatschen in die Hände. „Humanitätsdusel!", kommt es von einer anderen Seite.

Abbe rückt seine Brille zurecht und spricht weiter.

„Sie irren, meine Herren. Leider können Ihnen meine Ausführungen nicht recht geben." Sie horchen und empfinden den gelinden Spott dieser Worte. „Ein halbes Jahr nach der Einführung der Akkordarbeit stieg die Leistung um dreißig, nach einem Jahr um siebzig, nach zwei

Jahren um hundert Prozent. Im Stücklohn werden fünfundzwanzig bis dreißig Prozent mehr verdient als im Zeitlohn. Wenn sich dabei die Güte der Erzeugnisse verbessert und die Lebenshaltung der Leute erhöht, dann können wir mit dieser Regelung und ihren Folgen nur zufrieden sein. Und wir sind es."

Die zurückgebliebenen Frauen erwarten, dass ihre Männer jetzt aufbegehren einerlei, ob sie recht oder Unrecht haben. Das ist nur noch eine Frage des Ansehens. Aber die Herren schweigen. Ruhig nehmen sie danach Abbes Ausführungen zu Punkt zwei und vier hin, weil sie meinen, ihre Kräfte für die Aussprache aufsparen zu müssen. Das erscheint ihnen notwendig, weil sie fürchten, Abbe würde am Schlusse seiner Rede sofort über Annahme oder Ablehnung seiner Forderungen abstimmen lassen .

Aber stattdessen gipfeln seine Ausführungen in einem Vorentscheide, den sie nicht erwartet haben und der ihnen die Bewegungsfreiheit wiedergibt.

„Ich glaube, es wird notwendig sein, sich zuerst darüber schlüssig zu werden, ob man grundsätzlich geneigt ist, die Regelung des Arbeitsverhältnisses neu zu ordnen."

Abbes Sauberkeit auch in allen Fragen der Verhandlungstechnik hält diesen Vorentscheid für notwendig. Seine Rechtlichkeit unterschätzt die Gegner, denn zu solchen hat sich die Mehrzahl der Herren entwickelt.

Beifall und Händeklatschen setzen ein, weil ihnen jetzt die Macht zahlenmäßiger Überlegenheit wieder zurückgegeben ist, die sie vor dem Zwange des Denkens und Beweisens zu verlieren schienen. Dort steht ein einzelner, gegen ihn einige achtzig. Das ist Macht. Sie verbindet und wird gebraucht werden.

Der erlösende Beifall, den sie sich selber und ihrer Lage spenden wird von den Frauen nicht verstanden Sie schütteln die Köpfe, und bald ist keine mehr im Saale.

Der Vorsitzende schätzt die Lage richtig ein und greift Abbes Vorschlag auf.

„Ich bitte die Herren also, sich zunächst grundsätzlich zu äußern."

Sie haben ihren Mut wiedergefunden. Es regnet Wortmeldungen. Abbe hat das Gefühl der Schwüle wie vor einem Gewitter.

Eine knarrende Stimme ruft: „Jena ist Mittelstadt, da ist manches einfacher durchzuführen als in der Großstadt."

Mit betonter Wichtigkeit geht ein anderer schon näher an das Wesentliche heran: „Wir können im günstigsten Falle nur den äußeren Rahmen eines Arbeitsvertrages festlegen. Bestimmte Zusagen dürfen nicht gegeben werden."

Beifall springt auf, ebbt aber sofort wieder ab.

Seine Stimme überschlägt sich bald, als ein hagerer Herr ruft: „Was da beantragt wird, ist unannehmbar. Das Verhältnis zwischen Prinzipal und Gehilfen muss der freien Vereinbarung überlassen bleiben. Im Auftrage meines Zweigvereins stelle ich den Gegenantrag:

„Die Regelung des Gehilfenwesens ist aus dem Programm zu streichen und diese Frage der freien Vereinbarung zwischen Prinzipal und Gehilfen zu überlassen."

Der Beifall überschlägt sich. Rücksichtslos setzt sich der Herrenstandpunkt durch. Abbes Gesicht verzieht sich schmerzlich. Er spürt die Einsamkeit, in der er mit seiner Lebensleistung steht. Die Gehilfen sind erschrocken über die Kaltblütigkeit des Kapitals und unterdrücken manchen Zuruf, der sich ihnen aufdrängt. Sie hoffen nichts mehr.

Stimmengewirr quirlt durcheinander. Dr. Krüß hat Mühe, sich durchzusetzen und schwingt die Glocke. Endlich kann er Herrn Goerz das Wort erteilen:

„Ich sehe eine Gefahr darin, dass jemand für den Antrag Abbe stimmen könne, wenn geheim abgestimmt wird. Deshalb beantrage ich namentliche Abstimmung."

„Bravo, bravo!", donnert es hoch. Demokratische Machtgelüste, das Bewusstsein der Mehrheit toben sich aus:

„Jeder soll offen bekennen, wie er denkt!", ruft jemand dazwischen. „Man muss sich der Mehrheit fügen!"

„Also Mehrheit gegen Vernunft", sagt einer am Tische der Gehilfen.

Ein Stuttgarter sucht die Strudel zu beruhigen und die Aussprache in sachliche Bahnen zu lenken. Aber es gelingt ihm nicht. Die gestauten Widerstände brechen ungehemmt alle Formen.

Endlich dringt die Stimme des Vorsitzenden durch. Dr. Krüß vermag die Aufmerksamkeit aller wieder an sich zu ziehen. Aber er verliert die Grundlinie und ergeht sich in Kleinigkeiten:

„Die Einleitung des Antrages Abbe enthält das Wort ‚auffordern'. Wer auffordert, muss die Macht haben zu zwingen. Ich schlage vor, ‚empfehlen' statt auffordern zu setzen."

Will er nur ablenken? – Am Gehilfentische wird gelacht.

„Pst, Pst", zischt es.

Abbe steht auf, ruhig, etwas nach vorn geneigt. Seine Augen suchen Halt. Drüben am Fenster steht eine grünlackierte künstliche Palme. Er schaut hinüber. Spott klingt aus seinen Sätzen: „Ich sehe in diesen Worten keinen Unterschied. Wer dem Antrage zustimmt, muss ihn als anständiger Mensch auch durchführen. Wenn allgemein Wert auf das Wort ‚empfehlen' gelegt wird, dann will ich es in den Antrag aufnehmen. Ich betone jedoch, dass ich damit in nichts von meiner Forderung abweiche."

Seine Blicke gleiten ab von der Palme, übersehen die Widersacher und fliegen hinter die Brillengläser zurück.

Jetzt erhält ein Mann das Wort, dem man die Erbitterung anmerkt. Er räuspert sich erst einige Male und beginnt voll Hohn: „Wenn Herr Professor Abbe seine Mitteilungen uns als Erfahrungen aus seiner Praxis gemacht hätte, ohne sie zur Annahme zu empfehlen, dann würde man ihm dankbarer gewesen sein, als es nun der Fall sein kann. Es steht wohl einzig da in der Welt, dass aus einer Unternehmergruppe heraus ein Antrag gestellt wird, sich selbst in Fesseln zu legen."

„Lächerlich!", ruft jemand.

Der Redner betont jedes Wort und klopft mit den Knöcheln auf den Tisch: „Arbeit ist Ware! Jeder kauft seine Ware da, wo er sie gut und billig bekommen kann"

„Bravo! Richtig! Ausgezeichnet!"

„Nun wollen die Besitzer, besser, die Verkäufer dieser Ware, nämlich die Gehilfen, eine bessere Bezahlung. – Bis hierher ist alles selbstverständlich. – Aber nun wird es gefährlich. Wie der Antrag Abbe zeigt, soll der Käufer, und das sind wir, nicht nur diesen höheren Preis vorbehaltlos zugestehen, sondern alle übrigen Werkstätteninhaber bewegen, sich in gleicher Weise die Hände zu binden …"

„Irrsinn Unfug!"

Am Tische der Gehilfen bricht helles Lachen aus. Des Redners Gesicht wird rot. Er ruft empört: „Schweigen Sie! Ihr Lachen beweist mir, dass Sie die Lage überhaupt nicht verstehen. Lassen Sie es sich gesagt sein: In unseren Werkstätten sind wir Herren im Hause. Wir zwingen keinen Gehilfen bei uns einzutreten. Wer aber zu uns kommt, der hat sich unseren Vorschriften zu fügen. Punktum!

„Jawohl, so ist es!", schreien mehr als ein Dutzend auf einmal. Abbe schaut in einen Abgrund. Das ist das Bekenntnis des Unternehmertums, brutal, ehrlich, hart. Das ist der Klassenkampf der anderen Seite.

Was will er noch hier? Die Zeit ist noch nicht reif für einen Versuch, in die Vorrechte der anderen einzubrechen Er weiß, die Stiftung wird ein Sonderfall bleiben Aber sie steht sicher.

Sie geben sich noch nicht zufrieden. Ein anderer holt erneut zum Gegenschlage aus: „Im Namen meines Zweigvereins bitte ich um Ablehnung des Antrages. Die Abbe'schen Forderungen sind praktisch undurchführbar."

Krüß, der Vorsitzende, schaut teilnahmsvoll hinüber zu Abbe, den er persönlich schätzt. Der erhebt sich. Die Stimme ist fest wie in seinen besten Tagen: „Ich habe hier nicht als Theoretiker gesprochen sondern als Vorsteher einer Werkstatt, der eine fünfunddreißigjährige Praxis hinter sich hat.

Wenn ich mich nicht verpflichtet fühlte, über den Rahmen unserer Stiftungsbetriebe hinaus für die Allgemeinheit zu wirken, dann hätte ich meine Erfahrungen für mich behalten können, denn sie sichern uns einen erkennbaren Vorsprung. Wer von dem Aberglauben nicht abzubringen ist, lange Arbeitszeit und dürftige Löhne schafften ihm billige Arbeit, der mag dabei bleiben. Andere werden das Rennen gewinnen! Er möge sich später nicht darüber beklagen, dass ihm das nicht vorausgesagt worden sei."

Er bleibt noch eine Weile stehen und lässt seine Blicke von Mann zu Mann die Tafel entlang streichen. Das wirkt wie ein neuer Angriff.

„Auf das Beispiel der Zeißschen Werkstatt allein können so umstürzende Maßregeln nicht begründet werden!", ruft jemand in die gespannte Stille. Zerreißt sie? Die Kläffer haben Mut.

Einer steht auf und streicht sich dabei zufrieden den Schnurrbart, denn er hat ja die Mehrheit auf seiner Seite: „Wenn wir uns die Jenaer Verhältnisse zum Vorbild nähmen, würden alle kleinen Meister zugrundegerichtet. Meine Erfahrungen mit der Verkürzung der

Arbeitszeit haben mir das Gegenteil der von Herrn Professor Abbe in Jena gemachten bewiesen."

Abbes Nerven sind zum Reißen straff gespannt. Er spürt das Blut in den Schläfen Hämmern.

Noch einer springt hoch: „Beim letzten Mechanikertag in Jena hat einer Ihrer Gehilfen erklärt, die kleinen Betriebe müssten eingehen, die Meister bankrottieren, und alles würde einmal von den Großbetrieben aufgesaugt. Dass zu erreichen wäre die Absicht der Jenaer Werkstätten."

„Das stimmt!", ruft ein anderer. „Mein Werkstattführer hat dieselbe Äußerung von einem Ihrer Leute auf dem Wartburgfeste des Zeißschen Gehilfenvereins gehört. Die kleinen Betriebe müssen kaputt gehen, hieß es da. Das ist bedauerlich und zeigt, welche Absichten hinter so viel sozialem Pomp versteckt sind."

„Pfui!", dröhnt es in die Runde.

Krüß versucht die Führung wiederzugewinnen. Ihm ist das Abrutschen ins Persönliche sehr peinlich. Aber das Eis ist gebrochen. Der Tumult geht weiter.

Abbe springt auf, bleich, voll Empörung wehrt er ab:

„Als Leiter der Zeißschen Werkstätten muss ich entschieden Verwahrung dagegen einlegen, dass Sie für die Äußerung eines Gehilfen verantwortlich gemacht werden; sie war mir bis jetzt unbe ..."

„Ich stehe trotzdem zu meiner Behauptung!"

„Ich ersuche, die Reihenfolge der Rednerliste einzuhalten!"

Diese Aufforderung des Vorsitzenden geht ihm Lärm unter.

Abbe: „Ich beharre auf meiner Verwahrung. Wer eine so schwere Beschuldigung gegen die Leitung der Zeißschen Werkstatt erhebt, muss schwerwiegende Beweise für seine Behauptung anführen!"

„Schluss! Schluss!", gellt es durch den Saal.

Eine ganze Anzahl der Mitglieder des Vereins sind schon hinausgegangen. Der Sieg ist sicher. Es meldet sich niemand mehr zum Worte. Dr. Krüß beendet die Aussprache.

Der Antrag auf namentliche Abstimmung wird abgelehnt. Die Herren haben also doch nicht den Mut, sich offen zu ihrer Meinung zu bekennen.

Dem Antrage, die Regelung von Lohn- und Arbeitszeitfragen der freien Vereinbarung zwischen Prinzipal und Gehilfen zu überlassen und die betreffenden Punkte von der Tagesordnung zu streichen, stimmt die Mehrzahl zu.

Die Gehilfen stehen auf und verlassen unter Protest den Saal. Einige von den Unternehmern lachen. Andere begreifen den geeinten Willen der Gegenseite, die sich nicht beugen will.

Der Vorsitzende hat in den letzten Minuten hastig einige Sätze auf ein Blatt Papier geworfen. Er steht auf, schwingt die Glocke und bittet um ein paar Augenblicke Gehör. Mitten in das Stuhlrücken, Lachen und Murmeln hinein klingt seine helle Stimme: „Ich ersuche die Gehilfenvertreter, den Saal noch nicht zu verlassen und sich die folgende Erklärung anzuhören."

Das Auseinanderlaufen stockt. Die Gesichter wenden sich Krüß zu. Der hebt den Zettel hoch und liest: „Ich habe mich bemüht, während der Verhandlungen mit meiner Ansicht zurückzuhalten, um die Objektivität zu wahren – Wenn ich jetzt die Verhandlungen schließe, dann tue ich es mit dem Gefühle tiefster Bitterkeit darüber, dass man die Lauterkeit der Absichten des Herrn Professors Abbe bezweifelt hat. Noch nie hat sich auf einem Mechanikertage an einen Vortrag von solcher Höhe eine so tiefstehende Aussprache angeschlossen."

Der Zettel sinkt. Das Schlurren, Schlurfen und Murmeln beginnt wieder. Protestrufe springen auf.

Abbes Stuhl ist leer. Er hat den Saal verlassen mit einem Riss im Herzen Der gutgemeinte Versuch des Vorsitzenden die verworrene Lage wieder einzurenken verklingt ohne Wirkung.

Die Herren aber atmen befreit auf; denn sie haben in geeinter Front einen Angriff auf ihre Grundrechte abgeschlagen.

Das war der Deutsche Mechanikertag in Dresden 1901.

Abbe ging über Stunden hin durch stille Straßen und über gepflegte Schmuckplätze. Heiß brannte die Augustsonne vom Himmel. Unter schattigen Bäumen an der Elbe stand eine Bank. Er setzte sich, legte seinen breitrandigen Strohhut neben sich und dachte nach. Dabei spielten die Finger mit der feinen langen Uhrkette, die er um den Hals hängen hatte.

„Zu früh", sagte er zu sich selber, „zu früh."

Dann kam eine Schwäche über ihn, der Kopf wurde leer, und die Gedanken flogen fort und ließen sich nicht festhalten. Bilder traten vor ihn hin, Jena, das Werk, Berge und Felder, das Arbeitszimmer, Frau Else, die beiden Töchter, Schott, die Hütte und ein endloser Zug von Gestalten aus Werkstätten, Zeichensälen und Schreibstuben. Er nickte ihnen zu wie einer, der das Glück gesehen hat. Die Erschlaffung des Denkens gab einem bunten Reigen immer neuer Bilder den Weg frei. Sie nahmen ihn gefangen und löschten alle Reize der Umwelt aus. Eine wohlige Mattigkeit löste alles Verkrampfte in dem hohen Körper. Er neigte sich leicht vornüber und lauschte in sich hinein.

Erst das Tuten eines Dampfschiffes ließ ihn aufschrecken. Er fuhr mit der Hand über die Stirne, brannte sich danach eine Zigarette an und erhob sich.

Das Hotelzimmer, in dem sein Bett stand, war sommerschwül. Abbe saß in einem Lehnstuhle und versuchte die Eindrücke des Tages zu ordnen. Es fiel ihm schwer. Eine sonderbare Hemmung des Denkens lähmte den sammelnden Willen.

Müde sein und doch nicht schlafen können, das quälte, zerrieb und löste auf. Er rauchte eine nach der anderen von den fingerstarken Zigaretten, die er sich besonders anfertigen ließ, weil sie ihn mehr anregten wie Zigarren.

Als er sich schlafen gelegt hatte, klang der Tag ohne Aufhören in ihm weiter; er wurde seiner nicht Herr. Stunde um Stunde verrann. Dieser Mechanikertag. Diese Herren. Ihre Schroffheit, aber auch ihre Angst, ihre Feigheit und Flucht hinter die Mehrheit. Das rollte weiter.

Gehässige Stimmen, finstere Blicke, und dann die Frauen, diese Frauen! Aus dunklen Tiefen schob sich ein Bild nach dem anderen vor die Seele.

Abbes Hand tastete bebend auf den Nachttisch und suchte das einschläfernde Mittel.

Langsam klang das bunte Spiel der Bilder aus.

Er versank tief, tief hinunter, irgendwohin. Und im letzten müden Ausklang des erlahmenden Denkens murmelte er: „Das Werk – die Stiftung" und lächelte glücklich.

Kapitel 31

Der Winter 1902 wollte nicht weichen. Es war wochenlang ein Wetter, bei dem man nicht gern einen Hund vor die Tür jagte. In solchen Zeiten gedeihen Klatsch und Tratsch besonders gut. Gerüchte schwirren auf, blähen sich, und es schien oft, als hätten auch empfindliche Gemüter ihr Feingefühl für das verloren, was echt und unecht ist.

Verantwortungslosigkeit trägt das Gerede weiter, treibt es auf und verstärkt seine Wucht. So kann die Kleinstadt zur Hölle werden.

„Sie wissen, ich mache mir aus solchen Gerede nichts", sagte Abbe in dieser Zeit einmal zu seinem Freund und Hausarzte, dem Professor Seidel. „Ich wehre mich dagegen, und doch bleibt etwas hängen, das an den Nerven frisst."

„Lassen Sie die Leute quatschen. Hauptsache ist, dass wir wissen, an dem Gerede ist kein wahres Wort. Sie sollen sich mit den Arbeitern verzankt und überworfen haben. Sie seien entschlossen, Ihren Posten in der Geschäftsleitung hinzuwerfen und sich zurückzuziehen. Sie beabsichtigen, Deutschland zu verlassen und Ihr Leben in einer Villa von märchenhafter Pracht in Lugano zu beschließen. Das Geld dazu hätten Sie unbesehen beiseitegeschafft. Kurz, Sie hätten's satt und wollten das Werk sich selber überlassen, weil es nicht das geworden wäre, was Sie sich einmal vorgenommen hatten."

„Alles Unsinn, Professor, alles Unsinn. Aber ich spüre, wie er meine Widerstände zermürbt. Irgendetwas ist mit mir nicht mehr in Ordnung. Es höhlt mich von innen her aus, löst mich auf und nimmt mir allen Halt. Ich bin mit niemand verkracht. Und wenn es so wäre, würde ich versuchen, mich durchzusetzen. Wer mich kennt, der weiß, wie wenig ich für einen Daueraufenthalt im Schmollwinkel geschaffen bin. Aber leider zwingt mich meine Gesundheit, mich nach und nach von dem Teile meiner Tätigkeit zurückzuziehen, der mir jetzt allzu anstrengend wird, nämlich von der Teilnahme an der Verwaltung zweier großer

Betriebe, damit ich noch einige Jahre fähig bleibe, an der Förderung der wissenschaftlichen und technischen Angelegenheiten dieser Betriebe mitzuschaffen. Das andere will ich nach und nach meinen jüngeren Mitarbeitern überlassen. Sie bieten Gewähr für einen vollkommenen Ersatz meiner Person. Das Werk ist mündig, es läuft aus eigener Kraft.

Ich kann mich ohne Schaden für das Ganze zurückziehen. Dass ich deshalb für einige Zeit aus Jena verschwinden will, hat gute Gründe, die Sie mir selber bestätigt haben. Bliebe ich hier, dann könnte ich mich gewissen Dingen doch nicht entziehen. Man kann sich doch keine Binde um die Augen legen."

Der Arzt nickte zustimmend. Abbe fuhr fort.

„Und von meinen Freunden und Kollegen zu verlangen, sie möchten von nun an nur über das Wetter und andere Plattheiten mit mir reden, das könnte ich weder erwarten noch ertragen. Deshalb gehe ich nach Lugano. Aber nicht in die besagte Märchenvilla, sondern ich beziehe mit meiner Frau eine kleine möblierte Wohnung aus drei Zimmern. Dort will ich nicht faulenzen, sondern ruhig und ungestört wissenschaftlich weiterarbeiten."

„Aber Vorsicht, Vorsicht, mein Lieber", warnte der Arzt. „Alles mit Maßen. Gehen Sie viel spazieren. Suchen Sie sich an schönen Dingen zu freuen. Vielleicht können Sie ab und zu einmal ein gutes Buch lesen."

Abbes Augen schimmerten in einem feuchten Glanze, er sah die Bahn seines Lebens zurück und sagte danach in schmerzvoller Bedachtsamkeit: „Das haben Sie mir in den letzten Wochen öfter geraten; aber es kommt zu spät. Ich habe in meinem Leben nie Zeit gefunden, ein unterhaltendes Buch zu lesen. Und wenn ich jetzt versuchte, einen Roman zu lesen, dann kam ich nicht weit. Ich begreife das einfach nicht. Zuletzt landete ich immer wieder bei Zahlen, Formeln, Funktionen, Behauptungen und Beweisen. Mein Gehirn ist geeicht auf diese Dinge und hat für anderes keinen Platz. Da bin ich einfach taub."

Er lächelte wehmütig. „Und dann diese Schlaflosigkeit, diese Schwäche, dieses geistige Erschlaffen. Ich muss ganz steil Anlauf nehmen, wenn aus mir noch etwas werden soll."

Er stand auf und trat ans Fenster. Gegenüber schafften die Werkleute am gewaltigen Baue des Volkshauses, mit dem er seine Lebensarbeit krönen wollte. Es stieg aus der Erde wie eine Burg des Wissens und der geistigen Freiheit und sollte eine Leschalle, eine umfangreiche Bücherei, ein literarisches und ein physikalisches Museum, die Gewerbeschule, Säle für Versammlungen, Konzerte, Feste, Vorträge und Ausstellungen erhalten, dazu Arbeitsräume für Künstler und Fotographen, Jugendzimmer und manches andere. Nirgends wurde gespart. Wie für die Ewigkeit gebaut erschienen die festen Mauern, Hallen und Giebel. Das klingelnde Pickern der Steinmetzen war wie ein fernes Ticken durch die Doppelfenster zu hören.

Abbe lauschte und horchte in sich hinein. Rücksichtslos griff er alle Spuren auf, die ihn sein Leiden erkennen ließen. Er stand vor sich selber und hielt die Waage seines Lebens in der Hand. Sie neigte sich herüber und hinüber und ließ noch nicht erkennen, auf welche Seite sie sich endgültig senken würde. Tod oder Leben, – die Waage schwankte. Drüben am Volkshause zogen sie einen wuchtigen Stein mit dem Flaschenzuge in die Höhe. Er schwebte in der Luft. Ruhig standen die Bauleute darunter, als gäbe es für sie keine Gefahr. Wenn die Kette riss, wenn es das Verhängnis wollte! Aber der Stein hob sich ruhig und stetig.

Abbe griff sich an die Stirne, als wollte er etwas wegwischen.

‚Wenn es das Verhängnis will', dachte er in diesem Augenblicke, ‚man muss es zwingen, meistern, besiegen. Die Kette darf nicht reißen. Ich will nicht erschlagen sein, will Leben schaffen.' Da stieg etwas Dunkles, Unheimliches in ihm hoch und verbaute die klare Sicht auf innen und außen. Drohend drangen Worte aus der Tiefe, die er vor einiger Zeit zu einem guten Bekannten gesprochen hatte. Nun klangen sie losgelöst von ihm und trafen ihn wie ein Urteil:

„Ich habe festgestellt, dass das Gewicht der Schlafmittel, die ich genommen habe, mein Körpergewicht übertrifft. Aber natürlich ist das fürchterlich; der Körper gewöhnt sich daran, und zuletzt hilft kein Mittel mehr."

Hinter ihm saß der Arzt, der weiter sah und wenig Hoffnung hatte.

Er glaubte nicht an die Allmacht des Willens, sondern noch mehr an die schleichende, hinterhältische Kraft der Gewohnheit. Und die Gewohnheit hatte den Mann am Fenster in ihren Klauen. Die Gewohnheit, starken Tee und Kaffee zu trinken, die Gewohnheit, übermäßig zu rauchen, die Gewohnheit, überreizte Nerven mit Schlafmitteln zu beruhigen und die Gewohnheit, rücksichtslos zu arbeiten. Aber dies alles nicht, um ein stumpfes, inhaltleeres Leben aufzupeitschen, sondern um die Leistungsfähigkeit den Forderungen eines gewaltigen Werkes anzupassen und zu steigern und sich ihm damit zu opfern. Das Werk forderte das Leben seines Schöpfers.

Im Straucheln, im Fallen suchte sich Abbe noch einmal aufzufangen.

„Wir reisen", sagte er und wandte sich dabei um, „Lugano muss helfen."

„Es wird helfen", sagte der besorgte Arzt und untersrich damit die Suggestion, die sich der Kranke selber gab.

Er reiste mit Frau Else nach dem Warmen Süden. Im Sommer kamen sie zurück, und Abbe nahm voll Hoffnung und Zuversicht die Arbeit in vollem Unfange wieder auf. Lugano hatte geholfen.

Aber in dem Maße, wie das Werk selber wuchs, sich dehnte und reckte, vermehrten sich auch die Aufgaben, die Sorgen und Ziele. Abbes Gründlichkeit wollte sich nichts entgehen lassen. Sie wurde jedem spürbar und stand hinter allem, was überhaupt geschah. Die in Lugano aufgespeicherten Kräfte schmolzen wie Schnee an der Sonne. Ende März 1903 waren sie aufgezehrt, und Abbe stand wieder an der Grenze, vor dem Nichts. Er war seinen Gewohnheiten treu geblieben.

Noch übersah er die Lage und schätzte sie klar ein.

„Deshalb beantrage ich, mich von meinen Verpflichtungen zu entbinden und nur als wissenschaftlichen Mitarbeiter weiter zu beschäftigen." So wollte er sein Dienstverhältnis zum Werke regeln, schnell, ehe es zu spät war.

Eilig flog die Feder über das Papier und entwarf ein Abschiedsgesuch.

Am 1. April 1903 saß er zum letzten Male mit den Männern seines Vertrauens am Verhandlungstische und besprach mit ihnen den weiten Kreis der Fragen, die sein Ausscheiden nach sich zog.

Als alles Hauptsächliche erledigt war, aber noch vor dem Ende der Aussprache, stand Abbe still auf. Ruhig schob er den Stuhl zurück, sah die Männer mit Blicken an, als wolle er sich ihre Erscheinung zum letzten Male tief einprägen, und ging dann mit sicheren Schritten hinaus. Erschrocken sahen sie ihm nach. Ahnte er, dass ihm einer Worte des Dankes und Abschiedes nachrufen wollte? Ehe er die Tür schloss, drehte er sich um, machte eine abwehrende Handbewegung und schnitt damit jede Äußerung ab, die ihm wohl aus schmerzbewegten, dankbaren Herzen nachgeklungen wäre. Hohl tappten seine Schritte durch die hohen Flure des Verwaltungsgebäudes, das er nun verließ. Die Gewohnheit hatte gesiegt; der Wille war unterlegen. Aber das Werk stand.

In Begleitung seiner Frau und eines Mitarbeiters begab er sich auf eine Seereise nach dem Süden. Ein vierwöchiger Besuch von Neapel verhieß Besserung; die Nähe des treuen Anton Dohrn tat ihm wohl. Aber der Freund sah mehr, als er zu erkennen gab. Er ahnte den Weg, den das Verhängnis nehmen musste, wenn nicht ein ganz heroischer Entschluss den Kranken aus den Krallen seiner zerstörenden Neigungen herausreißen konnte. Aber dazu hielt er Abbe nicht mehr für fähig. Es erschien ihm durchaus möglich, den Leidenden noch einmal zur Besinnung zu bringen, wenn das Werk mit einer Forderung an ihn heranträte, die nur er erfüllen könne, wenn sein Pflichtbewusstsein von einer unpersönlichen Leistung aufgestachelt würde. Dass Abbe für sich selber noch zu Entschlüssen fähig sei, die eine Rettung seiner Person ernsthaft zu erreichen suchten, hielt Dohrn kaum noch für möglich. Ein nachfolgender Aufenthalt in Lugano hatte für den Ablauf des Verhängnisses nichts zu bedeuten. Es war ein Wettrennen der zerstörenden Kräfte mit den erhaltenden. Sorge und Teilnahme der Freunde in Thüringen konnten daran nichts mehr ändern.

Im August kehrte der Kranke mit Frau Else nach Jena zurück. Erst am 24. September wurde Abbes Rücktritt mit ein paar Zeilen Czapskis den Werksangehörigen bekanntgegeben. Nun war es Tatsache geworden, was zuvor niemand glauben wollte. Für kurze Zeit lief eine Erschütterung von Mensch zu Mensch. Würde das Herz des Werkes stillstehen, wenn ihm das Bewegende genommen zu sein schien? Aber es schlug weiter aus eigener Kraft. Jetzt erst wurde den meisten bewusst, wie groß die Leistung Abbes war, wie reif er alles hatte werden lassen, ehe er sich zurückzog. Eine Welle aufrüttelnder Dankbarkeit flutete von Herz zu Herz. Die Menschen suchten nach einem Ausdruck für das, was sie bewegte.

Es war ein milder, beinahe nachsommerlicher Herbstabend, am 2. Oktober 1908, als sich die fast eintausendachthundert Werksangehörigen zu einem Fackelzuge auf dem Fürstengraben versammelten. Der Vollmond kam über die Häuser, als die Fackeln angezündet wurden.

Ganz Jena war auf den Beinen. Aber es war so still, als hätten alle die Lust verloren laut miteinander zu sprechen. Gegen sieben Uhr kam der Zug in Bewegung. Die Anweisungen der Ordner wurden flüsternd durchgegeben. Am Carl-Zeiß-Platze vor dem Hause Abbes staute sich das Lichtergewoge. Alle Blicke hingen an den erleuchteten Fenstern. Wird er kommen?

Da ging die Türe auf, und Abbe trat auf den Balkon. Seine Gestalt wurde von loderndem Lichte übergossen. Er schritt an die Brüstung und verkrampfte seine Hände um das Holz des Geländers. Frau Else stand hinter ihm, beizuspringen bereit, wenn ihn die Kräfte verlassen sollten. Es war so still, dass man die Fackeln knistern und rauschen hörte.

Da hub die Stimme eines Arbeiters zu sprechen an. Einsam stieg sie aus dem Lichtmeere zu ihm in die Höhe: „Hochverehrter Herr Professor! Im Namen der sämtlichen Betriebsangehörigen der Firmen „Carl Zeiß" und „Schott und Genossen", die sich hier in Liebe und Ehrerbietung vor ihrem Chef, dem opferfreudigen Begründer der Carl-Zeiß-Stiftung, dem genialen Förderer der Wissenschaft und der Industrie, dem hochherzigen und gerechten Freund der Arbeit, versammelt haben, bitte ich, unsere Ovation als Ausdruck unseres tiefempfundenen Dankes, unserer unbedingten Verehrung und des unbegrenzten Vertrauens entgegenzunehmen und der Versicherung Glauben zu schenken, dass wir, so sehr wir Ihren Rücktritt von der Geschäftsleitung beklagen, doch darin einig sind, dass wir alle aus aufrichtigen Herzen heraus wünschen, dass Ihnen bald vollständige Genesung und dann ein recht langer, langer, glücklicher Lebensabend beschieden sein möge."

Die Stimme brach für ein paar Herzschläge ab. Ströme von Mitgefühl umbrandeten den stillen Mann auf dem Balkone. Der Sprecher setzte lauter an und redete weiter: „Euch aber, liebe Mitarbeiter, bitte ich, diese meine Worte zu bekräftigen, indem ihr mit mir einstimmt in den Ruf: Unser allverehrter, geliebter Herr Professor, Doktor Ernst Abbe lebe hoch!"

In drei donnernden Wogen brachen die Herzen auf. Danach eine atembeklemmende Stille unter dem nachtblauen Himmel.

Abbe lehnte wie eine Bildsäule am Geländer und schwieg, von Rührung und Schwäche übermannt. Die Stadtkapelle begann ein

Lied zu spielen, und alle sangen mit: „Wie könnt ich dein vergessen, ich weiß, was du bist ..."

Endlich hob der Gefeierte die Hand, winkte und rief: „Herzlichen Dank, herzlichen Dank!" Die Stimme versagte ihm. Er winkte nur. Dann drehte er sich um und trat wankend ins Zimmer zurück.

Der Zug marschierte in die Stadt hinein, die Fackeln löschten aus, und die weiche Oktobernacht lag still wie eine schützende Schale über der träumenden Welt. Einsam zog der Mond seine Bahn und sah herunter auf die schweigende Stadt.

„Ich möchte noch erleben, wie die Uhr drüben in den Turm des Volkshauses eingesetzt wird." Diesen Wunsch sprach er oft aus. Dann schlug Frau Else die Vorhänge zurück, er hob den Kopf ein wenig und schaute hinüber. „Noch nicht", sagte er dann und sank zurück. Dumpfes, wesenloses Hindämmern lähmte sein Bewusstsein. Über die Straße herüber zu ihm herein klang das stumpfe Werkgeräusch, das die Luft erfüllte. Das Brummen der Räder und Vorgelege, das Rasen der Drehbänke und Schleifmaschinen. Klirren und Klingeln, Fauchen, Zischen und Pfeifen, das vielfältige Lebensgeräusch eines hochbeschäftigten Betriebes mischte sich mit einem feinen, leisen Zittern, das die Maschinen in die Erde leiteten. Es hüllte den Verdämmernden ein und trug ihn in die dunklen Tiefen des langsamen Absinkens ins Nichts.

Aufenthalte in Lugano, Meiringen, Frankfurt und hoffnungslose Rückkehr nach Jena. Verzweifelte Sorge der Frau. Rettungsversuche der Freunde. Nichts half. Abbe war sich selber nie Aufgabe und Pflicht gewesen, deshalb verfiel er, als das Werk auf eigenen Füßen stand und nichts mehr von ihm forderte. Er löste sich so folgerichtig von allem, wie es seinem Wesen entsprach.

Bitterkalt war die Nacht vom 13. auf den 14. Januar 1905. Nach Mitternacht, gegen zwei Uhr in der Frühe, verglomm das letzte Fünkchen Leben in dem übermüdeten Manne. Er war erlöst. In ein paar Tagen hätte er seinen fünfundsechzigsten Geburtstag feiern können.

„Sie sind der Bildhauer, Herr Zauche?", fragte ein schwarzgekleideter Mann an der Haustür. Der Künstler nickte. Man hatte ihn schnell aus Weimar herübergeholt, damit er die Totenmaske abnähme.

„Bitte", sagte der Mann, als er die Tür des Sterbezimmers leise auszog. Der Bildhauer neigte sich über den Toten, den er zuvor nie gesehen hatte, und war erschüttert von allem, was er wahrnahm. „Nur eine Hülle, ein Rest", sagte er zu sich selber. ‚Ein einsamer, einzigartiger Mensch', dachte er weiter, als er sich die Maße des Kopfes einprägte, und seine Arbeit begann.

Danach trat er ans Fenster. Der Tag war grau und trübe. Im Werke brannten die Lampen. Arbeitsgeräusche klangen herein. „Was für ein Mann muss das gewesen sein?"

Er hatte schon vielen Menschen mit wissenden Blicken des Künstlers ins Antlitz geschaut. Aber noch keines packte ihn so wie dieses. Als er einige Stunden später in seiner Werkstatt die Maske aus der Form hob, wurden seine Augen von der Gewalt des Eindruckes festgehalten und er murmelte voll Ehrfurcht:

„Ein Heiliger."

Vollendung

Der Weg des Werkes war bestimmt. Es folgte seinen Gesetzen und bildete sich weiter in der Richtung der gestaltenden Kräfte, die von außen und innen auf die Entwicklung einwirkten. Abbes geistiges Vermächtnis lag darüber wie eine bindende, zwingende Pflicht, die Mensch und Werk formte. Ruhig und sicher, beinahe gesetzmäßig, stieg der Beschäftigungsgrad von Jahr zu Jahr. Wichtige Erfindungen folgten aufeinander. Die Meister des Lichtes schufen Ungeheuerliches. Sie griffen kühn nach den Sternen und zergliederten mit unendlich verfeinerter Sehschärfe alles Stoffliche. Gab es Grenzen? Scheinbar. Wo sie sich aufdrängten wuchs der Wille, sie zu bezwingen. Eine neue Brillenoptik half allen, die es nötig hatten, eine Schwäche zu beseitigen. Fotografie und Kino durchliefen in wenigen Jahren einen steilen Weg des Aufstieges, dessen Ende noch nicht erreicht ist.

Von der unerbittlichen Schärfe mikroskopischer Forschungsgeräte wurden versteckte Quälgeister der Menschheit in zunehmendem Maße aus dem Zwielicht ihrer Schlupfwinkel herausgejagt und mussten vor dem zugreifenden Willen der Wissenschaft die Waffen strecken.

Zuverlässige Werkzeuge, die den Bau der Materie in seinen letzten Zusammenhängen erschlossen, gaben der Industrie die Möglichkeit, Werkstoffe zu prüfen und damit höchsten Anforderungen in ihrer Beschaffenheit gerecht zu werden.

Anfang des Jahres 1914 starb Frau Else, der gute Geist der Stadt und aller, die Hilfe bei ihr suchten.

Kurz vor dem Kriege beschäftigte das Werk fünftausenddreihundert Menschen. 1914 stieg ihre Zahl mit rasender Geschwindigkeit und vermehrte sich, wie die Notwendigkeiten des Krieges es forderten. Das Werk wurde Waffenschmiede und schärfte den Blick all derer, die auf dem Lande, auf und im Wasser und in der Luft kämpften. Neuntausendvierhundert Schaffende standen 1917 an der inneren Front, die mit einem wichtigen Stück mitten durch Jena lief.

Dann kam die große Stille nach dem Zusammenbruch. Was sollte werden? Würde das Werk dem Schicksal verfallen, das so manchem vom Kriege aufgetriebenen Unternehmen drohte, weil es den Rückweg in die Friedensproduktion nicht mehr fand?

Das Statut erwies seine lebenserhaltende Kraft, und die Klugheit der Geschäftsführung lenkte das hart umbrandete Schiff durch alle Klippen jener unsicheren, nach Halt und Form suchenden Zeit. Die Aufgaben des Sozialwerkes schienen mit der heraufsteigenden Geldentwertung sich ins Uferlose auszubreiten. Würde alles versinken in dem unersättlichen Schlunde, der die deutsche Mark und jeden festen Wert verschlang? Der große Ausverkauf, der das Vaterland arm und schwach machte, stellte die Geschäftsleitung vor beinahe unlösbare Aufgaben.

Die Flut ebbte ab. Das Werk stand. Die Welt konnte es nicht mehr entbehren. Es legte die Werkzeuge des Krieges beiseite, und Friedensarbeit zog in die weiten Hallen ein. Bis fast auf viertausend Mann herunter sank die Belegschaft.

Aber die Not wurde zur Mutter des Aufstieges. Die Reihe der Erfindungen und Neukonstruktionen nahm unaufhörlich zu, je mehr die wirtschaftliche Erniedrigung Volk und Arbeit lähmte. Unermüdlich waren Männer voll Verantwortung am Werke, neue Aufgaben zu finden und sie in Beschäftigung umzusetzen. Zwang und Gefahr schärften das Denken.

Die Welt horchte auf, als das Zeißwerk 1924 mit dem ersten Projektions-Planetarium vor die Öffentlichkeit trat. Ewige Zeitläufe und unendliche Räume zwang kühne Berechnung in die engen Bezirke der menschlichen Sinne. Unter den nachtblauen Kuppeln der Jenaer Sternentheater offenbarte sich Ewiges und Unendliches dem begrenzten Bewusstsein des Menschen. Ehrfürchtig saß der Winzige im Mittelpunkte des Alls und erlebte den Ablauf zeitloser Gesetzmäßigkeiten. Aber im nächsten Augenblicke schon durfte er sich wieder aufrichten in dem stolzen Bewusstsein, dass es Menschen waren, die die Welt gezwungen hatten, sich zu bekennen.

Konnte es eine höhere Darstellung ungebrochenen deutschen Lebenswillens geben als dieses Gottestheater von Jena? Sonne, Mond und Sterne, ferne und nahe Welten zogen in schweigender Größe über den staunenden Menschen hin und ließen ihn etwas ahnen von der ungreifbaren Sicherheit im Ablauf gewaltiger Zusammenhänge jenseits dessen, was die Enge seiner alltäglichen Erkenntnis ihm ermöglichte.

An vielen Stellen des Erdballes begriff man die Größe dieser Schöpfung des Zeißwerkes und empfand das Eingeordnetsein in den Zwang der Unendlichkeiten.

Das versöhnte, zog Menschliches und Schicksalhaftes unter Schutt und Trümmern wieder hervor und ließ trotz allem, was die Völker nach dem Kriege trennte, Gemeinsames, Bindendes wieder wach werden.

So wurden die Zeißplanetarien Brücken in die Welt und Boten des Friedens. Menschen aller Erdteile sitzen unter den samtenen Kuppeln und genießen die Schauer des Ewigen.

Am ersten April 1919 hatte Dr. Otto Schott seinen Geschäftsanteil am Glaswerk „Schott und Genossen" an die Carl-Zeiß-Stiftung abgetreten. Von diesem Tage an waren Hütte und Werk in einer Hand.

So krönte der Glasdoktor die Fülle seiner mit einer menschlich hohen Leistung, die ihn würdig neben Abbe stellte. Es war Otto Schotts gewaltige Lebensarbeit, das Glas der Wissenschaft und Wirtschaft gefügig gemacht zu haben. Sein schöpferischer Geist grub sich ein in die Geheimnisse der Natur und lauschte ihnen ihre verschwiegene Sprache ab. Die Hütte hat nie ein Glas hergestellt, das nicht in ihr erfunden wurde.

Otto Schott führte sie viele Jahre über Abbes Tod hinaus. Am ersten Januar 1927 legte er die Arbeit nieder und lebte gesegnet und geliebt bis zu seinem Tod 1935.

Regierungen und Parteien kamen und gingen, Kämpfe um die Führung erschütterten Staat und Wirtschaft. Nichts wirkte so stark auf das Statut, dass es im Kern getroffen worden wäre. Weil es dem Wandel der Verhältnisse klug angepasst wurde, überstand es auch die schlimmsten Zeiten.

Das Eingebettetsein des Werkes in die Weltwirtschaft bewahrte die Zeißianer vor dem Absinken in die Nöte des deutschen Wirtschaftsverfalles. Das wunderbare Sozialwerk in der Vielfalt seiner Erscheinungen gab allen Halt und Sicherheit. Abbes weise Voraussicht bewährte sich.

Steige mit mir auf den hohen Stadtkirchturm und halte Ausschau. Unter uns das Gedränge der Gassen und Straßen, erfüllt von emsigem Gewimmel der Menschen. Weiter hinaus lockert sich das Bild. Helle, lichte Straßen leuchten herauf. Sie streben in die Ferne. Rings die Berge, wie farbige Mauern folgen sie dem Zug des Tales. Von allen Seiten her tun sich Gründe und Mulden auf und brechen ein in die von Sonne und Schatten überfluteten Hänge. Häuser kleben daran, sind darüber gestreut, einzeln, in Mengen, viele, viele.

Da unten im grünen Grunde liegen sie in lustiger Weite wie eine kleine Stadt. Überall wohnen die Zeißianer auf eigener Scholle, unter eigenem Dache. Zehntausende sind es mit Frauen und Kindern Es wird gebaut; das Werk dehnt sich. Die Menschen tun's ihm nach und schaffen sich Heim und Garten. Liegt nicht über dieser Stadt, die in der Ferne zusammenklingt mit Feld, Wald und Wiese, ein Schein des Glückes und der Geborgenheit? Ob sie alle noch wissen, wie sehr das Geschick sie bevorzugt hat? Sie sollten es. Ob sie die kleinen Unvollkommenheiten auch der höchsten menschlichen Leistung wichtiger nehmen als das Ganze und seinen tiefen Sinn? – Sie sollten es nicht.

Und die anderen, die straßenauf, straßenab hinter den Ladentischen stehen, in Werkstätten schaffen oder über das Wohl und Wehe aller wachen, haben doch irgendwie Anteil am Werke und dem Stande seiner Beschäftigung. Siehst du unten den Wochenmarkt. Ein bunter Fleck. Er ist übervoll von guten Dingen. Dreimal wird er abgehalten in sieben Tagen. Wer arbeitet, soll auch essen und es wird in Jena gut gegessen.

Nun schau hinüber zum Zeißwerke. In eigenwilliger Kraft steigt es über die Häuser und überragt wie eine Stadtburg das Gewirr der Firste, Schlöte und Dächer. Als der verfügbare Baugrund aufgebraucht war und man alle überalterten Gebäude durch neue ersetzt hatte, blieb dem Werke nur noch der Aufstieg in den freien Himmelsraum. Stockwerk wuchtete sich auf Stockwerk. Kuppeln und Türme kletterten über die Glashallen und Betonfronten hinaus. Sogar Abbes kleines Haus musste den Baunotwendigkeiten geopfert und abgerissen werden. Es wurde aber in einem Vororte wieder zusammengesetzt, beherbergt ein Kinderheim und erfüllt damit einen Zweck, der den Absichten Frau Elses und ihres Mannes entspricht.

Und da drüben der Wald himmelanstrebender Schlöte? Das ist die Hütte. Das Zauberreich der Glasschmelzer. Immer weiter kriecht es in die Landschaft hinein. Wagemutig greifen kühne Männer nach neuen Aufgaben, finden neue Gläser und erschließen ihnen andere Verwendungsmöglichkeiten. Glas ist ein vielseitiger Werkstoff, dessen Möglichkeiten noch lange nicht erschöpft sind.

Hörst du, eingegossen in Licht und Glanz, das heimliche Brummen? Es ist der Lebensstrom des Werkes, der sich der Luft mitteilt. Es wurde wieder Waffenschmiede. Wissenschaft, Wirtschaft und Heer sind die Auftraggeber, die seinen Blutkreislauf beschleunigen und viele, viele tausend Hände und Hirne in Bewegung halten. Jetzt schau da hinüber. In Würde und Ruhe liegt der Gebäudeblock der Universität unter der Sonne. Abbes Dankbarkeit hielt sie einmal am Leben. Das Statut sichert ihr die Großzügigkeit der Forschung, für die sie bekannt ist. Aus ihr kommt der geistige Nachwuchs, den das Werk braucht. Sie hütet die Wissenschaft Abbes und bildet sie weiter.

Und nun lass uns ein paar Augenblicke lauschen. Hörst du das Kindergeschrei? Der Wind trägt es herauf von schattigen Spielwiesen, kühlen Badestellen und weiten Sportplätzen; er fängt es auf den Straßen der Siedlungen, auf schönen Wegen und Grünflächen, die die Stadt auflockern und gesund halten. Kinder, gesunde Kinder überall. Das ist Zukunft!

Werk, Gemeinde und Universität sind die Zeugen für Abbes Sozialismus.

Ein Mann opferte alles, was er besaß, sein Gut und sich selber, damit andere würdig leben können.